本书受国家哲学社会科学基金项目"提高知识型员工战略运算能力的网络行为模式研究（编号：10BTQ019）"资助

基于战略运算能力的网络行为模式研究

汪传雷　　著

科学出版社

北　京

内 容 简 介

本书立足于网络环境，突出网络行为，从战略运算能力的角度，系统地研究知识型员工的网络行为模式。梳理和介绍国内外网络行为的概念、模型、影响因素，明确网络信息行为领域的知识基础、研究热点、研究前沿，分析知识型员工和战略运算能力（ASCI）的概念、特性、研究内容，探索知识型员工战略运算能力的网络行为，构建知识型员工战略运算能力的网络行为模式并进行理论和实证研究，提出完善知识型员工战略运算能力的网络行为的对策建议并进行案例研究，对于促进我国企业信息化和电子商务、政府信息化和电子政务、国民经济和社会信息化事业有重要的理论和实践指导意义。

本书可作为管理学门类管理科学与工程类、工商管理类、公共管理类、图书情报与档案管理类物流管理与工程类、电子商务类各专业，工学门类计算机科学与技术各专业，文学门类新闻传播学各专业师生的参考书，也可以作为相关领域企业、政府、高等学校、科研院所、社会组织等业务、管理和技术人员的参考书。

图书在版编目（CIP）数据

基于战略运算能力的网络行为模式研究／汪传雷著 . —北京：科学出版社，2015.6

ISBN 978-7-03-044717-3

Ⅰ.①基… Ⅱ.①汪… Ⅲ.①互联网络–信息–传播–研究 Ⅳ.①G206

中国版本图书馆 CIP 数据核字（2015）第 124331 号

责任编辑：李 敏 刘 超／责任校对：邹慧卿
责任印制：徐晓晨／封面设计：无极书装

科 学 出 版 社 出版
北京东黄城根北街 16 号
邮政编码：100717
http://www.sciencep.com

北京京华虎彩印刷有限公司 印刷
科学出版社发行 各地新华书店经销
*

2015 年 6 月第 一 版 开本：787×1092 1/16
2015 年 6 月第一次印刷 印张：17
字数：390 000

定价：138.00 元
（如有印装质量问题，我社负责调换）

前　言

随着竞争全球化、网络国际化、信息一体化的发展，以及网络技术和信息技术的不断创新，中国政府大力推进国民经济和社会信息化建设，促进政府信息化、企业信息化、社会信息化以及信息消费等政策的逐步落实，中国互联网事业发展迅速，网民数量不断增加，移动互联网、云计算、大数据、物联网等层出不穷，纷繁复杂的网络信息比比皆是，甚至出现"鼠标军机处、键盘政治局"现象，融合促进发展，渗透创造价值，引导消费型和娱乐型的互联网向服务型和生产型的互联网转变，产品和服务中的知识含量越来越高，组织的竞争力更多地取决于知识这一无形资产。政府部门、企业公司、事业单位、科研院所、教育机构等纷纷借助网络开展业务活动，但是这一切都离不开一个核心——知识型员工。网络环境不断优化、网络平台不断完善、网络应用不断拓展、网络联盟不断深入、网络行为日益丰富，知识型员工的网络行为模式成为影响工作效率、组织绩效的关键因素。网络行为，又称网络信息行为、信息行为，对此本书不严加区分。

通过梳理和介绍国外网络行为的概念、模型、影响因素，分析青少年和学生的网络行为、成人的网络行为、面向用户的网络行为、教师和科研人员的网络行为、以图书馆读者为主的网络行为、围绕搜索引擎和日志的网络行为等；介绍国内网络行为的概念、网络行为内容、特定环境中的网络行为，以及学生群体的网络行为、教师和科研人员的网络行为、图书馆用户网络行为、金融用户网络行为、电子政务用户网络行为、农民用户的网络行为等，分析网络行为的研究方法、用户角度的网络行为、网络行为的影响因素等。采用文献计量的方法，从发文年份分布、著者情况、所属机构与分布地区等方面对国外网络行为研究文献进行分类计量并附以图谱，明确网络信息行为领域的知识基础、研究热点、研究前沿。同时，从知识型员工概念、知识型员工的特性、组织管理角度和员工自身角度分析知识型员工的研究内容等。此外，对战略运算能力（ASCI）进行文献计量分析，并介绍战略运算能力研究主要文献内容。

本书的主要写作思路可概括为以下四个方面。

一、知识型员工战略运算能力的网络行为理论研究

在分析和界定网络行为、网络信息需求、网络信息行为主体、网络信息行为客体、网络信息查寻行为、网络信息选择行为、网络信息交互行为、网络信息处理与利用行为的基础上，介绍网络行为的基础理论，包括 Zipf 的"最省力原则"（principle of least effort）、使用与满足（uses and gratifications）理论、"知识异常状态"（anomalous state of knowledge）理论、意义建构理论（sense-making theory）、认知负荷（cognitive load）理论、浏览和采浆果理论（browsing and berry picking）、社会认知权威理论（social cognitive authority，SCA）、职业和专业身份（vocational and professional identity）理论、价值敏感设计（value-sensitive design），从模型的提出时间、文献类型、文献来源、理论基础、研究方法、领域、对象、结论等方面对比分析 Krikelas 模型、Bystrom 和 Jarvelin 模型、Leckie 模型、Johnson 模型、

Savolainen 模型、Belkin 的信息检索策略模型、Choo 的网络信息查寻行为模型、McKenzie 的信息实践模型、Foster 非线性信息查寻行为模型、Kim 任务导向的网络信息查寻模型、Kuhlthau 的信息搜寻过程模型、Dervin 的意义建构模型、Fidel 的认知工作分析模型、Wilson 的信息查寻行为模型等。同时，深入分析 ASCI 项目，包括目的和阶段任务、项目内容（平台、应用、环境、联盟）、组织结构（one program-three laboratories）、管理机制、实施原则、网络信息资源管理、项目成效，总结战略运算能力项目的经验：借助洞察力、领导力、忍耐力、合作力等"四力"，全面掌控项目的实施；明晰组织形式，最大限度地促进资源整合形成知识合力；明确项目规划，有效统筹重点和一般；网络信息资源管理人员和技术平台协调。

二、知识型员工战略运算能力的网络行为模式理论研究

考虑网络信息需求、动机、网络行为（网络浏览、正式查寻、选择确定信息、进行决策）的流程，结合战略运算能力的平台、应用、环境和联盟维度，构建知识型员工战略运算能力的网络行为模式。其中，网络信息需求是知识型员工根据工作需要提出的信息要求或请求；需求动机是产生网络信息需求的动因；网络信息浏览往往是员工根据一个宽泛的主题，先广泛浏览网页信息，包括内部网、外部网、互联网信息，发现接近和符合自己需求的网络信息，考虑平台、应用、环境、联盟维度因素的影响，针对特定的网络信息需求开展正式的网络信息查寻工作，拟定可供选择的信息或信息资源，按照一定标准选择符合自己需求的信息进行决策，实施网络行为。网络信息需求一旦得到满足，便会产生新的网络信息需求，以及新的网络行为活动。

三、知识型员工战略运算能力的网络行为模式实证研究

拟定知识型员工战略运算能力的网络行为模式调查问卷，问卷设计经历文献研究提取指标、员工访谈修正指标、初步设计、小规模问卷发放回收补正以及正式发放等阶段，调查方式主要是纸质方式和电子方式（电子邮件、专业问卷调查平台），总共收到 523 份问卷，其中有效问卷 509 份，有效率达到 97.32%。然后，对调查样本的知识型员工进行性别、学历、专业、行业分布分析，并根据研究目的、研究对象和维度指标变量的测量方式，选用 Excel 对初始问卷的数据进行统计，再运用 SPSS 18.0 对整理后的数据进行描述性分析、信度分析、效度分析、相关性分析、因子分析、差异性分析、多重分析等。

结合知识型员工战略运算能力的网络行为的不足，如平台维度——硬件和软件平台的满意度不高，应用维度——创新不足和能力受限并存，环境维度——环境优化和风险防范尚待加强，联盟维度——联盟信息的量和质提升刻不容缓，提出知识型员工战略运算能力的网络行为对策建议。具体包括：提高知识型员工网络信息素养；培养知识型员工个人的网络信息意识，加强知识型员工个人的网络信息能力；夯实平台基础，提升平台运营水平；强化应用创新，提升应用的广度和深度；营造和谐环境，保障环境美好；调动积极性，提升联盟的量和质。

四、知识型员工战略运算能力的网络行为应用研究

归纳知识型员工网络行为失范表现，包括在工作时间网络娱乐和干私事、工作过程中网络诚信缺失，以及网络诽谤行为、侵权行为、盗窃行为、破坏行为等。剖析知识型员工网络行为失范的形成原因，包括知识型员工的网络行为未受到高度重视，组织内部网络平

台和应用安全性差，社会网络主体间信任度低，国家网络法律法规政策不完善、标准不完备，员工的信息素养不高，员工的价值观偏离，员工的法律意识淡薄等。提出针对知识型员工网络行为失范的应对策略，包括加强知识型员工网络道德教育、完善组织内部网络安全和信息安全、健全知识型员工网络行为管理系统、增加员工网络行为绩效考核、充实知识型员工的精神生活、加强网络法律法规建设等。最后，分别对某房地产论坛网络信息失范行为案例、基于 Web 3.0 的物流企业知识型员工网络信息平台案例、图书馆员工战略运算能力的网络行为实证分析进行研究。

目　　录

第1章 绪 论

1.1 研究目的与意义

1.1.1 研究目的

随着科技的不断进步与发展，以及中国政府大力推进信息化建设、促进信息消费等政策的逐步落实和网络基础设施的日益完善，中国互联网事业快速发展，网民数量不断增加，网络环境不断优化、网络平台不断完善、网络应用不断拓展，网络行为日益丰富。

《第32次中国互联网络发展状况统计报告》①显示，截至2013年6月底，我国网民规模达到5.91亿人，较2012年年底增加2656万人。互联网普及率为44.1%，较2012年年底提升2%；中国网民的性别比例为55.6∶44.4，基本保持稳定；中国网民中小学及以下、初中学历人群的占比分别为11.2%和36.3%，相比2012年年底均有所上升，其中初中学历人群的升幅较明显，而高中和大学及以上学历人群中互联网普及率已达到较高水平，增长空间有限；学生群体已经成为网民中规模最大的群体，占比为26.8%；其次为个体户/自由职业者，占比为17.8%；企业公司中管理人员占整体网民的2.8%，一般职员占10.6%；党政机关、事业单位中，领导干部和一般职员分别占整体网民的0.5%和3.9%。值得注意的是，2013年6月，我国台式计算机上网网民比例继续下降，手机上网网民比例保持快速增长；69.5%的网民通过台式计算机上网，相比2012年年底下降了1.1个百分点；通过手机上网的网民比例为78.5%，相比2012年年底上升了4.0个百分点。同时，截至2013年6月底，我国IPv4地址数量为3.31亿个，拥有IPv6地址14 607块/32，较2012年同期大幅增长16.5%，居世界第二位。我国域名总数为1469万个，其中.CN域名总数为781万个，相比2012年年底增长了4.0个百分点，占中国域名总数比例达到53.1%；".中国"域名总数为27万个；我国网站总数为294万个，半年增长9.6%；国际出口带宽为2098 150Mbps，半年增长10.4%。中国电信、中国移动、中国联通等纷纷推进IPv6产业链的成熟，积极开展试点和试商用，逐步扩大IPv6用户和网络规模，2013年工业和信息化部正式颁布4G牌照，进一步推进网络环境、平台、应用和联盟的发展。

随着网络的普及，移动互联网、云计算、大数据、物联网等层出不穷，开放和融合已

---

① 中国互联网络信息中心．第32次中国互联网络发展状况统计报告［EB/OL］．http：//www.cnnic.net.cn/hlw-fzyj/hlwxzbg/hlwtjbg/201307/t20130717_ 40664. htm［2013-12-05］.

— 1 —

经成为时代的主题，不仅涌现出大量的信息，而且出现"数据膨胀"、"知识爆炸"、"信息泛滥"现象，知识和信息的极大丰富开阔了人们的视野，融合促进发展，渗透创造价值，引导消费型和娱乐型的互联网向服务型和生产型的互联网转变，产品和服务中的知识含量越来越高，组织的竞争力已不仅取决于其所拥有的有形资产，而是更多地取决于知识这一无形资产。政府部门、企业公司、事业单位、研究机构、学校等纷纷借助网络，无论是内部网，还是互联网、外部网，开展业务活动，但是这一切都离不开一个核心——知识型员工。随着网络经济时代的演进，知识和技能在工作中占越来越重要的位置，知识和技能的拥有者——知识型员工的网络行为模式直接成为影响工作效率、组织绩效的关键因素。

知识型员工的网络行为模式已经成为研究的热点。实际上，通过中国期刊网、CNKI、维普、google 学术等数据库检索，发现关于网络行为、网络信息行为、信息行为混用现象十分普遍，且很少有明确的区分。因此，本书也遵循此惯例，不做严格的区别，尽量采用网络行为一词，但有时也交叉使用网络行为、网络信息行为、信息行为。关于知识型员工，按照管理大师彼德·F. 德鲁克（Peter F. Drucker）的观点理解，是从事信息源筛选、信息需求和信息供给工作，并在人际关系和沟通交流中承担信息责任的知识工作者，包括政府部门、事业单位、企业组织、科研院所、学校等的研发人员、管理人员、技术人员、信息人员等。知识型员工的网络行为极大地促进信息增值，直接影响组织绩效。同时，战略运算能力来源于美国国防部高级研究计划局（The U.S Department of Defense's Advanced Research Projects Agency，DARPA）的战略运算能力计划（Accelerated Strategic Computing Initiative，ASCI），其中的一个重要方面是确保美国在高性能计算机运算能力方面的世界领先地位，具体从环境（environments）、平台（platforms）、应用（applications）、联盟（partnership）四个方面进行衡量。

本书正是在网络经济和信息社会这一大背景下，从网络行为的相关理论出发，以知识型员工为研究对象，借鉴战略运算能力的思想，提炼影响知识型员工战略运算能力的网络行为因素，研究提高知识型员工战略运算能力的网络行为模式，以此发现知识型员工的网络行为中存在的问题，进而提出相应的优化对策建议。

1.1.2 研究意义

将知识型员工、战略运算能力和网络行为模式相结合开展研究，具有重要的理论价值和实践意义。

（1）人是组织中最能动的因素，知识型员工是学习型组织的根本。通过研究基于战略运算能力的知识型员工的网络行为模式，为理论和实践工作提供观察员工行为、理解员工心理的有效途径，有助于分析员工网络行为在企业中日益增强的影响力，帮助组织以某种方式影响或改变员工网络行为，具体涉及网络系统的环境、平台、应用和联盟。研究网络行为特征和失范现象，有助于推动国际网络规范达成共识，国家网络政策的制定和完善，了解网络政策的发展动向，预测员工网络行为倾向，采取策略提升知识型员工的信息素养，倡导信息文明和网络和谐，强化社会责任意识，引导网络行为，进而在微观上夯实提升组织绩效的基础、宏观上贯彻落实"五化并举，两化融合"①，加强全社会网络信息资源战略管理。

（2）利用战略运算能力研究知识型员工网络行为，深入分析其组成要素和结构层次，构建基于战略运算能力的网络行为模型，拓宽网络行为的研究思路和研究方法，进而考虑网络行为如何影响人的生产方式和生活方式，有助于预测和理解网络用户需求和偏好，有利于丰富网络行为的理论和方法，为经济、政治、科技和社会等领域的研究提供借鉴。

（3）借助知识型员工战略运算能力的网络行为模型，结合具体情境，拓展模型的适用范围和程度，明确问题影响结果的途径和因素，提出解决网络行为不合理问题的对策建议，有助于提升员工的素质和能力，使员工对网络资源的生命周期管理形成明确认识，在网络活动中更加清楚地认识自身的信息需求，更加合理地进行决策，保护员工隐私、维护员工利益与组织权益。

1.2　研究内容与方法

1.2.1　研究内容

是在梳理和总结网络行为、网络信息行为、信息行为等相关研究成果的基础上，界定知识型员工网络行为的内涵，介绍战略运算能力的发展演变历程、组成构架、取得绩效及其启示，拓展战略运算能力应用于分析知识型员工网络行为的空间，构建网络行为模型并通过调查进行验证，归纳知识型员工网络行为的特点，针对组织的知识型员工网络行为中的问题，提出解决行为失范问题的对策建议，并进行案例研究。研究内容如图 1-1 所示。

1.2.2　研究方法

总体上坚持理论与实践相结合、归纳与演绎相结合、定性和定量相结合。采用的方法包括文献调查、网络搜索、文献计量、知识图谱、内容分析、调查研究、实地研究、专家访谈、系统分析、因子分析等。第一，文献调查、网络搜索、文献计量和内容分析等，是为探索知识型员工网络行为模式，借鉴国内外相关领域的研究成果和方法。第二，专家访谈和调查研究以及系统分析，借助内容分析提炼和归纳的模型结构变量，利用结构化问卷进行抽样调查并进行分析。第三，案例研究和实地研究，发现知识型员工网络行为的特点，提出纠正网络行为失范的对策建议。

---

① 五化并举，两化融合，是党的十七大作出对信息化工作的重点安排，正确处理工业化、信息化、城镇化、市场化、国际化相互交织发展的形势和关系，重点抓住好信息化与工业化的融合工作。

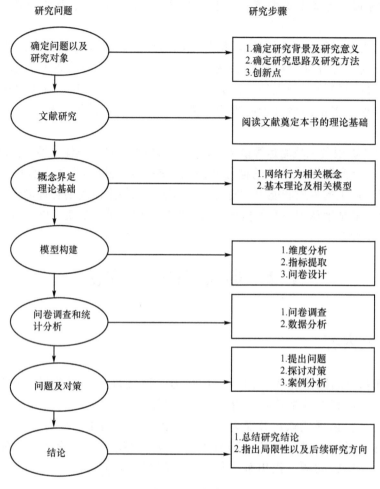

图 1-1　研究内容

1.3　研究创新点

将知识型员工、战略运算能力和网络行为相结合展开研究，具有如下创新点：

（1）尝试突破性地将战略运算能力引入知识型员工网络行为模式研究，为优化和完善知识型员工网络行为开辟新的思路。

（2）提出一个基于战略运算能力的知识型员工网络行为模式框架，从主体和客体以及平台、应用、环境、联盟维度，研究解决网络行为不合理问题的途径与措施。

第2章　相关研究进展

知识型员工网络行为，又可以称为"知识型员工网络信息行为"、"知识型员工信息行为"，本章分别从网络行为（网络信息行为、信息行为）、知识型员工、战略运算能力方面分析研究进展状况。

2.1　国外关于网络行为的研究

2.1.1　网络行为的内涵

"行为"最早是一个在社会心理学中萌发、形成、发展的科学概念，随着学科领域的交叉融合，其逐步深入图书馆学、情报学和文献学、管理学、计算机科学、信息系统等领域，成为图书馆学、情报学和文献学研究的一个重要分支。行为科学认为，人的行为既是人的有机体对内外界刺激的反应，也是人通过一连串的动作实现其预定目标的过程。德国心理学家卢因认为，行为是个体与环境相互作用的结果，用公式表示其关系为 $B = F(P, E)$，其中，B 是 behavior（行为），P 是 person（个人），包括内在的心理因素，E 是 environment（环境），包括自然环境和社会环境。因此，该公式可以理解为人的行为（B）是个体（P）与环境（E）相互作用的结果[1]。信息行为（information behavior）诞生于 20 世纪 70 年代，其根源可以追溯到 20 世纪 60 年代的"信息需求和信息使用"概念[2]。

随着学科知识的分化和融合，将信息行为从人类行为中与其他社会现象分离出来，使之成为具有独立研究对象的学科领域，经历了较复杂的演变过程。信息行为作为国外图书馆和情报（liberary & information）研究，特别是信息研究的核心概念，其基本含义是"人们在不同的语境中怎样需求、探询、管理、提出和运用信息"[3]。

目前，国外对于"信息行为"概念存在诸多不同的解释，影响较大的观点有：

Sonnenwald 等指出信息行为是由个性、物质、动力、空间、时间（即 PMEST）五个部分组成的。他们认为信息行为是一个包罗万象的术语，是用户与信息的概念性和实体上

① 库尔特·卢因. 社会科学中的场论 [M]. 北京：人民出版社，1968：12-16.

② Donald O. Case. Information behavior [J]. Annual Review of Information Science and Technology, 2006, 40 (1): 293-327.

③ Karen E Fisher, Sanda Erdelez, Lynne McKechnie. Theories of Information Behavior [M]. Medford, NJ: Information Today, 2005: 11, 12.

的接触，包括用户信息需求、信息采集、信息组织、信息使用和信息传播，结合认知、情感、态度，以及可观察到的其他行为[①]。

Wilson 提出，人类信息行为是指与信息资源和信息渠道相关的所有人类行为，包括主动与被动的信息查询与使用行为[②]。

Spink 提出，信息使用行为是指吸收信息到现有知识基础的行为，包括信息交换和信息组织行为[③]。

实际上，在 20 世纪 70 年代末 80 年代初，心理学研究进展对信息行为领域的研究产生了深刻影响，信息行为研究经历了由"系统为中心"向"用户为中心"范式的转变，"用户为中心"逐渐成为信息行为研究关注的重点[④]。

2.1.2　信息行为模型

国外学者对于人类信息行为（human information behaviors，HIB）的研究已经形成一定的方法和核心内容，其中的重点之一是对信息行为概念模型或流程模型的研究[⑤]。

Wilson 最早提出信息行为模型，认为个人的信息需求行为受工作、生活角色和周围的政治、经济、科技环境等因素共同决定和制约[⑥]。

Dervin 提出信息行为的"意义构建"理论及其模型，认为模型是由环境及障碍、结果、联系、打破障碍桥梁等四种组成因素共同构成的[⑦]。Dervin 进一步深化信息行为的"意义建构理论"，以解释信息需求产生的原因[⑧]。

Ellis 提出信息查寻行为模型，认为信息行为始于用户开始寻找信息，包括链接信息、浏览信息、进行鉴别、监测、提取、验证以及结束等行为过程因素[⑨]。

Kuhlthau 提出的信息查寻过程模型，强调情感和认知因素在信息查询过程中的作用[⑩]。

Wilson 长期致力于信息行为和网络行为的研究，1984 年，其在 1981 年模型的基础上，提出一个信息查找行为模型，从信息查询角度入手，主要包括开始查询信息、主题选择、对信息进行探索研究、形成观点、信息搜集以及结束等阶段，并且每个阶段均与特定的思

① Sonnenwald D H, Iivonen M . An integrated human information behavior research framework for information studies [J] . Library & Information Science Rearch, 1999, 21 (4)：429-457.

② Wilson T D. Human information behavior [J] . Informaion Science, 2000, 3 (2)：49-56.

③ Spink A. Multitasking information behavior and information task switching: an exploratory study [J] . Journal of Documentation, 2004, 60 (4)：336-351.

④ 张海游. 信息行为研究的理论演进 [J] . 情报资料工作, 2012, (5)：41-45.

⑤ 储荷婷, 张茵. 图书馆信息学 [M] . 北京：中国人民大学出版社, 2007：218-225.

⑥ Wilson T D. On user studies and information needs [J] . Journal of Documentation, 1981, 37 (1)：3-15.

⑦ Dervin B. More will be less unless: The scientific humanization of information systems [J] . National Forum, 1983, 63 (3)：25-27.

⑧ Dervin B. From the mind's eye of the user: the sense-making qualitative-methodology [J] . Qualitative research in information management, 1992, (9)：61-84.

⑨ Ellis D. A behavioural approach to information retrieval system design [J] . Journal of Documentation, 1989, 45 (3)：171-212.

⑩ Kuhlthau C C . Inside the search process: information seeking from the user's perspective [J] . Journal of the American Society for Informaiton Science, 1991, 42 (5)：361-371.

维情感任务和具体行为表现相联系①。1996 年，Wilson 再次提出一个通用的信息查询模型，认为情感、生理、认知需求等因素影响信息查寻行为②。1999 年，其汇总信息行为研究成果，并对各种模型进行述评，进而提出一个信息的问题解决模型③。2000 年，Wilson 又进一步修订信息模型为一个信息行为概括性模型，认为信息行为涉及与人们全部行为有关的信息来源和渠道，包括主动和被动的信息搜寻和信息使用，主动的信息行为，如人与人面对面的沟通；被动的信息行为，如观看电视广告，进而归纳出信息行为的四种类型：信息行为、信息寻求行为、信息检索行为和信息使用行为④。

此外，国外学者还提出许多网络行为模型，常见的有珠形增长模型⑤、Bates 的浏览和采浆果模型⑥、Saracevic 的信息检索交互分层模型⑦、Ingwersen 模型⑧、Spink 线性信息行为模型⑨、Belkin 知识非常态模型⑩等。其中，国内学者借鉴使用和讨论最多的模型主要是 Wilson 分别于 1999 年和 2000 年提出的网络行为模型⑪⑫。随着科学技术的发展，互联网越来越普及，国外学者借鉴多种学科理论和研究方法，如哲学、心理学、社会学、管理学、图书馆学、情报学、计算机科学，以及文献计量、调查法、模型法、搜索引擎日志分析法、内容分析、网络链接分析法等方法对网络行为展开研究。目前，国内对于网络行为领域的研究基本上是在国外研究成果的基础上发展起来的，但进行了深化和革新。

2.1.3　网络行为影响因素分析

随着计算机手机化、手机计算机化进程的加速，网络行为不再是偶然行为，已经成为建构在网络用户自我中心和信息大环境下的交互运动，必然会受到众多因素的影

---

①　Wilson T D. The cognitive approach to information seeking behavior and information use［J］. Social Science Information Studies，1984，4（2-3）：197-204.

②　Wilson T D. Information behavior：an interdisciplinary perspective［J］. Information Processing & Management，1996，33（4）：551-572.

③　Wilson T D. Models in information bebavior research［J］. Journal of Pocumentation，1999，55（3）：249-270.

④　Wilson T D. Human information bebavior［J］. Information Science，2000，3（2）：49-56.

⑤　Markey K，Cochrane P A. ONTAP：Online Training and Practice Manual for ERIC Date Base Searchers［M］. New York：Syracuse university，1978：120-133.

⑥　Bates M J. The design of Browsing and Berrypicking：techniques for the Online Search Interface［J］. Online Review，1989，13（5）：400-424.

⑦　Saracevic T. The stratified model of information retrieval interaction：Extension and applications［C］//Proceedings of the Annual Meeting-American Society for Information Science. Learned Information（Europe）Ltd，1997：313-327.

⑧　Ingwersen P. Cognitive perspectives of information retrieecal interaction：Elements of a cognitive IR theory［J］. Journal of documentation，1996，52（1）：3-50.

⑨　Sping A. Information science：A third feedback framework［J］. Journal of the American Society for Information Science，1997，48（8）：728-740.

⑩　Fisher K E，Sanda E，McKechnie L. Theories of information behavior［M］. Information Today Inc.，2005：44-48.

⑪　Wilson T D. Models in information bebavior research［J］. Journal of Pocumentation，1999，55（3）：249-270.

⑫　Wilson T D. Human information behavior［J］. Information Science，2000，3（2）：49-56.

响。Mick 等提出信息行为受三个因素影响的观点，且特别侧重于对个人特质和人际关系两个因素的研究①。Wilson 提出信息行为有三个影响因素的观点，包括特质、人际关系和环境因素②。Dervin 和 Nilan 主要基于环境分析，归纳出八个影响因素，包括信息获取条件、信息安全、社会环境等③。

澳大利亚西澳大学的 Klobas 和 Clyde 通过电子邮件方式收集问卷，纵向调查位于冰岛的参与者在 3 年的互联网培训过程中学习、了解互联网的原因和态度，提出基于计划行为理论的网络使用行为意向模型框架，认为影响因素包括态度、社会影响、感知有用性（perceived control of use）等④。

2.1.4　特定人员的网络行为研究

随着网络行为研究的深化，国外学者不断拓宽研究视角，通过对不同群体的网络行为进行分析，归纳总结其中的规律且加以利用，针对的主要用户包括青少年、科研人员和成人等。

1. 青少年和学生的网络信息行为研究

青少年使用网络工具的方便性逐步提高，时间长度日渐增加，加之网络内容良莠不齐，使青少年的网络行为研究成为社会关注的焦点。

1999 年，Voorbij 和 Henk 选取 1000 名成员填写详细的调查表并对 3 个焦点小组展开访谈。其对荷兰某高校的学生在工作或学习中的网络行为情况进行调查，发现绝大多数青年学生利用网络进行学习或工作，主要是查找一些非常具体的、概括性的信息，对他们而言，图书馆的支持，如选择、题录、主题标引和个别援助等服务仍然很重要。可见当时网络，尚难以完全取代传统的书籍资源，而仅仅是传统书籍资源的补充⑤。

William 和 Walker 调查学生使用网络进行信息检索的策略，发现网络用户的主体是年轻人，网络已经成为他们解决问题的首选方式，进而强调对网络用户进行网络使用知识和技能的培训，及时提供检索帮助。例如，提供随时随地地在线帮助；将网络浏览器安排在专门放置界标的地方，且界标简明易懂；配备有关字词拼写校正的程序等⑥。

Fidel 和 Davies 等分析需要回家完成学习任务的高中生的网络搜索行为，通过采用观

---

① Mick C K, Lindsey G N, Callahan D. Toward usable user studies ［J］. Journal of the American Society for Information Science, 1980, 31（5）: 347-356.

② Wilson T D. On user studies and information needs ［J］. Journal of Documentation, 1981, 37（1）: 3-15.

③ Dervin B, Nilan M. Information needs and uses ［J］. Annual Review of Information Science and Technology, 1986, 21: 3-33.

④ Klobas J E, Clyde L A. Adults learning to use the Internet: A longitudinal study of attitudes and other factors associated with intended Internet use ［J］. Library & Information Science Research, 2000, 22（1）: 5-34.

⑤ Voorbij, Henk J. Searching scientific information on the Internet: A dutch academic user survey ［J］. Journal of the American Society for Information Science, 1999, 50（7）: 598-615.

⑥ William E M, Walker J R. Identifying and categorizing information-seeking behaviors in the net worked environment: an exploratory study of young adults ［J］. Internet Research, 1999, 9（5）: 161-170.

察法、访谈法和出声思维法，发现学生喜欢搜索网络中含有图片等多种形式内容的信息，并能灵活使用搜索引擎，包括使用地标和向别人寻求帮助，因此系统设计需要考虑用户寻找和搜索的网络行为规律，同时加强对用户的培训[1]。

Bilal 调查研究儿童使用 Yahooligans! 搜索引擎来查找有关特定搜索任务的网络信息时的认知、情感和物理行为。该项目选取了 22 名七年级儿童为研究对象，使用基于 Windows 的软件程序包 Lotus ScreenCam 来捕捉他们的认知和物理行为，如 Netscape 中记录的活动，通过捕获他们的情感状态——"网络遍历测量"（web traversal measure）衡量儿童的加权遍历效率和效益以及他们在 Yahooligans! 的信息品质移动（quality moves），讨论用户培训和系统设计的影响。研究发现，学生在利用网络进行信息查寻时存在不同程度的困难，犯各种各样的错误，包括检索词过于宽泛或过于狭窄、拼写错误、常忽视相关的链接、很少浏览相关的信息等[2]。

Dalgleish 和 Hall 通过面对面访谈的方式调查大学生对网络的感觉和认识，研究结果显示，学生最感兴趣的是网络信息查寻和检索的方便性、快捷性和连续性；在信息查寻策略方面，是先查寻网络还是在利用传统信息资源后再查寻网络，不同的人采用不同的策略；在判断信息质量方面，绝大多数学生认为网络的优势是信息获取的快捷和便利，但内容的可信度不高[3]。

Chris Atkinson 和 David Newton 在回顾网络技术发展在过去 40 年对儿童带来风险的文献基础上，基于 Web 2.0 对青少年网络行为进行研究，探讨引发青少年不良网络行为的因素及后果[4]。

Marcum 等以东北一个中等规模大学的学生为研究对象，采用问卷调查方式，了解他们的日常网络行为，分析青少年网络受害的潜在因素，研究结果显示：在互联网使用过程中，增加参与具有犯罪动机的行为，会增加网络受害的可能性；相反，采取保护措施，并没有减少受害的可能性[5]。

Hasebrink 等针对关于儿童网络行为差异的研究仅在单个国家内研究的现状，以欧盟不同国家的儿童为研究对象，对儿童网络行为的共性和差异进行研究，进一步指出不同国家的儿童网络行为共性和差异存在的原因[6]。

Gable 等基于相关文献研究基础，以城市、郊区和农村共计 1366 名学生为调查对象，

---

① Fidel R, Davies R K, Douglass M H, et al. A visit to the information mall: Web searching behavior of high school students [J]. JASIS, 1999, 50 (1): 24-37.

② Bilal D. Children's use of the Yahooligans! Web search engine: I. Cognitive, physical, and affective behaviors on fact based search tasks [J]. Journal of the American Society for Information Science, 2000, 51 (7): 646-665.

③ Dalgleish A, Hall R. Uses and Perceptions of the World Wide Web in an Information Seeking Environment [J]. Journal of Librarianship and Information Science, 2000, 32 (3): 104-116.

④ Atkinson C, Newton D. Online behaviours of adolescents: Victims, perpetrators and Web 2.0 [J]. Journal of Sexual Aggression, 2010, 16 (1): 107-120.

⑤ Marcum, C D, Higgins, G E, Ricketts, M L. Potential factors of online victimization of youth: An examination of adolescent online behaviors utilizing routine activity theory [J]. Deviant Behavior, 2010, 31 (5): 381-410.

⑥ Hasebrink U, Olafsson K, Stetka V. Commonalities and differences: How to learn from international comparisons of children's online behavior [J]. International Journal of Media & Cultural Politics, 2010, 6 (1): 9-24.

运用问卷调查法，构建一个知识量表和五个行为维度，对知识网络风险和网络行为进行分析，以期为教育工作者提供启示①。

Durkee 和 Kaess 以 7000 名来自欧洲不同国家的青少年作为研究对象，运用问卷调查和访谈结合的方法，对其网络行为与抑郁症、自我伤害和自杀行为之间的关系进行评估，结果表明：上网成瘾或者不规范的网络行为更容易使青少年患上抑郁症，甚至引发自我伤害和自杀行为②。

Lau 等从性别、宗教、父母养育方式三个方面分析青少年危险网络行为，发现：男性危险网络行为多于女性；基督徒和非基督徒在有风险的网络行为上没有显著差异；没有特殊养育方式家庭的青少年危险网络行为较少③。

2. 成人的网络信息行为研究

成人因为学习、工作和生活与青少年的学习和娱乐不同，网络行为具有自身的特点，也受到研究人员的关注。

Klobas 和 Clyde 通过对成人的网络行为在 1993~1998 年的纵向调查，研究人们随着时间的推移对网络态度的变化，进而构建基于网络行为意图的模型，该模型由态度（信念、认知和评估）、感知使用控制、社会影响、网络使用意图和网络使用行为要素构成，其中态度的影响最显著，而信息质量等因素会影响态度的形成，但是非重要的因素④。

Jones 和 Chen 在回顾已有文献的基础上，基于消费者决策模型，对旅行者在旅行之前进行网络信息搜索的网络行为进行研究，进而分析其在旅行中选择酒店的决定因素⑤。

Sela-Shayovitz Revital 运用半结构式访谈方式，收集团体成员使用网络行为的相关资料，分析团体在网络上的集体活动，结果显示：网络行为影响团体成员社交过程，计算机技能水平是团体成员参与网络犯罪行为的一个关键因素⑥。

Dworkin Jodi 等通过对 2011 年 12 月发表的 27 项研究报告进行总结，对家长网络行为的相关研究进行文献回顾，分别从父母在网上做什么、网络上的社会支持、数字鸿沟三个方面对文献进行归纳分析，研究发现：父母渴望利用网络得到更多教育资源，经常在网上搜索育儿资讯并期望得到社会的更多支持⑦。

---

① Gable R K, Ludlow L H, McCoach D. B, Kite S L. Development and validation of the survey of knowledge of internet risk and internet behavior［J］. Educational & Psychological Measurement, 2011, 71（1）: 217-230.

② Durkee T, Kaess M. FC09-06 -Adolescent internet behaviors and its correlation to depression, self-harm and suicidal behavior in European pupils［J］. European Psychiatry, 2011, 26（1）: 1863.

③ Lau Wilfred W F, Yuen Allan H K. Adolescents' risky online behaviours: The influence of gender, religion, and parenting style［J］. Computers in Human Behavior, 2013, 29（6）: 2690-2696.

④ Klobas J E, Clyde L A. Adults learning to use the Internet: A longitudinal study of attitudes and other factors associated with intended Internet use［J］. Library & Information Science Research, 2000, 22（1）: 5-34.

⑤ Jones P, Chen M. Factors determining hotel selection: Online behaviour by leisure travellers［J］. Tourism & Hospitality Research, 2011, 11（1）: 83-95.

⑥ Sela-Shayovitz Revital. Gangs and the web: Gang members' online behavior［J］. Journal of Contemporary Criminal Justice, 2012, 28（4）: 389-405.

⑦ Jodi D, Jessica C, Jennifer D. A literature review of parents′ online behavior［J］. Cyberpsychology, 2013, 7（2）: 1-10.

Liu 以 12~21 岁北京和济南的城市学生的 4559 份问卷资料为依据，运用线性回归实证分析方法，探讨父母的网络行为对青少年和父母关系的影响，结果表明：青少年的性别因素具有调节作用①。

3. 面向用户的网络行为

20 世纪 70 年代，国外情报学界对网络行为、信息行为的"研究取向"（orientation）从面向机构、系统和资源，转向更加关注用户，即从"面向系统"转向"面向用户"，两者既有联系又有区别。"面向系统"的网络行为研究，是从资源、机构的角度来观察和分析用户网络信息行为，通过统计数据，评价资源和机构的管理绩效。这种研究思路因其研究范围和研究方法的局限性，难以满足不断增长的以用户为中心的理论和实践的需要。随着行为科学、心理学、社会学等学科的理论和方法逐步渗透到网络信息行为研究领域，网络信息行为与人文和社会学科不断交叉融合，为"面向用户"的网络信息行为研究提供了一种新的理论基础和研究方法。

心理学家 Neisser 等奠定认知心理学的理论基础，提出的认知心理学以人的认知心理为研究对象，分析知觉、注意、记忆、言语、问题解决和推理等心理过程的变化，同时将人的心理活动看成一个信息加工系统②。

心理学家 Floridi 通过对人在社会情境中的心路历程，以及日常生活中的行为方式和行为特征进行观察和分析，提出网络行为过程始于问题陈述，经过"数据—信息—知识"的认知发展过程，不断满足人的网络信息需求；同时他强调个人无意识的网络获取行为，能积累大量生活常识，对个体的社会生活决策具有重要意义③。

心理学家 Spink 等以社会心理学为理论基础，分析人的网络信息行为如何受他人的影响，如何通过调试行为以适应环境需要；根据人的社会心理特征，将用户分为问题解决者、意义构建者、日常生活信息查询者和一般信息查询者等④。

Ma 等根据习惯性领域的理论，对企业间网络机制随着环境变化而产生的应对措施进行研究，构建网络行为变化的分析框架，讨论习惯性领域的网络行为变化双重角色，最终提出不断提高企业网络机制应变能力的策略⑤。

Linnman 等研究人们如何使用网络了解疾病知识，发现人们通过社会性媒体，如"谷歌"和"推特"进行调查搜索，整合网络资源，了解疾病知识，并认为人们利用网络了

① Liu Q X. Perceived parent-adolescent relationship, perceived parental online behaviors and pathological internet use among adolescents: gender-specific differences [J]. PLOS ONE, 2013, 8 (9): 1-8.

② Neisser U, Becklen R, Selective looking: Attending to visually specified events [J]. Cognitive Psychology, 1975, 7 (4): 480-494.

③ Floridi L. On defining Library and Information science as applied philosophy of information [J]. Social Epistemology, 2002, 16 (1): 37-49.

④ Spink A, Wolfram D, Jansen M B J, et al. Searching the web: The public and their queries [J]. Journal of the American Society for Information Science and Technology, 2001, 52 (3): 226-234.

⑤ Ma L, Shi Y, Zhao W. Habitual domain exploration in inter-firm networks: A framework for understanding network behavior [J]. Journal of Manufacturing Technology Management, 2012, 23 (8): 1057-1070.

解疾病知识的网络行为是自愿的，可以丰富流行病学的研究来源①。

4. 教师和科研人员的网络行为研究

Paisley 提出 10 种影响科研人员的信息查询行为和信息使用行为的因素，包括文化体系（culture system）、政治体系（political system）、群体成员（membership group）、参照群体（reference group）、看不见的学院（invisible college）、正式组织（formal organization）、工作团队（work team）、个体的认知结构（his own head）、法律/经济系统（legal/economic system）、正式信息系统（formal information system）②。Paisley 的分类体系对网络行为研究的发展产生重要的影响，提供一种新的研究思路，通过分析网络行为环境的构成，找出影响网络行为的各种因素，进而更准确地预测网络行为。

Cherry 等对多伦多大学的科研人员的网络行为进行调查发现，利用网络查找学术资源的主体是研究生和教职工，他们使用网络搜寻信息的目的是查找科研资料和教学资料，其他人则根据自身的兴趣浏览或查询信息③。

Brown 使用分布式电子调查表评估俄克拉荷马大学的天文学家、化学家、数学家和物理学家的信息寻求行为，调查发现：当时所有接受调查的科学家都非常依赖论文、专著、出席会议、同行通信来进行研究和创造性的活动；尽管科学家拥有很多电子书目数据库资源的访问机会，但大多数还是首选打印同行评审的论文④。

Klobas 等研究高校科研人员的网络行为时发现，科研人员需求量最大的是理论性文献和原始资料，其信息来源主要是期刊论文、会议论文、研究报告等，但因受网络信息权和信息不对称的影响，往往很难获得全面的信息和原始资料，这对网络检索提出更高的要求⑤。

5. 以图书馆读者为主的网络行为

网络行为研究的形成与图书馆学的用户研究或者读者研究密切相关。20 世纪 40～70 年代，图书馆学的用户研究主要集中于读者群体分类、个体信息查询、书刊借阅等方面，以用户研究评价图书馆藏书和服务质量，从而在图书馆学领域明确研究角度和理清学科轮廓。

美国图书馆学家 Butler 在《图书馆学导论》一书中，通过对图书馆读者的"心理学

---

① Linnman C, Maleki N. Migraine Tweets：What can online behavior tell us about disease？[J]. Cephalalgia (Sage Publications Ltd.), 2013, 33 (1): 68-69.

② Paisley W J. The Flow of (Behavioral) Science Information: A Review of the Research Literature [M]. Palo Alto: Stanford University, 1966: 208-220.

③ Cherry J, Clinton M, Tillotson J. Internet Use through the University of Toronto Library: Demographics, Destinations and Users´ Reactions [C] //ACSI' 94: Association canadienne pour les sciences de l´information. Conférence annuelle, 1994: 106-108.

④ Brown C M. Information seeking behavior of scientists in the electronic information age: Astronomers, chemists, mathematicians, and physicists [J]. Journal of the Ametrican Society for Information Science, 1999, 50 (10): 929－943.

⑤ Klobas J E, Clyde L A. Adults learning to use the Internet: A longitudinal study of attitudes and other factors associated with intended Internet use [J]. Library & Information Science Research, 2000, 22 (1): 5-34.

分析"，探讨阅读动机、阅读类型和阅读效果等心理现象，成为早期图书馆读者心理分析的代表，但在研究方法和研究过程方面，尚缺少可以在实践中具体应用的方法和措施①。

英国图书馆学者采用提问法和日记法，调查英国 8 个研究所、15 个学科专业的 208 名科研人员的图书借阅行为，研究科学期刊的类型、阅览目的和收获情况等主题②。同时，Urquhart 以科学博物院图书馆的专业型读者为研究对象，分析科学技术信息的需求、分布和使用行为③。Pernal 和 Urguhart 的两篇研究论文与前期的纯理论分析不同，采用抽样调查的实证方法，且样本具有一定的规模，研究结果具有一定的说服力，对构建"通则化"（generalization）模型具有启发意义，被公认为信息行为研究的奠基石。

Menzel 以偏好（preference）与需求（demand）、关键事件（critical incident）和用户交互性（user interaction）作为文献分类标准，对 1963~1965 年科学家之间的信息流动研究进行述评④，但是信息行为研究在调查对象、调查项目和统计方式方法等方面缺少统一的参考标准，Menzel 的文献分类研究成果缺乏深度，难以形成具有普遍适用性的研究结论。

图书馆领域的信息行为研究在形成阶段，主要围绕图书馆读者服务工作而展开，以实证分析作为研究方法，但研究视野局限于具体问题⑤，仅依靠图书馆到馆人数、个人借阅数量等统计数据，评价图书馆管理的效果和效率，难以形成网络行为研究的理论体系。

6. 围绕搜索引擎和日志的网络行为

搜索引擎是网络行为的重要工具之一，用户利用搜索引擎的网络行为成为国外学者的研究对象。同时，日志分析法作为一种客观的研究方法，广泛应用于网络用户信息查寻行为的研究。

Catledge 等开创了使用日志分析法分析网络用户的查寻策略选择的先河⑥。美国西点军校的 Jansen 等通过分析主流的搜索引擎 Excite 的 18 113 名用户共 51 473 条网络日志，指出网络信息检索的用户有两个明显特征：①更改查询目标行为频繁，在一个会话期间频繁更改查询的目标，通过浏览的页面并利用相关反馈更改查询的目标；②查询搜索词的数量上升，且使用逻辑和修饰符，进而提出用户网络行为研究动向：研究新类型的用户接口、智能用户界面和软件开发商，以帮助用户更简单和透明地利用搜索引擎，更精确地分

① Butler P. An Introduction to Library Science ［M］. Chicago：University of Chicago Press, 1961：26.

② Vickery B. The Royal Society scientific information conference of 1948 ［J］. Journal of Documentation, 1998, 54 （3）：281-283.

③ Urquhart D J. The distribution and use of scientific and technical information ［J］. Journal of Documentation, 1948, 3 （4）：222 -231.

④ Menzel H. Review of Studies in the Flow of Information among Scientists ［M］. New York：Columbia University Bureau of Applied Social Research, 1966：2.

⑤ Wilson T D, Dunn D S. Effects of introspection on attitude-behavior consistency：Analyzing reasons versus focusing on feelings ［J］. Journal of Experimental Social Psychology, 1986, 22 （3）：249-263.

⑥ Catledge L D, Pitkow J E. Characterizing browsing strategies in the World-Wide Web ［J］. Computer Networks and IS-DN Systems, 1995, 27 （6）：1065-1073.

类，完善用户浏览网页查询语言服务和服务商提供的数据和信息①。

Spink 和 Xu 利用搜索引擎 Excite 的查询记录来分析用户的检索词的分布、提问的长度、用户信息需求的表达方式以及相关反馈的利用等②；Moukdad 和 Large 使用 Webcraeler 日志，通过分析用户的各种提问方式来分析用户的网络信息查寻行为③。Jansen 通过对 5 个搜索引擎（Nor them Light、Excite、AhaVista、Infoseek、Fast-Search）的记录分析，研究检索提问的复杂性对检索结果的影响，发现随着提问复杂性的增加，但检索结果的改善性并不显著④。

2.2　国内关于网络行为的研究

中国的计算机网络发展起步较晚，因特网以及内联网、外联网到 20 世纪 90 年代才开始建设和应用，与此同时，国内学者开始关注网络行为的研究。进入 21 世纪后，网络行为研究规模迅速扩大，向广度和深度方面拓展，研究成果日益丰富。

2.2.1　网络行为相关概念的研究

林平忠认为，信息行为是以用户的信息需要为基础，在内外因作用下相互联系又相互制约的心理和行为发生过程，是用户在信息活动中对智力和信息所作出的定向选择，即用户有意识地查寻文献、捕捉信息、阅读和利用知识的情报活动⑤。

叶峰认为，信息的使用者应定义为在科技、生产、管理、文化教育活动中所需要和使用信息的个人和群体，简单定义为只要利用或使用了信息资源的社会成员都是信息用户⑥。

冷伏海等认为，信息行为从行为主体、外界刺激、主体目标和主体活动角度看有不同的理解。从行为主体的角度看，信息行为是各种信息活动的结合体⑦。

白海燕和赵丽辉认为，网络信息行为是人类在认知思维控制下对外部影响因素所作出的快速反应，这些过程是建立在对信息的需求和动机之上的，需要经过信息搜寻、选择、处理等过程，最终被用户吸收并转化为思想，这一过程是连续、动态并逐步深入的⑧。

① Jansen B J, Spink A, Saracevic T. Real life, real users, and real needs: a study and analysis of user queries on the web [J]. Information processing & management, 2000, 36 (2): 207-227.

② Spink A, Xu J L. Selected results from a large study of Web searching: the Excite study [J]. Information Research, 2000, 6 (1): 1-6.

③ Moukdad H, Large A. Users' perceptions of the Web as revealed by transaction log analysis [J]. Online Information Review, 2001, 25 (6): 349-359.

④ Jansen B J. The effect of query complexity on Web searching results [J]. Information Research, 2000, 6 (1): 1-6.

⑤ 林平忠. 论图书馆用户的信息行为及其影响因素 [J]. 图书馆论坛. 1996, (6): 7-9.

⑥ 叶峰. 我国数字用户信息行为若干问题分析 [J]. 图书馆论坛. 2007, 27 (3): 61-63.

⑦ 冷伏海，王宏义，冯璐，等. 网络环境下市场网络信息行为理论体系初探 [J]. 中国图书馆学报，2003, (6): 50-52.

⑧ 白海燕，赵丽辉. 网络环境下的用户网络信息行为分析 [J]. 燕山大学学报（哲学社会科学版），2002, (2): 89-92.

邓小昭对网络信息行为进行分类，进而提出浏览与检索整合式的网上信息查寻模式①。

李书宁认为，网络用户的定义是在科研、生产、生活及其他各项活动中对信息具有需求以及需要使用网络信息资源的个体和群体；网络信息行为是在自身的信息需求和动机的支配下，网络用户利用网络工具，进行网络信息查寻、检索、选择、交流和利用的活动②。

朱婕等认为，网络信息行为是人类在现实世界中进行生存、生活、工作、学习和交往等活动所必需和必然产生的行为。情报学领域的网络信息行为，一般是指当网络信息用户有了确定的信息需求时，以各种方式对所需求的信息进行寻求、传递和使用的行为③。

魏力更认为，网络用户的信息行为主要是指用户的网络信息检索行为。网络信息检索行为是指通过特定的网络信息检索工具，用户用其来满足特定信息需求的一种行为方式，主要包括信息获取途径的选择（如 E-mail、搜索引擎、数据库、网站链接等）、检索提问式的编制和重构、网页浏览与存取技巧、布尔操作符的使用、由任务类型决定的检索时间、检索问题的解决、检索结果的评价等④。

曹双喜和邓小昭认为，网络信息行为是指网络用户在一定的信息需求支配下，通过网络上的相关工具，进行网络信息的查寻、选择、吸收、利用和交流的活动⑤。

喻华林从广义和狭义两个角度定义网络信息行为：广义上讲，网络信息行为是指网络用户在使用网络信息资源时所呈现出的一定的特点和规律，通过特定的检索方法和技术，用某些特征量的统计特征或关联关系定量或定性加以表示；狭义上讲，网络信息行为是网络用户在思想动机的支配下，利用网络工具，进行网络信息浏览、检索和选择的活动⑥。

肖庆红认为，网络用户在需求、动机的支配下，利用网络工具，所实施的网络信息检索、交流、消费和消遣等一系列行为，即网络信息行为⑦。

乔欢和陈颖颖认为，网络信息行为是一种个体或群体行为，是与信息的创造、传播、获取和使用密切相关的行为⑧。

乔增贤认为，用户网络信息行为受用户主体（包括信息意识、信息技能、认知类型）和环境客体（包括网络信息资源状况、网络有用性、网络易用性、网络基础设施建设、网络安全和隐私等）影响⑨。

王艳和邓小昭认为，网络用户信息行为是互联网使用者在认知思维支配下对外部条件作出的反应，它是建立在需求和动机的基础之上，利用互联网提供的信息内容和信息服务，所从事的信息需求的认识与表达、信息查询、信息选择、信息存储、信息吸收与利用，以及信息加工、信息交互等活动⑩。

① 邓小昭. 因特网用户信息检索与浏览行为研究 [J]. 情报学报, 2003, 22 (6)：653-658.
② 李书宁. 网络用户信息行为研究 [J]. 图书馆学研究, 2004 (7)：82-84.
③ 朱婕, 靖继鹏, 窦平安. 国外信息行为模型分析与评价 [J]. 图书情报工作, 2005, 49 (4)：48-51.
④ 魏力更. 高校网络用户信息需求与信息行为研究 [J]. 情报资料工作. 2005, (5)：105-107.
⑤ 曹双喜, 邓小昭. 网络用户信息行为研究述略 [J]. 情报杂志, 2006, (2)：79-81.
⑥ 喻华林. 网络用户信息查寻行为研究 [J]. 机电产品开发与创新, 2006, 19 (3)：107, 108.
⑦ 肖庆红. 网络信息行为被迫阻滞反应 [J]. 信息网络安全. 2007, (2)：26-28.
⑧ 乔欢, 陈颖颖. 基于"沉默螺旋"理论的网络信息行为研究 [J]. 情报资料工作, 2009, (2)：33-35.
⑨ 乔增贤. 网络环境下用户的信息行为研究 [J]. 黑龙江史志, 2009, (18)：24-26.
⑩ 王艳, 邓小昭. 网络用户信息行为基本问题探讨 [J]. 图书情报工作, 2009, 53 (16)：35-39.

姚海燕等提出，网络用户信息行为主要受网络用户的知识结构与社会角色、网络用语的信息意识与信息素质、网络信息环境以及政治、经济等其他因素的影响①。

王建华认为，网络信息行为是指用户利用网络信息服务系统软件和不同的信息服务模式，进行网络信息查寻、选择、交流、发布的活动②。

余肖生和孙珊认为，网络信息行为是网络用户以网络为媒介，以网络提供的相关工具为手段，对网络信息进行查寻、交流、选择、吸收及利用等的一系列活动，以此满足对网络信息的需求③。

2.2.2　网络行为内容

在界定网络行为内涵的基础上，国内学者对网络行为的内容进行一系列研究。

曹树金和胡岷在分析国外文献的基础上，从特定用户网络信息行为、用户利用网络检索工具查寻信息行为、影响网络信息查寻行为因素、网络信息查寻行为模型、网络信息查寻行为研究结果的应用五个方面探讨网络信息查寻行为的研究状况④。

白海燕和赵丽辉从网络信息行为定义出发，重点分析网络对信息检索行为的影响⑤。

李法运研究用户网络检索行为的相关问题，特别分析网络检索行为特征以及影响网络检索行为的因素等⑥。

李书宁探讨网络信息行为的影响因素，从信息检索行为、信息交流行为两个方面探讨网络用户利用信息的规律⑦。

王艳和邓小昭在阐释网络用户信息行为相关概念的基础上，界定网络信息行为的内涵，进而运用"5W1M"模型解释网络信息行为的构成要素，将多样化的网络用户信息行为进行分类⑧。

姚海燕、李健和邓小昭描述网络信息行为研究过程中侵犯网络用户隐私的具体行为表现，进而提出研究人员和网络用户在网络隐私保护中各自应遵循的原则⑨。

任淑宁详细介绍了一种研究方法，即视频捕捉法在研究网络信息行为中的具体使用，并且分析其优缺点⑩。

赵正群和王进在对盗用个人信息行为的法律界定基础上，明确盗用个人信息行为的严重性和违法性，同时以"2009年中国十大影响性诉讼"之一的"罗彩霞案"为例，分析

① 姚海燕，李健，邓小昭. 网络用户信息行为研究中的隐私问题探讨 [J]，情报探索，2010，（7）：14，15.
② 王建华. 网络用户信息行为优化整合探究 [J] 农业网络信息，2011，（8）：76-78.
③ 余肖生，孙珊. 基于网络用户信息行为的个性化推荐模型 [J]，重庆理工大学学报（自然科学版），2013，（1）：47-50.
④ 曹树金，胡岷. 国外网络信息查寻行为研究进展 [J]. 国家图书馆学刊，2002，（2）：47-51.
⑤ 白海燕，赵丽辉. 网络环境下的用户信息行为分析 [J]. 燕山大学学报（哲学社会科学版），2002，（2）：89-92.
⑥ 李法运. 网络用户信息检索行为研究 [J]. 中国图书馆学报，2003，（2）：64-67，79.
⑦ 李书宁. 网络用户信息行为研究 [J]. 图书馆学研究，2004，（7）：82-84.
⑧ 王艳，邓小昭. 网络用户信息行为基本问题探讨 [J]. 图书情报工作，2009，53（16）：35-39.
⑨ 姚海燕，李健，邓小昭. 网络用户信息行为研究中的隐私问题探讨 [J]，情报探索，2010，（7）：14，15.
⑩ 任淑宁. 视频捕捉法：研究用户网络信息行为的有效方法 [J]. 图书馆学研究，2011，（8）：45-48.

盗用个人信息行为中相关侵权人应承担的多种法律责任，并以此建构我国惩戒盗用个人信息行为的法律责任框架①。

张莉立足于结构分析思想，基于社会网络的视角，以豆瓣网用户为例分析网络用户协同信息行为的内在逻辑关联特征，以用户关系为核心构建用户与用户、用户与信息的协同信息行为和信息交互模型，进而揭示网络环境下用户信息行为特征和信息服务发展的新趋势，以期为图书馆个性化信息服务提供一个新的研究视角②。

王知津和韩正彪在借鉴国内外已有研究的基础上，从集成的观点出发，围绕多学科、时空环境、研究方法和多个过程环节四个方面，初步设计信息行为的集成化研究框架，从宏观视角和微观层面对网络信息行为问题进行探索，认为对网络信息行为领域的研究需要坚持多元化、集成化的原则，以推动信息社会的发展③。

金燕和王晓斌在介绍虚拟社区用户信息行为的内涵及特征的基础上，从数据搜集、数据挖掘分析和结果展现三个方面构建虚拟社区用户信息行为研究方法的三维框架，着重分析虚拟社区用户信息行为研究的专用工具，包括数据搜集维度中的改良爬虫技术、数据挖掘分析维度中的社会网络分析工具等，进而对各个方法所需的软件工具进行介绍④。

迪莉娅以用户合作性信息行为的含义为切入点，介绍用户合作性信息行为的发展阶段和过程，分析信息的共享、信息的评估、合作的共识、合作性的意义，进而构建用户合作性信息行为的理论框架⑤。

魏群义、霍然和侯桂楠从理论研究模型、研究方法、实践应用等三个方面对国内外用户信息行为的研究进行综述，分析当前理论研究和实践应用中存在的问题并提出用户信息行为研究未来的发展趋势⑥。

王艳玲和何颖芳调查我国网络用户信息行为的四个方面：用户的所处情境、原有认知结构、信息理解能力和信息行为习惯，分析其对网络舆论形成与发展的影响，发现这些个体性因素能够对网络舆论的发生和走向提供解释，网络舆论的关注点集中在用户的信息行为，用户自身的不确定性影响网络舆论的程度⑦。

刘娟在梳理活动理论的起源、核心思想和基本模型的基础上，指出系统导向和用户导向的认知科学研究范式的不足，对图书情报领域用户信息行为活动理论研究范式进行可行性分析，最后对图书情报领域用户信息行为研究范式的基本思路和实证研究框架进行设计，以期为图书情报领域用户信息行为的研究范式提供新的思维方式⑧。

---

① 赵正群，王进. 盗用个人信息行为的违法性及其法律责任论析：对"罗彩霞案"的信息法解读 [J]. 南开学报（哲学社会科学版），2012，(4)：13-23.

② 张莉. 社会网络视域下的用户协同信息行为与图书馆信息服务新趋势 [J]. 图书情报工作，2012，56（7）：49-53.

③ 王知津，韩正彪. 信息行为集成化研究框架初探 [J]. 中国图书馆学报，2012，(1)：87-95.

④ 金燕，王晓斌. 虚拟社区用户信息行为研究方法的三维框架 [J] 图书情报工作，2012，56（14）：73-76，140.

⑤ 迪莉娅. 用户合作性信息行为理论框架构建研究 [J]. 图书馆，2012，(3)：38-40.

⑥ 魏群义，霍然，侯桂楠. 用户信息行为理论研究与实践综述 [J]. 图书馆工作与研究，2012，(2) 16-19.

⑦ 王艳玲，何颖芳. 个体性因素对网络舆论的影响：基于一项对我国网络用户信息行为的调查 [J]. 新媒体研究，2013，(3)：72-76.

⑧ 刘娟. 活动理论视角下的图情领域用户信息行为研究范式 [J]. 图书情报知识，2013，(2)：88-96.

胡雅萍以 Web of Science 数据库和 CNKI 数据库中 2002～2012 年信息行为领域相关文献为研究对象，利用 CiteSpaceII 软件对相关引文数据、关键词数据进行分析和处理，对国内外信息行为研究的知识基础、研究热点和前沿进行对比分析，以期为我国信息行为的相关研究提供参考①。

孔少华将早期信息行为研究与后网络时代信息行为研究进行比较，总结后网络时代信息行为研究的新特点，并指明日后网络信息行为研究的方向②。

马翠嫦和曹树金在总结和完善信息行为理论要素的同时，对作为理论和方法基础的信息行为模型的构建进行论述，在此基础上对要素间的主要关系、作用机理、构建步骤和实施层次进行梳理和归纳，并提出未来发展方向③。

叶凤云和汪传雷基于知识型员工的特点提出知识型员工战略行为能力和信息行为能力的概念，构建知识型员工战略行为能力与信息行为能力的三维结构，提出战略行为能力维度包括战略思维能力、战略规划能力、战略执行能力及知识持续更新能力四个方面；信息行为能力维度主要包括信息获取能力、信息处理能力、信息分析能力及信息利用能力四个方面；并尝试将信息行为能力与其战略行为能力两个维度结合起来进行分析，同时基于知识型员工的层次划分对战略行为能力和运算行为能力两个维度进行详细解析，根据组织内部知识型员工所属不同层次，提出相应的战略行为能力要求和信息行为能力要求，以期为后续研究提供参考④。

2.2.3　特定环境中的网络行为

随着科技进步和互联网的普及，不同的网络环境常常产生体现不同特征的网络行为，网络行为较之传统信息行为，更具丰富的内涵和意义。传统观点认为，用户信息行为是指用户在个人认知水平的控制下对外部影响因素所作出的反应，这些反应需要建立在对信息的需求和强烈的动机之上，需要经历连续并不断深入的过程；现代观点认为，网络行为对用户所处的环境因素具有依附性，用户受环境的影响较大。

张卫群分析用户信息行为分别在传统环境和网络环境中，用户在信息需求和动机的控制下，利用图书馆等信息服务机构进行信息使用的全过程⑤。

甘利人和岑咏华研究科技用户搜寻（检索）网络信息资源的具体活动，提出以用户、系统、环境为顶层分析框架的科技用户信息搜索行为影响因素分析模型⑥。

曾频认为，网络环境是以网络技术为主而形成的一种信息环境，是互联网上信息交流发布的环境，是信息和信息工作在不同层面发挥其应有作用和功能的条件和基础。在网络

---

① 胡雅萍．近十年国内外信息行为研究热点与前沿对比分析［J］．情报杂志，2013, 32（6）：107-113.

② 孔少华．后网络时代的信息行为研究［J］．图书馆学研究，2013,（1）：93-95.

③ 马翠嫦，曹树金．信息系统可用性评估的信息行为法［J］．情报理论与实践，2013, 36（5）：98-103.

④ 叶凤云，汪传雷．知识型员工战略行为能力与信息行为能力多维分析［J］．中国科技论坛，2013,（1）：139-144.

⑤ 张卫群．图书馆用户信息行为研究综述．图书馆学研究［J］，2006,（8）：87-90.

⑥ 甘利人，岑咏华．科技用户信息搜索行为影响因素研究［J］，情报理论与实践，2007, 30（2）：156-160.

环境下，数字化信息的爆炸式涌现和获取方式的简化使用户只需轻松点击就可以完成浏览、查找、链接、分享、下载等功能，信息行为与以往相比已经发生了根本性的变化①。

欧阳剑和曹红兵以图书馆集成管理系统的日志数据为基础，从中提取出读者的信息行为记录，通过一定的推荐算法分析，采用开源的 Apache Mahout，为读者构建一个简单、方便、快速的同类书目推荐引擎，提高读者对所需图书的可发现性，有利于读者的个性化服务②。

张素芳和卢朝金在文献调查及对部分虚拟社区成员进行访谈的基础上，以线上形式进行问卷调查，以活跃在虚拟社区中的大学生群体为调查主体，研究样本主体参与虚拟社区的基本情况。结果表明，社区成员的兴趣、价值观、人机界面、社会文化是虚拟社区中群体信息行为规律最重要的影响因素③。

孔少华在界定大型多人在线网络游戏虚拟社区的概念、范畴及特点的基础上，提出网络游戏虚拟社区中的信息行为研究的必要性，进而分析网络游戏虚拟社区中的信息行为的主要内容和特点④。

2.2.4 特定用户网络行为研究

随着网络行为研究的深入，有学者从情报学角度出发，探讨网络信息资源的组织与检索，还有学者从网络信息用户的角度研究网络行为过程中出现的问题⑤⑥。中国学者在采用多种视角对网络行为进行研究的过程中，常用的一种方式是依据网络用户的行为使用习惯进行分类，归纳总结特定人群的网络信息行为习惯和规律，以便使之形成一定的网络行为模式并加以利用。对特定用户的划分主要有学生群体、教师和科研人员以及其他网络用户等。

1. 学生群体的网络行为

学生群体作为知识的直接接受者和学习者，一般具有旺盛的学习精力以及对信息和知识的强烈需求，处于接受新知识、新方法的最佳学习时间，并处于主动查找知识和将显性知识转化为隐形知识的最佳状态。针对该群体的研究具备一定的优势：一是群体数量庞大，具备较高的网络信息认知度和接受度，是最为活跃的网络信息行为主体之一；二是学生群体处于特殊的社会位置，数据采集较容易，相应研究成果也较丰富。

任真等采用问卷调查方法，考察学生的网络资源利用效率以及图书馆的利用率⑦。

① 曾频. 网络环境下科研用户的信息行为探讨 [J]. 情报探索，2009，(8)：17-19.
② 欧阳剑，曹红兵. 基于联机公共检索目录的读者隐性信息行为个性化书目推荐引擎构建 [J]. 情报理论与实践，2012，35 (11)：117-120.
③ 张素芳，卢朝金. 虚拟社区中的群体信息行为调查分析 [J]. 情报科学，2012，30 (4)：563-566.
④ 孔少华. 大型多人在线网络游戏虚拟社区用户信息行为研究：以网易大型多人在线网络游戏梦幻西游为例 [J]. 情报科学，2013，31 (1)：123-128.
⑤ 董玲，孙方礼. 情报系统设计与读者认知障碍分析研究 [J]. 情报杂志，2000，19 (2)：72，73.
⑥ 王纯. 信息地带及信息获取 [J]. 四川图书馆学报，2001，(1)：47-49.
⑦ 任真，李博. 大学生信息行为调查 [J]. 图书情报工作动态. 2004，(6)：18-20.

胡瑜从大学生的特性、认知能力、情感状态、查寻任务、系统能力、查询策略和查寻结果等因素分析大学生的网络查寻行为，进而为改进网络搜索设计和服务、提高网络教育水平、培养大学生的创新能力和科研能力提供参考①。

魏力更揭示高校因特网用户的信息需求与信息行为特点及信息需求的影响因素，在此基础上提出高校图书馆网络信息服务工作向纵深发展的主要途径②。

张文惠指出学生群体信息行为具有如下特点：对信息的需求非常强烈；部分学生信息获取能力差以及信息识别能力差③。

杜峰以对大学生的生活造成诸多影响的开心网为例，总结大学生网络行为的特点，分析大学生网络行为的动因，进一步提出引导大学生网络行为的应对措施④。

李一在剖析网络世界及网络行为社会本质的基础上，分析作为青少年网络行为失范主要原因的主体性缺位问题，进而提出应对青少年网络行为失范的关键在于主体性构建的基本观点⑤。

魏哲峰在对 SNS（social networking services，社会性网络服务）概念进行界定的基础上，描述国内 SNS 发展状况，指出大学生 SNS 网络行为特点及正负影响，提出应建立对大学生 SNS 网络行为进行引导的机制⑥。

刘亚对青少年信息行为的研究成果进行综述，分析青少年在信息检索技能、信息评价和选择，以及从信息中建构和创新知识方面存在的缺陷。研究发现：青少年虽然生活在信息资源丰富的环境中，但他们并不能有效地利用各种信息资源和信息设备来获取信息和知识以解决学习、生活中的问题；一部分青少年在获取信息和汲取信息价值方面处于劣势；青少年人群中存在着信息贫困问题，应当将他们纳入信息贫困的研究视野⑦。

杨刚等基于在读硕士研究生科研创新能力评价基础上，以吉林大学 2010 届在读硕士研究生为调查对象，分析在读硕士研究生的阅读行为、信息检索工具的使用、获取信息的途径以及信息利用等信息行为与其科研创新能力的关系。研究表明：阅读时间和阅读信息的学科跨度、参加学术会议和与他人交流、实验室和科研室的研究活动、信息利用的效率和层次都对在读硕士研究生的科研创新能力有显著影响⑧。

张景胜针对高校大学生网络行为规范管理中存在的重惩戒轻疏导、重管理轻宣传、重制度轻环境、重外因轻内因等刚性教育现状，分析柔性教育在大学生网络行为规范管理中的必要性和实施紧迫性，进而提出柔性教育介入和实施的策略⑨。

---

① 胡瑜. 大学生网络信息查寻心理与行为的研究 [J]. 情报理论与实践，2005，28（5）：508-510.
② 魏力更. 高校网络用户信息需求与信息行为研究 [J]. 情报资料工作. 2005，（5）：105-107.
③ 张文惠. 从大学生信息行为分析当前高等教育存在的问题 [J]. 高教论坛，2006，（5）：60，61.
④ 杜峰. 由"开心族"浅析大学生网络行为的动因及其应对 [J]. 中国青年研究，2010，（4）：72-75.
⑤ 李一. 主体性的缺位与建构：解析和应对青少年网络行为失范的关键 [J]. 兰州大学学报（社会科学版），2010，38（1）：37-42.
⑥ 魏哲峰. 大学生 SNS 网络行为分析及引导机制研究 [J]. 当代青年研究，2011，（12）：74-77.
⑦ 刘亚. 将青少年纳入信息贫困研究视野：来自青少年信息行为研究的证据 [J]. 中国图书馆学报，2012，38（7）：12-20.
⑧ 杨刚，马燃，张佳硕，等. 在读硕士研究生信息行为与科研创新能力的关系研究：以吉林大学为例 [J]. 图书情报工作，2012，56（24）：77-82.
⑨ 张景胜. 大学生网络行为管理中柔性教育的介入和实施 [J]. 江苏高教，2013，（1）：130，131.

郑显亮和顾海根选取性别、网龄和网络行为偏好作为学生水平的预测变量,把学校背景变量(学校层次和学校所在地域)作为学校水平的预测变量,构建零模型、随机回归模型和全模型多层线性模型,以 33 所大学的 2063 名大学生问卷调查资料为数据,考察学校背景变量对大学生网络利他行为及其与网络行为偏好间关系的影响。多层线性分析结果表明:一是大学生网络利他行为存在显著的学校差异;二是在控制了性别和网龄之后,大学生网络行为偏好对其网络利他行为有显著的正向预测效果;三是信息偏好对网络利他行为的影响存在显著的学校差异;四是学校层次和学校地域对信息偏好与网络利他行为间关系的影响均不显著①。

2. 教师和科研人员的网络行为

教师和科研人员的主要特征是拥有较高知识文化水平,他们处于人口总体文化层次结构中的最高层,其中部分人员长期从事教学科研工作,既是知识的接受者,又是知识的创造者,是隐性知识的拥有者,且担负将隐性知识和显性知识相互转化的重任。

董小英等针对信息行为用户中的学术型网络用户,采用问卷调查的方法,对我国学术界互联网用户的背景、用户利用互联网资源的现状、用户的信息查询行为、用户对互联网信息资源的评价和用户对未来互联网服务的期望 5 个方面进行分析和讨论,发现学术型网络信息用户的首要目的是为了查找与专业相关的信息,应用互联网的主要内容是收发 E-mail、浏览网页、查找馆藏目录等;学术型用户具有独特的信息需求,即对数字化信息资源的品质具有旺盛的需求,且学术型用户作为学术科研的中坚力量和前沿领域的研究者,对网络信息资源具有更高的利用率②。

熊太纯对科研用户的信息行为进行探讨,科研用户上网的主要目的是查找与专业相关的信息,使用网络主要是浏览相关网页、发送电子邮件、查询图书资料等,其所需的是理论性强的文献和原始资料,并且因科研工作的阶段性使他们的信息需求也呈现阶段性;在网络环境下,信息源及其获取途径日益复杂,科研用户的信息行为表现出新的特点,信息服务机构必须排除信息传播的障碍,变革服务模式与运行机制,为科研用户提供深层次的信息服务③。

李逢庆和李来胜通过问卷调查法,以南京大学、北京大学和中国人民大学三所研究型高校为对象,对教师科研活动中学术信息需求来源、学术信息获取与检索、学术信息交流、学术成果发布和传播等信息行为进行调查和分析,揭示研究型大学教师科研活动中一些具有重要意义的信息行为特征,为研究型大学教师科研方式变革、创新提供现实依据④。

彭骏通过在线问卷调查工具分别调查了 531 名中国医学研究者和 533 名美国医学研究者,针对与科研信息行为相关的信息获取、信息资源、信息素养、信息利用习惯和对图书

① 郑显亮,顾海根. 学校背景变量对大学生网络利他行为与网络行为偏好关系的影响 [J]. 中国特殊教育,2013,(5):31,93-96.
② 董小英. 张本波,陶锦,等. 中国学术界用户对互联网信息的利用及其评价 [J]. 图书情报工作.2002,(10):29-40.
③ 熊太纯. 网络环境下科研用户的信息行为与服务模式 [J]. 图书馆学刊,2006,(1):91,92.
④ 李逢庆,李来胜. 研究型大学教师学术信息行为调查与分析 [J]. 现代教育技术,2012,22 (4):5-9.

馆服务的评价等因素进行调查，分析对比中美两国医学研究者科研信息行为的特征和异同点，研究表明：医学研究者在网络环境下的科研信息行为明显不同于传统环境下的信息行为，同时中美两国医学研究者在网络环境下的科研信息行为存在相同和相异的特征[①]。

王其冰分析教师上网行为数据，总结教师在使用互联网过程中存在的问题，阐述网络环境下教师信息行为的研究意义，探究网络环境下教师信息行为的规律，在此基础上构建基于网络环境下的教师信息行为分析模型，模型主要包括三个层次：教师信息行为的构成要素——要素分析能够完整地认识网络环境下教师信息行为的特点、规律以及存在的问题；教师信息行为的影响因素——解释信息行为过程中存在问题的原因；服务策略——构建规范教师上网行为、提升教师上网效率的相关策略。以期为解决教育信息化发展过程中学校互联网应用存在的问题提供新的方法思路，为学校信息化决策和校园网管理提供新的视角，让信息化更好地服务于学生的学习、教师的教育教学和学校的信息化管理[②]。

3. 图书馆用户网络行为

林平忠指出，图书馆用户的信息行为是一种信息需要不断外显转化为明确的信息需求并付诸信息获取和利用活动的往复过程[③]。

郭韫丽等在回顾信息需求与信息行为方面的相关研究文献的基础上，以江西农业大学教师为调查对象，采用问卷调查法，了解图书馆资源满足高校教师信息需求的现状。同时运用 DPS 7.05 为数据分析工具，采用描述性统计分析、相关分析、双向无序卡方检验等统计方法，以个体特征为自变量，以高校教师信息需求行为为因变量，探析年龄、学历、职称、工作年限、研究领域对高校教师信息需求和信息行为的影响，以及不同类型高校教师在教学科研中所倚重的信息资源、信息交流方式、获取信息行为以及信息获取中遇到的障碍，提出高校图书馆馆藏建设与信息服务对策[④]。

陈杰和孙忠贵以西班牙加泰罗尼亚地区的高校为调查对象，采取定型设计方法通过邮件发放开放式问卷和采访的方式，对抽样人群进行调查，调查问题包括：电子环境下阅读的数量与来源、保持最新资源的方法、个人信息服务的使用、确定文章的兴趣与价值、个人信息管理技术。研究表明：与以前相比，现在的高校研究人员阅读量更大，内容也更广泛，电子期刊的使用减少了研究人员到图书馆进行实体浏览的次数，网页浏览和邮件提醒（TOC）也正在一定程度上取代实体浏览，与此同时，研究人员的阅读却趋于表面化，在学术信息的个性化管理方面也还存在诸多问题[⑤]。

4. 金融用户网络行为

蓝虹等在论述投资者信息搜寻的内容和渠道的基础上，分析信息搜寻的成本和收益，

---

① 彭骏. 中美医学研究者科研信息行为的比较研究 [J]. 图书情报知识, 2012, (5)：89-99.

② 王其冰. 网络环境下的教师信息行为分析模型研究 [J]. 中国教育信息化, 2013, (8)：3-6.

③ 林平忠. 论图书馆用户的信息行为及其影响因素 [J]. 图书馆论坛, 1996, (6)：7-9.

④ 郭韫丽, 孔令保, 程新. 高校教师信息需求和信息行为相关性研究：以江西农业大学为例 [J]. 情报理论与实践, 2012, 35 (4)：89-93.

⑤ 陈杰, 孙忠贵. 电子期刊对学术信息行为影响的定性研究 [J]. 图书馆杂志, 2013, (1)：66-69.

及其所确定信息搜寻的最佳规模，进而对中国投资者的信息搜寻行为进行分析①。

杨宏玲和缪小明通过对中国银行产品的消费者调查，验证影响银行用户网络信息行为的因素②。

余峰燕等以重复信息的有限理性效应和理性效应为理论依据，考察 793 个首次公开募股（IPO）公司"上市静默期"内 18 174 篇新闻报道，并采用加入 Paster-Stambaugh 流动性因子的四因素模型，检验大众媒体重复信息是否以及如何影响资产价格的问题。研究发现：媒体重复信息会影响资产收益，好消息重复程度越高，涉及股票的收益越低，但这种影响是暂时性的，投资者对旧信息的过度反应在短期内会得到修正；同时，机构与个体投资者对媒体重复旧信息表现出不一致的反应，暂时的信息重复效应主要集中在股价较低、市值规模较小、个人投资者参与程度较高的资产。研究还表明，国内大众媒体重复旧信息行为对资产价格的影响符合投资者有限理性假说③。

李月琳和胡玲玲采用案例研究与半结构化深度访谈法研究个体股票投资者信息搜寻过程中信息源的选择和利用，通过开放编码和描述性统计对数据进行定性和定量分析。研究发现：财经网站、电视及投资者自身是投资者的主要信息来源；质量、数量、时间及个人内在因素是投资者选择和利用信息源时考虑的主要维度；方便性、客观可信性、权威性、使用习惯等是用户选择信息源时遵循的主要标准；投资经验、投资知识和投资模式在一定程度上影响用户信息源选择；信息源的选择和利用与投资者的投资成功与否有一定关系④。

5. 电子政务用户网络行为

杨玫提出，政府大力发展电子政务，应该重视研究公众的信息行为，使之与电子政务的发展相适应，并提出引导公众信息行为的方法；通过搜集研究电子政务公众行为，有利于了解群众的信息索取偏好，对于提升电子政务系统的利用率大有裨益⑤。

朱旭峰和黄珊关注普通市民对电子政务平台使用的信息行为研究，通过实证研究，提出提高政府网站使用率方面的建议⑥。

龚成和李成刚在分析我国公务员网络行为管理的制度来源的基础上，对我国公务员网络行为管理制度基本类型进行划分，探讨我国公务员网络行为管理制度的现状，提出完善我国公务员网络行为管理制度的创新路径，以实现公务员的网络行为管理制度的不断完善⑦。

① 蓝虹，穆争社 . 投资者搜寻信息行为的非对称信息范式分析 ［J］. 中南财经政法大学学报，2004，（6）：81-86.

② 杨宏玲，缪小明 . 消费者对银行信息行为的研究信任研究 ［J］. 软科学 . 2009，23（7）：21-25.

③ 余峰燕，郝项超，梁琪 . 媒体重复信息行为影响了资产价格吗？［J］. 金融研究，2012，（10）：139-152.

④ 李月琳，胡玲玲 . 投资者信息行为分析：信息源的选择与利用研究 ［J］. 情报资料工作，2012，（4）：90-97.

⑤ 杨玫 . 电子政府与公众的信息行为 ［J］. 情报杂志，2004，（6）：66-68.

⑥ 朱旭峰，黄珊 . 电子政务、市民特征与用户信息行为 ［J］. 公共管理学报，2008，15（2）：49-57.

⑦ 龚成，李成刚 . 我国公务人员网络行为管理制度的现状与创新分析 ［J］. 现代传播，2012，（11）：150-152.

6. 农民用户的网络行为

洪秋兰总结国内外学者对农民信息行为的研究，认为掌握农民的信息行为规律是研究农民信息脱贫和致富的基础①。

张永忠等通过建立农户信息接受态度的研究模型，运用结构方程模型对感知的信息质量、有用性、易用性、服务成本和使用能力等在不同地区间农户信息，接受态度进行验证。研究结果表明，感知的有用性、使用能力和易用性在不同地区存在显著差异，其他因素差别不大②。

杨沉瑗等选择江苏和湖南地区农民作为研究对象，对两地农民进行问卷和访谈调查，从信息需求、信息获取和信息利用行为三个方面调查分析两地农民信息行为的现状，并在此基础上，对两地农民信息行为进行比较，分析两地农民信息行为的共性和差异性，对以江苏为代表的发达地区农村和以湖南为代表的欠发达地区农村分别提出有针对性的信息服务对策③。

7. 其他用户的网络行为

医药卫生类用户的网络行为。贾艳和张晋昕从用户分类、调查方法与研究内容等方面回顾和分析医药卫生类信息需求与用户信息行为④。

旅游用户的网络行为。李莉和张捷在文献回顾的基础上，从用户对网络旅游相关信息的评价出发，探讨影响游客网络信息参与旅游决策的因素，建立网络信息评价的量化评价模型，提出信息质量、信息渠道和信息表达三项信息评价的维度。通过问卷调查，获得游客对互联网旅游信息各维度的评价、信息参与行为和网络信息对旅游决策的影响等信息。通过构建结构方程模型分析发现，游客对网络信息的评价会影响其网络信息的参与，进而影响出游决策；对网络信息的评价也会直接影响其出游决策，网络信息不同维度的评价之间存在较强的相关关系⑤。

弱势群体的网络行为。谢倩红等提出信息弱势群体的网络信息行为有违于传统模式，获取信息与交流信息的渠道少，信息化技能低，处于数字鸿沟的边缘，难以充分享受网络信息技术发展带来的实惠，进而探讨对信息弱势群体进行信息援助的方法与途径⑥。

"蚁族"青年的网络行为。冯丹等通过访谈和问卷等形式从网络使用偏好、网络活动参与度及卷入度、网络成瘾状况、网络信任状况、网络舆论表达五个方面对"蚁族"青年网络使用状况进行实证研究，发现其网络使用存在以下特点：使用率较高、偏好信息使用、参与度较高、卷入度较低、存在消极舆论表达倾向以及易激发群体性事件的潜在因素⑦。

---

① 洪秋兰. 国内外农民信息行为研究综述 [J]. 情报资料工作, 2007, (6)：27-30.

② 张永忠, 王小宁, 郝渊晓. 农户接收信息行为的地区差异性分析 [J]. 财经论丛, 2012, (1)：109-114.

③ 杨沉瑗, 黄水清, 彭爱东. 中东部地区农民信息行为比较研究 [J]. 图书馆, 2013, (3)：56-60.

④ 贾艳, 张晋昕. 医药卫生类信息需求与用户信息行为特征 [J]. 医学信息, 2007, 20 (9)：1602-1606.

⑤ 李莉, 张捷. 互联网信息评价对游客信息行为和出游决策的影响研究 [J]. 旅游学刊, 2013, 28 (10)：23-29.

⑥ 谢倩虹, 石德万, 朱丽珍. 信息社会中信息弱势群体的信息行为及其援助 [J]. 河南图书馆学刊. 2008, (5)：54-56.

⑦ 冯丹, 雷雳, 廉思. "蚁族"青年网络行为的特点及成因 [J]. 中国青年研究, 2010, (2)：25-29.

2.2.5　网络行为的研究方法

随着多学科介入网络行为的研究，网络行为的研究方法日趋多样化。

邓小昭将使用中国期刊网和 Google 搜索引擎的用户作为研究对象，对他们的查寻行为进行研究，结果显示，约 90% 的用户输入的检索词字为 2~6 个，40% 左右的用户不能运用字段检索或二次检索功能，约 80% 的用户不能正确运用高级检索，70% 左右的用户只查看了 Google 检索结果的首页，用户平均只查看 1.7 个结果页面[①]。

葛园园借鉴一种精神分析学说的理论，从用户信息需求的本能、人格三重结构入手，从潜在信息需求分析、唯乐原则、用户信息行为倾向和用户个性四个角度进行研究，揭示内在的相互关联性，进而从心理学角度开辟网络信息行为研究的新领域[②]。

胡岷认为，网络信息行为研究中一种重要的研究方法是对用户的分析考察，通过文献分析方法，介绍国内外学者研究用户网络信息搜寻行为时常用的研究方法，如观察法、问卷调查法、访谈法、实验法、出声思维法、小组讨论法和记录分析法等七种方法，并对七种方法进行详细描述[③]。

沙忠勇等通过将中国科学院环境科学信息中心网站的 Web 服务器日志中有关科研人员信息行为的量化指标进行实证分析，研究科研人员网络信息行为的分布特征和路径偏好[④]。

吕俊生等以中国科学院西北地区两个研究所为调查对象，采用调查表和实地调查的方式，对用户的信息获取习惯、对图书馆的认知等方面进行研究，进而提出资源建设与信息服务的策略[⑤]。

赖茂生等通过"北大 BBS"征集试验人员，采用试验前问卷、过程问卷和后问卷的形式进行研究，发现网络搜索能够在搜索内容理解、需求表达和结果评估方面改善用户的知识状态，搜索时间对搜索体验有较强影响，时间越长，用户满足感越低[⑥]。

周文杰和于斌斌综合运用词频统计及社会网络分析的方法，以国外 2001~2010 年发表于图书馆学情报学（LIS）领域主要学术刊物从认知视角展开的关于信息行为研究的 733 篇论文为样本，对其摘要进行文献计量分析。通过聚类分析，析出本领域研究的 4 个主要子领域和 3 个相关问题，从整体上勾画认知视角信息行为研究的全貌；通过对共词网络中心性的分析，检出十年来认知视角信息行为研究的热点问题[⑦]。

韩秋明通过 CNKI 获取信息行为领域研究论文的关键词数据，采用社会网络的方法构

① 邓小昭. 因特网用户信息检索与浏览行为研究 [J]. 情报学报. 2003，（12）：653-658.

② 葛园园. 精神分析学说与信息用户心理研究 [J]. 图书情报知识，2004，（5）：92-94.

③ 胡岷. 用户行为研究常用调查方法述略 [J]. 成都理工大学学报（社会科学版）. 2005，（3）：54-57.

④ 沙忠勇，阎劲松，苏云. 网络环境下科研人员的信息行为分析 [J]. 情报科学，2006，（4）：485-491.

⑤ 吕俊生，宋粤华，陈炜. 科技用户信息行为变化与服务对策 [J]. 现代情报. 2008，28（3）：31-33.

⑥ 赖茂生，屈鹏，李璐，等. 网络用户搜索的语言使用行为研究：实验设计与搜索价值 [J]. 情报理论与实践，2009，32（2）：95-98.

⑦ 周文杰，于斌斌. 国外认知视角的信息行为研究现状分析：基于文献计量 [J]. 图书情报知识，2012，（1）：109-115.

建信息行为研究概念（关键词）的无向加权网络，验证该网络所具有的社会网络特性，计算网络节点的程度中心性和中介中心性；采用 G-N 聚类算法对国内信息行为研究概念网络进行聚类分析，划分出 10 个分支领域，通过计算时间隶属度进行历时分析，以此描绘我国信息行为研究的发展轨迹①。

迪莉娅从建构主义的三种流派，即认知建构主义、社会建构主义以及社会建构论出发，探讨档案信息资源开发利用的信息内容、信息资源管理、结构体系在用户信息行为研究中的应用与发展。研究认为，在建构主义理论的启发下，信息行为从传统的以系统为中心的研究，转向以用户为中心的认知建构主义思想的研究，同时，将社会纬度融入信息行为的研究中，拓展信息行为研究的视野，学科方法的交叉和融会贯通是社会科学研究的重要趋势②。

孙玉伟以 Web of Science 数据库（1975~2011 年）的信息行为主题的 2520 条文献为数据源，借助 Citespace Ⅱ 软件对相关被引文献和主题词等数据进行分析和处理，以知识图谱的方式对信息行为研究的知识基础、研究热点、研究前沿进行分析后发现：2 个明显的聚类展示出信息行为研究的 2 个分支领域；2 个分支内的经典基础理论和模型展示出信息行为领域研究的知识基础；9 个高频关键词表征了信息行为的研究热点；2002 年以来的 7 个突现词和若干个高频关键词表征了信息行为的研究前沿③。

张海游从心理取向到社会取向再到多元化取向，对信息行为研究的理论演进历程进行论述，发现：心理取向注重个体的心理认知因素，以个体的信息行为和信息需求为核心，强调个体的信息搜寻行为；社会取向将对个体的信息行为研究拓展到更为广阔的社会、文化背景之中；多元化取向从认知、社会、组织和情境的复合视角看待信息行为，三种研究取向对人类的信息行为研究具有重要意义④。

孙玉伟以 Web of Science 数据库（1975~2011 年）的信息行为主题的 1303 条文献为数据源，借助 Citespace 软件对相关被引文献数据和主题词等数据进行分析和处理，以知识图谱的方式，对信息行为研究的跨学科属性、核心刊物、高影响力著者及代表性文献、研究热点和前沿进行分析，直观地揭示信息行为领域的研究现状和发展趋势⑤。

韩秋明通过 Web of Science 和 CNKI 获取国内外有关信息行为领域研究的文献数据，使用社会网络分析软件构建关键词的概念网络，并利用 G-N 算法进行聚类，分别得到国外信息行为研究的 8 个热点领域和国内信息行为研究的 10 个热点领域，对其进行比较分析，总结国内外相关研究的特点及异同，推演出信息行为研究可能的发展趋势⑥。

可见，随着科技进步，方法手段日趋丰富，将定量方法与定性相结合，利用多学科的综合视角进行的研究越来越多，实证分析方法已经成为网络行为的主流研究方法。

① 韩秋明. 基于复杂网络的国内信息行为研究热点及衍化路径分析 [J]. 情报研究, 2012, 56 (22): 94-101.
② 迪莉娅. 建构主义视角下的西方信息行为研究述评 [J]. 档案学通讯, 2012, (4): 21-24.
③ 孙玉伟. 信息行为领域知识基础、研究热点与前沿的可视化分析 [J]. 图书情报知识, 2012 (1): 108-116.
④ 张海游. 信息行为研究的理论演进 [J]. 情报资料工作, 2012, (5): 41-45.
⑤ 孙玉伟. 信息行为研究的知识图谱分析 [J]. 情报科学, 2012, (5): 740-745, 768.
⑥ 韩秋明. 国内外信息行为主题领域的比较研究 [J]. 情报杂志, 2013, 32 (8): 115-119.

2.2.6 用户角度的网络信息行为

白海燕和赵丽辉认为用户的网络信息检索行为是网络行为的一个重要方面，由于网络环境中超文本技术的广泛应用，网络信息检索行为与传统的检索行为相比发生了显著的变化，"基于浏览"（browing）的检索行为越来越多且受到重视，"基于提问"（quering）的检索行为则越来越少，用户的网络信息检索行为可以细分为"分类—浏览"行为模式、"导航—浏览"行为模式、"内容—提问"行为模式和"结构—提问"行为模式，特别是人工智能和虚拟结构的引入或许是未来网络信息检索行为的发展方向①。

朱丽萍分析在网络环境下用户网络信息需求呈现出广、快、精、个性化和不平衡化等特点，提出通过加强用户教育、激活用户的潜在需求、设计开发充分考虑用户信息需求习惯和需要的网络信息服务系统，以最大限度地满足网络用户的信息需求②。

乔欢和陈颖颖借鉴传播学中用于解释舆论形成和媒体作用的经典"沉默螺旋"理论模型，分析网络环境下的个体和群体行为及其心理特征，采用案例观察法和问卷调查法，对网络行为特征和从众心理表现形式进行实证分析③。

陈成鑫和初景利总结用户网络信息行为的研究方法，除了传统的日志分析法、问卷调查法、访谈法、实验法和观察法外，还介绍出声思维法④、小组讨论法⑤、元分析法（meta-analysis）⑥ 和日间跟踪法（tween day approach）⑦ 等新方法，归纳网络信息行为学科理论研究特点，即以认知学为导向，以心理学、社会学、组织行为学为理论基点，研究动机、认知结构、学习、环境之间的交互关系；网络信息行为的模型框架主要可以分为影响因素模型、信息搜集模型和信息使用模型等，进而提出应对网络用户进行持续跟踪研究和不同年龄组的对比研究的建议⑧。

王莲和汪传雷在阐述文献传递服务定义及其对科研重要性的基础上，结合文献传递服务模式，分析用户——知识型员工的网络行为优化对文献传递服务系统发展的重要性，对文献传递服务及其用户的网络行为优化问题进行研究，最后指出网络行为优化的途径⑨。

蔡屏以促使开展信息行为的动力、信息行为的进行、信息行为的结束为研究内容，详述信息行为在不同阶段所呈现出的性别差异，以期促进用户研究理论在网络环境下的拓展

① 白海燕，赵丽辉. 网络环境下的用户网络信息行为分析 [J]. 燕山大学学报（哲学社会科学版），2002，（1）：89-92.

② 朱丽萍. 网络环境下信息用户需求分析 [J]. 现代情报，2004，（8）：54-56.

③ 乔欢，陈颖颖. 基于"沉默螺旋"理论的网络信息行为研究 [J]. 情报资料工作，2009，（2）：33-36.

④ Nahl D A. Discourse analysis technique for charting the flow of micro-information behavior [J]. Journal of Documentation，2007，63（3）：323-339.

⑤ Abbas J. Creating metadata for children's resources：Issues，research，and current developments [J]. Library Trends，2005，54（2）：303-317.

⑥ meta-analysis [EB/OL]. http：//en. wikipedia. org/wiki/Meta-analysis [2009-08-29].

⑦ Dresang E T. Access：The information-seeking behavior of youth in the digital environment [J]. Library Trends，2005，54（2）：178-196.

⑧ 陈成鑫，初景利. 国外新一代用户网络信息行为研究进展 [J]. 图书馆论坛，2010，30（12）：71-75.

⑨ 王莲，汪传雷. 文献传递服务及其用户的网络行为优化 [J]. 图书馆论坛，2012，32（1）：125，134-136.

与深化，为改进因特网信息组织、管理与服务提供参考与借鉴①。

常进等从分析网络用户信息行为的重要性出发，以兰州大学图书馆主页为实例，使用 CNZZ 网络数据，从访问量、时间偏好、访问资源、用户浏览习惯等方面分析网络用户的信息行为，了解网络用户信息行为的特征与规律，从而为网络管理者提供改善服务的相关依据②。

于曦在介绍用户信息行为内涵及相关理论模型的基础上，分析使用文献传递服务的用户的行为类型、行为特征和影响用户使用文献传递服务的因素，指出提高用户使用文献传递服务的措施③。

陆俊和段祥伟在分析网络冲突的根源和实现网络行为自由的前提基础上，对如何使网络行为主体享有充分网络行为自由问题进行研究，提出依法治网和开展网络教育专项治理是对网络自由维护的强有力措施④。

2.2.7 网络行为的影响因素

国内图书馆情报学领域的研究人员从多方面对网络行为的影响因素进行理论研究和实证研究⑤⑥⑦⑧。

林平忠认为，图书馆应改变以往侧重用户年龄、学历、性别等显在特征和兴趣、动机等浅层心理特征的研究，深入探讨图书馆的服务形式、内容、用户的信息需求和信息行为规律，分析将用户信息需要转化为信息行为的影响因素：用户信息需要的动力意识、用户对信息环境的认识程度和用户信息能力的强弱⑨。

严慧英探讨主体因素对网络搜索行为的影响，在分析用户检索心理并非是简单的复原过程，而是链式循环结构的基础上，发现网络用户的信息需求（动机）、个性特征（性别和性格）、知识和经验、年龄分布等因素影响信息检索行为，进而提出加强网络检索技能的培训和智能化、个性化检索工具的设计等对策建议⑩。

李书宁提出网络用户信息行为应从主体因素和环境因素考虑：主体因素包括用户的信息需求和动机、信息意识、认知能力，网络环境因素包括网络信息影响、网络的易用性、网速、上网费用⑪。

唐林认为影响网络用户信息行为的因素包括成熟因素、非理性因素，以及经济因素、

---

① 蔡屏. 网上信息行为的性别差异研究 [J]. 图书馆（Library），2012，（3）：99-101.

② 常进，陈宏东，张春燕，邵瑞华. 基于 CNZZ 的网络用户信息行为挖掘 [J]. 图书馆理论与实践，2013，（4）：57-59.

③ 于曦. 基于用户信息行为的文献传递服务提升 [J]. 图书馆（Library），2013，（3）：84-86.

④ 陆俊，段祥伟. 网络行为与自由 [J]. 郑州大学学报（哲学社会科学版），2013，46（3）：25-28.

⑤ 张德仪. WWW 使用者之浏览行为与心理探究 [D]. 台湾中正大学，2000.

⑥ 杨尧灿. 民意代表网站浏览者行为之实证研究 [D]. 台湾政治大学，2001.

⑦ 邓小昭. 因特网用户信息需求与满足研究 [D]. 武汉大学，2002.

⑧ 肖大成. 网络信息查询中的浏览行为研究 [J]. 图书馆杂志，2004，23（2）：20，21.

⑨ 林平忠. 论图书馆用户的信息行为及其影响因素 [J]. 图书馆论坛. 1996，（6）：7-9.

⑩ 严慧英. 影响网络信息检索行为的主体因素 [J]. 情报杂志，2004，（4）：94-95.

⑪ 李书宁. 网络用户信息行为研究 [J]. 图书馆学研究，2004，（7）：82-84.

文化传统因素、政治因素等其他因素①。

万琳认为个人背景、激发因素、干扰变量三个因素影响网络用户信息行为②。

甘利人等针对科技数据库的用户的特征，构建学术型用户信息搜索行为三阶段分析模型，分析启动阶段、搜索阶段、获取阶段影响网络用户信息搜索行为的因素：个体的选择、用户所处的社会/组织环境、系统的合理性与适用性等③，进而为用户满意度的量化研究、提高信息用户服务水平、设计科学的信息服务系统提供参考④。

王庆稳和邓小昭认为，网络用户的信息浏览行为除了受到用户主体因素，如需求动机、年龄、职业、经验等的影响外，还受到与网络信息浏览相关的特定因素的影响，如上网可支配时间、上网费用、网络传输速度、人机界面友好性和网页质量等⑤。

李贵成指出用户的心理因素、知识能力、信息素养，以及高校信息用户所处的环境是影响高校信息用户信息行为的主观因素与客观因素。用户的信息需求心理和内容存在差异，职称或职位的层次高低影响信息的层次水平，且信息利用的广度和深度也不相同；个人的专长与兴趣，使用户需求有较强的心理倾向性，这些因素都直接影响信息查询行为和信息选择行为⑥。

黄少华和黄凌飞基于规则服从和遵守的伦理学和社会学视角，以大学生不道德网络行为为因变量，以网络道德意识和网络道德同侪压力为自变量，以性别、年龄、网络使用行为和网络行为类型为控制变量，运用"大学生网络道德的培育与实践"项目的问卷调查数据，借助多元线性回归模型，对网络道德意识与同侪压力对不道德网络行为的影响问题进行实证分析，结果表明：大学生网络道德意识和网络道德同侪压力与不道德网络行为之间存在显著负向关系⑦。

汪向征和葛彦强以部分教育技术微群的观察结果为依据，从传播学的视角分析微群用户信息行为表现背后的传播学基础。研究认为，建立在弱联系基础上的微群，在信息扩散的机制上已经与微博不同，存在于同一个平台上的两个不同的产物会相互影响；群成员表现的信息搜索者角色以及表象的共同体、"被拉近"的交感距离均会影响微群的意见气候，引发"沉默螺旋"；在对两个表现较好的教育技术微群观察后发现，合适的活动设计、意见领袖的引导、话题互动等因素能够带领群成员打破"沉默螺旋"，表现出较好的用户信息行为⑧。

谭金波借助用户实验和行为观察技术，采集用户的网络视频检索过程，从检索行为的总体分布情况、视频检索入口、检索入口的跳转行为与翻页行为、检索结果的处理等不同

① 唐林. 数字环境下用户信息行为评析 [J]. 图书馆学刊, 2007, (5)：72-75.

② 万琳. 网络用户信息查询行为模型的建立 [J]. 科技情报开发与经济, 2007, (17)：83-85.

③ 甘利人, 岑咏华, 李恒. 基于三阶段过程的信息搜索影响因素分析 [J]. 图书情报工作, 2007, 51 (2)：59-62.

④ 甘利人, 岑咏华. 科技用户信息搜索行为影响因素研究 [J]. 情报理论与实践, 2007, (2)：156-160.

⑤ 王庆稳, 邓小昭. 网络用户信息浏览行为研究 [J]. 图书馆理论与实践, 2009, (2)：55-58.

⑥ 李贵成. 高校信息用户信息行为影响因素探析 [J]. 高校图书情报论坛, 2009, (3)：50-54.

⑦ 黄少华, 黄凌飞. 网络道德意识与同侪压力对不道德网络行为的影响：以大学生网民为例 [J]. 兰州大学学报 (社会科学版), 2012, 40 (5)：67-81.

⑧ 汪向征, 葛彦强. 传播学视域下教育技术微群用户信息行为分析 [J]. 中国电化教育, 2012, (9)：27-31.

角度描述用户视频检索的行为和心理，讨论分析视频检索的途径、用户的定式心理、检索任务对检索过程的弱影响和相关性判断的行为特征等问题①。

网络行为研究领域不断地延伸和发展。从横向看，网络行为研究正在向不同专业、不同职业扩展，社会群体和社会现象层出不穷；从纵向看，网络行为研究受心理学、计算机技术、网络技术等学科的影响，研究在先进的网络技术发展和应用的环境下，人类网络行为的发展规律。目前，网络行为研究的扩展集中在几个方面：①从生理和心理角度出发，分析网络行为的心理活动规律，描述网络行为的表现形式以及影响网络行为的各种因素。②揭示网络行为的发生情境，在不同组织和网络环境中，分析网络行为的特点。③构建网络行为的一般模式，从人和系统方面分析网络行为规律，为优化网络行为出谋划策。

2.3　国外网络行为领域知识图谱研究
——基于 CiteSpaceII 的可视化分析

通过文献计量的方法，对国外网络信息行为研究文献进行统计分析，进而通过可视化研究方法对研究成果进行整理并深入剖析，可以明确网络行为研究动向与热点前沿。

2.3.1　文献数据来源与研究方法

通过安徽大学图书馆登录 Web of Science 数据库进行信息行为文献搜集，检索日期是 2012 年 12 月 21 日，以数据库=SCI-EXPANDED，SSCI，CPCI-S，CPCI-SSH 为数据来源，检索时间段设定为 2004~2012 年，检索公式为：标题 = （information behavior） OR 标题=（information behaviour）；文献类型 = （ARTICLE OR PROCEEDINGS PAPER OR REVIEW）；学科范围为 ALL，共获得 984 篇文献。以该文献数据作为研究对象，通过文献计量统计方法与可视化软件分析信息行为文献。

知识图谱（knowledge mapping），又称知识域可视化或知识领域映射地图，是可视化显示知识资源及其关联的一种图形，以便绘制、挖掘、分析和显示知识间的相互关系，在组织内部创造知识共享的环境，实现知识的交流与研究深入②。常用的绘制知识图谱的软件有 SPSS、Wordsmith Tools、Pajek、Ucinet、CiteSpace 等③，Citespace Ⅱ 软件是美国 Drexel 大学陈超美博士开发的一种基于 Java 语言的通过文献分析来识别且可视化文献内容的程序，主要用于寻找某一学科领域的研究基础、研究热点与研究前沿等知识④。Citespace Ⅱ 通过机器语言算法对来源文献进行词频分析（word frequency analysis）、引文分析（citation analysis）与共被引分析（co-citation analysis）等，并将文献涉及的学科领域、引文情况、

---

① 谭金波．网络视频检索的用户信息行为研究 ［J］．图书情报工作，2013，57（8）：125-129.
② 秦长江，侯汉清．知识图谱：信息管理与知识管理的新领域 ［J］．大学图书馆学报，2009，（1）：30-37.
③ 廖胜姣，肖仙桃．科学知识图谱应用研究概述 ［J］．情报理论与实践，2009，32（1）：122-125.
④ Chen C. CiteSpace II: Detecting and visualizing emerging trends and transient patterns in scientific literature ［J］．Journal of the American Society for Information Science and Technology，2006，57（3）：359-377.

共词图谱进行可视化显示，直观展现网络信息行为的研究现状与研究趋势。本书采用 Excel 与 Citespace II 软件相结合的方式对知识图谱进行呈现。

2.3.2 文献统计与描述性分析

运用文献计量方法，通过 Excel 软件对信息行为领域研究文献进行统计分析，从发文年份分布、著者情况、所属机构与分布地区等方面进行分类计量并附以图表，以认识网络信息行为领域的研究现状与变化趋势。

1. 文献发表情况分析

1) 文献年份统计

发文数量在一定程度上反映某一学科领域的研究热度与发展过程[①]。将 2004~2012 年信息行为研究领域的年发文数量与变化趋势进行统计，如图 2-1 所示。信息行为研究文献统计显示，2007~2012 年的文献数均超过 100 篇；2007 年较 2006 年文献量增长迅速。一般学科在诞生与发展阶段，研究文献呈指数增长，随着研究的逐步深入与成熟，文献量将不再保持原来的增长率，而是趋于平衡[②]，信息行为研究已处于相对平稳的阶段。

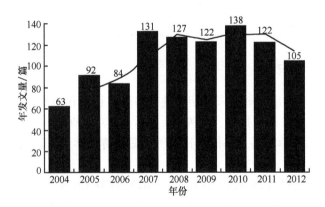

图 2-1　信息行为文献 2004~2012 年发文情况

2) 文献来源地区统计

某一学科在一定地区的研究文献数量代表着学科在该地区的活跃程度，且在一定程度上反映该地区在信息行为领域的研究水平[③]。由表 2-1 可知，信息行为领域研究在地域上分布广泛，研究成果分布不均。第一，Web of Science 的文献地区分布于 45 个国家和地区，说明信息行为领域研究分布于很多国家和地区。第二，前 9 个国家和地区的文献数量

① 马少美，汪徽志. 中国电子政务研究文献计量分析 [J]. 情报科学，2009，27 (8)：1214-1218.

② 张玥，仲东亭. 2001-2005 年我国情报学研究文献计量分析 [J]. 情报科学，2007，25 (11)：1746-1750.

③ 郑乐丹. 近五年我国非物质文化遗产研究文献计量分析 [J]. 贵州民族研究，2009，29 (2)：39-44.

超过 50%，国家或地区之间对信息行为领域研究存在明显的区别。美国研究文献数量远远高于其他国家和地区，究其原因可能是美国科技水平处于世界前列，科研院校众多且在诸多学科领域的研究成果突出，美国网络信息组织和部门众多，研究人员对网络信息行为具有很高的关注度。区域间的差距表明，中国在网络信息行为领域方面的研究需要不断学习优秀的研究成果，争取在研究理论和方法方面取得新突破。

表 2-1　文献数分布地区情况

序号	国家或地区	记录篇数	所占比例/%
1	USA（美国）	360	36.56
2	ENGLAND（英国）	83	8.44
3	CHINA（中国大陆）	80	8.13
4	CANADA（加拿大）	60	6.10
5	JAPAN（日本）	56	5.69
6	GERMANY（德国）	42	4.27
7	NETHERLANDS（荷兰）	33	3.35
8	TAIWAN CHINA（中国台湾）	31	3.15
9	AUSTRALIA（澳大利亚）	30	3.05
…	其他	209	21.24
合计			100

2. 文献来源期刊统计情况

将 Web of Science 导出文献的来源期刊进行整理，得到信息行为领域的代表性研究期刊。将期刊按照载文数量进行排序，如表 2-2 所示；其中 *LECTURE NOTES IN COMPUTER SCIENCE* 属于计算机科学学科，其他期刊均属于图书情报学（Information Science & Library Science）学科。

排名第一的是载文量为 56 篇的 *INFORMATION RESEARCH*（信息研究杂志），由英国谢菲尔德大学 Wilson 教授于 1995 年创办，刊登的文章以信息及其相关学科为主，被 Google Scholar、Library，Information Science & Technology Abstracts 与 LISA：Library and Information Science Abstracts 等多种索引数据库收录。排在第二位的是载文量为 39 篇的 *JOURNAL OF THE AMERICAN SOCIETY FOR INFORMATION SCIENCE AND TECHNOLOGY*（美国社会信息科学和技术杂志），由美国信息科学与技术协会于 1950 年创办，现任主编为 Blaise Cronin 教授，期刊主要收录信息科学与技术领域方面的论文；将信息行为领域研究来源期刊按照影响因子排序，其排名第一，可见其在信息科学与技术研究领域影响巨大。*JOURNAL OF DOCUMENTATION*（文献资料工作杂志）以载文 25 篇排名第三，由英国 Emerald（爱墨瑞得）出版社于 1945 年创办，2012 年 6 月，ISI 的 JCR 报告显示，该杂志 2011 年影响因子为 1.058，近五年影响因子为 1.365。以 18 篇载文量排在第四位的 *LECTURE NOTES IN COMPUTER SCIENCE*（计算机科学讲义）是德国 Springer（施普林格）出版社创办的计算机类集刊，载文量大，论文以计算机科学与技术方面的研究为主，且大量收录会议论文。根据 ISI 统计报告数据，可得到文献来源期刊 2011 年影响因子、载文数、近五年影响因子、半衰期等情况（不含 LNCS），如表 2-3 所示。

表 2-2　信息行为领域高载文期刊

序号	期刊名称	刊文篇数	比例/%
1	*INFORMATION RESEARCH*（信息研究）	56	5.63
2	*JOURNAL OF THE AMERICAN SOCIETY FOR INFORMATION SCIENCE AND TECH-NOLOGY*（美国社会信息科学和技术杂志）	39	3.92
3	*JOURNAL OF DOCUMENTATION*（文献资料工作杂志）	25	2.52
4	*LECTURE NOTES IN COMPUTER SCIENCE*（计算机科学讲义）	18	1.81
5	*JOURNAL OF THE MEDICAL LIBRARY ASSOCIATION*（医学图书馆协会杂志）	16	1.61
6	*LIBRARY&INFORMATION SCIENCE RESEARCH*（图书馆信息科学研究）	15	1.51
7	*HEALTH INFORMATION AND LIBRARIES JOURNAL*（卫生信息和图书馆期刊）	13	1.31
8	*JOURNAL OF INFORMATION SCIENCE*（信息科学学报）	13	1.31
9	*LIBRI*（图书馆：国际图书馆与信息服务杂志）	12	1.21
10	*INFORMATION PROCESSING&MANAGEMENT*（信息处理与管理）	11	1.11
11	*JOURNAL OF ACADEMIC LIBRARIANSHIP*（学术图书馆业杂志）	11	1.11
12	*ASLIB PROCEEDINGS*（信息管理协会会报）	10	1.01

表 2-3　信息行为文献来源期刊影响因子列表

序号	期刊名称	总被引次数	影响因子	5 年影响因子	刊文篇数	半衰期
1	*INFORM RES*	475	0.775	0.921	46	5.6
2	*J AM SOC INF SCI TEC*	4295	2.081	2.113	186	6.9
3	*J DOC*	893	1.058	1.365	43	>10.0
4	*J MED LIBR ASSOC*	548	0.988	1.18	42	5.7
5	*LIBR INFORMSCI RES*	539	1.625	1.755	37	6.5
6	*HEALTH INFO LIBR J*	323	0.889	1.016	38	4.5
7	*J INF SCI*	807	1.299	1.686	51	5.9
8	*LIBRI*	128	0.259	0.373	28	6.9
9	*INFORM PROCESS MANAG*	1647	1.119	1.443	64	7.8
10	*J ACAD LIBR*	580	0.586	0.898	57	6.2
11	*ASLIB PROC*	256	0.635	0.699	36	5.8

3. 文献著者情况分析

1）作者发文量统计

利用 WOS 文献分析功能对来源文献的作者情况进行统计，按照发文数量将文献数大于等于 5 篇的高产作者进行排序，如表 2-4 所示。NICHOLAS 和 JAMALI 发文量分别是 13 篇和 12 篇，是信息行为领域研究的高产作者。通过阅读文献发现，NICHOLAS 与 JAMALI 是合作作者，两者合著篇数达到 11 篇，研究内容以信息查询行为（information seeking behavior）为主，ROWLANDS 与前两者也有较多的合作。信息行为研究领域的合作论文较多，在于信息行为领域涉及学科范围广，往往需要吸收多种知识背景的人员进行合作研究，进而产生多人合作撰写的现象。但是，文献数量并不能反映文献的被引情况，只能在一定程度上反映著者在某一领域内的研究贡献。

表 2-4   信息行为研究文献作者统计

序号	发文量	作者名称	所占比例/%
1	13	NICHOLAS D	1.308
2	12	JAMALI H R	1.207
3	9	URQUHART C	0.905
4	7	HUNTINGTONP	0.704
5	7	ROWLANDS I	0.704
6	6	FISHER K E	0.604
7	6	PEETA S	0.604
8	5	BLANDFORD A	0.503
9	5	CALVETE E	0.503
10	5	HYLDEGARD J	0.503
11	5	JULIEN H	0.503
12	5	MAKRI S	0.503
13	5	ORUE I	0.503

2）作者所属组织分析

对检索文献进行作者所属机构的统计分析，信息行为领域研究文献的作者来自 200 多个科研院校或其他研究机构，以降序方式列出记录数大于等于 9 篇的组织名称及所属国家，全部是高等学校，如表 2-5 所示。信息行为领域研究机构主要分布在美国、加拿大和英国。美国 Univ Calif System（加利福尼亚州大学）以 24 篇位列第一，信息行为领域研究文献来自于众多的分校；UCL（伦敦大学）排名第二，是高产作者 NICHOLAS 的所在机构。

表 2-5   作者所属组织及国家统计

序号	组织名称及国家	国家	记录数
1	Univ Calif System（加利福尼亚州大学）	美国	24
2	UCL（伦敦大学）	英国	22
3	UNIV WASHINGTON（华盛顿大学）	美国	16
4	UNIV WISCONSIN（威斯康星州大学）	美国	15
5	PURDUE UNIV（普杜大学）	美国	12

序号	组织名称及国家	国家	记录数
6	MCGILL UNIV （麦吉尔大学）	加拿大	11
7	INDIANA UNIV （印第安纳大学）	美国	10
8	UNIV WESTERN ONTARIO （西安大略大学）	加拿大	10
9	UNIV ALBERTA （亚伯达大学）	加拿大	10
10	UNIV MINNESOTA （明尼苏达大学）	美国	9
11	UNIV N CAROLINA （北卡罗来纳大学）	美国	9

2.3.3 信息行为领域的知识基础、研究热点、前沿分析

1. 信息行为领域的学科分布情况

在 CiteSpace II 软件中的选择 New Project （新建项目），设置 Data 和 Project 存放目录；将文献数据从 Web of Science 数据库以文本文档形式导出，以 "download" 为开头命名后导入 CiteSpace II 软件；时间间隔设置为 2004~2012 年，时间段设置为 1 年；在 Term Source （主题词资源） 中选择 Title （标题）、Abstract （摘要）、Descriptors （关键词） 和 Identifiers （标识符），节点类型选择 Category，数据提取对象为 top30，阈值参数为默认；运行程序，得到按中心性排序的信息行为领域研究的学科分布图谱，如图 2-2 所示。

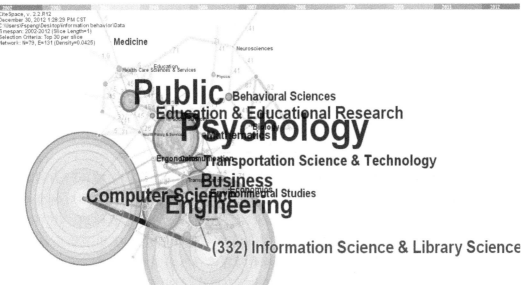

图 2-2 中心性排序显示信息行为领域的学科分布图谱

图 2-2 以年轮大小表示学科的论文数量多少，以字体大小表示学科的中心性高低，如"332"是图书情报学科（information science&library science）的文献篇数，中心性最高的学科是心理学（psychology）。按文献篇数进行排序的学科列表，见表 2-6，依次是图书情报学、计算机科学、心理学、工程学、商学、管理学、公共学、传播科学与技术；按中心性进行学科排序，依次是心理学、公共学、工程学、计算机科学、商学、教育与教学研究、传播科学与技术、行为科学、环境科学，见表 2-7。

表 2-6 按文献数排序的学科情况

序号	频次	中心性	学科
1	332	0.01	图书情报学
2	287	0.17	计算机科学
3	118	0.33	心理学
4	94	0.21	工程学
5	57	0.16	商学
6	55	0.03	管理学
7	49	0.29	公共学
8	40	0.12	传播科学与技术

表 2-7 按中心性排序的学科情况

序号	频次	中心性	学科
1	118	0.33	心理学
2	49	0.29	公共学
3	94	0.21	工程学
4	286	0.17	计算机科学
5	57	0.16	商学
6	15	0.14	教育学与教育学研究
7	40	0.12	传播科学与技术
8	19	0.11	行为科学
9	12	0.10	环境研究

根据信息行为领域的研究学科图谱及排序可知，图书情报学在信息行为领域研究占主导地位，研究文献数量最多；学科之间的连线密切表明信息行为领域研究中学科交叉性高，图书情报学研究学者与其他专业人员之间交流密切。具体地，图书情报学科在信息行为领域的研究以信息查询行为、信息活动、信息需求和网络信息行为为主，涉及对学生、图书馆用户、IT 员工等不同群体开展信息行为调查，构建信息模型进行分析。中心性测量为发现不同学科的连接点或进化网络中的支点提供了一种计算

方法①，心理学（psychology）在信息行为领域研究的图谱方面中心度最高，在一定程度上反映出信息行为学者更关注结合心理学知识考虑行为问题，进行网络信息行为分析；信息心理需求是信息行为产生的内在机制，是心理学与网络信息行为研究结合的关键点。

2. 信息行为领域研究引文期刊分布情况

通过分析信息行为领域引文文献来源，可以明确信息行为领域的贡献期刊，了解学术研究的重要知识基础载体，从论文载体角度将信息行为领域研究进行分类。在 CiteSpace II 软件中，节点类型（node types）选择"Cited Journal"，其他选项保持不变，运行软件后获得以中心性显示的引文期刊知识图谱，如图 2-3 所示。

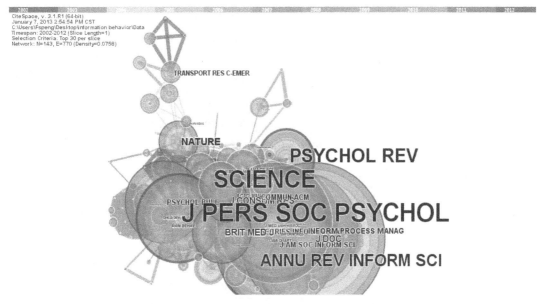

图 2-3 中心性排序显示信息行为引文来源期刊图谱

通过统计分析，将被引期刊分别按照被引频次与中心性排序得表 2-8 和表 2-9；按照被引频次排序，位列前 10 的期刊中有 7 种属于图书情报期刊，其余 3 种为心理学期刊。在信息行为领域，*J DOC*（文献资料工作杂志）与 *J AM SOC INFORM SCI*（美国信息科学和技术会刊）在载文与被引方面发挥重要的作用；*INFORM PROCESS MANAG*（信息处理与管理）是图书情报学科重要的国际性期刊，以信息科学、计算机科学与认知科学等领域的基础理论及应用性研究为主；同时关注信息资源、系统、服务以及数字图书馆的管理性研究，其 2011 年影响因子为 1.119；*LIBR INFORM SCI RES*（图书馆信息科学研究）是交叉性学科的学术期刊，致力于图书馆与信息科学的最新研究成果，关注其研究意义及实际应用，2011 年影响因子为 1.625；*ANNU REV INFORM SCI*（美国信息科学与技术年刊）是

① 陈超美，陈悦，侯剑华. CiteSpace II：科学文献中新趋势与新动态的识别与可视化 [J]. 情报学报，2009，28（3）：401-421.

创办于 1966 年的信息科学与技术领域权威性期刊，是 *J AM SOC INFORM SCI*（美国信息科学和技术会刊）杂志的年度精选，刊载文章以与信息学科相关的理论探索和实际应用为主，*ANNU REV INFORM SCI* 为年刊载文量较少，而 2011 年影响因子为 2.955，足见其高影响力；*LIBR QUART*（图书馆季刊）创办于 1931 年由美国芝加哥大学出版社出版，研究图书馆学相关理论与实践，涉及图书馆的利用、信息资源管理等方面，2011 年影响因子为 0.789。

表 2-8　被引期刊按照被引频次由高到低排序

序号	频次	中心性	年份	期刊名称
1	204	0.13	1982	*J DOC*（文献资料工作杂志）
2	174	0.11	1992	*J AM SOC INFORM SCI*（美国信息科学和技术会刊）
3	153	0.12	2000	*INFORM PROCESS MANAG*（信息处理与管理）
4	150	0.04	2000	*LIBR INFORM SCI RES*（图书馆信息科学研究）
5	117	0.37	1989	*J PERS SOC PSYCHOL*（个性与社会心理学杂志）
6	114	0.05	2005	*INFORM RES*（信息研究）
7	113	0.11	1987	*PSYCHOL BULL*（心理学学报）
8	104	0.25	1986	*ANNU REV INFORM SCI*（美国信息科学与技术年刊）
9	88	0.06	2001	*LIBR QUART*（图书馆季刊）
10	83	0.27	1990	*PSYCHOL REV*（心理学评论）

表 2-9　被引期刊按照中心性由高到低排序

序号	频次	中心性	年份	期刊名称
1	117	0.37	1989	*J PERS SOC PSYCHOL*（个性与社会心理学杂志）
2	74	0.35	1981	*SCIENCE*（科学）
3	83	0.27	1990	*PSYCHOL REV*（心理学评论）
4	104	0.25	1986	*ANNU REV INFORM SCI*（美国信息科学与技术年刊）
5	60	0.15	1999	*NATURE*（自然）
6	83	0.14	2000	*BRIT MED J*（英国医学杂志）
7	61	0.14	1997	*J CONSUM RES*（消费者研究杂志）
8	203	0.13	1982	*J DOC*（文献资料工作杂志）
9	153	0.12	2000	*INFORM PROCESS MANAG*（信息处理与管理）
10	174	0.11	1992	*J AM SOC INFORM SCI*（美国社会信息科学和技术杂志）

　　J PERS SOC PSYCHOL（个性与社会心理学杂志）、*PSYCHOL BULL*（心理学学报）和 *PSYCHOL REV*（心理学评论）属于心理学学科领域期刊，均为心理学研究领域的核心期刊，也是信息行为领域研究的重要理论来源。由表 2-9 可知，心理学学科学术期刊在信息行为研究领域中心性很高，反映出信息行为的深入研究离不开心理学理论的支持，信息行为领域具有广泛的学科交叉性。

　　通过对网络信息行为领域引文期刊的分析可知，图书情报学科在网络信息行为领域具有重要的学术地位，网络信息行为领域研究以图书情报学科为核心，心理学、经济学、计算机科学等多种学科相互融合；上述期刊载文量大、学术价值高，是网络信息行为领域的重要参考来源。

3. 信息行为研究知识基础

知识基础是某一学科领域的研究基础与知识核心，具有相对的稳定性，能够反映出学科理论本质并有助于明确其研究动态趋势[①]。在 Citespace Ⅱ 软件中设置节点类型为"Cited Author"，运行后得到被引作者的知识图谱，再利用 NoteExpress 整理得到被引频次排序，排在前五位的作者是 Wilson（163 次）、Kuhlthau（118 次）、Dervin（100 次）、Ellis D（81 次）和 Spink（66 次），在信息行为领域具有较高的影响力。将节点类型设置为"Cited Reference"再重新运行 Citespace Ⅱ，得到分别按频次与中心性显示的信息行为领域共被引文献知识图谱，见图 2-4 和图 2-5，可见信息行为领域引文来源主要形成两个聚类：图书情报学文献和心理学文献；另将被引文献按频次排序得到表 2-10，高被引文献网络是信息行为领域的权威理论与知识基础，对前 5 篇文献进行介绍以便明确网络信息行为领域的研究要义。

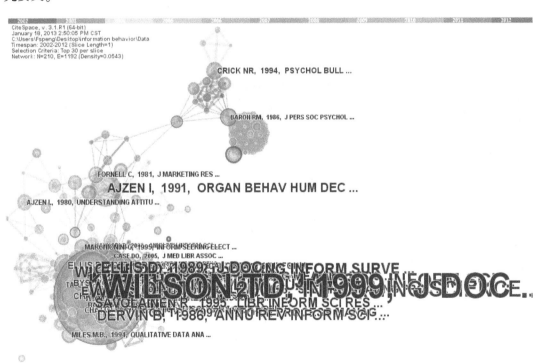

图 2-4　按频次显示被引文献知识图谱

---

① 任红娟，张志强. 基于文献计量的科学知识图谱发展研究［J］. 情报杂志，2009，28（12）：86-90.

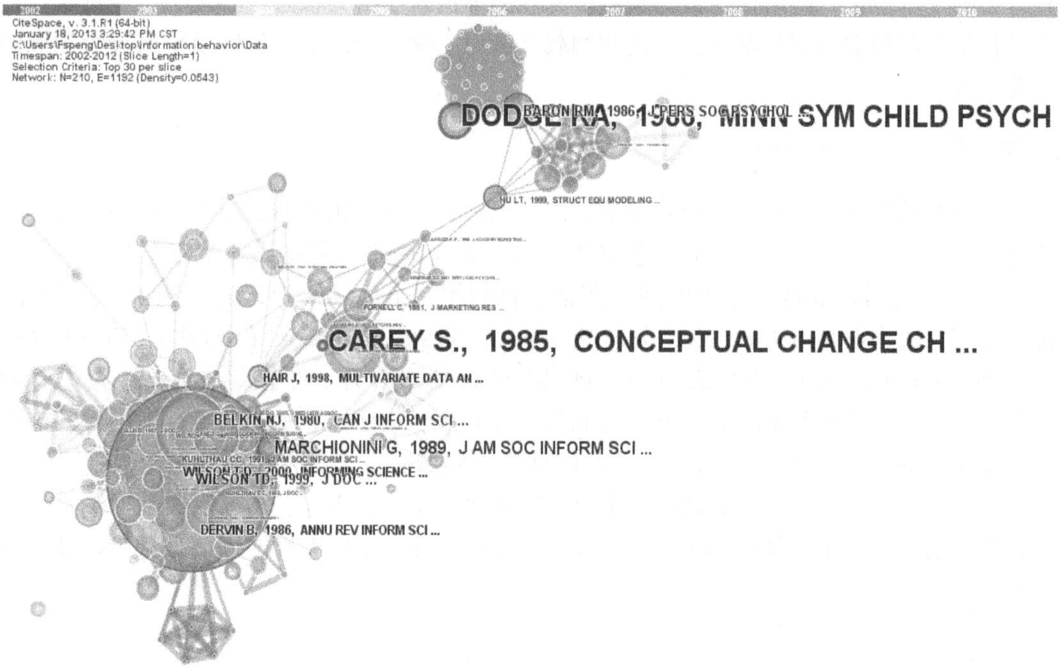

图 2-5　按中心性显示被引文献知识图谱

表 2-10　高被引文献列表

序号	频次	中心性	年份	篇名或著作名	文献信息
1	78	0.18	1999	*Models in information behavior research*	Wilson T D, 1999, *J DOC*, V55, P249-270.
2	50	0.16	2000	*Human information behavior*	Wilson T D, 2000, *INFORMING SCIENCE*, V3, P49-56.
3	45	0.11	1991	*Inside the search process: Information seeking from the user's perspective*	Kuhlthau C C, 1991, *J AM SOC INFORM SCI*, V42, P361-371.
4	35	0.05	1996	*Modeling the information seeking of professionals: A general model derived from research on engineers, health careprofessionals, and lawyers*	Leckie G J, 1996, *LIBR QUART*, V66, P161-193.
5	35	0.02	1989	*A behavioral approach to information retrieval system design*	Ellis D, 1989, *J DOC*, V45, P171-212, DOI 10.1108/EB026843
6	34	0.08	1981	*On user studies and information needs*①	Wilson T D, 1981, *J DOC*, V37, P3-15, DOI 10.1108/EB026702

---

① Wilson T D. On user studies and information needs [J]. Journal of Documentation, 1981, 37 (1): 3-15.

序号	频次	中心性	年份	篇名或著作名	文献信息
7	34	0.07	2002	*Looking for information：A survey of research on information seeking，needs，and behavior.* ①	Case D O，2002，*LOOKING IN-FORM SURVEY*
8	33	0.16	1986	*Information needs and uses*②	Dervin B，1986，*ANNU REV IN-FORM SCI*，V21，P3-33.
9	31	0.02	1995	*Everyday life information seeking：approaching in-formation seeking in the context of "way of life"*③	Savolainen R，1995，*LIBR INFORM SCI RES*，V17，P259-294.
10	29	0.05	1991	*The theory of planned behavior*④	Ajzen I，1991，*ORGAN BEHAV HUM DEC*，V50，P179-211.

　　Models in information behavior research 是 Wilson 在 1999 年发表于 J DOC（文献资料工作杂志）的信息行为研究模型，论文被引频次为 78 次，从信息行为模型理论出发，在分别介绍 Wilson 信息寻求模型、Dervin 的意义建构模型、Ellis 的特征导向模型、信息检索理论中 Ingwersen 的认知模型、Saracevic 的分层交互模型和 Spink 的搜索过程模型的基础上，对诸多模型加以评述，总结网络行为、信息行为、信息查询与信息检索行为之间的关系，并将网络行为、信息行为与信息交流相互联系，进而构建出一种具有可替代性的问题解决模型⑤，Wilson 将多种行为模型进行综合整理，极大地推动了网络行为领域研究的深入。

　　排名第二的是 Wilson 在 2000 年发表于 *INFORMING SCIENCE*（信息科学）的 *Human information behavior*，从科学角度定义信息行为、信息查询行为和信息用户行为等概念并对人类信息行为研究起源与发展进行综述，具体从信息学、心理学、消费者行为学等多学科、多视角概括面向用户的信息主体需求研究状况，最后综合信息行为模型研究提出 Wilson 信息行为概括性模型⑥。

　　排在第三位的是被引频次为 45 次的 Kuhlthau 发表于 *J AM SOC INFORM SCI*（美国信息科学和技术会刊）的 *Inside the search process：Information seeking from the user's perspective*，以信息用户的视角进行信息寻求行为模型的构建，提出 ISP（information search process）模型并将其分为六个阶段：起始（initiation）、选择（selection）、探索（exploration）、规划（formulation）、收集（collection）和呈现（presentation）；具体通过五个任务式的用户调查进行模型分析，强调在信息寻求过程中情感和认知方面的因素起着很大的作用，指出两种

---

①　Gray S M. Looking for information：A survey of research on information seeking，needs，and behavior ［J］. Journal of the Medical Library Association，2003，91（2）：259.

②　Dervin B，Nilan M. Information needs and uses ［J］. Annual Review of Information Science and Technology，1986，21（1）：3-33.

③　Savolainen R. Everyday life information seeking：Approaching information seeking in the context of "way of life" ［J］. Library & Information Science Research，1995，17（3）：259-294.

④　Ajzen I. The theory of planned behavior ［J］. Organizational Behavior and Human Decision Processes，1991，50（2）：179-211.

⑤　Wilson T D. Models in information behaviour research ［J］. Journal of Documentation，1999，55（3）：249-270.

⑥　Wilson T D. Human information behavior ［J］. Informing Science，2000，3（2）：49-56.

因素在自然获取、信息系统利用以及中介性信息提供等方面对用户的影响各有不同①。Kuhlthau 在 ISP 模型中引入具有影响性的主观因素，说明信息行为研究与心理学等学科有着密切的关系，为后继从主观角度的信息行为领域研究提供借鉴。

排在第四位的是 Leckie 于 1996 年发表在 *THE LIBRARY QUARTERLY*（图书馆季刊）上的 *Modeling the information seeking of professionals：A general model derived from research on engineers，health care professionals，and lawyers*，被引频次为 35 次，其对三类专业工作人群工程师、医护人员和律师的信息行为进行调查研究，总结构建出一种适合所有专业群体的信息寻求原始模型，模型包含六个部分：工作角色（work roles）、任务（associated tasks）、信息需求及影响因素的特征（characteristics of information needs and three factors affecting information seeking）、意识（awareness）、信息来源（sources）和结果（outcomes）。模型的每个部分涉及一系列的影响变量且包括一定的反馈机制，Leckie 将模型要素和影响变量之间的交互作用、产生关系概念化地表述出来，为研究针对特定人群信息行为提供专业性参考②。

排名第五的是被引频次为 35 次的 *A behavioral approach to information retrieval system design*，1989 年由 Ellis 发表于 *J DOC*（文献资料工作杂志），将学术研究者的信息查询模式进行总结，提出适用于信息查询系统设计的行为模型，分为六个部分：开始（starting）、链接（chaining）、浏览（browsing）、辨别（differentiating）、监视（monitoring）和提取（extracting）；Ellis 评估行为模型考虑信息系统上的可用程度并且提出该模型应用于试验性系统设计的实施要求③。Ellis 认为，信息查询方法和过程因人而异，系统用户的检索行为在很大程度上受其信息需求和信息环境的影响，构建具有广泛应用性的行为模型对系统设计有一定的借鉴意义。

信息行为领域高被引文献是网络行为进一步研究的权威理论基础。Wilson 对信息模型进行整理提炼并对信息行为概念进行科学定义，Kuhlthau 强调了情感和认知因素在信息查询过程中的作用，Leckie 和 Ellis 从特定群体和信息系统适用性对信息模型进行深化和调整。可见，高被引文献中信息行为理论研究与行为模型结合紧密，从心理学角度考虑到用户的情感与认知等因素。网络信息行为模型以信息用户为主体，将主观因素与信息传播流程相结合进行构建，根据不同的研究群体或者环境进行调整，以具有实用性或者更能适应网络信息系统的设计需求。

4. 信息行为研究热点

关键词是文章主题的高度概括，高频次关键词能反映出学科领域的研究热点课题④。在 Citespace II 软件中设置节点类型（node types）为"Keyword"，其他策略不变，运行后得出信息行为领域文献的关键词知识图谱，关键词节点（nodes）= 117，关联线（links）= 428，以中心性排序显示如图 2-6 所示。通过对关键词进行聚类分析了解近年信息行为领

---

① Kuhlthau C C. Inside the search process：Information seeking from the user's perspective [J]．Journal Of the American Society for Information Science，1991，42（5）：361-371.

② Leckie G J，Pettigrew K E，Sylvain C. Modeling the information seeking of professionals：A general model derived from research on engineers，health care professionals，and lawyers [J]．The Library Quarterly，1996，66（2）：161-193.

③ Ellis D. A behavioral approach to information retrieval system design [J]．Journal of Documentation，1989，45（3）：171-212.

④ 张凌．基于 CiteSpace 的竞争情报研究的可视化分析 [J]．图书情报工作网刊，2011，（10）：1-8.

域研究热点，整理所得信息行为领域的高频关键词，见表2-11。

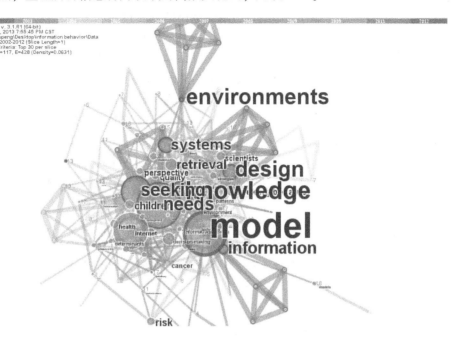

图 2-6 信息行为领域研究关键词知识谱图（中心性）

表 2-11 信息行为领域研究高频关键词表

排名	频次	中心性	关键词
1	88	0.13	needs
2	85	0.24	model
3	72	0.04	internet
4	64	0.13	seeking
5	48	0.17	knowledge
6	41	0.11	systems
7	38	0.15	design
8	37	0.09	retrieval
9	37	0.02	communication
10	34	0.03	decision-making

从信息行为领域研究高频关键词可见，信息行为领域中需求（needs）和模型（model）是学者的主要研究热点。需求是指作为信息主体的用户在信息获取、传递、利用等过程中的信息需求和心理需求，学者倾向于以人为本，从主观因素出发来研究信息行为的产生与变化；与需求研究密切相关的研究有两个方面：一是与心理学结合的用户信息活动过程中心理需求研究，二是以满足用户需求为目的的信息共享优化与系统构建研究。构建模型是信息行为领域的主要研究方法和手段，从高被引文献中可见，Wilson、Kuhlthau 等对信息行

为模型的构建与改进是网络行为领域研究的重要知识基础。网络（internet）列在高频关键词的第三位，说明随着信息社会的演进，基于网络的信息行为成为信息行为领域研究的热点课题。网络信息行为领域的研究内容日益广泛，信息查寻（seeking）作为信息管理生命周期中的重要环节，是信息行为理论研究和信息活动分析的主要组成部分，列在高频关键词的第四位。排在第五位的高频关键词是知识（knowledge），说明用户通过文本或者网络从事信息活动以进行知识分享或知识管理，信息行为领域研究具有很强的知识性，有助于知识的传播与学习。系统（systems）和设计（design）成为信息行为领域高频关键词，说明依据信息行为特点或信息需求构建信息系统是主要研究方向，这在高被引文献作者 Ellis 的论文中得到充分的体现。决策（decision-making）作为关键词，说明将信息行为与用户决策、决策管理相结合进行综合性研究是情报学、管理学与信息科学学科交叉融合的研究热点和趋势。

可见，除网络行为外，信息需求、行为模型、知识管理、信息查询、决策支持等与网络信息行为密切相关，作为网络信息行为领域近年来研究的理论基础和热点内容，从理论创新和模型构建到管理应用与系统支持，网络行为领域研究的不断深入为人们更好地开发和利用信息提供了坚实的基础。

5. 信息行为研究前沿

突变（burst terms）检测最早由 Kleinberg 提出，突变词并不是由专业术语出现的时间长短而定，而是在短时间内其使用频率增加显著的词[1]，挖掘突变词进行分析有助于发现研究领域的热点变化，掌握学科发展进程中的前沿问题[2]。CiteSpace II 具有突变术语检测功能，在软件中术语类型（term type）选择"burst terms"，节点类型选择"keyword"，更改显示类型为时区视图，其他策略不变，运行并进行处理得到突变词随时间的变化视图，如图 2-7 所示。

视图中方块大小表示突变程度，字体大小表示中心性高低，信息行为领域研究术语突变主要集中在 2007~2011 年，其中 2007 年和 2011 年突变程度最明显，将信息行为领域文献中检测到的突变术语作进一步整理，按照年份将突变词归类可分为 A、B、C 三个区域，见表 2-12。A 区域为 2007~2008 年，信息存取（information-access）、信息系统（formation-system）以及高中心性的社会资本（social-capital）、社会网络（social-networks）等术语表示信息行为领域研究过程中信息的实用性以及在社会生产中的信息利用程度受到关注，真实世界（real-world）、证券研究（stock-market）等词表明，信息行为领域研究越来越注重其实践意义，如消费者信息行为研究、市场信息获取、企业竞争情报等。B 区域以 2010 年为主，图书馆服务（library-service）、信息服务（information-service）和信息动机（information-motivation）等词表示信息服务是信息研究领域内的重要分支。C 区域表示 2011 年术语突变程度非常明显，决策制定（decision-making）、寻求行为（seeking-behavior）和实证研究（evidence-based）等突变词表明信息行为领域研究的多元化与多角度发展趋势；

---

① Kleinberg J. Bursty and hierarchical structure in streams [J] . Data Mining and Knowledge Discovery, 2003, 7 (4): 373-397.

② 郑乐丹 . 基于突变检测的学科领域新兴研究趋势探测分析 [J] . 情报杂志, 2012, 31 (9): 50-53.

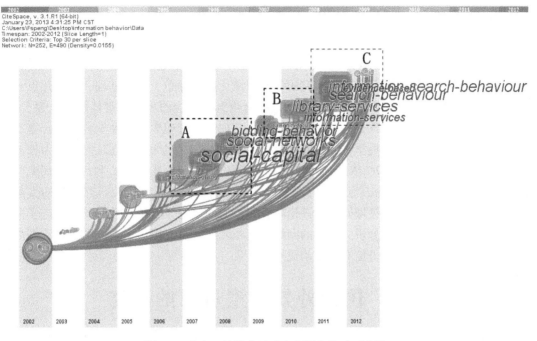

CiteSpace, v. 3.1.R1 (64-bit)
January 23, 2013 4:31:25 PM CST
C:\Users\Fspeng\Desktop\information behavior\Data
Timespan: 2002-2012 (Slice Length=1)
Selection Criteria: Top 30 per slice
Network: N=252, E=490 (Density=0.0155)

图 2-7　以中心性排序显示突变词变化时区视图

"决策制定"是在企业信息化与社会信息化过程中信息行为与管理决策研究的结合点，信息查寻行为（seeking-behavior）、搜索行为（search behavior）是互联网时代信息行为领域的研究前沿和热点，人们的生产生活与互联网信息紧密相连，快速地获取并有效地利用信息显得尤为重要；实证研究（evidence-based）主要与医学信息及健康信息行为研究相关。另外，健康行为（health-behavior）、公共信息（public-information）、数据收集（data-collection）都是某一时段的突变词汇，代表学者的研究视角和关注方向。信息行为领域研究不再是唯一关注信息用户及其使用信息行为的学科，日趋复杂的网络环境，为学者们从不同的角度对网络行为进行研究提供了有利条件，研究领域涉及的范围越来越广泛。

表 2-12　近年来信息行为领域突变词分布表

频次	突变度	关键词	年份	频次	突变度	关键词	年份
11	6.21	decision-making	2011	5	2.8	library-service	2010
8	4.5	seeking-behavior	2011	5	2.8	information-service	2010
5	2.81	evidence-based	2011	5	2.8	information-motivation	2010
6	3.44	real-world	2008	13	7.35	information-system	2007
5	2.87	social-networks	2008	5	2.81	information-obtained	2007
5	2.87	Stock-market	2008	5	2.81	information-access	2007

2.3.4 小结

通过文献计量方法与 CiteSpace II 知识图谱软件对国外信息行为领域研究文献进行量化和可视化分析，对信息行为领域研究的学科领域、期刊分布、知识基础、研究热点和前沿等内容进行深入研究。以研究领域文献数据为依据，结合图表进行具体的量化性分析，不但明确信息行为领域研究是一个图书情报学、心理学、管理学等多种学科相结合富有交叉性的研究领域，图书情报学科在研究领域内占有重要的地位①，而且对信息行为领域核心期刊（*J DOC*、*J AM SOC INFORM SCI*、*INFORM PROCESS MANAG*）和代表性研究学者（Wilson 、Kuhlthau 、Leckie 等）进行深刻的认识。高被引文献和代表研究学者的文献包含一系列权威的信息行为领域研究的理论与模型，为网络行为领域的后继发展奠定了坚实的基础；研究热点和前沿分析为国内的网络行为领域深入研究提供了必要的借鉴，国内的网络行为领域研究必将获得更有价值的成果。

2.4 国内外知识型员工的研究

随着知识经济时代的到来，各类组织中员工拥有的知识和技能占越来越重要的地位，知识型员工的表现成为决定一个组织发展的关键所在。早在 1957 年，美国管理学家 Peter Drucker（彼得·德鲁克）在 *Landmarks of tomorrow*（明日的里程碑）中率先提出知识型员工的概念，他指出知识型员工（knowledge worker）是那些"掌握和运用符号及概念，利用知识或信息工作的人"②。其后，图书情报学界、管理学界以及其他学界的不同学者纷纷提出自己的见解。

2.4.1 知识型员工的概念

1. 国外方面

Kelley 指出，知识型员工是搜集、整理、分析和传播信息的人③。

Dahms 定义，知识型员工是从事非重复性任务，具有前瞻性和处理组织信息的管理者或专家④。

Drucker 指出，在一个"不确定"是唯一可确定的因素的经济环境中，知识无疑是企业获得持续竞争优势的源泉"⑤。

---

① 孙玉伟. 信息行为研究的知识图谱分析 [J] . 情报科学, 2012, 30 (5): 740-745.
② Drucker P F. 大变革时代的管理 [M] . 赵干城译. 上海: 上海译文出版社, 1999: 112-130.
③ Kelley R E. The Gold-Collar Worker: Harnessing the Brainpower of the New Workforce [M] . Reading, Massachusetts: Addison-Wesley, 1985.
④ Dahms A R. Time management and the knowledge worker [J] . Industrial Engineering, 1988, (3): 26-28.
⑤ Drucker P F. 知识管理 [M] . 杨开峰译. 北京: 中国人民大学出版社, 1999: 18-39.

Woodruffs 认为，知识型员工是拥有且运用知识进行创造性工作的人，衡量知识型员工的标准应该是创新，知识是创新的基础，但知识并不等于创新本身①。

Anderson 公司是国际著名的咨询企业，总结对知识型员工的研究，认为知识型员工包括以下几类：特定领域内的专家学者；拥有专业技术的精英人士；企业或组织部门中职位处于中高级的管理人员。知识型员工按照工种划分，多分布于科技研发、设计制造、市场营销、广告策划、资产评估管理、计算机编程、金融投资等行业，都是需要专业技能和经过长期实践积累的行业②。

Horibe 认为，知识型员工是用脑大于用手去创造财富的员工，他们利用自己的创新型思维，通过创意、分析、判断、综合以提升产品的附加值。他认为管理人员、专业技术人员、高等学校教师以及具备较强能力的营销人员等属于知识型员工的范畴③。

Davenport 指出，知识型员工是创造知识的员工，或者是在工作中大量运用知识的员工④。

Spira 认为，知识型员工是具有较高的教育背景、专业能力和行业经验的一个群体，主要工作目的是创造、分享和运用知识。知识是知识型员工拥有的最富价值的无形资产，同时知识作为一种流动性的资源，伴随着知识型员工的有效利用不断增强其利用价值。因此，加强对知识型员工的研究，有助于提升知识的利用率⑤。

2. 国内方面

屠海群认为，知识型员工是从事生产、创造、扩展和应用知识的活动，且为组织带来知识资本增值的人员⑥。

孙新波等认为，知识型员工属于脑力劳动者，他们具备自我创新能力、能够通过自己的知识劳动，为产品带来更高的附加值，同时以已有信息和知识为基础创造更新的财富，是信息和知识的创造者，具有较高的专业技能，可以在实践中不断探索、丰富和创造新的知识⑦。

张斌认为，知识型员工是在创造财富过程中，依靠脑力劳动多于体力劳动，运用掌握的知识提高工作附加值的员工。他们更重视可以促使自身发展的具有挑战性的工作，要求有自主权，希望能够以自己认可的方式进行工作，同时组织必须履行自己对知识型员工的承诺⑧。

郭九成和徐茜认为，知识型员工是拥有工作所需的专业化的知识和技能，追求工作自

---

① Woodruffs W C. Winning the Talent War: A strategic approach to attracting, developing and retaining the best people [M]. New York: John Wiley And Sons, 1999.

② Anderson consulting. How to leverage Human performance to Excel in Digital Age [R], 1999.

③ Horibe F. 管理知识员工 [M]. 郑晓明译. 北京：机械工业出版社，2000.

④ Davenport T H, Prusak L. 营运知识 [M]. 王者译. 南昌：江西教育出版社，1999.

⑤ Spira J. Knowledge worker: Do you relate? (cover story) [J]. KM World, 2008, 17 (2): 1-26.

⑥ 屠海群. 知识型员工的激励的四个对应关系 [J]. 企业改革与管理，2001，(4): 24, 25.

⑦ 孙新波，于春海，孙培山，等. 知识型企业知识员工的模糊综合评价 [J]. 沈阳工业大学学报，2005，27 (6): 705-709.

⑧ 张斌. 心理契约理论与知识型员工管理 [J]. 山东社会科学，2006，(11): 145, 146.

主性，追求自我价值不断实现的员工。知识型员工主要包括具有专业技能的辅助型专业人员、专业人士、中高级经理等，主要的工作领域涉及研究开发、工程设计、市场营销、资产管理、金融和管理咨询等[1]。

彭川宇认为，知识型员工是通过自己的创意、分析、判断、综合实现产品附加值的人，是用智慧创造的价值高于用手创造的价值的员工[2]。

周文斌指出，知识型员工是用自己的知识资源作为主要技能，表现为用脑力工作多于用体力工作的员工；从劳动工具和劳动对象看，知识型员工在本质上是业务导向的，但并不排斥管理[3]。

欧阳新红、赵泽洪指出，知识型员工是指在组织中利用智慧创造的价值高于其动手创造的价值的员工。知识型员工是组织的管理者、技术开发者，具有一定的理论知识和学问的人才[4]。

王东霞认为，知识型员工是企业中具有较强的学习能力，具有较高专业技术和技能，或者具有本行业丰富的从业经验和经营管理才能，能充分利用知识提高工作效率，为企业作出较大贡献的员工[5]。

可见，知识型员工应该是这样一个群体或个体：职业上主要从事脑力劳动而非体力劳动，具有较强的创新能力，思想具有一定的深度或富有创造性，能够创造新知识和新技能，是追求自主性、多样化、个性化和创新精神的群体或个体，能促进和保障组织在竞争环境中处于不败之地，是组织必不可少的人才。

2.4.2　知识型员工的特性

作为知识时代的一个重要组成部分，知识型员工与普通员工相比，具有显著的特征。

1. 国外方面

Baumgartner 等指出，知识型员工最应具备的能力是能够在纷繁芜杂的信息中不断获取和创造知识，应具备如下特点：热爱学习和渴求知识；能够从原有的信息中发掘和转化更多的知识；对事件和信息具有把握能力和前瞻性；拥有强烈的自我成就意识[6]。

Amadi-Echendu 指出，知识型员工在工作中会出现较高的流动性，往往具备较全面的

① 郭九成，徐茜. 知识型员工的市场选择机制研究［J］. 山东大学学报（哲学社会科学版），2007，（6）：124，125.
② 彭川宇. 知识型员工心理契约特征维度研究［J］. 商场现代化，2008，（1）：58.
③ 周文斌. 中国企业知识型员工管理问题研究［J］. 经济管理，2009，（12）：83-93.
④ 欧阳新红，赵泽洪. 基于知识型员工求职行为的企业招聘策略探讨：以重庆市 865 位知识型员工为例［J］. 科技管理研究，2010，（7）：162-164.
⑤ 王东霞. 企业知识型员工激励机制研究［J］. 中国商贸，2011，（11）：156，157.
⑥ Baumgartner P，Sabine P. Educating the Knowledge Worker in the Information Society：Baser-Basic Support for Efficient Research［C］//IFIP TC3 publications. Teleteaching，1998，8：109-118.

专业知识①。

Arthur 等指出，作为一名知识型员工应该具备两种能力，即对知识的理解和对知识的学习。对知识的理解是指善于发现周边的"隐性知识"以及发掘和利用自身所具备的知识；对知识的学习是指对于新知识的获取能力以及使用先进工具的能力。知识型员工最大的特点是工作任务目标明确且具备较强的执行力②。

2. 国内方面

彭剑锋、张望军采用实证分析的方法进行研究，归纳出知识型员工的特点：对于工作，充满成就感和自我超越意识，对于组织的激励具有较强的反应；对于自身专业，具有较高的忠诚度，选择职业时更多地考虑自己的专业性，做到学有所长；具有旺盛的学习精力，会时刻获取新的知识；对于专业工作热诚，往往忘却单纯的工作时间，而享受终身学习的乐趣；在职业生涯中，往往拥有较高的薪水报酬，同时具备较强的自主性，看重自身在组织中的发展前景③。

江林认为，知识型员工在个人素质、工作方式和心理需求等方面具有特殊性：具有与工作相匹配的专业特长和较高的个人素质；具有实现自我价值的强烈需求；高度重视成就和精神激励；工作过程难以实行监督控制；工作成果不易直接评价④。

向阳等总结知识型员工具有的特征有：具有创新精神、使用价值高、拥有独特的价值观、流动性高、劳动成果难以衡量等⑤。

孙慧芳指出知识型员工的特点是：以脑力劳动为主、工作过程难以监督、劳动成果难以精确测评；其对职业选择的心理特点是高自主性、高独立性、高流动性和高自我价值感⑥。

曹洲涛和段淳林指出知识型员工的特点：一是创造性，知识型员工从事的是创造性、思维性工作；二是个性化，知识型员工具有鲜明的个性，自主性强、不从众；三是团队性，知识型员工的自主性和创造性是需要其他知识型员工的相互激发，才能体现出来；四是工作价值难以衡量，知识型员工的工作是用知识创造出来的，且往往是团队合作的结果，个人绩效难以衡量⑦。

王威探讨企业知识型员工团队激励的特点，认为由于信息的不对称或不可验证，知识型员工存在背叛团队的动机，组织需要设计相应的激励相容机制，规范因信息不对称可能导致的机会主义行为⑧。

---

① Amadi-Echendu J E. Thinking styles of technical knowledge workers in the systems of innovation paradigm [J] . Technological Forecasting and Social Change, 2007, 74 (8): 1204-1214.

② Arthur M B, Defikkippi R J, Lindsay V J. On being a knowledge worker [J] . Organizational Dynamics, 2008, 37 (4): 365-377.

③ 彭剑锋，张望军. 如何激励知识型员工 [J] . 中国人力资源开发，1999, (9): 12-14.

④ 江林. 知识型员工的特点与管理 [J] . 经济理论与经济管理，2002, (9): 58-62.

⑤ 向阳，孙景霞，韩宏伟. 知识型员工的八大特征 [J] . 现代企业教育，2003, (7): 38.

⑥ 孙慧芳. 知识型员工的特点及其激励原则 [J] . 合肥工业大学学报（社会科学版），2004, 18 (4): 70-73.

⑦ 曹洲涛，段淳林. 基于知识型员工心理预期的激励策略探讨 [J] . 经济问题，2005, (1): 46-48.

⑧ 王威. 激励相容与新技术企业知识型员工团队成长的博弈分析 [J] . 科技管理研究，2006, (2): 150-152.

李军认为知识型员工具有如下特点：一是有很强的全局观念，注重贡献；二是追求工作自主性和工作效率；三是流动性强，对组织的忠诚度低；四是需求多样并且复杂；五是追求职业进步①。

贾建锋等指出，企业可持续发展的关键在于知识型员工有效工作能力的提升，知识型员工的个体能力可以分为行为能力以及知识与技术能力两个方面②。

卫圈虎和周沈刚指出，知识型员工的特点在于其是一种高智能、高增值型的资本，容易流动，工作成果较难衡量，可以从工作中获得内在满足感，强调工作自主性、个性化，追求事业成就③。

淦未宇等认为知识型员工是组织创新能力的核心源泉，不同于普通员工的简单劳动，知识型员工面临的工作环境更为复杂多变，导致组织成员间的交互合作也更为频繁。知识型员工具有如下特征：崇尚团队工作、更多地从事创造性劳动、绩效评价比较复杂④。

赵黎霞等认为，知识型员工与一般员工最基本的区别是其人力资本存量较大，由此产生较大的稀缺性、较强的自主性、较大的递增性和较大的投资风险性。知识型员工自主性极大，自我保护意识较强，对环境的敏感程度超过一般员工，同时是个性张扬、高度自信、自我实现的群体⑤。

2.4.3　知识型员工的研究内容

知识型员工是组织创新与竞争力的核心，对于知识型员工的研究内容较丰富。

1. 组织管理角度

Olson 等回顾公司的办公自动化系统对知识型员工的影响，并介绍和分析工作环境的新工具对工作场所和人与人之间关系的影响⑥。

Oravec 强调在创新型组织中计算机应用的重要性，以及透明度在知识型员工间的重要作用，介绍以知识为基础的博客应用，提倡组织和管理者应采取知识系统透明化的策略⑦。

McAfee 提出"Enterprise 2.0"的概念，认为现代网络技术和商业实践需要员工在信息量丰裕的企业组织环境中进行工作，通过相互合作交流知识，采用缩写"SLATES"

---

① 李军. 知识型员工的特征及其激励 [J]. 科技进步与对策, 2007, (11): 124-127.
② 贾建锋等. 知识型员工行为能力的因素结构研究 [J]. 科学学研究, 2009, (12): 1862-1868.
③ 卫圈虎, 周沈刚. 高科技组织知识型员工满意度评价实证研究 [J]. 科技进步与对策, 2010, 27 (14): 125-129.
④ 淦未宇, 徐细雄, 易娟. 基于社会偏好的知识型员工激励系统研究 [J]. 工业工程, 2011, 14 (4): 82-86.
⑤ 赵黎霞. 小议采矿类企业知识型员工的吸纳与维持 [J]. 企业导报, 2013, (1): 220.
⑥ Olson M H, Lucas Jr H C. The impact of office automation on the organization: Some implications for research and practice [J]. Communications of the ACM, 1982, 25 (11): 838-847.
⑦ Oravec J A. The transparent knowledge worker: Weblogs and reputation mechanisms in KM systems [J]. International Journal of Technology Management, 2004, 28 (7): 767-775.

（search；links；authoring；folksonomies；tag；extensions；signal）表示网络技术和员工相互交流的潜在关系①。

Jana 主要研究知识型员工的工作场所设计，将人体工程学引入知识型员工中心和数字图书馆中，并提出对数字图书馆改革的建议和预防补救措施②。

Evaggelia 指出，公司应该从人力资源管理与知识管理两个方面管理知识型员工③。

Murray 和 Greenes 指出，单纯依靠信息研究来识别未来知识型员工的现象已经改变，人们发现知识型员工具有相当强的移动性。在这种情境下，组织必须共同创造生活、工作和学习环境，提供均衡和充实的生活方式，以吸引、保留和发展知识型员工队伍，管理组织需要一个整合生活、工作和学习关键因素的环境④。

Schneckenberg 认为，随着网络技术和信息技术的迅猛发展，企业和组织更多地采用新的信息交流模式，成员之间的交流更加快捷，交流渠道日趋多样化、流畅化，领导和员工、员工和员工之间的交互性大大增强，应用网络交流平台充分提升了信息的及时性和有效性⑤。

Holtshouse 研究知识型员工的未来发展趋势，评估组织提供何种环境可以有效吸引和留住优秀的知识型员工，进而提出若干种模式⑥。

Ramsey 采用实证分析方法，调查一家南非企业内部的组织设计，以期考察组织内部成立的信息共享服务中心与知识型员工专业性之间是否存在相关性，研究结果表明信息共享中心的设立给企业注入了很大活力，既促进员工之间的专业知识交流，又促进员工之间的团队合作⑦。

Bagraim 采用问卷调查法，收集 282 份有效问卷，通过不同维度考察南非地区具有高级信息技术能力的员工个人或群体，结果发现：应该加强对知识型员工的管理，并提出管理工作的具体策略和建议⑧。

卫圈虎和周沈刚采用问卷调查法，实地对某研究所的员工进行满意度测评，以此分析影响员工满意度的关键因素，研究统计特征因素与满意度之间的关系，进而提出提高知识

---

① McAfee A P. Enterprise 2.0：The dawn of emergent collaboration ［J］. Management of Technology and Innovation，2006，47（3）：9-21.

② Jana S. Workplace design for knowledge workers in digital library ［J］. SRELS Journal of Information Management，2007，44（1）：27-41.

③ Evaggelia F. Human resources management policies and knowledge worker ［C］// ECKM 2007. 8th European Conference on Knowledge Management 2007：Consorci Escola Industrial de Barcelona，Barcelona. Spain：Academic Conferences Limited，2007：319-326.

④ Murray A J，Greenes K A. Workplace innovatioin：enterprise of the future：From the knowledge worker to the knowledge economy ［J］. Journal of Information & Knowledge Management，2007，37（1）：7-13.

⑤ Schneckenberg D. Web 2.0 and the empowerment of the knowledge worker ［J］. Journal of Knowledge Management，2009，13（6）：509-520.

⑥ Holtshouse D. The future of knowledge workers ［J］. KM World，2009，18（9）：1-18.

⑦ Ramsey M，Erasmus M. A design option for optimising knowledge worker expertise in a south african shared services centre ［J］.//Proceedings of the 10th European Conference on Knowledge Management ［C］，2009，650-658.

⑧ Bagraim J. The Improbable Commitment：the Nature and Outcomes of Managing for Commitment Amongst Information Technology Knowledge Workers ［J］.//Proceedings of the International Conference on Information Management & Evaluation ［C］，2010：30-39.

型员工满意度的建议①。

淦未宇等在总结知识型员工特征的基础上，构建了一个基于社会偏好视角的知识型员工的激励系统，该系统包括经济偏好激励系统、社会偏好激励系统以及辅助支持系统②。

赵娅指出，鉴于知识型员工面临着越来越大的压力，组织必须采取压力管理措施帮助其缓解压力，由此在胜任力模型的基础上构建知识型员工压力管理机制，包括压力事前预防、识别、应对和事后反馈，为组织优化管理提供借鉴③。

可见，从企业组织管理角度看，研究者主要关注组织模式变革、平台建设以及知识型员工激励的方式方法。随着互联网的普及特别是 Web 2.0 和 Web 3.0 网络交互性能的提升，用户参与功能不断增强，企业员工的交流方式也发生巨大变化，随之而来的组织模式和管理体制的变革，愈发趋向于扁平化，同时改变组织信息传递的方式。知识型员工是具备专业知识的群体，对于网络信息的感知力更强，他们既是网络和网站内容的浏览者（信息接收者），同时也是网络和网站内容的制造者（信息创造者）。特别是互联网、内联网、外联网技术的普及和应用，善于有效利用网络信息资源的知识型员工也受到组织的青睐。

2. 员工自身角度

启彦提出"知识型员工的生产力"六因素说，认为知识工作者的生产力主要取决于六个因素：任务明确、自我管理、不断创新、不断学习、注重质量和数量、视知识型员工为"资产"而不是"成本"，并详细阐明各个因素的要点④。

Sahraoui 提出"微计划"概念，指出微计划是作为使用者的一种非正式计划，允许作为使用者的知识型员工利用知识和技能去定义和改变 IT 技术，微计划强调知识型员工的个人动机和信息能力，研究证实两个变量对微计划发挥正向作用⑤。

韩经纶认为，知识经济时代知识型员工的心理需要是一个多水平、多层次、多类型的复杂系统，多种因素交织在一起，某些因素占主导的心理倾向⑥。

Johnson 重点探讨知识型员工应该具备的技能，如阅读理解能力、解读视觉信息能力、写作技能、演讲技能、数学和逻辑思维能力，同时强调知识型员工的信息技术技能的重要性⑦。

Geczy 分析知识型员工的网络浏览行为，分析知识型员工在一个大型内部网中产生的交互作用，结果发现用户较倾向于采用重复的词段和较复杂的浏览模式、使用网络信息资源的范围较狭窄⑧。

---

① 卫圈虎，周沈刚. 高科技组织知识型员工满意度评价实证研究 [J]. 科技进步与对策，2010，27（14）：125-129.

② 淦未宇，徐细雄，易娟. 基于社会偏好的知识型员工激励系统研究 [J]. 工业工程，2011，14（4）：82-86.

③ 赵娅. 基于胜任力模型的知识型员工压力管理机制设计 [J]. 企业经济，2012（8）：42-45.

④ 启彦. 知识工作者的生产力六因素 [J]. 中国中国电力企业管理，2000，（4）：5.

⑤ Sahraoui S. Harnessing knowledge workers' participation for IT planning effectiveness：the informational and motivational mediating effects of users' micro planning behavior [J]. Behavior & Information Technology，2001，20（1）：69-77.

⑥ 韩经纶. 凝聚知识员工 [M]. 贵阳：贵州人民出版社，2003.

⑦ Johnson D. Skills for the knowledge worker [J]. Toward a 21st-Century School Library Media Program，2007：218.

⑧ Geczy P, Izumi N, Akaho S, et al. Long tails and analysis of knowledge worker intranet browsing behavior [J] //Business Information Systems [C]. Springer Berlin Heidelberg，2007：584-597.

Ishikawa 在信息扩散理论的基础上提出知识型员工捕捉的信息行为模式,通过研究一个合作组织,发现小范围的用户也可以引发大规模的创新活动[①]。

Nicholson 从移动通信技术领域视角入手,考察其对知识型员工的影响。他根据分心冲突理论(distraction-conflict theory)构建知识型员工工作效能模型,采用实验法进行模型验证,结果发现随着工作复杂程度的提升,员工生产力均会降低,而与低或高的分心程度关系不大[②]。

Steiger 和 Steiger 基于 Nonaka 的创新理论,构建知识型员工的认知模型,研究知识型员工在进行决策时受哪些因素影响[③]。

Moloto 和 Buckley 采用实验研究方法,考察以技术为基础的知识管理系统在知识型员工中的接受以及应用情况,研究焦点是从人的维度考虑系统的构建,以及知识型员工应用智力资本情况[④]。

王元元等研究组织氛围、认知负荷和人格特征对知识型员工绩效的影响,结果表明:工龄对知识型员工绩效的影响显著,知识型员工的关系绩效最高,其次是创新绩效、学习绩效,任务绩效最低[⑤]。

张雪峰和王洁调查具有高学历的知识型员工的工作疲劳特征,进而构建员工疲劳特征的结构模型,阐释员工产生疲劳感的原因,以此提出缓解员工疲劳的方法[⑥]。

可见,从知识型员工自身方面看,主要关注于个体和群体的网络行为特征,以期归纳出网络行为模型,提升知识型员工的工作效率和效益。对用户进行分类研究,分析特定人群网络信息行为共性和个性,提高知识型员工的认知水平,促进知识的获得和理解。在具体研究方法方面,采用理论和实践相结合的方式,具体而言,采用理论模型和数理统计技术深入分析用户数据,并注重案例研究。

2.5　战略运算能力的研究

战略运算(strategic computing),是美国国防部高级研究计划局(The U. S Department Of Defense's Advanced Research Projects Agency,DARPA)于 20 世纪 80 年代中期提出的概念,其中一个重要职责是确保美国在高性能计算机的信息处理能力方面占世界领先地位。战略运算是为了将过去以实验为基础的科学研究转化为以计算机模拟为基础的科学研究,

① Ishikawa M,Geczy P,et al . Capturing knowledge worker behavior based on information diffusion theory [J] . Knowledge-Based Software Engineering,2008(8):378-382.

② Nicholson D B,Nicholson J A. Investigating the Effects of Distractions and Task Complexity on Knowledge Worker Productivity in the Context of Mobile Computing Environments [J] . Journal of Organizational and End User Computing,2009,21(4):1-20.

③ Steiger D M,Steiger N M. Instance-based cognitive mapping:a process for discovering a knowledge worker's tacit mental model [J] . Knowledge Management Research& Practice,2008,6(4):312-321.

④ Moloto S,Buckley S. The Acceptance of Technology-Based Knowledge Management Systems by Knowledge Workers [C] // International Conference of Information Management and Evaluation:IC/ME 2010. Academic Conferences Limited,2010:244.

⑤ 王元元,余嘉元,李杨,等. 知识型员工认知负荷对绩效的影响:有调节的中介效应 [J] .科技进步与对策,2013,30(3):143-147.

⑥ 张雪峰,王洁. 高学历知识型员工的工作疲劳结构研究 [J] . 辽宁工程技术大学学报,2013,(1):46-50.

战略运算能力包含高性能计算机的运算速度和处理能力，最大限度地发挥高性能计算机的信息并行处理能力。20 世纪 90 年代初，增强战略运算能力计划（Accelerated Strategic Computing Initiative），简称战略运算能力（ASCI）开始实施。战略运算能力项目作为一个跨部门、多领域、长时间的项目，历经十年的建设，项目取得巨大的成功，有效提升美国的国家战略、国土安全、科技水平和企业竞争力。ASCI 项目设定的目标有两个：一是在2010 年前开发出高性能、系统性、能仿真全景的计算机以支持武器装备的性能评价、项目更新、流程分析、突发事件应急管理；二是带动美国计算机及其相关行业的发展，推进制造业以及工业的进一步发展①。因此需要全面提高计算机的运算速度和处理能力，以达到仿真模拟的效果。ASCI 项目有组织、有策略地运用关键因素以实现目标，计划实施的原则是确保高性能、安全、可靠和持续更新②。该计划分为五个阶段分步实现，分别是构造1TereFlop/s（万亿次浮点运算/秒）、3TeraFlop/s、10 Teraflop/s、30 Teraflop/s 和 100 Tera-flop/s 的计算机系统。该项目的前期计划历时十年（1995～2005 年），并取得了巨大的成功，不仅实现了 3D 全真模拟，而是促使美国计算机水平处于世界领先地位。Larzeler 在总结 ASCI 项目发展进程时评论"ASCI 不仅创造了一种理念将其繁荣发展，而且它把计算模拟上升到与'理论'和'实验'相等同的地位，成为第三种科学研究方法"。ASCI 项目的巨大成功是与其有效管理的模式分不开的，它充分地发挥了研究人员的工作绩效③。ASCI 项目大大提升了计算机运算能力，超级计算机将运用于更多的领域④。2000 年 ASCI 项目更名为 ASC（Advanced Simulation and Computing Program）项目⑤，但实际工作习惯上仍采用 ASCI，目标是关注三维仿真环境日益增长的预测能力，以便利用系统提高精确度和准确度，逐步将模拟仿真作为一种预测工具应用于前沿研究，进一步打造超级计算机平台，提高计算机的运行速度。

2.5.1　战略运算能力文献计量分析

为了解国内外 ASCI 的研究进展情况，笔者于 2010 年 12 月对 ASCI 研究文献进行计量分析。以 SCI 和 EI 数据库作为统计来源，以题名 =（ASCI）or 题名 =（Accelerated Strategic Computing Initiative）限于"所有年份"为检索项进行检索，再通过阅读文摘，剔除相关性不大的文献，得到相关文献 84 篇，采用文献计量学方法，对这 84 篇文献进行多方面、多角度的归类、整理、统计与分析。

①　Parker A. Into the wild blue youder with blue gene/L science and technology review ［J］. Los Alamos National Laboratory, 2005：23-25.

②　Moloto S, Buckley S. The Acceptance of Technology-Based Knowledge Management Systems by Knowledge Workers ［C］// International Conference of Information Management and Evaluation；Icime 2010. Academic Conferences Limited, 2010：244.

③　Larzelere A. Delivering insight：the history of the accelerated strategic computing initiative（ASCI）［R］. Lawrence Livermore National Laboratory, 2009：171-172.

④　Lubeck O, Hoisie A, et al. ASCI Application Performance and the Impact of Commodity Processor Architectural Trends ［C］//Innovative Architecture for Future Generation High-Performance Processors and Systems, IEEE, 1998：3-6.

⑤　Larzelere A. Delivering Insight：the history of the Accelerated Strategic Computing Initiative（ASCI）［R］. Lawrence Livermore National Laboratory, 2009：171-172.

从表 2-13 的 ASCI 相关文献出版年份分布可以看出，ASCI 从 1996 年才开始出现在一些会议论文中，其相关研究在 1996~2005 年处于活跃期，但总体说来，由于 ASCI 属于美国能源部（DOE）的军方保密项目，对其研究的公开文献并不多。由表 2-14 的 ASCI 相关文献来源类型分布可见，有关 ASCI 的 84 篇论文中，会议论文为 48 篇，占总体的 57.1%；来自期刊的论文为 36 篇，占总体的 42.9%。会议论文多于期刊论文，或许是由于 ASCI 是一个实践性项目而非理论研究项目。

表 2-13　ASCI 相关文献出版年份分布

出版年份	频率	百分比	有效百分比	累积百分比
1996	3	3.6	3.6	3.6
1997	5	6	6	9.5
1998	11	13.1	13.1	22.6
1999	9	10.7	10.7	33.3
2000	9	10.7	10.7	44
2001	11	13.1	13.1	57.1
2002	4	4.8	4.8	61.9
2003	5	6	6	67.9
2004	10	11.9	11.9	79.8
2005	8	9.5	9.5	89.3
2006	1	1.2	1.2	90.5
2007	2	2.4	2.4	92.9
2008	2	2.4	2.4	95.2
2009	2	2.4	2.4	97.6
2010	2	2.4	2.4	100
合计	84	100	100	

表 2-14　ASCI 相关文献来源类型分布

来源类型	频率	百分比	有效百分比	累积百分比
会议	48	57.1	57.1	57.1
期刊	36	42.9	42.9	100.0
合计	84	100.0	100.0	

表 2-15 的 ASCI 相关文献应用领域分布划分，是依据 Lawrence Livermoren National Laboratory（国家实验室）一份关于 ASCI 的报告，将 ASCI 的相关文献划分为计算平台、仿真建模和应用开发三类，计算平台是仿真建模的技术支撑，而计算平台和仿真建模又是应用的基础。由表 2-15 可见，在 84 篇相关文献中，有关计算平台的文献为 39 篇文献，占总体的 46.4%，计算平台的相关文献主要是探讨具有超级计算能力的系统实现；其次是仿真建模和应用开发；另外，还有 5 篇文献是对 ASCI 的介绍。

表 2-15 ASCI 相关文献应用领域分布

应用领域	频率	百分比	有效百分比	累积百分比
计算平台	39	46.4	46.4	46.4
仿真建模	21	25.0	25.0	71.4
应用开发	18	21.4	21.4	92.8
ASCI 介绍	5	6.0	6.0	98.8
开发应用	1	1.2	1.2	100.0
合计	84	100.0	100.0	

由表 2-16 的 ASCI 相关文献来源名称分布可见，ASCI 研究的来源广泛，84 篇文献共来自于 68 种期刊及会议，刊载有关 ASCI 研究文献最多的是"*International Journal of High Performance Computing Applications*"，刊载数量为 5 篇，这说明 ASCI 涉及领域广泛。

表 2-16 ASCI 相关文献来源名称分布

来源名称	频率	百分比	有效百分比	累积百分比
International Journal of High Performance Computing Applications	5	6.0	6.0	6.0
Concurrency Computation Practice and Experience	3	3.6	3.6	9.6
IEEE International Conference on Cluster Computing	3	3.6	3.6	13.2
AIAA/ASME/ASCE/AHS/ASC Structures, Structural Dynamics and Materials Conference	2	2.4	2.4	15.6
Computing in Science and Engineering	2	2.4	2.4	18.0
IEEE International Performance, Computing and Communications Conference	2	2.4	2.4	20.4
Journal of Computer-Aided Materials Design	2	2.4	2.4	22.8
Journal of Parallel and Distributed Computing	2	2.4	2.4	25.2
Proceedings of the ACM/IEEE 2005 Supercomputing Conference	2	2.4	2.4	27.6
Proceedings of the IEEE Annual Simulation Symposium	2	2.4	2.4	30.0
Proceedings of the IEEE Visualization Conference	2	2.4	2.4	32.4
其他 57 种	57	67.8	67.8	100.0
合计	84	100.0	100.0	

表 2-17 ASCI 相关文献作者人数分布

作者人数	频率	百分比	有效百分比	累积百分比
1	16	19.0	19.0	19.0
2	16	19.0	9.0	38.1
3	20	23.8	23.8	61.9
4	14	16.7	16.7	78.6

续表

作者人数	频率	百分比	有效百分比	累积百分比
5	9	10.7	10.7	89.3
6	5	6.0	6.0	95.2
7	2	2.4	2.4	97.6
10 以上	2	2.4	2.4	100.0
合计	84	100.0	100.0	

由表 2-17 的 ASCI 相关文献作者人数分布可见，ASCI 的研究合作现象明显，仅有 16 篇文献为 1 个作者独立完成，而 3 个以上作者合作完成的文献有 52 篇，达到总数的 61.9%。进一步分析作者来源地发现，研究 ASCI 的学者几乎都来自于美国。

2.5.2　战略运算能力研究文献内容介绍

Mattson 和 Scott 研究 ASCI 计划中的超级计算机的硬件和软件设计，如英特尔奔腾 9000Pro 处理器[①]。

Hornung 和 Kohn 调查 Lawrence Livermoren 国家实验室的各种计算机用于测试的自适应网络加密（AMR）技术和模拟技术。AMR 技术最初被开发采用双曲线方程组数值计算解决流体动力学问题，科学家将 AMR 方法包括双曲线和椭圆/抛物型方程应用于新领域——中子运动，即结合不同的物理模型的混合方法（如离散和连续）进行建模[②]。

Seager 研究"全系统"在量子化学、生物学、分子动力学等中的科学价值，探讨蓝色太平洋（Blue-Pacific）的 SST 构架，将该平台整合成一个完整的仿真环境运行全系统，并讨论 SST 架构的具体操作模型[③]。

Yoo 和 Jette 主要研究计算机平台的对称多处理器群组（SMP）应用于大规模科学计算情境，并关注其可扩展性及其容量，得出其在资源系统的管理中发挥重要作用，并利用它开发出一种有效的资源管理计划[④]。

Constantinescu 主要介绍 DOE 开发的巨型计算机，概括描述该系统体系结构，并验证其容错机制，提出一种故障注入方法，适用于任何容错机制，能提高计算机系统的可行性[⑤]。

Zepper 等为 Sandia 国家实验室的 ASCI 应用程序软件研发的项目管理原则、软件核查、软件工程实践提供指导，主要用于指导生产可靠和值得信赖的产品实践活动，具体包括对

---

① Mattson T G, Scott D. A teraflop Supercomputer in 1996：the ASCI TFLOP System ［C］//Proceedings of International Parallel Processing Symposium. 1996. IEEE, 1996：84-93.

② Hornung R D, Kohn S. R. Future Directions for Adaptive Mesh Refinement in ASCI and Other LLNL Simulation Projects ［R］. Lawrence Livermore National Lab., CA（US）, 1997.

③ Seager M. An ASCI Terascale Simulation Environment Implementation ［C］//Mannheim Supercomputer 99 Conference Mannheim, 1999：6-11.

④ Yoo A B, Jette M A. The Characteristics of Workload on ASCI Blue-Pacific at Lawrence Livermore National Laboratory ［C］//. First IEEE/ACM International Symposium on Cluster Computing and the Grid, . IEEE, 2001：295-302.

⑤ Constantinescu C. Teraflops Supercomputer：Architecture and Validation of the Fault Tolerance Mechanisms ［C］//IEEE Transactions on Computers. 2000, 49（9）：886-894.

软件开发生命周期的概述、实践和活动大纲、评估工具等①。

Rheinheimer 等讨论网格服务的体系结构、安全性、网络服务基础设施的用户界面、涉及网格服务的设计和实施、在大型计算机中部署的用户访问解决方案②。

Pilch 等介绍 Sandia 国家实验室的同行评审制度的内容和过程，提出改进指导方针，以改进 Sandia 国家实验室核查和验证计划的质量③。

McAllister 等开先河地构建了 ASCI Red 平台，简要介绍具有嵌套过程的程序设计语言（small nested language，SNL）以及用户如何使用 Janus 和 Janus-s④，填补了美国 Sandia 国家实验室的 ASCI Red 平台缺乏每秒万亿次浮点运算能力的空白。

Smirnov 等研究信息网格中的知识管理系统，认为快速决策过程影响人类生活的多个领域，如商业、医疗、工业、军事等，在知识和多代理系统结构中使用一种成熟的知识源网络方法（KSNet），进而描述"KSNet"系统的研究原型⑤。

① Zepper J，Aragon K，Ellis M，et al. ASCI applications software quality engineering practices ［R］. Sandia National Laboratories. 2003：7.

② Rheinheimer R，Beiriger J I，Bivens H P，et al. The ASCI computational grid：initial deployment ［J］. Concurrency and Computation：Practice and Experience，2002，14（13-15）：1351-1363.

③ Pilch M，Trucano T. Peer Review Process for the Sandia ASCI V&V Program：Version 1.0 ［R］. Sandia National Laboratories. 2001，1.

④ McAllister P L，Sault A G，Kelly S M，et al. ASCI red for dummies-a recipe book for easy use of the ASCI red platform ［R］. Sandia National Laboratiories，2003：11.

⑤ Smirnov A，Pashkin M，Chilov N，et al. Knowldege logistics in information grid environment ［J］. Future Generation Computer Systems，2004，20（1）：61-79.

第 3 章　知识型员工战略运算能力的
网络行为理论研究

3.1　网络行为基本概念

网络行为，与之密切相关的概念术语有网络信息行为、信息行为，信息行为是一个包罗万象的术语，包括各种形式的用户与信息的概念性和实体上的接触，包括用户信息需求、信息采集、信息组织、信息加工、信息开发、信息使用和信息传播，结合认知和情感幅度，以及可观察到的其他行为①。Wilson 指出国外信息行为领域的研究是基于一个联系在一起的嵌套模型，主要从信息行为、信息查寻行为、信息检索行为三个层次来进行研究②。Spink 等认为，人类信息行为是与信息查询、信息搜寻、信息检索、信息组织和信息使用相关的人类行为③。胡昌平等认为信息行为是人类特有的一种行为，指主体为了进行某种特定的信息需求，如科技研发、生产生活、管理等活动中的信息需求，在外部条件的刺激下表现出来的获取、查询、交流、传播、吸收、加工和利用信息的行为④。王艳和邓小昭提出，网络用户信息行为是互联网使用者在认知思维支配下对外部条件作出的反应，建立在需求和动机的基础之上，利用互联网提供的信息内容和信息服务，所从事的信息需求的认识与表达、信息查询、信息选择、信息存储、信息吸收与利用及信息加工、信息交互等活动⑤。因此，本书研究认为，网络行为是指用户借助网络在寻求所需要的信息过程中所表现出来的信息需求表达、信息获取、信息利用等行为，网络用户主要是指使用互联网的公众，他们既是互联网的使用者，也是网络信息的制造者，从而构建一个网络行为概念领域的模型，如图 3-1 所示。

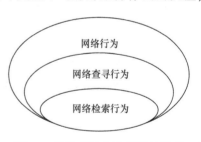

图 3-1　网络行为概念领域的模型

网络信息行为涉及网络信息需求（information needs）、网络信息行为主体、网络信息行为客体等。

---

①　Sonnenwald D H，Iivonen M. An integrated human information behavior research framework for information studies ［J］．Library & Information Science Research，1999，21（4）：429-457.

②　Wilson T D. Models in information behavior research ［J］．Journal of Documentation，1999，55（3）：249-270.

③　Spink A，Cole C. Everyday life information seeking research ［J］．Library and Information Science Research，2001，23（4）：301-304.

④　胡昌平，乔欢．信息服务与用户 ［M］．武汉：武汉大学出版社，2008.

⑤　王艳，邓小昭．网络用户信息行为基本问题探讨 ［J］．图书情报工作，2009，53（16）：35-39.

3.1.1　网络信息需求行为

网络信息需求行为是指网络信息用户对信息本身（即信息客体）的需求，以及为了满足需求而产生的对信息工具、信息系统和信息服务方面的要求。按照马斯洛的需求层次理论，人类的需要是分层次的，由低到高依次为生理需要、安全需要、归属和爱的需要（社交需要）、尊重的需要和自我实现的需要。也就是说，马斯洛认为人的价值体系存在两类不同的需要，一类是人类与生俱来的本能或冲动，另一类是随着人类的进化而不断显现出的潜能或需要，称为高级需要。信息需求贯穿整个需求层次，是普遍存在的①。Wilson 认为，信息行为始于信息需求，需求是信息行为的逻辑起点，继而产生信息搜寻、信息交换、信息转移和信息的最终使用②。Wilson 认为，人类最基本的需求可以归纳为三种，即生理需求、情感需求和认知需求，三种需求相互关联，且这些需求会因时、因地、因人而有所不同，影响信息需求的因素包括个人因素、个人工作角色以及外在环境等③。Wilson 进一步指出，信息行为是与人类行为有关的信息来源和渠道，包括主动和被动进行信息搜寻和信息使用，以及人与人面对面的沟通和间接接受信息的行为，并归纳信息行为的四种模式：整体信息行为、信息寻求行为、信息检索行为和信息使用行为④，其中，网络渠道是一种重要的渠道。丁宇认为信息需求是人们生理上总需求的一部分，是人们为了解决各种生产、生活、工作中的问题而产生的信息不满足感，人类的实践活动是广泛的，信息需要是一种普遍存在的需要⑤。郑德俊认为信息需求一般是对信息客体的需求，包括获取和利用信息的需求以及向外发布和传播信息的需求，其基点是实现对外的信息沟通与交流，达到社会生产活动和社会生活中的某种目标⑥。孙林山认为信息用户是指具有信息需求并进一步利用信息资源的个人或社会团体，它不仅包括具有信息需求和信息接收行为的社会成员，同时还包括能够参与社会信息交互过程的社会成员⑦。

网络信息需求主要是通过互联网络获得信息的需求。对网络信息需求，可以从四个功能角度进行考察：寻找答案（seeking answers）、减少不确定性（redcuing uncertainty）、释意（making sence）、动机范畴（spectrum of motivations）⑧。其中，针对寻找答案，Taylor 根据读者向图书馆咨询提问的方式，认为信息需求可以是一个四阶段的模型，如图 3-2 所示⑨，包括本能需求、有意识需求、正式需求以及妥协需求。减少不确定性是指信息需求

　①　亚伯拉罕·马斯洛. 动机与人格［M］. 北京：中国人民大学出版社，2007.

　②　Wilson T D. On user studies and information needs［J］. Journal Of Documentation，1981，37（1）：3-15.

　③　Wilson T D. Information behavior：An interdisciplinary perspective［J］. Information Processing&Management，1997，33（4）：551-572.

　④　Wilson T D. Human information behavior［J］. Informing Science，2000，3（2）：49-56.

　⑤　丁宇. 网络信息用户需求的特点与利用特征及规律浅析［J］. 情报理论与实践，2003，（5）：412-414.

　⑥　郑德俊. 网络环境下信息用户需求满足分析［J］. 情报杂志，2004，（8）：124-127.

　⑦　孙林山. 我国信息用户需求和信息行为分析研究综述［J］. 图书馆论坛，2006，（5）：41-44.

　⑧　Wilson T D. Information behavior：An interdisciplinary perspective［J］. Information Processing&Management，1996，33（4）：551-572.

　⑨　Taylor R S. Question-Negotiation and Information Seeking in Libraries［J］. College and Research Libraries，1968，29（3）：178-194.

是为了减少不确定性，或者说降低不确定性，因此要不断获得相关信息，并对信息进行处理，及时进行传递和利用。Belkin 认为信息搜寻的最基本动机是"异常状态知识"（anomalous state of knowledge，ASK），ASK 是指个人意识到个体间知识水平中存在异常（如代沟或者不确定性），个人面对 ASK 时，试图通过请求或者咨询以消除不确定性[①]。Kuhlthau 基于心理学基础，将研究视角集中于角色对信息行为的影响，其中"不确定性"是 Kuhlthau 研究中的一个重要组成部分[②]。Brenda Dervin 采用"释意"概念解释信息需求的源泉[③]，即强调感觉而非人们普遍认为的信息环境是信息需求的来源，每个人都有动机去释意存在的客观世界。邓小昭认为信息需求与信息行为的关系，如图 3-3 所示，即信息需求产生信息行为，导致需求满足，进而产生新的需求，如此循环[④]。动机范畴，是从动机角度考察网络信息需求，如近景性动机和远景性动机。

可见，网络需求是网络信息需求，即工作任务产生的信息需求须要网络提供，通过网络途径加以解决。

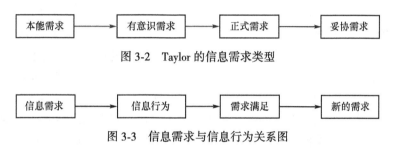

图 3-2　Taylor 的信息需求类型

图 3-3　信息需求与信息行为关系图

3.1.2　网络行为

目前，网络行为和信息行为的区别和联系，存在如下观点：网络行为与信息行为定义的角度不同，存在包含与被包含的关系。从信息传递媒介角度考虑，网络属于信息获取的一种方式。在网络环境中，用户的网络信息行为与以往纸质媒介环境中的信息行为存在差别，具体网络行为可以归结到信息行为大类，网络行为也具体涉及四种过程：网络信息查寻、网络信息选择、网络信息交互、网络信息处理与利用。

1. 网络信息查寻（information seeking）

网络信息查寻，又称网络信息搜寻、网络信息寻求。网络信息用户为满足自身对信息的需求，会在某种信息动机的指使下实施相应的网络行为。首先是信息搜寻。Zerbinos 认

① Belkin N J. Anomalous state of knowledge［J］//Fisher E, Erdelez S, McKechnie E F. Theories of information behavior［C］. Medford, NJ. Information Today, Inc. 2005：44-48.

② Kuhlthau C C. The influence of uncertainty on the information seeking behavior of a securities analyst［J］//Vakkari P, Savolainen R, Dervin B. Information Seeking in Contex：Proceedings of a Meeting in Finland［C］, London：Taylor Graham. 1997：268-274.

③ Dervin B. Sense-making theory and practice：an overview of user intersests in knowledge seeking and use［J］. Journal of Knowledge Management, 1998, 2（2）：36-46.

④ 邓小昭. 网络用户信息行为研究［M］. 北京：科学出版社，2010：14，15.

为，信息搜寻行为发生于当个人发现自己存在知识鸿沟时，动机促使他去获得新的知识①。网络信息搜寻分为有目的性和非目的性，有目的性的信息搜寻是一种具备明确目标、有计划、有选择性地满足需求的一种行为，是用户根据任务类型主动采取搜寻工具进行的信息搜集行为；非目的性的信息搜寻是指信息浏览，没有具体目标，单纯进行广泛的信息接收行为，用户采用广泛浏览的方式，随意地接收信息。其次是信息查寻。Wilson 定义信息查寻行为，用户进行的有目的地查寻信息的活动，这种活动是为了满足一定的目标驱使的结果。在网络信息查寻过程中，主要是与计算机信息系统，如因特网、内部网、外部网进行交流。同时，Wilson 还归纳用户的信息查寻行为的三种方法：个人途径（与人交际中获取信息）、服务支持（借助信息服务人员）和技术支持（借助科技手段直接使用信息系统或者其他设备进行查询和获取）②。Wilson 指出，信息查寻行为是一种有意识的信息查寻以达到某种目的，在信息查寻过程中，个人与人工信息系统或计算机系统，如报纸、图书馆、万维网进行交流③。最后是信息检索。信息检索行为是搜索者在各种信息系统中利用信息的微观层次的行为，包括所有与系统的互动，如在人机交互层面使用鼠标点击链接，在智力水平层面采用逻辑搜索策略，在心理层面判断数据相关性或信息恢复等。Marchionini 认为，信息检索行为是人们意识到现有知识不足时而有意识地从事信息活动的过程。信息检索行为受到用户个人的信息意识、信息素养、个性心理以及所处的社会信息环境的影响④。王伟认为信息查寻是指用户查找、搜集、寻求所需信息的活动⑤。用户的信息查寻一般是就近舍远、先易后难，先利用个人收藏，如果信息需求得不到满足，再采取其他方式。因此，网络信息查寻行为也可以分两类：有目的性的网络信息查寻，即网络信息检索，是指通过网上的信息检索工具来查找用户所需的信息，以满足用户的信息需求的过程；非目的性的网络信息查寻，即网络信息浏览行为，是指个人没有明确信息需求，随意浏览网页或按照超链接浏览的网上信息查寻行为。

2. 网络信息选择（information selection）

网络信息选择贯穿网络信息活动的始末，是建立在广泛的网络信息查寻基础之上，对原始信息进行甄选并使之成为自己知识体系中的一部分的过程。众所周知，纷繁复杂的网络信息资源在给用户提供丰富信息的同时，也带来极大的信息"洪灾"，加剧用户信息选择的困难性。网络信息过量，加之缺乏统一的标准对信息进行采选，导致用户在网络中选择信息时需要耗费大量的精力和时间。网络用户依据一定的标准对搜集到的信息进行甄别的过程就是网络信息选择。Saracevic 认为网络信息选择应遵循两个标准：相关性和适用性。用户必须对网络信息进行相关性、必要性与可行性分析，然后将信息集合中符合需要

① Zerbinos E. Information seeking and information processing: Newspapers versus videotext [J]. Journalism & Mass Communication Quarterly, 1990, 67 (4): 920-929.

② Wilson T D. Models in information behavior research [J]. Journal of Documentation, 1999, 55 (3): 249-270.

③ Wilson T D. Human information behavior [J]. Informaion Science, 2000, 3 (2): 49-56.

④ Marchionini G, Haas S W, Zhang J, et al. Accessing Government Statistical Information. Computer, 2005, 38 (12): 52-61.

⑤ 王伟. 医药信息管理基础 [M]. 长春：吉林大学出版社, 2005.

的一部分挑选出来；适用选择是在相关选择基础上的更深层次的选优活动①。

网络信息选择是一种综合判断、评价与决策的行为。用户的网络信息选择应依据一定的标准。一是正确性。由于每个人都可以在网上发布信息，网上的虚假信息、错误信息比比皆是，用户需要的是正确的信息，正确性成为户选择网络信息的第一个标准。二是相关性。用户选择网络信息时，总是选择那些和自己信息需求相关的网络信息资源，以此满足自己的信息需求，相关性成为用户选择网络信息的第二个标准。三是适用性。用户一般选择适用的网络信息，满足自己开发和利用信息的需要。

3. 网络信息交互 （information interaction）

交互性是 Web 2.0 和 Web 3.0 的显著特点之一。黄慕萱认为，信息交互是指用户利用网络平台，以数字媒体信息为传播载体，进行异步信息交互或者同步信息交互的行为②。胡昌平认为，用户信息交互过程是用户通过信息系统、信息平台或者网站的交互界面，了解、认识服务系统的基本功能，运用知识、经验，以及感知、思维、判断等获得交互界面的网络信息并进行相应的操作③。邓小昭将用户的信息交互行为划分为三个类型，分别是知识型信息交互、情感型信息交互、娱乐型信息交互，进而将复杂的交互行为进行归类分析④。张耀辉等认为系统对用户的查询命令和数据进行处理，并且向用户反馈信息和输出结果，从而完成人机交互过程；用户是指一切需求与利用网络信息的个人或团体⑤。用户在一定环境下使用网络平台开展应用时，不仅可以通过人机互动获取丰富的信息，而且可以通过人与人之间的交互实现信息的交流与共享。网络用户的信息交互行为分为人-机交互和人-人交互两种，人-机交互行为是指用户与网络信息系统之间的双向信息传送行为，用户从网络信息系统获取数据，同时也对信息系统存在一定的反作用，也就是对系统数据的更新施加作用；人-人交互行为是指网络用户之间以因特网为平台相互在线交流信息的行为，包括一对一、一对多、多对一或多对多的即时信息交互行为，以及一对一、一对多、多对多的异时信息交互行为。

基于开放性的网络平台，用户既是信息的接收者，又是信息的创造者。例如，目前广泛使用的 SNS 网站平台、即时通信工具、博客、微博、微信、客户端，以及 3G 网络和 4G 网络，使交互行为变得快捷，大大激发用户的网络信息交互行为。

4. 网络信息处理与利用 （information processing and use）

网络信息利用作为信息过程的最后一个环节，是指用户利用网络信息解决所面临的问题。周晓政指出，利用信息的过程是解决问题的过程，解决问题的过程一般包括：问题的

---

①　Saracevic T. Relevance reconsidered ［J］//Ingwersen P，Pors N O. Information science：integration in perspective ［C］. Copenhagen：Royal School of Library and Information Science，1996：201-218.

②　黄慕萱. 成人读者之资讯寻求行为 ［J］. 台北市图书馆讯，2001，19（20）：4-6.

③　胡昌平. 信息服务与用户 ［M］. 武汉：武汉大学出版社，2008.

④　邓小昭. 网络用户信息行为研究. ［M］. 北京：科学出版社，2010.

⑤　张耀辉，卢爽，刘冰. 用户信息交互过程中影响信息质量的因素分析 ［J］. 情报理论与实践，2012，35（6）：12-15.

提出、空间确定、空间搜索、问题解释和问题解决①。认知心理学家安德森指出问题解决具有三个基本特征：目标指向、操作系列和认知操作；网络用户的最终目的并非是信息获取，而是希望信息可以满足需求，提供决策方案并解决问题，最终获取效益②。也就是说，需要用户在选择网络信息的基础上，利用工具对网络信息进行提炼、分析、整理和归纳，或者使用工具对网络信息进行系统分析，使之构成完整的知识体系，而网络信息效益的大小取决于信息主体作出的反应以及对信息吸收的程度。

在实际工作中，网络用户并不是将信息获取作为最终目的，而是将网络信息进行消化、吸收和利用，转化为自己知识和情报的一部分，以满足需求，消除不确定性并提供决策方案，解决工作和生活中的问题。可见，网络信息处理与利用行为是网络信息发挥作用的核心步骤，这一步不仅需要网络用户在已选择信息的基础上利用个人的知识和技能进行提炼、分析、整理和归纳，同时需要网络用户善于利用各种环境和平台并使用各种工具进行信息分析与应用，形成完整的知识体系。

3.1.3　网络行为的主体

考察网络信息获取的方式，根据图书情报学关于信息用户的分类方法，同时结合网络用户自身的特点和习惯，将用户网络行为的主体划分为如下几类：①按照用户从事学科类别进行分类，可以分为自然科学用户、社会科学用户、人文科学用户等；②按照用户的职业进行分类，可以分为政府员工，金融员工，教师，科研人员，图书馆、博物馆、文化馆、纪念馆等事业单位员工，企业员工等；③根据用户的学历特征，分为高中和中专及以下、大专、本科、硕士、博士及以上等；④按照用户的人口统计特征进行分类，可以从年龄、性别、种族、教育程度、所学专业、职业状况等角度进行分类；⑤按照用户使用网络的程度分类，可以根据用户使用计算机上网时长分为长时在线用户、短期上网用户；根据用户对于网络信息的搜集能力，分为熟练用户与非熟练用户等。

3.2　网络行为的基础理论

网络行为研究领域的理论基础来自情报学、图书馆学、计算机科技、管理学、社会学等学科领域的信息行为理论，如美国哈佛大学教授 George Kingsley Zipf 提出的最省力原则（Zipf 's principle of least effort）③、美国传播学者 Kats 提出的利用和满足（uses and gratifications）理论、荷兰奈梅亨大学教授 Renckstorf 提出的社会行动与媒介使用（media use as social action，MASA）理论、美国南加利福尼亚州大学教授 Bates 提出的浏览和采浆果

---

① 周晓政．医药信息检索与利用［M］．江苏：东南大学出版社，2006.

② 安德森 J R. 认知心理学及其启示［M］．秦裕林，程瑶，周海燕等译．北京：人民邮电出版社，2012.

③ Zipf G. Human Behavior and the Principle of Least Effort：An Introduction to Human Ecology［M］．New York：Addison-Wesley Press，1949.

（browsing and berry picking）理论①，以及情感负荷理论（affective load theory）、社会认知权威（social cognitive authority, SCA）理论、职业和专业身份（vocational and professional identity）理论、价值敏感设计（value-sensitive design）理论等。这些理论强调信息行为主体的主观能动性，强调环境影响用户信息行为，同时吸收主体从认知结构角度分析信息行为的影响因素，揭示信息行为的本质特征，而互联网、内部网、外部网、移动互联网影响环境，影响网络用户的认知结构。

3.2.1　最省力原则（principle of least effort）

最省力原则②是美国哈佛大学教授 George Kingsley Zipf 提出来的，他在研究语言使用情况时发现，个人在实施行为时会趋向于采用支付较少或花费较少力气的行动，即采用最省力原则。Zipf 提出"调和分布"的概念，这个概念同样适用于图书馆和办公室的信息应用，即人们趋向于重复使用、借阅、浏览和定位相似的文献。Dervin 的研究表明，人们在信息搜寻过程中，喜欢从亲友获取信息，这也是最省力原则的表现③。实际上，广泛流传的"80-20"法则也普遍应用于文献阅读，互联网网站站点、微博、微信、客户端的访问和使用等。Broder 通过研究网络站点的访问情况，证明"调和分布"表现在两个方面：一是 28% 的网络站点相对于其他站点在链接强度中处在中心地位；二是只有少数站点拥有大量的访问者，对于网络信息渠道的选择，人们更愿意从易接近性和高使用频率的角度考虑而非信息质量④。

网络信息行为存在的另一个与最省力原则理论相似的理论是成本收益理论⑤，该理论要求权衡采取不同策略所带来的成本和效益，需要评估行为的质量。两者存在一定的差别，最省力原则是描述性地反映人类行为的原则，即面对"短路径到达目标"与"长路径到达目标"时，人们往往倾向于选择前者；而成本效益理论方法的假设更加规范，需要有意识地针对要达到目标的效益和成本进行衡量，再进行决策。

3.2.2　使用与满足（uses and gratifications）理论

使用与满足理论由 Blumler 和 Katz 提出，他们从受众角度出发，通过分析受众的媒介接触动机以及这些接触满足受众的何种需求，考察大众传播给人们带来的心理和行为上的

① Bates M J. The design of Browsing and Berry picking：Techniques for the Online Search Interface［J］. Online Information Review，1989，13（5）：407-424.

② Zipf G. Human Behavior and the Principle of Least Effort：An Introduction to Human Ecology［M］. New Your：Assison-Wesley，1949.

③ Dervin B. More will be less unless：The scientific humanization of information systems［J］. National Forum，1983，63（3）：25-27.

④ Broder A，Kumar R，Maghoul F，et al. Graph structure in the web［J］. Computer Networks，2000，33，309-320.

⑤ 成本收益理论［EB/OL］. http：//baike. baidu. com/view/3086583. htm.［2012-6-5］

效用①。对于网络交流媒介的使用，描述"观点"、"方法"、"模型"势必涉及"使用与满足原则"，该原则并非同信念、动机、态度、行为等理论相联系，而是提出一个更简单的解释，即之所以选择特定的媒体和文本是由于该文本和媒体满足了需求。该理论的重点是考虑网络用户的信息使用与满足。

3.2.3　知识异常状态（anomalous state of knowledge）理论

知识异常状态理论②是由 Belkin 提出来的，他认为，当人们感到头脑中既有的知识体系呈现某种不寻常状况时，也就是人们当前拥有的知识储备不足或难以运用于目前任务的状况时，则会产生信息需求。Belkin 从认知角度提出，信息需求来源于当个人意识到自己所拥有的知识不足以处理异常发生的状况或满足自己的目标时，就会产生信息需求，知识异常状态是信息需求的支撑。Belkin 还认为，网络信息搜寻是一个持续不断的动态过程，随着对问题认识的逐步深入，人们使用网络信息系统的能力逐步提高，这就要求网络信息系统设计应该在用户查寻一个主题词时，同时显示相关的其他内容，在个别的知识判断中间找出联系，提供支持信息的桥梁，用于跨越信息差距或者知识鸿沟。

3.2.4　意义建构（sense-making）理论

意义构建理论源自 Deway 的哲学与学习理论，它把信息作为跨越知识鸿沟的中心要素，强调人们知识的形成是主动建构而非被动接受。Brenda Dervin 于 1972 年提出以使用者为中心的意义建构理论，即认为知识是由个人主观建构而成的，信息寻求是一种主观建构的活动，信息寻求的过程是一连串互动的、解决问题的过程，鉴于互动的本质，信息寻求问题会产生不同情境，形成不同的意义建构过程。Dervin 认为，信息的意义建构是内部行为（即认知）和外部行为（即过程）共同作用的结果。信息查寻行为的情境基础是由个人角色与环境组合而成的，在这些基础的交接处，会产生某些行为障碍，而这些障碍以及结构的相互作用正是引起信息查寻行为的直接动力。在这种情境中，"人"从观察者变成行为者，信息查寻的实质是主观建构行为。知识是由个人建构而成的主观产物。从人的角度看，现实是不完整、不确定的，信息不能独立于人类而存在。人只有通过观察才能理解信息的意义，并实现与他人的信息共享。意义构建强调"信息并不是脱离人类信息活动而独立存在的，相反，信息是在一定时间段内由特殊时刻的人类所创造的"③。Dervin 的意义建构理论是在知识异常状态理论基础上的进一步发展，其意义构建模型为：状况-差距-

---

① Blumler J, Katz E. The Uses of Mass Communications: Current perspectives on gratifications research［M］. Beverly Hills, CA: Sage publications, 1974.

② Belkin N J. Anomalous state of knowledge［J］//Fisher E, Erdelez S, McKechnie E F. Theories of information behavior. Medford［C］, NJ. Information Today, Inc. 2005: 44-48.

③ Dervin B. From the mind's eye of the user: The sense-making qualitative-quantitative methodology［J］. Qualitative research in information management, 1992, 9: 61-84.

使用/帮助，该模型的含义是：生活是由一系列的行为所构成的，人们的生活和生产都是在原有经验的基础上进行吸收和利用；当人们面临问题时，其内在所拥有的知识不足以帮助其理解外在事物，便会形成知识或信息的差距，为弥补此差距，就需要从其他人或其他资源那里获得帮助，由此就要去寻找信息，即构建新的概念。意义建构理论作为一种强调以历时性过程为导向的研究方法，提供倾听使用者的方法，了解使用者如何解读他们目前所处的情境、过去的经验以及未来可能面临的情境，还包括使用者在所处情境中如何建构意义（construct sense）及制造意义（make meaning）。该理论的核心内容是信息不连续性、人的主体性以及情境对信息渠道和信息内容选择的影响[①]。

因此，网络信息需求研究应该切实关注日常生活和生产中必须面对的问题，即个人在日常生活和生产中经常遇到的认知上的差距或沟壑，只有借助于网络信息查寻与利用，才可能获得理想的认知结果，从而达到新的认知状态。

3.2.5　认知负荷（cognitive load）理论

认知负荷理论[②]是由 Sweller 于 20 世纪 80 年代提出来的，其基础是资源有限理论和图式理论。资源有限理论认为，人的认知资源是有限的，人们在学习和解决问题过程中都会消耗认知资源，如果所需资源超过个体拥有的资源，就会引发资源的分配不足，产生"认知负荷过重"，影响学习效率和学习效益。图式是一种认知结构，知识以图式形式存储于长时记忆中；图式理论认为，根据信息元素的使用方式对信息进行归类，使人们可以通过足够的练习而使认知活动自动化，自动化的认知过程是不需要意识控制和资源消耗的，可以为其他活动释放空间，其原因在于有了自动化，熟悉的任务可以被熟练、准确地操作，进而降低个体的认知负荷。

用户通过网络查寻信息时，面对浩如烟海的信息资源和各类超链接，往往容易产生网络迷失，可以采用资源有限理论加以解释，对于刚刚打开的网络链接，用户的记忆数量是有限的，如果超过了记忆数量的极大值，之前更早时刻打开的网络链接就会从用户的记忆中被挤出，用户最初查寻信息的目标会被淡忘，由此产生网络迷失，影响问题查寻的效率和效益。这时，若借助于图式理论，用户及时对查寻获得的信息进行归类，归类后的信息更容易记忆，从而扩大用户对网络链接的记忆数量，降低网络迷失率。

3.2.6　浏览和采浆果（browsing and berry picking）理论

浏览和采浆果理论是 Bates 于 1989 年提出的。他认为，浏览和采浆果式的网络信息查寻浏览方式是先浏览，再搜索，是一种全面查寻模式，如进入 Google Groups 后，在浏览某

---

① Gray S M. Looking for information: a survey of research on information seeking, needs, and behavior [J]. Journal of the Medical Library Association, 2003, 91 (2): 259.

② Sweller J. Cognitive load during problem solving: Effects on learning [J]. Cognitive Science. 1988, 12 (2): 257-285.

个 Group 内容后，搜索 Group①。浏览和采浆果式的信息查寻模型与传统信息查询模型的区别在于：①用户请求。用户在查寻过程中可以不断改变请求格式和请求内容，从广泛的主题或相关原则开始，逐步发现有用信息，系统允许用户改变请求，提出新概念。②查寻过程。用户可以在每个查寻阶段提出不同请求，并在不同的网络信息之间进行选择。查寻检索文献如同浏览和采浆果的过程，可以随时发现有用的信息片段。③查询范围。用户可以查寻检索不同类型的文献数据库，包括书目数据库检索、脚注追踪、引文查寻、期刊浏览、主题领域扫描、作者查询等。④主题领域。信息查寻可以根据数据进行统计，优化各项技术，最终满足需求。

3.2.7　社会认知权威（social cognitive authority，SCA）理论

社会认知权威②理论主要包含三点内容：一是认知权威不同于管理权威或等级权威，认知权威至少需要两个人的参与；二是具有认知权威的人是能够对他人产生影响的人，但不一定是某个领域的专家，认知权威不需要普遍认可；三是认知权威建立在一定范围内，权威大小取决于人际关系及信任程度。认知权威影响着人对适当性的判断，只有可靠、值得信赖的人才具有权威性，同时任何人都不可能永远处于权威地位。认知权威存在于图书馆、博物馆、文化馆、纪念馆、医院、科研院所等组织或机构中，对于出版物的审查和评论是认知权威的建立过程，出版社的声誉、文献类型会影响到认知的权威性，如《通用规范汉字表》（2013 年教育部、国家语言文字工作委员会）、《新华字典》（2011 年第 11 版）、《现代汉语词典》（2012 年第 6 版）在解释字词定义方面具有的权威性。

社会认知权威主要应用于如下网络信息领域方面：①网络信息评价。Fritch（2001）根据认知权威理论，提出网络信息质量分析模型，对文献、作者、机构和附加因素等影响因子进行过滤，找出影响文献认知权威的主要因素③。Rieh 采用认知权威理论，分析信息查询行为，并对网络信息的质量和权威性进行评价，内容涉及主题领域知识、系统知识、资源特征、URI、域名、信息类型和作者/创造者信誉等。结果显示，经常被他人引用的文献和作者，具有明显的认知权威性，而报纸、期刊论文、甚至电视广告都可能成为具有认知权威的信息源④。②信息检索系统评价。McKenzie 认为，认知权威不是一个准确的概念，而是在事实基础上形成的对某事或某人的判断；人与网络系统的交互过程，是寻找和查询有用信息的过程，图书、期刊、报纸或网站作为人与信息之间的中介，具有一定的质量控制作用。但若标准不确定，人们往往根据自己的信任程度判断信息的质量。认知权威以人的认知水平为基础，根据一些相对尺度判断信息质量，是一种主观的、相对的、环境

---

① Bates M，J. The design of Browsing and Berry picking：techniques for the Online Search Interface［J］. Online Information Review，1989，13（5）：407-424.

② Taylor M. A theory of mind perspective on social cognitive development［J］. Handbook of perception and cognition，1996，13：283-329.

③ Fritch　J W，Cromwell R L. Evaluating Internet resources：identity，affiliation，and cognitive authority in a networked world［J］. Journal of the American Society for Information Science and Technology，2001，52（6）：499-507.

④ Rieh S Y. Judgment of information quality and cognitive authority in the web［J］. Journal of the American Society for Information Science and Technology，2002，53（2）：145-161.

化的、不以语言为基础的人为判断①。可见，认知权威理论对如何判断网络信息检索结果的相关性和确定信息选择标准具有重要影响，如请求主题与文献主题的匹配问题、信息质量和认知权威性的关系等。

3.2.8 职业和专业身份（vocational and professional identity）理论

职业和专业身份理论②是通过专业环境与生活经验的联系，分析职业群体的信息行为，揭示与职业和专业相关的生活与生产行为。在社会层面，工作地点和职业特征具有高度的相关性；针对特定职业人群的知识体系、个人角色、价值观、生活和工作期待等特征进行分析，可以发现专业性的信息需求、信息查寻和信息使用行为的特征。专业理论在职业培训和发展中具有重要作用，如在专业培训中，不仅可以学习职业技能，而且可以在学习过程中形成专业的人格特征，包括行为方式、价值观念等。可见，网络行为具有明显的职业身份的特征，网络行为不仅是个人的主观需求，而且是一种内在的、稳定的行为基础。

3.2.9 价值敏感设计（value-sensitive design）

价值敏感设计强调网络系统设计的伦理道德和社会责任因素，包括对隐私、信任、尊严以及尊重人和人的生理和心理因素等，其内容涉及知识产权、信息存取、系统可用能力、偏见、认知偏差、道德责任和可靠性等因素③。系统的"可用能力"是指系统使用的方便程度、规则分析（如技术协议标准）、个人爱好（如对颜色的分辨、交互性等）。价值敏感设计前期调查分三种类型：概念、经验和技术。概念调查（conceptual investigations）类似于哲学分析，目的是找出影响系统设计的核心问题，如文献、数据、信息、情报、知识的核心价值和隐含意义、信息存取与个人隐私的关系等。经验调查集中于技术产品的不同反应方面，针对不同的环境，采用定量和定性调查方法，观察、评论、试验、控制和测度用户的网络行为。技术调查集中于调查网络系统设计和运行状况，如互联网络日志系统，可以显示个人工作能力的详细信息，但也会涉及个人隐私问题。价值敏感设计的应用领域主要有：①价值分析。例如，在网络行为模式研究中，尤其是在概念调查阶段，价值分析有助于形成"个人网络行为成分识别"的理论框架。②影响者分析。绝大多数的网络行为理论，主要研究信息查寻者和信息提供者的行为，却忽略了网络信息对其他人的影响。例如，病人的家庭成员要求医疗机构保护病人隐私，这对病人的行为有直接影响，即看护人的医学信息需求应该作为健康护理行为的研究内容。③个人的价值冲

---

① McKenzie P J. A model of information practices in accounts of everyday-life information seeking [J]. Journal of Documentation, 2003, 59 (1): 19-40.

② Gabriele Laske. Project papers: Vocational Identity, Flexibility and Mobility in the European Labour Market [FAME] [M]. ITB, 2001.

③ Friedman B, Howe D C, Felten E. Informed consent in the Mozilla browser: Implementing ValueSensitive Design [C] //System Sciences, 2002. HICSS. Proceedings of the 35th Annual Hawaii International Conference on. IEEE, 2002: 10.

突。从心理学角度看，人不仅拥有多种价值观，而且这些观念本身可能存在内在的冲突，如信息存取与隐私保护之间的矛盾等。④系统内部的价值冲突。许多网络行为存在个人和系统的冲突，如在线存取法庭记录和法院判决书网络公布，会增加公众存取信息的方便程度，但容易暴露罪犯记录，进而危害到公众利益和商业秘密。⑤环境价值。价值在特定文化环境中具有不同的作用，如隐私在人类发展中的核心作用，个人的姓名、性别、年龄、身份证号、住址、银行账号、电子邮箱密码等属于个人隐私，在不同环境中有不同的表现形式，应该在环境层面解释价值敏感问题。⑥网络行为涉及网络系统的设计与信息行为的集成。信息行为与网络系统设计相互影响，价值敏感设计要求扩大目标和尺度，以判断网络信息系统对人的价值观的影响。

3.3　网络行为模型比较分析

网络行为模型是通过对网络信息需求、信息搜寻、信息查询和信息检索等行为过程的"简化"描述，分析网络行为或网络信息行为的表现形式和影响因素。鉴于网络行为、网络信息行为与信息行为相似，本书选取几个有代表性的信息行为模型进行分析。

3.3.1　Krikelas 模型

Krikelas 模型是早期被广泛引用的一个模型，提出应该避免只考虑信息查寻，强调将"不确定性"作为行为动机的重要因素，认为信息查寻者一般首先通过自己或者附近的人获取信息。Krikelas 模型包括 13 个组成要素，如图 3-4 所示[①]。Krikelas 模型描述的是一种通用的日常生活的信息行为，最上面是"信息搜集"和"信息产生"两种途径，"信息搜集"和"信息产生"被定义为一种信息工作的形式，如书面的、口头的、视觉的、触觉的等，环境或者事件创造了用户的需求，其中可延迟的信息需求，通过搜集的方式获得，存储于存储器和个人文档，个人文档进一步转化为存储资料；其中即时性的信息需求，导致信息产生，或者因资源偏好内部或外部，而导致不同的行为，内部资源包括存储资料和结构化观察，外部资源包括交互性的直接交流和文献性的记录资料。此外，Krikelas 认为不确定性是信息行为的一个关键影响因素，指出"应该不断建构一种认知环境的标示'地图'，以便应付用户需求的不确定性"，正是不确定性的存在促使信息用户不断搜集信息。

---

① Krikelas J. Information seeking behavior：Patterns and concepts ［J］. Drexel Library Quarterly, 1983, （19）：5-20.

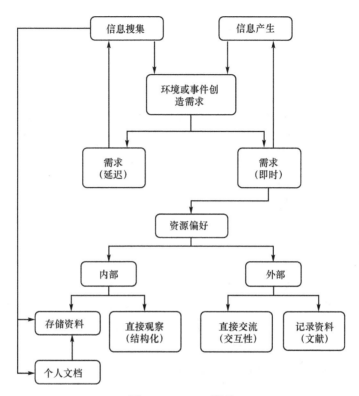

图 3-4　Krikelas 模型

　　Krikelas 模型的一个显著特点是简洁性，采用一维的流程图，箭头呈单向流动，要素之间关系简单，没有出现包含与被包含的关系。但是，简洁性也可能被认为过度简单化，正如 Henefer 和 Fulton[①] 认为将 "环境" 描述成所有要素的外部因素而非决定因素并非十分恰当，应该综合考虑 "信息产生" 和 "信息资源偏好"，同时模型没有将信息搜集者的个性因素纳入其中。尽管构建模型的初始目的是应用于日常生活，但在适用性方面可能更适合经常搜集信息的学生或专业人士；Krikelas 虽然认为信息行为应考虑个人职业背景与文献资料信息的联系，信息需求具有特殊性，但模型却并未限制职业类型；同时 Krikelas 考虑 "直接交流（面对面）" 和 "记录资料（文献）" 之间的区别，但是随着网络媒体的异军突起和广泛使用，"直接交流" 的外延扩大，既包括人与人之间的面对面交流，也包括电话、视频、电子邮件、QQ、移动通信系统、微博、微信、客户端之间的交流；而且 "记录资料（文献）" 原本主要是指图书馆的期刊或者图书，但是随着科技的迅猛发展，"记录资料" 可以通过远程通信实时转播，而与 "现场实地观察" 难以区分，一定程度上限制了该模型的应用范围。

---

　　① Henefer J, Fulton C. Krikelas's model of information seeking [J] //Fisher K E, Erdelez S, McKechnie E F. Theories of information behavior [C], ASIST Monograph Series, 2005：225-229.

3.3.2 Bystrom 和 Jarvelin 模型

Bystrom 和 Jarvelin 关注信息查寻行为中的"任务复杂性"，认为信息搜寻者开始查寻工作活动时，首先判断任务的复杂程度，进而判断需要做什么和需要哪些信息，以及如何评估信息的有效性。Bystrom 和 Jarvelin 模型如图 3-5 所示①，模型由 9 个要素组成，形成封闭的循环结构，个人因素、主要任务、情景因素产生信息需求，通过信息需求分析，选择行动：备选方案的识别、方案排序、选择一种方案，实施行动方案，评估信息行为绩效。其中，进行信息需求分析时，"主要任务"如任务的难易程度，"个人因素"如教育程度、经验、态度、动机和情感，"情境因素"如可利用时间的多少，"个人查寻风格"如用户对查寻工具的偏好、信息渠道的选择等都对其产生影响。同时，行动的选择受到个人因素、情景因素、个人查寻风格的影响；而组织因素影响个人因素和个人查寻风格，个人查寻风格受到组织因素、个人因素、绩效评估影响。信息行为的绩效评估分三种：需求满足，任务完成；需求不能被满足；需要更多的信息。整个流程并非总是顺序性发生的，有时几个环节会同步进行。若任务复杂，则信息查寻行为会循环往复直到满足需求为止。Bystrom 和 Jarvelin 用实证研究方法分析 14 个公务员的信息行为后指出，随着任务的复杂性增加，对于复杂信息的需求也随之增加，需要了解更多关于问题维度和解决问题的信息，且随着复杂性的增加，信息查寻的成功率下降。

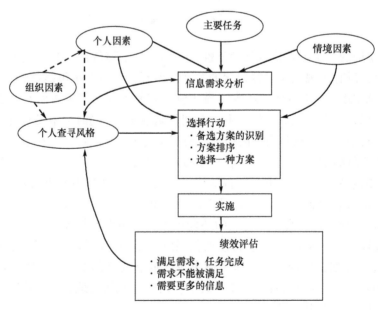

图 3-5 Bystrom 和 Jarvelin 模型

---

① Bystrom K, Jarvelin K. Task complexity affects information seeking and use［J］. Information Processing & Management，1995，31（2）：191-213.

Bystrom 和 Jarvelin 模型是由影响因素和用户信息查寻过程组成的，Ingwersen 和 Jarvelin[1] 认为该模型非常适合于用户信息检索的信息行为。Bystrom 和 Jarvelin 模型关注于工作任务的性质，分析"任务的复杂程度"对用户信息查寻行为的影响，专业性强。除了考察任务复杂性的信息查寻外，还将"查寻风格"作为单独的因素进行考虑，引入"情景"对信息需求的影响。同时，设定信息行为绩效的评估标准，便于进行后续工作。此外，模型的实证研究翔实，研究方法规范。但是，Bystrom 和 Jarvelin 模型只能研究特定任务、情境、个人、个人查寻风格等条件下的信息行为。

3.3.3 Leckie 模型

Leckie 等致力于信息查寻行为的职业"专业性"研究，通过对工程师、律师、医疗人员和教师等专业人员的信息行为的研究，提出"专业人员信息查寻行为模型"，认为专业人员对于工作相关的信息需求来源于工作的角色和任务，这些因素导致信息查寻行为的发生。在信息查寻过程中，信息获取方式是直接或者间接认知到文献资料、同事经验和数据库等的信息。Leckie 模型[2]由 6 个主要因素组成，"工作角色"决定"工作任务"，进而决定用户的信息需求特征。信息需求特征和信息查寻结果通过信息查寻行为相互作用，信息查寻行为受到信息资源和信息意识的影响，信息查寻结果反馈信息查寻行为、信息资源、信息意识。该模型认为信息查寻行为受到信息人员对信息资源的熟悉程度和信息资源的可靠性、及时性、成本、质量、易接近性以及信息意识的影响。但是该模型并未直接涉及年龄、性别、职业、专业、地理因素等个人特征，而是通过模型实证研究对象具有的"专业性"，间接体现个人特征。

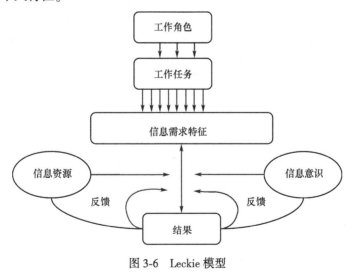

图 3-6 Leckie 模型

① Ingwersen, P Jarvelin K. The Turn: Integration of Information Seeking and Retrieval in Context ［M］. Dordrecht, Netherlands: Springer, 2005.

② Leckie G J, Pettigrew K E, Sylvain C. Modeling the information seeking of professionals: A general model derived from research on engineers, health care professionals, and lawyers ［J］. Library Quarterly, 1996, 66 (2): 161-193.

Leckie 模型（图 3-6）通过"专业性"限制信息查寻者的范围，具有较强的针对性。模型详细介绍 6 个因素的定义和范围。专业人士的"工作角色"决定"工作任务"，工作任务受到工作环境的约束，模型主要考察与工作相关的信息查寻行为，为研究特定环境中的网络信息行为提供参考。特别地，"信息资源"与"信息意识"作为影响信息查寻行为的重要影响因素，为网络行为研究提供了借鉴思路。但该模型的适用性有限，难以代表日常的信息行为，且适用群体范围也相对狭窄。

3.3.4 Johnson 模型

Johnson 提出的综合信息查寻模型（comprehensive model of information seeking，CMIS），是在由美国国家健康机构资助下的一项医疗领域用户信息行为项目的研究中提出的。该模型考虑与健康相关的信息查寻动机因素，如图 3-7 所示[①]，包含 7 个变量，4 个前置变量是人口特征、直接经验、显著性和信念。人口特征变量涉及用户的年龄、性别、种族、教育水平、职业、财富等。直接经验是个人关于健康信息需求的社会网络，即信息查寻者知道谁拥有信息（信息源）、知道如何快速寻找到信息的途径（信息渠道）；Johnson 的研究基于医疗卫生领域，当发现家庭中某一成员患有癌症时，家庭中的其他成员会积极寻找治疗疾病的方法，即具有直接经验。显著性是指信息所具备的相关性和适用性。信念是个人不同的世界观和解决问题的方式、控制事件的程度、自我评价信息行为结果的功效等，在一定程度上约束个人的思维水平和信息查寻动机。前置的个人因素的 4 个变量提供预先动机，加上特性共同影响效用，特性和效用称为信息载体因素[②]，特性是信息载体具备的特点，效用指信息载体的选择是基于查寻者的信息需求以及获得信息的满足程度，等价于"兴趣、有用性和完成目标的重要性"，如用户选择阅读健康信息是因为他周围的朋友可能需要相关的信息；特性和效用一起决定信息查寻行为。CMIS 模型认为前置因素提供信息查寻行动的动机，而这些动机受到信息载体因素的影响和限制。

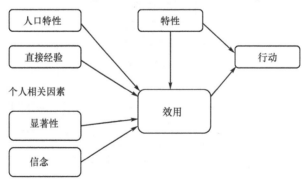

图 3-7　Johnson 提出的综合信息查寻模型（CMIS）

---

　　① Johnson J D, Donohue W A, Atkin C K. A comprehensive model of information seeking：Tests focusing on a technical organization，1995，16，274-303.

　　② Johnson J D. A test of a model of magazine exposure and appraisal in India［J］. Communication Monographs，1983，50（2）：148-157.

Johnson 的综合信息查寻模型（CMIS）的特点是研究者通过实验研究方法构建模型，属于医疗卫生信息应用领域，并将研究成果应用于其他健康管理工作，具有较强的现实意义和社会效用。Johnson 的综合信息查寻模型（CMIS）区别于其他的概念模型或者流程图模型，其详细分析每一个指标的定义和范围。Johnson 在研究健康信息寻求时采取一种"构建意识"的方法，认为用户的信息需求受到用户所处情境的影响，信息查寻行为的开始和采取行动是当用户意识到与他人存在知识差距时产生的。同时，Johnson 模型的研究方法采用实验研究方法，区别于其他模型的文献研究方法，结合健康管理研究，发现前置变量对于信息行为在不同情境下的显著性存在明显差异，信息载体存在可代替性。对于不同人口统计学特征的人群，如特定工作环境下的人群，信息查寻的解决问题动机显得没有角色动机强，说明特定的工作角色决定信息查寻方式。尽管 Johnson 认为 CIMS 是一个通用的行为模型，希望从医疗卫生领域推广到更广泛的领域，且将该模型应用于科技领域的实证研究[①]，但该模型的信息载体（信息渠道），相对于传统的媒体而言，随着计算机和通信工具的普及而丰富，文献中定义的信息载体概念有时混淆不清，Johnson 直接将难以区分的概念定义为"混合渠道"，可能会引起争议。

3.3.5　Savolainen 模型

Savolainen 提出的日常生活信息查寻模型（everyday life information seeking，ELIS）[②]，如图 3-8 所示。模型主要包括 3 个部分，生活方式（way of life）和生活掌控（mastery of life）以及个人特征，生活方式和生活掌控相互影响，且都受到个人特征的影响。生活方式涉及做事情的次序，包括工作和休闲的时间预算、消费模式、兴趣爱好；生活掌控涉及使事情保持次序，分掌控生活的主要类型、问题解决行为和条件，掌控生活的主要类型和问题解决行为相互作用；其中，掌控生活的主要类型有乐观——认知、悲观——认知、防御——情感、悲观——情感 4 种类型；问题解决行为包括日常生活信息查寻模型，分 3 个步骤：评估当前问题的重要性、选择信息资源和渠道、查寻定位和实用信息查寻；条件包括生活项目——日常生活的具体项目、日常生活的问题情景、情景因素（如时间短）等，掌控生活的类型影响日常生活项目和日常生活的问题情景，日常生活的具体项目影响日常生活的问题情景，日常生活的问题情景和问题解决行为相互作用，且通过情景因素影响问题解决行为。个人特征包括价值态度（如价值观）、物质资本（如金钱等）、社会资本（如交流网络）、文化和认知资本、目前生活境况（如健康水平）。实际上，按照经济学的观点，时间预算是指工作时间和休闲娱乐时间的比例，消费模式是指将金钱或时间花费在不同商品或者服务上的比例，爱好是指个体在何种事情上享受快乐；生活掌控是个人能否自己决定维持事情的次序，强调生活安排的连贯性，分为乐观认知、悲观认知、防御情感和悲观情感四种不同类型的人格特征及其处理事情的方式。Savolainen 模型是通过对日常

① Johnson J D, William A D, Charles K A, et al. A comprehensive model of information seeking: tests foucing on technical organization [J]. Science Communication, 1995, (16): 274-303.

② Savolainen R. Everyday life information seeking: Approaching information seeking in the context of "way of life" [J]. Library and information Science Research, 1995, 17 (3): 259-294.

"非工作" 环境中人群进行访谈构建的，强调与工作相关的信息行为往往忽略日常生活中包括购物、家务、兴趣爱好等信息行为，而日常生活能客观地反映人们的价值观、习惯等属性，通过研究价值观和态度、物资资本、社会资本、文化和认知资本等因素对个人日常生活中信息查寻行为的影响，发现工作和非工作环境下的信息查寻行为并非相互独立的，而是相互补充和相互协调的。

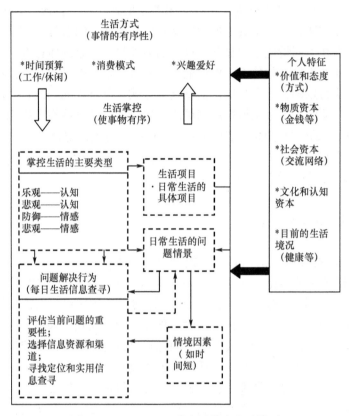

图 3-8　Savolainen 日常生活信息查寻模型

Savolainen 模型改变从职场角度研究信息行为的传统做法，而是从日常生活角度研究信息行为，模型与传统的流程图模型不同，是一种对影响因素的整合和——列举，重点将日常生活中的信息需求作为出发点，并将视角锁定在信息行为对人类生活方式的影响上，采用社会建构主义的认知方法，研究个人因素（如价值观的认知和情感）、对待生活的乐观与悲观的心理因素、环境变量包括目前的健康状态和可用的时间等对信息行为的影响。迪莉娅认为 Savolainen 模型汲取构建主义理论，为信息行为研究提供了更加广阔的研究路径，开辟信息行为领域研究的新方向，强调信息查寻行为中社会背景、交流、访谈的重要作用[1]。但是，Savolainen 模型没有涉及对日常生活中偶发性事件信息行为的研究，只有将日常性和偶发性结合进行研究，才更具普适性、完整性、代表性，同时 Savolainen 模型并没有对 4 种生活掌控的类型进行验证。

---

① 迪莉娅. 西方信息行为认知方法研究 [J]. 中国图书馆学报，2011，37（2）：97-104.

3.3.6 Belkin 的信息检索策略模型

Belkin 的信息检索策略模型是基于如下假设：用户不仅在复合研究中使用多种信息策略，而且在单个研究中也使用多种信息策略，Belkin 将信息检索策略分为四个维度：相互作用的方法、相互作用的目的、检索模式和可考虑的资源，每个维度代表着信息检索的一个方面，如图 3-9 所示①。这些维度虽然表现为离散的二进制值，但 Belkin 认为维度是可以被看成连续性的。Belkin 模型认为，人们不会局限于单个信息检索策略，在信息检索过程中时常会从一种信息检索策略转到另一种信息检索策略。

随后，Cool 和 Belkin 增加模型的相互作用内容，拓展信息检索策略的分类，如图 3-10 所示②。该模型包括五个方面：沟通行为、信息行为、相互作用的对象、相互作用的一般维度和相互作用的标准，这种分类方法在很大程度上继承了 Belkin 模型的信息检索策略，如方法、模式、资源，同时更注重于表征相互作用的不同类型，该种分类方法的每一方面组合在描述信息检索行为时是灵活可变的。

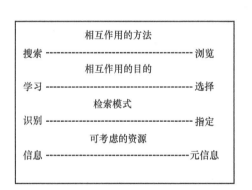

图 3-9　信息检索策略模型

图 3-10　信息相互作用的分类

3.3.7 Choo 的网络信息查寻行为模型

Choo 的网络信息查寻行为模型是在综合 Aguilar 的浏览模型和 Ellis 的信息搜索行为模型基础上提出的一个新模型。Aguilar 的浏览模型提出四种浏览模式：非定向浏览、有条件的观察、非正式搜索、正式搜索。非定向浏览是指用户在没有特定的信息需求时广泛而没

---

① Belkin N J, Marchetti P G, Cool C. BRAQUE：Design of an Interface to Support User Interaction in Information Retrieval [J]. Information Processing and Management，1993，29（3）：325-344.

② Cool C, Belkin N J. A classification of interactions with information [C] //Emerging frameworks and methods. Proceedings of the Fourth International Conference on Conceptions of Library and Information Science（COLIS4），2002：1-15.

目的的浏览；有条件的观察是指在所选择的感兴趣主题或特定信息领域中观察信息；非正式搜索是指主动查寻信息，但相对有限和松散的努力；正式搜索是指有意识有计划地搜索以获得特定问题的特别信息，搜索具有集中性和系统性。Ellis 的信息搜索行为模型是将信息搜索过程划分为六个阶段，分别是：开始、联结、浏览、区分、跟踪和采集①。

Choo 提出的网络信息查寻行为模型，如表 3-1 所示，其中网络信息查寻分四种模式：非定向浏览、有条件的浏览、非正式查寻和正式查寻，该表显示每种模式的信息查寻活动在信息查寻六个阶段中是最可能频繁发生的阶段。在非定向浏览网页模式中，信息查寻活动大多发生于开始和联结阶段，开始阶段是浏览者在默认主页或感兴趣的网页上浏览信息，联结阶段是浏览者在网页上偶然看到感兴趣的信息，并根据超文本链接查看更多相关信息。在有条件的浏览网页模式中，浏览、区分和跟踪行为是常见的，浏览者进入网页浏览信息，根据收藏的网址浏览信息，对有兴趣的网站进行重复访问；在网络非正式查寻模式中，区分、跟踪和采集信息比较有代表性，浏览者根据网络提供信息的相关性、可靠性、质量等，缩小信息来源渠道，在局部范围获取所需信息；在网络正式查寻模式中，主要是信息采集行为，并辅以一定的信息跟踪，利用强大的搜索引擎搜索覆盖全面的信息。Choo 模型说明网络行为框架有助于分析网络行为，在搜集定性和定量数据和信息时采用多种互补的方法与个案研究整合，可以细致入微地描述人们在日常生活中的网络信息查寻行为。

表 3-1　Choo 网络信息查寻行为模型

项目	开始	联结	浏览	区分	跟踪	采集
非定向浏览	识别、选择起始点和网页	跟随起始页的链接				
有条件的浏览			浏览进入的页面、标题和网页地图	网址收藏、打印、复制；直接去已知的网站	重复访问最喜欢的或收藏的网站，以获得新的信息	
非正式搜寻				网址收藏、打印、复制；直接去已知的网站	重复访问最喜欢的或收藏的网站，以获得新的信息	使用搜索引擎采集信息
正式搜寻					重复访问最喜欢的或收藏的网站，以获得新的信息	使用搜索引擎采集信息

---

① Choo C W, Deltor B, Turnbull D. Information seeking on the Web：An intergrated model of browsing and searching [J]．First Monday, 2000, 5（2）：290-302.

3.3.8 McKenzie 的信息实践模型

McKenzie 认为，以往的信息查寻行为模型在描述日常生活的信息查寻方面具有一定的局限性，模型往往关注主动信息查寻，而忽略直接的实践互动，且模型常常是学者或专家采用认知方法构建的。McKenzie（2003）的信息实践模型是一种描述日常生活信息查寻的模型，如图 3-11 所示[①]。McKenzie 认为相比于心理学概念，信息实践的社会概念更适用于日常信息查寻。该模型从建构意义的角度，分析个人日常生活中的信息查寻，包括信息实践的四种模式，每个模式均与信息过程的两个阶段相联系。主动查寻是信息实践中最直接的模式，包括主动查寻来源、积极询问策略；主动搜寻模式包括系统性的观察和搜索信息，在可能范围内浏览信息，抓住机会询问问题，积极观察和交流；非定向监听是指在无意寻找信息时得到某些信息来源；委托代理是指人们通过中介寻找信息。同时，McKenzie 认为，多阶段的过程模型难以描述信息行为，而两阶段的模型能够较好地维持人们描述实践的流动性。其中，连接是指识别或接触信息来源或潜在的来源；交互是指一旦识别或接触信息，即与信息相互作用。信息实践与信息查寻过程二阶段组合成一个二维模型。

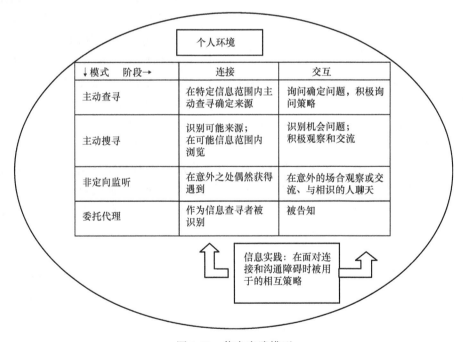

图 3-11　信息实践模型

① McKenzie P J. A model of information practices in accounts of everyday-life information seeking [J]. Journal of Documentation, 2003, 59 (1): 19-40.

3.3.9 Foster 非线性信息查寻行为模型

Foster 的非线性信息查寻行为模型①，如图 3-12 所示，包括核心流程和环境相互作用的三个层次。该模型由外及里，依次是外部环境、内部环境、认知方式、核心流程。外部环境是指社会和组织、时间、项目、导向问题和信息来源，信息行为是不能脱离信息查寻者工作的环境而孤立存在的，必须与外部环境相联系；内部环境是指信息查寻者掌握的经验和先验知识的水平，分为感觉和理念、一致性、知识和理解，属于每个信息查寻者自身的独特因素；认知方式是描述所观察的参与者思维模式的各个方面，即愿意识别和使用跨学科问题的信息。模型的核心流程包括三部分：开始、定位、巩固。开始是信息查寻行为的第一步，信息行为模型倾向于描述起点，起点引发一系列的活动或过程，如问题定义、初始搜索和探索；定位是鉴别信息以及指出从哪个角度观察甄别信息，初始活动过程的策略作为结果提供给定位过程；巩固是判断且整合集成正在进行的工作以及决定进一步的信息查寻是否有必要。Foster 非线性信息查寻行为模型是从一个新的视角理解用户信息行为。它阐释信息查寻过程，在某种程度上反映信息查寻者的经验，开始、定位、巩固的核心流程充分考虑信息查寻者与其认知方式、内外部环境的相互关系。随着信息查寻的经验的积累或前后环境的演变，信息查寻的需求也不断变化。核心流程和环境的关系相互作用且不断变化，使核心流程反复循环进行。该模型重点定义信息查寻行为是一个动态的、流动的、整体的过程，为研究网络信息行为提供一个潜在的指导和发展的线索。非线性模型的相互关系及核心流程分别如表3-2、表3-3 所示。

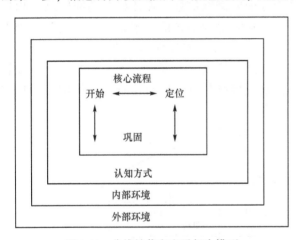

图 3-12 非线性信息查寻行为模型

表 3-2 非线性模型的相互关系

外部环境	内部环境	认知方式
社会和组织	感知和理念	灵活性和适应性
时间	一致性	开放性
项目	知识和理解	Nomadic 思想
导向问题		整体性
信息来源		

---

① Foster A. A nonlinear model of Information-Seeking Behavior ［J］. Journal of the American Society for Information Science and Technology, 2004, 55（3）: 228-237.

表 3-3 非线性模型核心流程

开始	定位	巩固
范围探索	问题定义	充分了解
折中主义	建立图像	改善
网络	回顾	筛选
关键词搜索	识别关键词	合并
浏览	识别已有模型	核实结束
检验		
链接		
意外发现		

3.3.10 Kim 任务导向的网络信息查寻模型

2006 年美国新泽西州立大学的 Jeonghyun Kim 在 "Task As A Predictable Indicator for Information Seeking Behavior on the Web"① 中提出任务导向的网络信息查寻模型，如图 3-13

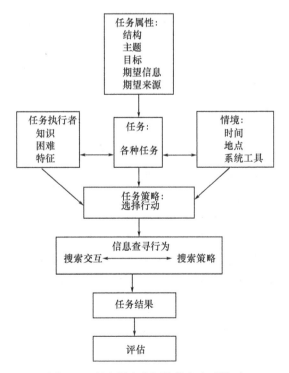

图 3-13 任务导向的网络信息查寻模型

---

① Kim J. Task As A Predictable Indicator for Information Seeking Behavior on the Web ［M］. Ann Arbor：ProQuest，2006：171-173.

所示。该模型能用来说明任务和信息查寻之间的关系，不同类型的任务会影响不同种类的信息行为。任务属性由结构、主题、目标、期望信息和期望来源组成，不同任务属性表示不同种类的任务；任务与任务执行者变量和任务情境变量之间的关系，任务执行者变量，如执行者的年龄、背景、掌握任务相关知识等，与任务相互作用；任务情境变量，如时间、地点、系统工具，也影响任务执行者的行为。根据不同的任务性质、任务执行者变量和任务情境变量，任务执行者选择相应的行动，通过信息交互检索和信息检索策略的信息查寻行为完成任务。最后评估任务结果，促进执行者自我评价，进而修正该过程的信息行为。

3.3.11 Kuhlthau 的信息搜寻过程模型

美国图书馆学家 Kuhlthau 于 1993 年提出信息搜寻过程模型（information search process，ISP）[①]。Kuhlthau 以图书情报学和教育学理论为研究框架，以中学图书馆的用户为研究对象，采用日志记录、案例法、观察和追踪调查等方法，提出研究框架和设想，最终提出信息搜寻过程模型。ISP 模型将信息搜寻过程分为开始、选择、探索、系统、集成和表述六个阶段，并且每个阶段都伴有思维、情感和行动三个因素，如表3-4 所示。

表 3-4 Kuhlthau 的信息搜寻过程模型

任务	思维（认知）	感觉（情感）	行动（物理）
开始阶段	笼统的/模糊的	不确定性	查询背景信息
选择阶段		乐观	
探索阶段		慌乱/疑虑/失意	查询相关信息
系统阶段	严密的/更清晰的	明晰的	
集成阶段	增长的兴趣	自信的感觉	查询相关信息或目标信息
表述阶段	明确的目标	放松/满意或失望	

第一个阶段是开始阶段。当人面对未知世界时，原有的知识和经验无法满足新的认知需要，就会产生不确定、慌乱的感觉，这是信息需求的形成阶段，也是信息搜寻行为的主要动力。在初始阶段，个人会查询相关背景信息，对环境有较大的依赖性。

第二个阶段是选择阶段。人总是对自己需要的东西有清楚的认识之后再进行选择，如果情况较复杂就会出现焦虑情绪。这一阶段多进行前期调研或信息搜寻，最后往往能对任务、目的和方法的形成有比较明确的认识，但没有转变为具体行动，不过已经消除一些不确定性和不安全感，对解决问题抱有乐观态度。

第三个阶段是探索阶段。这一阶段人充满迷茫、不确定性和犹豫的情绪，行动上的主要任务是搜寻相关信息，以加深对问题的理解。

第四个阶段是系统阶段。这是信息查询过程的转折阶段。伴随着搜寻信息广度和深度的加深，对任务的理解逐渐深入，形成新的知识结构，对信息意义作出合理的解释，情感

---

① Kuhlthau C. Seeking Meaning: A Process Approach to Library and Information Services [M], Norwood NJ: Ablex Publishing Corp, 1993: 45-51.

的不确定性减弱，对完成任务的信心增强。

第五个阶段是集成阶段。更有效地与信息系统进行交流，对原有信息进行筛选，并对相关信息进行组织活动。

第六个阶段是表述阶段。这是信息搜寻的收尾阶段。通常用户可以组织搜寻到的信息，并有效利用，进行综合性的思考，放松情绪。

用户搜寻信息的目标不仅是为了获得信息，而且是为了理解新的知识，在已有知识的基础上完善新的知识结构。伴随着信息搜寻的过程，用户的思想从模糊到确定，其研究兴趣也随之增长；每个阶段的情感也发生着变化，从不确定性、乐观、困惑到明晰、自信和放松，信息行为从寻求背景信息到寻求特定信息，逐渐有了方向感。

3.3.12　Dervin 的意义建构模型

美国学者 Dervin 在图书情报学、传播学、认知科学、社会学理论的基础上于 1992 年提出信息行为学"元理论"——意义建构（sense making）模型。意义建构模型认为信息接收者会将原有的思维模式带入交流过程，允许个人构建自身时空运动的内部（即认知的）和外部（即程序上的）行为，可以解释日常生活情境中的信息查找、处理、创造和利用行为。意义建构理论可以简单描述为"三步模式"，即"情境－代沟－使用"（situation-gap-use）。"情境"是指时间和空间状态，用以界定信息问题产生的情境；"代沟"是指所处情境与所期望情境之间的差距；"使用"是指意义建构处理后的结果。在初始状态和最终使用之间需要有桥梁来填补"代沟"，如图 3-14 所示。意义建构者由于某种"代沟"而在某种情境中停顿下来，这种代沟在信息需求情境中是一个

图 3-14　情境－代沟－使用示意图

问题或问题集，意义建构者必须借助某种"桥梁"，才能跨越"代沟"①②③④。意义建构理论将人类视为特定时空背景下的行为实体，信息意义建构的实质是对过去思想的重复或者形成新的策略。信息使用的实质是弥补差距或不连续状态。从用户信息行为角度来看，意义建构理论反映出问题状态的自然属性，并成为解决问题的参照。

其后，Dervin 又对图 3-14 加以修正，并对桥梁的隐喻意义加以说明，如图 3-15 所示。理论修正后的 Dervin 意义建构理论有四个要素：①状态（situation），时间和空间状态，用以界定信息问题产生的背景。②代沟（gap），背景状态与所期望状态之间的差异。③结果

①　Dervin B. More will be less unless：The scientific humanization of information systems ［J］. National Forum, 1983, 63（3）：25-27.

②　Dervin B, Nilan M. Information needs and uses ［J］. Annual Review of Information Science and Technology, 1986, 21（2）：3-33.

③　Dervin B. From the mind's eye of the user：The sense-making qualitative-quantitative methodology ［J］. Glazier J, Powell R. Qualittive research in information management. Englewood, CO：Libraries Unlimited, 1992, 9：61-84.

④　Dervin B. Sense-making theory and practice：an overview of user intersests in knowledge seeking and use ［J］. Journal of Knowledge Management, 1998, 2（2）：36-46.

图 3-15　修正后的 Dervin 意义建构模型

（outcome），经过意义建构处理后所产生的结果。④桥梁（bridge），连接初始状态和最终输出状态间的桥梁。

以信息系统、信息资源为导向的网络信息行为研究，查寻和检索效率是研究重点，所有用户行为研究的目标是服务于资源和系统。"意义构建"使人们认识信息的角度发生转变，人成为信息研究的中心，同时更加重视态度、感情以及动机等心理因素。

3.3.13　Fidel 的认知工作分析模型

美国华盛顿大学的 Fidel 于 2004 年提出认知工作分析（cognitive work analysis，CWA）理论，认为信息系统设计不能考虑人的全部属性，应该以"工作"为核心而不是以"用户"为核心，在认知工作环境分析的基础上设计网络信息系统框架，不是对某个行为者的分析，而是对整个工作领域和工作要求的分析。行为者只是在特定组织中执行特定工作，通过行为者模型的构建，分析人在工作中的网络信息行为表现形式，绘出信息行为的地图①。认知工作分析理论将环境从上到下分为工作环境、工作领域、组织、任务、决策、策略、人机交互、用户资源和价值分析，对用户的信息行为有重要影响，如图 3-16 所示，表 3-5 对每个环境层次进行描述和说明。

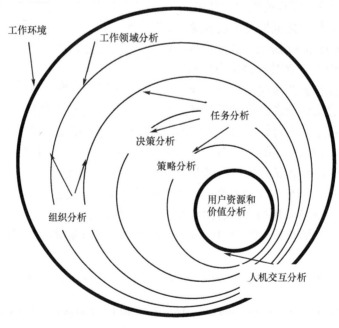

图 3-16　认知工作分析的环境层次模型

① Fidel R, Pejtersen A M. From information behavior research to design of information systems：The cognitive work analysis framework [J]. lnformation Research, 2004, 10 (1)：123-130.

表 3-5 CWA 环境维度说明

环境层次	维度说明和解释
工作环境	机构所处的外部环境、自身的运营环境等
工作领域分析	在机构中具体工作的组织目标、约束、优先因素；何种工具和技术
组织分析	检查组织的管理风格、组织文化、分配角色、社会习俗
任务分析	具体任务；任务目标；信息的来源、问题和约束是什么（包括决策和策略分析）
决策分析	作出什么决策、信息来源可靠可信
策略分析	可能的策略是什么、策略是否可行
人机交互分析	信息系统与用户的交互界面是否友好、有效
用户资源和价值分析	主题领域研究、工作经验、个人偏好、个人价值是什么

认知工作分析环境层次模型图 3-16 采用圆形表示不同工作层次，每个层次都有一种属性、事实或变量，层次划分首先用于信息需求的描述和显示，每个人的信息行为都受个人资源和价值观的影响。在人感觉到行为有价值时，就会在特定的工作环境中落实这一行动。任务是行动决策的基础，决策反过来又对信息寻求行为产生影响。CWA 分析信息行为需要理解行为约束的不同层次，分析人与信息系统的交互过程。CWA 提出的整体途径，可用于区分同一时间的不同行为层面，作者、工作原因和工作的真正意义。该模型认为，只有彻底理解复杂的工作角色与相关任务，才能真正理解信息行为原因、时间和地点。专业人员的信息需求受潜在的、可用信息源及个人对信息资源认识的影响，每项工作都可以分为不同的子任务，都有与子任务相关的信息需求。信息作为完成工作的基础，如何选择信息类型和信息渠道，是由任务的复杂程度决定的。

3.3.14 Wilson 的信息查寻行为模型

英国情报学家威尔逊（Wilson）早在 1981 年就提出自己的信息查寻行为模型，如图 3-17 所示。该模型建立在两个基本观点之上：第一是信息需求并非是最原始的需求，而是源于更为基础性的需求，即生理上、认知上和感情上三方面的需求。其中每一种需求又处在不同的背景（context）之下，即个人、社会角色和环境的背景之下；第二是在寻求可以满足需要的信息过程中，需求者可能会遇到来自于同样背景之下的不同障碍。该模型认为信息查寻行为是个体信息需求的结果，即用户为了实现对所需信息的获取，必须对正式和非正式（如人与人之间的交流）信息资源进行检索。检索成功意味着用户全部或部分地找到了满足其需要的信息，检索失败则意味着未找到所需信息或不满意所找到的信息，需要重复查找的过程。

1984 年，Wilson 对模型进行修正，得到一个复杂的捕获信息寻求过程。这个模型包括三个显著的因素：信息环境，社会角色，个人的生理环境、情感和认知需求。信息需求影响用户的信息查寻行为，需要受到个人、人际关系和用户所遇到的环境障碍。该模型克服1981 年 Wilson 提出的模型对于用户如何利用信息检索系统寻找和检索其所需数据缺乏清晰描述的弱点，认为要对"信息系统"和"信息资源"进行更深和更广泛的理解必须适应信息环境，"信息环境"已经被认为是研究中最重要的因素①。

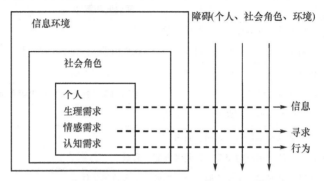

图 3-17　Wilson（1981 年）信息查寻行为模型

1996 年，Wilson 对模型进行再次修订，不再局限于情报科学的研究领域，而是将信息行为视为交叉学科来进行研究，如图 3-18 所示，模型研究内容涉及决策学、心理学、创造学、医疗交流问题以及消费者行为领域。其中，信息需求仍是关注的焦点，不同的是，将 1981 年模型中的"障碍"由"干扰变量"所代替，采用三个相关理论，包括压力/适应（stress/coping theory）理论、风险/回报（risk/reward）理论和自我能效（self-efficacy）理论。压力/适应理论提供了为什么一些信息需求没有引起查找行为的可能性解释；风险回报理论有助于说明，一个确定的个体更偏好使用哪一种信息源；而体现"自我效能"的社会学习理论描述了个体如何从事能使自己获得成功的信息行为。2000 年，Wilson 发表"Human Information Behavior"，再次从科学角度定义信息行为、信息查询行为和信息用户行为等概念，并对人类信息行为研究起源与发展进行综述，具体从信息学、心理学、消费者行为学等多学科、多视角概括面向用户的信息主体需求研究状况，最后综合信息行为模型研究提出 Wilson 信息行为概括性模型②。

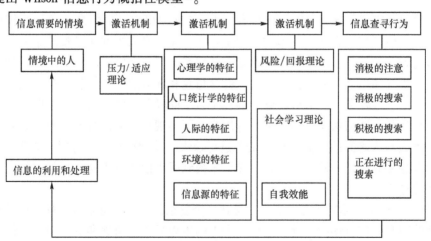

图 3-18　Wilson（1996 年）信息行为概括性模型

① Wilson T D. On user studies and information needs ［J］. Journal of Documentation, 1981, 37（1）: 3-15.

② Wilson T D. Human information behavior ［J］. Informing Science, 2000, 3（2）: 49-56.

3.3.15 信息行为模型的比较

通过上述模型的介绍，14 种模型分别从不同角度诠释信息行为或网络信息行为理论和模型，下面从模型的提出时间、文献类型、文献来源、理论基础、研究方法、领域、对象、结论进行比较，如表 3-6 所示。

表 3-6   14 种模型的比较分析

作者	年份	文献类型	文献来源	变量个数	关注焦点	研究视角	研究方法	研究领域	主要变量	行为结果
Krikelas	1983	期刊论文	Drexel Library Quarterly, 1983,（19）	13	不确定性	信息查寻角度	文献研究	图书馆	内部资源、外部资源	面对面交流、使用个人资料
Bystrom, Jarvelin	1995	期刊论文	Information Processing & Management, 1995, 31（2）	9	任务复杂性	信息查寻角度	文献研究和实证研究	公务员	个人查寻风格、环境因素	信息需求分析、行动选择、绩效评估
Leckie, Pettigrew, Sylavain	1996	期刊论文	Library Quarterly, 1996, 66（2）	6	职业专业性	信息查寻角度	文献研究	专业人士	需求、信息资源、信息意识	信息结果
Johnson	1996	期刊论文	Science Communication. 1995,（16）	7	信息载体	医疗健康信息角度	实验研究	医疗领域用户	信息载体、信息特征	信息行动
Savolainen	2005	期刊论文	Library and information Science Research, 1995, 17（3）	15	"非工作"环境	社会学角度	文献研究	日常生活	任务种类、生活方式、环境	问题解决行为
Belkin	1993	期刊论文	Information Processing and Management, 1993, 29（3）	4	信息查寻策略的多样性	信息处理	文献研究和实证研究	高新技术公司	相互作用的方法、目的、检索模式、可考虑的资源	交叉研究使用多种信息策略
Choo	2000	期刊论文	First Monday, 2000, 5（2）	10	网络信息查寻	网络信息检索	实证研究	高新技术公司	非定向浏览、条件浏览、非正式搜索、正式搜索	网络信息查寻行为

作者	年份	文献类型	文献来源	变量个数	关注焦点	研究视角	研究方法	研究领域	主要变量	行为结果
Mckenzie	2003	期刊论文	Journal of Documentation, 2003, 59 (1)	9	日常生活信息查询	信息实践	实证研究	医学领域	主动查寻、主动搜寻、非定向监听、委托代理	信息实践二维模型
Foster	2004	期刊论文	Journal of the American Society for Information Science and Technology, 2004, 55 (3)	6	非线性的信息查寻模式	核心流程和环境的相互作用	实证研究	人文科学、社会科学、医学领域	核心流程、认知方式、内部环境、外部环境	新视角理解跨学科的、动态的、流动的、整体的信息过程
Kim	2006	博士论文	Task as a predictable indicator for information seeking behavior on the web, 2006	8	任务与网络信息查寻的关系	网络信息查寻	文献研究与实证研究	高校	任务属性、任务执行者、任务、情境、策略、信息查寻行为	不同的任务会导致多种网络信息查寻策略
Kuhlthan	1993	著作	Seeking Meaning: A Process Approach to Library and Information Services, Norwood. Ablex Publishing Corp, 1993	9	6个阶段	信息查寻过程	日志法、案例法、观察和追踪调查法	图书馆用户	开始、选择、探索、系统、集成、表述六阶段，思维、情感和行动三要素	伴随信息查寻过程的深入，思维、情感、行动变化
Dervin	1992—1998	著作和论文	J Glazier, R Powell (Eds). Qualittive Research in Information Management. Englewood, CO: Libraries Unlimited. 1992. Journal of Knowledge Management, 1998, 2 (2)	4	代沟、桥梁	意义建构	意义建构	个人日常生活情境	情境、代沟、使用、桥梁	实质是重复过去的思想或者形成新的策略

续表

作者	年份	文献类型	文献来源	变量个数	关注焦点	研究视角	研究方法	研究领域	主要变量	行为结果
Fidel	2004	期刊论文	lnformation Research. 2004, 10 (1)	8	认知工作	整个工作领域和工作要求	认知工作分析环境	工作	工作环境、工作领域、组织、任务、决策、策略、人机互动、用户资源和价值交互	以工作为核心，而非以用户为核心，人的信息行为地图
Wilson	1981、1996、2000	期刊论文	Journal of Documentation, 1981, 37（1）：Information Processing & Management, 1996, 33 (4) Informing Science, 2000, 3（2）	8	信息需求	压力/适应（Stress/coping theory）理论、风险/报偿（Risk/reward）理论和自我能效（Self-efficacy）理论	基础性需求、信息需求背景、持续研究	情报学、决策学、心理学、创造学、医学、消费者行为学等交叉学科	信息情境、激活机制、信息查寻行为、压力/适应、风险/报偿、自我能效	信息需求是中心问题

通览 14 个模型，可见信息行为模型来源的理论基础不同、研究关注焦点不同、考虑变量数量和内涵不同、涉及对象不同、模型翔实程度不同、扩展领域不同，但主要分用户和系统两个角度，且各自受不同要素变量的影响。

3.4 ASCI 项目进展及其启示

3.4.1 目的和阶段任务

20 世纪 80 年代，美国国防部高级研究计划局（The U. S Department Of Defense's Advanced Research Projects Agency，DARPA）首次提出加强战略运算能力行动（accelerated strategic computing initiative，ASCI），简称战略运算能力，目的是为了将过去以实验为基础

的科学研究转化为以计算机模拟为基础的科学研究。而后，计划和实施 ASCI 项目，ASCI 项目设定的主要目标有两个：一是在 2010 年前开发出高性能性、强系统、能仿真全景的计算机以支持武器装备的性能评价、项目更新、流程分析、突发事件应急管理；二是带动美国计算机及其相关行业的发展，推动制造业以及工业的进一步发展[1]。为了实现 ASCI 项目目标，需要全面提高计算机的运算速度和处理能力，才能达到仿真模拟的目的。ASCI 项目有组织、有策略、有步骤地运用项目管理的关键因素方法开展工作以实现目标，计划实施的原则是确保高性能、安全、可靠和持续更新[2]。计划分五个阶段分步实现，分别是构造 1TereFlop/s（万亿次浮点运算/秒）、3TeraFlop/s、10 Teraflop/s、30 Teraflop/s 和 100 Teraflop/s 的计算机系统，每个阶段运算能力大约提高三倍，平均每两年为一个阶段，其中前三个阶段分别称为红色计划（ASCI Red）、蓝色（ASCI Blue）和白色计划（ASCI White）[3]。该项目历时十年（1995~2005 年），最终取得了巨大的成功，不仅实现了 3D 全真模拟的目的，而且促使美国计算机水平始终处于世界领先地位。

Larzeler 全面总结 ASCI 发展进程，其研究成果包括八章内容：第一章为科学洞察的新工具；第二章为建立初步行动；第三章为应用——传递洞察的核心；第四章为平台——模拟的动力工厂；第五章为模拟能力的环境；第六章为传递洞察的联盟；第七章为影响和经验教训；第八章为展望未来；附录 A 为事件年代表；附件 B 为 ASCI 平台配置；附件 C 为 ASCI 的领导，并认为"ASCI 不仅创造了一种理念并将其繁荣发展，而且它把计算模拟上升到与'理论'和'实验'等同的地位，成为第三种科学研究方法。"[4] ASCI 项目的巨大成功是与其有效管理的模式所分不开的，有效地管理参与人员的网络行为，充分地发挥了研究人员的知识和技能。Parker Ann 指出 ASCI 项目大大提升了计算机运算能力，并将超级计算机运用于更广泛的领域。[5] 2000 年 ASCI 项目计划更名为 ASC（Advanced Simulation and Computing）项目，但任务未改变，仍是进一步打造超级计算机系统，提高计算机的运行速度，目标是关注三维仿真环境日益增长的预测能力，以便利用系统提高精确度和准确度，逐步将模拟仿真作为一种预测工具应用于前沿研究。

3.4.2　项目内容

ASCI 项目的内容重点关注战略运算能力的三个问题，即模拟应用（simulation applications）、计算平台（computing platforms）、环境（environment）。其中，应用是指 ASCI 计算

① Ann P. Into the Wild Blue Youder with BlueGene/L Science and Technology Review［R］. Los Alamos National Laboratory，2005：23-25.

② Larzelere Ⅱ A R. Delivering Insight：The history of the Accelerated Strategic Computing Initiative（ASCI）［R］. Lawrence Livermore National Laboratory，2009：171，172.

③ Mailhiot C. The DOE Accelerated Strategic Computing Initiative：Challenges and opportunities for predictive materials simulation capabilities［J］. Journal of Computer-Aided Materials Design，1998，5（2-3）：95-107.

④ Larzelere Ⅱ A R. Delivering Insight：The history of the Accelerated Strategic Computing Initiative（ASCI）［R］. Lawrence Livermore National Laboratory，2009：171-172.

⑤ Ann P. Into the Wild Blue Youder with BlueGene/L Science and Technology Review［R］. Los Alamos National Laboratory，2005：23-25.

机应用于模拟尖端设备的工作过程，涉及性能和安全应用、物资模型化、程序设计模型化等；平台是指为运行高度复杂的实体模拟应用提供一种更快、更高、更强的信息处理的 ASCI 计算机平台，主要是大幅度提升 ASCI 计算机的信息处理速度，包括 ASCI Red、ASCI Blue Pacific and Mountain、Linux Clusters、BlueGene/L、ASC Purple；环境是指 ASCI 提供一种创新性工具实现数据、信息、知识的可视化、可检验和可分析，包括并行程序设计工具、可扩展性的可视化等[1]。为了确保三个方面顺利进行，ASCI 项目同时确立联盟（partnership）作为不可或缺的调控因素，包括学术联盟、IBM 和 Lawrence Livermore、ASCI 组织，联盟协调程度的好坏直接关系到三者的进展，具体如表 3-7 所示。

表 3-7　ASCI 项目的四个要素及其内容

组成要素	内容
Applications 应用	①高效地开发软件，实现 3D、高保真地实体模拟与模型检验 ②确保 ASCI 信息编码、信息计算的安全性 ③提升信息处理能力以预测物质的物理性质 ④通过 STS（电学、力学以及热力学）环境下的实验预测物质性能
Platforms 平台	①借助工业联盟合作伙伴研制强大的 ASCI 信息平台 ②运用 ASCI 计算机信息平台，开展创新性实验工作
Environments（PSE）环境	①可视化信息交互环境（VIEWS） ②开发"see and understand"技术，采用 3D 显示模拟仿真结果信息 ③支持高性能运算以整合分布式信息计算环境中的设施设备 ④PathForward 子计划，加速推进计算机信息平台的商业化
Partnership 联盟	①政府机构和工业企业合作伙伴 ②参与 ASCI 项目的美国学术机构

3.4.3　组织结构

ASCI 项目由美国能源部负责，LLNL、Sandia 和 Los Almos 3 个国家实验室分别负责各自任务，形成"One Program-Three Laboratories"（1 项目-3 实验室）的组织结构，如图 3-19 所示。①执行委员会，由 3 个实验室和政府部门派遣的高级代表组成，负责 ASCI 总体政策和发展规划，目的是以有效可靠的监督确保项目的执行。②战略团队，分别负责应用、环境、平台、联盟计划的执行，具体由 3 个实验室和政府部门派遣的高级代表组成。③监督人员，由政府部门派驻实验室的联邦员工组成，负责制定实验室绩效和承包商绩效的评估标准，以促进政府机构、计算机行业厂商和大学相互之间的信息交流。

---

① Larzelere Ⅱ A R. Delivering Insight：The history of the Accelerated Strategic Computing Initiative（ASCI）[R]. Lawrence Livermore National Laboratory，2009：171，172.

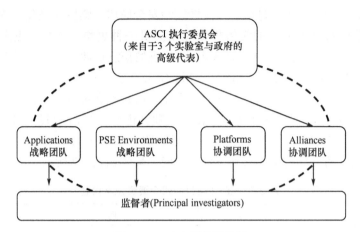

图 3-19　ASCI 组织结构图

ASCI 项目的组织结构清晰明了。在 ASCI 的组织结构图中，Heermann 提出信息流动（information flow）的概念，团队员工在执行工作任务时，采用如下信息处理过程：Data—Information—Knowledge—Judgment，即 DIKJ 模式[①]。位于各地的国家实验室应是一个整体，共同进行 ASCI 规划和预算，能有效避免 3 个实验室之间的恶性竞争，促进共赢。ASCI 的组织管理机构建立的知识共享平台提供了一种有效的竞争环境，促进实验室人员之间的信息交流和技术沟通，有效保障超级计算机研发工作的推进。ASCI 组织管理结构由国防部领导参与科研讨论，贯穿于整个项目的选择、计划和管理活动，规避了信息可能层层传达而造成的信息失真和信息流失。ASCI 组织结构的主要目的是有效提升知识和信息共享的效率和效益，促使管理模式由传统的金字塔转向扁平化，促进政府部门、实验室和公司之间的相互沟通，有效地克服了传统的小团体模式；David Nowak 认为"One Program-Three Laboratories"创造一种独特视角的组织，运作十分有效，是 ASCI 项目成功的关键策略之一[②]。

3.4.4　管理机制

为了顺利完成阶段任务和保证目标实现，ASCI 项目进行一系列管理创新[③]。①政府与承担单位签订 ASCI 项目任务书，确立 ASCI 的总方针与政策，规定 ASCI 的内容范围和关键问题。②编写 ASCI 项目的程序开发指南，明确 ASCI 项目程序开发的基本要求，具体涉及程序的基础理论和各种模型、性能特征、实验数据、原始数据等信息，以及界定项目执行的优先顺序。③制订 ASCI 项目的实施计划，每年制订 1 次，确定 3 个国家实验室各自年度任务。实验室领导负责自己职责范围内的工作及其业绩信息的衡量和管理，每半年进行 1 次 ASCI 项目绩效的评估。④配备卓越的管理人员。ASCI 选择优秀的管理人员负责项目实施，加强 3 个实验室与计算

① Heermann P D. First-generation ASCI production visualization environment [J] . Computer Graphics and Applications, IEEE, 1999, 19 (5): 66-71.

② Nowak D. telephone interview by author, 2005, 6.

③ Parker Ann. Into the Wild Blue Youder with BlueGene/L Science and Technology Review [R] . Los Alamos National Laboratory, 2005: 23-25.

机硬件软件厂商、政府部门的信息协调。⑤搭建 ASCI 信息交流平台。通过开发 ASCI 网格平台，保证各个部门和各个组织之间及时有效地进行信息交流，管理机构能随时随地了解和消除影响合作的障碍，形成各个实验室员工之间的知识共享机制，促进项目落实。

3.4.5 实施原则

ASCI 项目的实施原则是确保研制成功的计算机拥有战略运算能力，即具有信息处理性能强、安全性高、可靠性好、能持续更新的特点[①]；性能强，是指 ASCI 计算机模拟仿真系统能有效分析行为信息和评估性能信息；安全性高，是指 ASCI 计算机能在复杂环境下安全使用；可靠性好，是指 ASCI 计算机系统具有预测事故发生的机制以减少日常维修；持续更新，是指 ASCI 计算机系统具有可扩展性，能采纳新的虚拟现实技术和模拟仿真技术等技术，利用新型生产工艺，解决影响设施设备性能、安全、可靠和老化等问题。通过确立实施原则，推进设施设备配置、生产和测试工作的顺利开展，确保 ASCI 项目按照计划进行。

3.4.6 网络信息资源管理

在项目规划实施控制过程中，ASCI 项目高度重视网络信息资源管理问题，如采用信息流动（information flow）的概念分析团队成员的工作任务，采用 DIKJ（data、information、knowledge、judgement）模式进行信息处理。无论测试数据、模拟数据，还是生产数据，都要经历数据—信息—知识的过程，然后通过信息流动的方式传递到工作组，最后汇总形成决策，如图 3-20 所示[②]。如此，通过网络信息资源管理，使参与员工的网络行为得到有效的指导和管理，保障任务按时、保质完成，实现 ASCI 的目标。

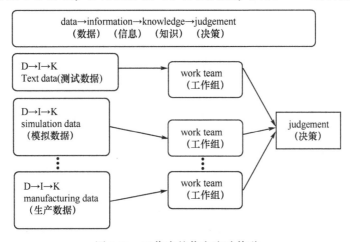

图 3-20　工作中的信息流动传递

---

①　Lubeck O，Hoisie A，et al. ASCI Application Performance and the Impact of Commodity Processor Architectural Trends ［J］//Innovative Architecture for Future Generation High-Performance Processors and Systems ［C］，IEEE，1998：3-6.

②　Heermann P D. First-generation ASCI production visualization environments ［J］. Computer Graphics and Applications，IEEE，1999，19（5）：66-71.

3.4.7　ASCI 项目的成效

通过推进 ASCI 项目的实施，不断开发和完善超级计算机系统，大幅度提升计算机的信息处理能力，实现模拟仿真的功能。超级计算机作为一类信息处理能力强的计算机，主要应用于国家高科技领域和尖端技术研究，是国家科技发展水平和综合国力的重要标志[①]。ASCI 项目各阶段研制成功的计算机，如表 3-8 所示，这些超级计算机在每年 Top500 List 中均名列前茅，如 Blue Gene/L 在 2004~2008 年一直居于首位[②]。同时，ASCI 项目的研究成果还大大推进美国计算机及其相关产业的发展，达到预期的目标。

表 3-8　基于 ASCI 项目研制成功的超级计算机

项目	年份	安装位置	制造商	峰值（teraFLOP/s）
ASCI Red	1997	SANDIA	Intel	3.2
ASCI Blue Mountain	1998	Los Alamos	SGI	3.1
ASCI Blue Pacific	1999	Lawrence Livermore	IBM	3.8
ASCI White	2000	Lawrence Livermore	IBM	12.2
C Plant	2001	SANDIA	Self Made	1.3
ASCI Q	2002	Los Alamos	HP	20.5
ASCI Linux Cluster（ALC）	2003	Lawrence Livermore	IBM	9.2
Lightning	2003	Los Alamos	Linux Network	11.3
Red Storm	2005	SANDIA	Cray Inc.	43.5
ASC Purple	2005	Lawrence Livermore	IBM	92.8
BlueGene/L	2005	Lawrence Livermore	IBM	367.0

3.4.8　战略运算能力项目的启示

1. 借助洞察力、领导力、忍耐力、合作力等"四力"，全面掌控项目的实施

ASCI 项目时间跨度大，面临艰巨的挑战、任务繁重，参与的组织和人员众多，综合 ASCI 项目的进展和成效，归结到一点，是洞察力、领导力、忍耐力、合作力的有效整合。

（1）洞察力。项目目标的前瞻性与实施步骤的循序渐进相结合。在开展 ASCI 项目之前，科学家和工程师们侧重于采用传统的方式验证理论，即采用真实的实验获取数据和验

① Ann P. Into the Wild Blue Youder with BlueGene/L Science and Technology Review [R]. Los Alamos National Laboratory, 2005：23-25.

② Meuer H W. The TOP500 Project：Looking Back over 15 Years of Supercomputing Experience [J]. PIK-Praxis der Informationsverarbeitung und Kommunikation，2008，31（2）：122-132.

证理论，但是科技的进步迫切需要引入一种新的方法手段进行科学研究。ASCI 项目的首要问题是创新，创造出一种前所未有的新应用、新平台和新环境，有效改变人们观察世界与探索世界的方式，即采用计算机模拟仿真过程，敏锐地抓住时代前沿技术的应用，反映决策人员的前瞻性。

（2）领导力。当决定上马 ASCI 项目后，理顺管理体制，组织有效实施需要卓越的领导力。ASCI 项目打破以往科学研究项目的组织模式，其领导成员采取从政府部门、国家实验室、企业以及高等院校等组织进行选调，领导者必须打造团结协作、共享互利的组织文化，充分发挥知识型员工的能动作用，打破学术藩篱，促进信息流动，提升工作效率和工作效能。

（3）忍耐力。ASCI 项目是一种前所未有的科研创新活动，期间遭遇各种各样的挑战和困难，超级计算机的模拟仿真技术的开发应用是一个长期持续的研发过程，需要知识型员工持久的热情和动力。该项目通过年度计划实施并且每半年绩效考核一次，尊重个人价值、消除部门之间壁垒，激发知识型员工的参与热情，培养知识型员工的忍耐力，促使项目持续进行。

（4）合作力。ASCI 项目的成功离不开组织的有效合作，项目的组织结构权责对应，有效避免多重领导，同时获得外部的计算机生产企业、其他联邦政府机构以及学术联盟的支持，逐步推进系统研制的商业化，获得更多的资金支持，通过构建跨部门的信息交流网络，知识型员工可以跳出本部门、本单位的小圈子，更好地发挥的作用。

2. 明晰组织形式，最大限度促进资源整合，形成知识合力

ASCI 项目最大的创新是采用资源整合管理的观点，对 ASCI 进行整体规划和年度预算管理，建立统一的管理体制，将 3 个实验室作为整体进行管理，实现跨实验室的协作，发挥 3 个实验室的各自优势，有效地克服 3 个实验室的无效竞争，实现竞合共赢。ASCI 的组织管理机构提供一种良性的合作竞争环境和知识共享平台，营造知识聚合的氛围，管理模式由"金字塔"转向"扁平化"，避免因信息层层传递而造成的信息失真和信息延迟现象，确保信息流动的安全、及时、有效，强化国防部等政府领导参与项目进程讨论分析，有力地保证具有战略运算能力的超级计算机的研发工作的顺利推进。

3. 明确项目规划，有效统筹重点和一般

ASCI 项目从一开始就强调规划先行，总体计划和年度计划安排合理，详略得当。项目目标明确，内容合理，实施原则到位，研究重点突出，优先放在程序开发方面，即系统模拟、关键环节模拟和环境模拟，提高计算机的战略运算能力，突出高端计算，提升开发应用程序的扩展性。

4. 网络信息资源管理人员和技术平台协调

ASCI 项目在整体实施过程中，领导者和参与人员采用信息流动思想，对信息资源进行生命周期管理，形成一套行之有效的行为模式，强调了思维的决策能力。项目的三个影响因素（Platform、environment、applications）和一个协调因素（partnership）有机协调，

Platform 作为战略运算能力提升、成本效益提高、合作创新发展、支持多样化应用的支撑，是模拟的动力工厂；environment 是应用创新方法、实现并行程序设计和数据可视化的环境；applications 是实现性能、保证安全性、材料模拟、程序设计模型的具体功能；partnership 是促进官产学研联盟形成、推进知识共享的有效组织模式。ASCI 项目的研究人员虽然各自岗位不同，但网络信息资源管理均经历信息查寻、信息加工、信息分析、信息决策的网络行为过程，积累大量的经验，有利于了解和理解知识型员工的网络行为模式，提高知识型员工的工作效率和绩效，值得借鉴。

总之，在 ASCI 项目规划和实施过程中，参与其中的知识型员工，一方面开发研制巨型计算机系统，大幅度提升计算机运行速度，另一方面不断提升自我对计算机的驾驭能力和应用能力以完成工作任务，实现工作目标。可见，在宏观层面，战略运算能力代表项目计划成果，即计算机性能、安全性、模型化、程序设计模型、并行程序设计工具、可拓展的可视化等能力的提升。在微观层面，战略运算能力代表知识型员工作为创造者和使用者，能够将任务转化为应用计算机操作和实现的能力，能够通过熟练利用计算机网络获取和利用需要的信息。因此，ASCI 项目成功的四个方面对于研究知识型组织的员工的网络行为模式具有重要的参考价值，本书从四个维度提取影响知识型员工网络行为的指标因素，构建基于 ASCI 的知识型员工网络行为模式，目的是最终提升知识型员工战略运算能力。

第4章 知识型员工战略运算能力的网络行为模型构建

4.1 知识型员工战略运算能力的网络行为模型构建

在前面章节的基础上，考虑情报学、心理学、社会学、管理学中信息需求、动机、网络行为（网络浏览、正式查寻、选择确定信息、进行决策）的流程，特别是结合 ASCI 的战略运算能力的平台、应用、环境和联盟维度，构建知识型员工战略运算能力的网络行为模型，如图 4-1 所示。

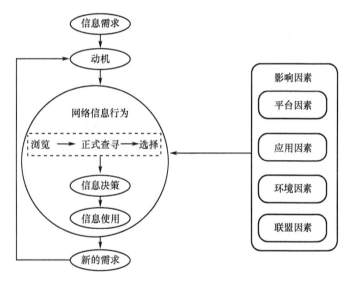

图 4-1　知识型员工战略运算能力的网络行为模型

根据情报学中情报用户理论，结合管理学中的组织行为学理论，同时考虑到网络环境中人们的行为不是随意的，而是由某种原因引起的，它一定指向某个目标，而目标源自需求，需求产生动机。人们在需求和动机的支配下产生网络行为，在实施某个网络行为的过程中，往往是先浏览信息，若没有特定的信息需求目标，则在广泛的网络浏览过程中，人们会发现自己感兴趣的、符合自身需求的信息，此时针对这一特定具体的信息需求展开正式的搜寻工作，在获得大量信息后就会按照一定标准选择真正符合自己需求的信息。在这一过程中，环境、平台、应用和联盟四个维度的因素影响网络行为，知识型员工在选择所需信息后进行决策，满足一定的需求，同时产生新的需求，如此循环往复，推动网络行为的深化。

4.2 影响知识型员工网络行为的主要因素分析

根据 ASCI 关于战略运算能力的研究和实践，着重以 Alex R. Larzelere Ⅱ for Lawrence Livermore National Laboratory 的 *Delivering Insight*：*The History of the Accelerated Strategic Computing Initiative（ASCI）* 为蓝本，分别提炼应用、平台、环境、联盟四个维度的因素指标，结合其他文献研究，进而获得影响知识型员工网络行为模式的因素。

4.2.1 环境维度

环境影响员工网络行为的因素很多，员工也是用户之一，行为的发生是同物质环境密切相关的。人们不可能脱离环境而独自活动，并需要周围环境的反馈来了解自身行为或活动的含义，因而，环境成为网络行为研究中必不可少的重要内容之一。ASCI 环境涉及不同的计算机基础设施、组织计算和数据的方法、并行计算应用的不同技术、模拟的模型，以及处理、解释和可视化结果。ASCI 用户环境包括应用程序开发、模型构建、数据控制、后处理和可视化、基础设施等，具体分为使用 ASCI 计算系统、构建模型、开发应用、运行模拟、移动结果数据、理解结果、远程模拟等。其中并行程序设计工具——创造一种新的高性能应用程序的方法，包含并行编程工具箱（调试器、编译工具、性能分析工具、函数库、并行算法）、积累和依靠超级实验室经验、选择一起工作、一种战略工具（白皮书）、调试器 TotalView、其他；洞察数据——可扩展的可视化，包含数据和可视化走廊、控制和可视化模拟结果、可扩展焦点、可视化软件、PC 策略的杠杠作用、显示器、洞察而非数字等内容。例如，电信业中的基础网络，如接口、安全、认证、信用属于环境范畴。环境是由基础网络传输系统和系统管理软件组成，涉及依各种技术构架的物理网络，通过各种硬件设施和管理软件为网络单元提供路由、交换通路，进行信息传输、数据交换、访问控制，网络安全、网络管理等的保障系统[①]。结合 ASCI 和计算机技术及网络技术的发展，构建环境维度指标，如表 4-1 所示。宏观社会环境分为社会文化、组织支持、政府政策。社会文化包括道德伦理、风俗习惯等，政府政策包括政府的法律法规、政策决议、实施方案等，组织支持是针对政府机构、事业单位、学校、企业、科研机构等各种组织的管理体制机制、组织结构、组织规模等构成组织文化的内容；技术环境从微观实施角度考虑，涉及设计人员开发应用程序环境和用户使用环境等方面。

表 4-1　环境维度指标

指标		描述
社会环境	社会文化	社会文化影响组织员工的思维和行为模式
	组织支持	组织文化支持组织员工的网络行为
	政府政策	国家相关政策支持组织应用发展和模型构建

---

① Larzelere Ⅱ A R. Delivering Insight：The History of the Accelerated Strategic Computing Initiative（ASCI）. UCRL-TR-231286（R）. Lawreence Livermore National Laboratory，2007-09-14.

续表

指标		描述
技术环境	系统可靠	系统是可靠的
	数据控制	控制保证数据的组织、格式化、检索、存储和传递
	开发应用	提供工具和资源
	持续工作	后备系统确保计算机持续运行
	基础设施	提供高性能的安全网络
	网络安全	具备加密、防火墙、防病毒软件的安全技术
	网络监控	网络计算机有效监督和控制员工行为
	身份认证 PKI	系统确认员工身份
	授权程度	系统赋予不同员工不同的权限
	应用业务加密	对某些应用业务设置密码权限
	信息交换加密	对某些信息交换业务加密进行
	CA 认证	具有 CA 签发的认证证书以检查证书持有者身份的合法性
	计费管理	对服务使用流量和费用进行管理
	远程交互	通过网络进行远程交互行为
	配置	软硬件设施设备的兼容性
	性能	软硬件设施设备的性能
	用户体验	平台和应用提供体验机会
	积极性	员工使用网络计算机的积极性

4.2.2 平台维度

平台有不同但相似的术语，也称网络平台、信息平台、网络信息平台、计算平台等，由于现实中往往交叉混合使用，本书不加以区分。ASCI 的平台，是模拟的动力工厂，计算平台是由中央处理器、储存器、内部网络、输入/输出、操作系统五个基础功能组成的计算机体系构架，用于衡量计算能力，达到 ASCI 计算能力目标的标志性成果。其中，ASCI RedS 用于打破运算速度局限的藩篱，涉及 Bishop's Lodge、实验室的影响、大规模并行处理、购买计算平台、提供计算机、Red Storm、实现承诺等内容；ASCI Blue Pacific 和 Mountain 用于维持产业的可行性，涉及 The Curve、加速提升计算能力、运行速度峰值、降低风险、与产业界合作、绿色采购、评估建议、双 Blue Machines、提供平台、On the Curve；Linux Clusters 用于提供低成本高效益的 TeraFLOP/s，涉及性能 VS 生产力、平衡计算能力和容量、需要计算的需求、Beowulf 集、PathForward、多程序集资源、武器模拟集、妥协、支付等内容；BlueGene/L 是最好的合作创新，涉及空间和能力、设定一个方向、先进的信息构建、研究和开发签约合同、"Novel Concepts"、日本地球模拟器、一种二选一的方案、建造平台、加强科学洞察等内容；ASC Purple 是满足能力的需求，涉及 100teraFLOP/s 和更高速度的重要性、迁移风险、谈判 Purple 合同、提供系统、提供一条科学洞察的途径等内容。平台的含义随着时代不断演进、日趋丰富、日益泛化，从物质的、具象的、实体的等物理属性，向虚拟属性拓展[1]。平台深入计算机技术和网络技术领域，主要指计算机和网络中由软件和硬件构成的系统，包括计算机、操作系统、数据库、网络等，应用程序可以在系统上驻留和运行；平台深入商业贸易领域和生产生活领域，可以指代一个抽象的舞台、一个人们进行交流、交易、学习的互动性质的舞台。按照《现代汉语新词语词典》和《当代汉语新词词典》的解释，平台含义可简化为：计算机的软硬件环境；基础环境[2]。本书采用第一种含义。

平台是以情报学、管理学、计算机科技、信息系统为基础背景，以网络信息资源的开发利用、网络信息基础设施的建设、为协调网络信息需求者和信息服务者之间关系为内容，由使用者、计算机基础设施、网络通信设备等软件和硬件共同构成的整体，以为用户提供网络信息服务和决策服务为目标。网络平台应具备对网络信息的搜集、整理加工、存储、检索、传递、维护进而转化为用户需求的知识，利用网络信息管理的功能为用户提供决策服务，最终目的是实现社会效益和经济效益。简言之，平台由计算机的硬件平台和软件平台构成。硬件平台包括用户终端设备和服务器。用户终端主要是为该系统的用户提供硬件操作平台，通过操作用户终端上的软件，可以完成对于系统的操作；服务器是在网络环境下，为用户提供信息共享、网站访问等功能。用户终端软件平台是信息系统的核心，应具备良好的安全性、健壮性和高性能，包括操作系统和数据库。操作系统是负责对计算机硬件直接控制及管理的系统软件，是用户和计算机之间的界面；数据库系统提供数据的存储、修改等数据处理的相关操作。平台是在基础层面提供服务，为应用提供支撑。例如，苹果 iPhone 手机的操作系统、储存器、数据交换系统、后台数据库属于平台；电信业中的操作系统、搜索引擎、定位技术、物流网技术、开发工具等属于平台。结合 ASCI 项目和网络理论，构建平台维度指标，如表 4-2 所示。

表 4-2 平台维度指标

指标			描述
硬件平台	用户终端设备	性能	平台用户终端设备的性能的强弱
		应用领域	平台用户终端设备适用的应用领域
	服务器	有效网络工作	平台具有高效快速的联网能力
		运行能力	平台运行时间长短
		数据容量	平台具有大容量数据的快速吞吐能力
		页面响应速度	平台页面响应速度能够满足网络活动的开展

① Larzelere Ⅱ A R. Delivering Insight：The History of the Accelerated Strategic Computing Initiative （ASCI）. UCRL-TR-231286 （R）. Lawreence Livermore National Laboratory，2007-09-14.

② 谷虹. 信息平台论 [M]. 北京：清华大学出版社，2012：20.

指标			描述
软件平台	操作系统	安全性	平台能在复杂环境下安全使用
		界面友好度	平台操作界面人性化，简单易懂，便于使用
		需求性	平台为用户解决问题提供帮助
		商业吸引力	平台设计具备一定的市场价值
	数据库系统	时效性	平台能提供最新的科技进展和数据信息
		数据存储备份	平台数据存储备份方案能有效保护信息资源
		信息的可用性	平台提供的数据信息符合需求
		通用性	平台具备一定的通用程度且拥有一定规模的使用群体
		可信度	平台能够提供可信的数据和资料

4.2.3　应用维度

应用是 ASCI 项目的核心，应用代码是预测计算机模拟的核心，应用提供解决描述物质世界行为的物理方程的计算方法。模拟仿真应用的元素包括潜在物理过程的详细解释、数字化表示过程的方法、采用计算机程序精确表示俘获数字的能力、验证模拟精确代表物理世界的能力。应用模拟仿真从一维的线、二维的平面到三维的空间模拟需要运算能力更强的计算机，涉及有限元网格、运行模拟、使用并行计算机的复杂性、检验和验证等内容。其中，性能和安全应用是装备之间的直接连接点，涉及以实验为基础的研究向以模拟为基础的研究转变、模拟挑战、编码团队、人（员工）、确保以物理为基础的代码、驱动里程碑、确保准确、使编码团队按部就班地工作、开发思维过程等内容；材料建模是第一原则，涉及传统科学方法的挑战、经验数据的使用、超越物理限制、等待能力、一种看待世界的新方式、开启门锁等内容；程序设计模型用于创造应用，涉及 Killer Micros、并行计算设计挑战、理解技术、编程模式选择、移植应用于其他计算机、灵活性需求等内容[①]。随着网络应用的不断创新，用户一方面使用平台提供的应用功能，另一方面不断定制化自己的应用功能，如电子支付、电子商务、即时通、内容服务、媒体应用、数字营销。例如，新华网提供定制新闻的应用，苹果在线音乐商店提供定制音乐的应用，车务通提供的汽车位置服务的应用等。因此，应用是用户（员工）对于计算机和网络技术等新兴技术的接受能力和使用能力，结合 ASCI 项目和实际应用，构建应用维度指标，如表 4-3 所示。

---

① Larzelere Ⅱ A R. Delivering Insight：The History of the Accelerated Strategic Computing Initiative （ASCI）. UCRL-TR-231286 （R）. Lawreence Livermore National Laboratory，2007-09-14.

表 4-3 应用维度指标

指标	描述
数据的正确性	数据的真实可靠影响使用
数据的详细性	数据描述的详尽程度影响使用
数据的时效性	数据的及时有效影响使用
数字化	采用数字化方式表示问题影响使用
可视化	采用可视化方式呈现工作过程或结果影响使用
通信能力	与其他计算机、移动通信、电子设备联通交流的能力影响使用
思维模式	改变以往思考问题的方式方法，接受应用软件解决问题的方式方法影响使用
计划性	按照阶段性要求进行工作影响使用
洞察力	具备查找和正确理解数据信息的能力影响使用
便捷性	信息检索或获取的方便快捷影响使用
可靠性	应用系统的安全性能影响使用
检验和验证	具备检验和验证信息的能力影响使用
需求灵活性	具备对于不同的实际需求情况提供多样化的解决方案能力影响使用
应用访问权限	应用资源的有效访问和获取影响使用
内部信息管理机构	所在组织单位有专门的信息管理机构影响使用
研发能力	所在组织单位有专门的应用软件研发团队影响使用
反馈机制	所在组织单位高度重视员工对应用系统的反馈影响使用
数据库数量	所在组织单位有多种数据库影响使用
数据交换	能在多个应用终端之间建立数据通信临时互联通路影响使用
搜索工具	提供多种搜索引擎影响使用
流程优化	流程图顺畅清晰影响使用
运营维护	有效维护应用软件的能力影响使用
调度能力	安排任务处理的先后顺序影响使用

4.2.4 联盟维度

联盟是两个或者多个组织或者部门为了实现共同的利益和目标，将自身的资源进行整合，通过签订契约或协议，形成较为稳定的联盟伙伴关系，共享信息、资源和知识，形成优势互补共同分担风险，保证各自的利益实现"共赢"局面。ASCI 的联盟实现洞察，涉及核武器国家实验室、国防项目领导、拓展研究团队、计算机产业等内容；学术联盟加强高等学校之间的联合，涉及高等学校的贡献、学术联盟层次、建议处理、选择、建立多原则的中心、打破藩篱、建造技术、科学新工具等内容；IBM 和 LLNL 是一种分享任务的意识，涉及TOP500 计算机排行榜、teraFLOP/s 决议、铺设基础、ASCI Blue Pacific、更新 IBM 联盟、结果、共担风险、联盟运营、提升排行榜名次等内容；ASCI 组织具有混乱边缘的协同作用，涉及一个项目，包括三个实验室、项目办公室成员、计划文档和里程碑、PI 会议、外部评论、更加广泛的影响等内容①。具体而言，ASCI 项目的战略联盟分为几个方面：①高等学校之间的联盟，主要有三个层次：第一层在高等学校中建立一个高效的、小范围的联盟研究中心，组成人员包括三个国家实验室和国防部的成员组成，划拨充足的资金；第二层由对实验室感兴趣的个人和小团队研究成员组成；第三层由单个实验室的教师和学生组成。②企业与实验室的联盟。产业与高等学校实验室或科研机构保持密切的合作关系，确保在研发和研制过程中的资源整合，通过这种联合形式，促进成员间的相互交流，共享社会和科技资源，取长补短，相互扶持，促进新技术和新创意的推广。③ASCI 组织结构。ASCI 的核心组织模式是 "One Program-Three Laboratories"，从项目管理的角度，协调各部门之间的合作交流，打破部门间的技术藩篱，促进资源共享，推动交流与发展。因此，结合 ASCI 项目和广泛开展的官产学研联盟活动，构建联盟维度指标，如表4-4 所示。

表4-4 联盟维度指标

指标	描述
充足的资金	联盟团队建设需要充足的资金购买设施设备
充足的时间	联盟团队成员的合作讨论需要充足的时间
信息量充足	联盟团队成员之间的交流需要充分的信息支持选择和决策
新技术、新方法	联盟团队成员之间的交流可以产生新技术和新方法
创造性思维和思路	联盟团队成员之间的交流可以创造新思维和新思路
同行评议	同行评议可以提供有效建议和改进措施
学术障碍	联盟团队成员拥有不同的专业背景，可能存在学术交流障碍
应用推广	联盟团队产品的推广应用，能产生经济效益和社会效益
共担风险	联盟团队合作伙伴共享成果，共担风险
灵活性	联盟团队组织合作形式灵活，创造新的组织架构
知识共享	联盟团队成员定期召开会议，分享经验和教训
组织机构	成立专门的联盟组织管理机构
开放性	联盟团队相互开放自身成果

4.2.5 网络行为流程

网络信息需求，是知识型员工（用户）根据工作需要提出的信息要求或请求，如员工了解与工作有关的所有信息且向网络信息源提出的要求。需求动机，是产生网络信息需求的动因。网络信息浏览往往是员工根据一个宽泛的主题，先广泛浏览网页信息，包括内部网、外部网、互联网信息，发现接近和符合自己需求的网络信息，考虑环境、平台、应用、联盟维度因素的影响，针对特定的网络信息需求开展正式的网络信息查寻工作，拟定可供选择的网络信息或网络信息资源，按照一定标准选择符合自己需求的网络信息，进行决策，实施网络行为。随着网络信息需求的满足，产生新的网络信息需求，重新开展网络行为活动，如此循环往复。

---

① Larzelere II A R. Delivering Insight：The History of the Accelerated Strategic Computing Initiative（ASCI）. UCRL-TR-231286（R）. Lawreence Livermore National Laboratory, 2007-09-14.

第5章 知识型员工战略运算能力的网络行为模式问卷调查及其分析

根据前面章节知识型员工战略运算能力的网络行为模式及其影响因素的分析，具体采用访谈和问卷调查方法、统计方法考察模式情况。

5.1 访谈和问卷设计

主要研究各维度和变量的测量和最终问卷的形成，以及数据收集的程序与方法。为保证调查研究的可靠性，使问卷的问项能够有效反映知识型员工的网络行为，问卷设计经历了网络行为实验观察、文献研究提取指标、员工访谈修正指标、初步设计、小规模问卷发放以及正式发放等阶段。

本阶段的调查研究主要分为以下几个步骤进行。

1）搜集相关文献，为指标的确定奠定基础

根据前面章节结合国内外网络行为文献资料和 ASCI 项目文献的阅读整理，着重从情报学或信息资源管理的角度，构建模型及其维度指标。课题组成员采用网络行为实验观察、文献梳理和枚举法提取影响员工网络行为的影响因素，同时结合涉及人员的访谈结果，构成初步的调查指标问项。

2）小规模访谈，形成初始的调查问卷

首先对初步的调查问项涉及的维度指标进行讨论分析，讨论其适用范围与有效性，确定指标范围并进行查漏补缺，消除初始指标问项的不明确和歧义之处，形成初始的问卷草案；其次进行专家和员工访谈将初始问卷修正优化；最后进行小规模的问卷发放，以完成问卷前测，使问卷的问项更加合理。

3）发放问卷，并收集数据

采用问卷调查法，具体包括实地调查、邮件调查、网络调查、电话调查等方式，发放问卷和回收问卷，选择调查对象时有意识地使受访者具有一定的知识水平，符合知识型员工的特点，对回收的问卷数据进行合理分类和整理，以便进一步分析。其中，问卷包含三个部分，第一部分是基于战略运算能力四个维度的指标对知识型员工网络行为的影响，第二部分是知识型员工的网络行为，第三部分为调查对象的基本信息，考查知识型员工的年龄、性别、职业、教育程度等对其网络行为的影响，以便于分类总结。问卷采用李克特量表的形式构成，该量表由一组陈述组成，每一陈述有五种回答，即非常同意、同意、不一定、不同意、非常不同意，分别记为 5、4、3、2、1，该量表广泛应用于态度的测量。

5.1.1 半结构化访谈

为了解知识型员工的网络行为流程，采取实验观察方法进行归纳，再根据从 ASCI 文献及其相关文献中分析出的影响知识型员工网络行为的四个维度的指标，构建半结构化访谈的大纲，选定不同机构的员工进行访谈。对从文献提取的指标通过访谈了解知识型员工对指标的意见及看法，以便进行适当的修正，保证指标设计的合理性及科学性。

采取实验观察方法了解知识型员工的网络行为流程，拟定一项网络任务，确定 A 为知识型员工，负责该任务活动的开展，B 通过录像和手工记录 A 的行为过程，经过 5 次实验观察，为后续工作奠定基础。下面是一次实验观察的过程。

主题：网站链接指标检索　　　**开始时间：9 点 48 分**　　　**结束时间：10 点 18 分**

开始，单击浏览器—link.popular.com—删除 91 助手—我的电脑—F 盘（论文）—课题论文第 4 章—数据采集文件夹—打开谷歌在线翻译—参考 link.popular.com 如何使用—登陆链接指标推送—www.chna2.com 打开—百度权重查询站长工具—查询默认排序—注册用户在站长之家—登录邮箱激活注册名—进入站长工具—在站长工具输入网址 magang.com.cn—检测模式改为不过滤/google 蜘蛛模拟—友情链接检测输入 anhui-highway.com—百度名片查找"反向链接"词义—SEO 十万个为什么查找什么叫"反向链接"—手机登录 QQ10 秒—站长工具网站中网络信息查询/死链接检测—在测试分析地址中输入 magang.com.cn—测试死链接—打开 2 项目信息检查看是否是死链接—手机有信息提醒（广告信息）—测试死链接中改为站外链接—google 翻译—google 搜索 link.popular.com—马钢（集团）控股有限公司中填入链接数 236，网页总数 41—谷歌搜索 domain：www.magang.com.cn，link.www.magang.com.cn NOT domain：www.com.cn—打开必应—寻找高级检索—打开 QQ20 秒—查找在必应中高级搜索的方法—在必应中搜索马钢—bing 中搜 bing 查找网站外链接—查看 bing 中外链接信息—百度 index，bing index—bing 中搜 bing—bing 中搜 magang.com.cn—登陆 bing 账户—查看手机 5 秒。

半结构化访谈主要是通过面对面访谈、视频通话的方式进行的，选取政府机构、事业单位、金融机构、企业的 25 名知识型员工等进行访谈，他们因工作需要具备一定的网络信息资源管理背景知识，具有网络行为工作的经历和经验。

访谈内容主要包括：①您工作的主要内容是什么？您在工作中对信息的需求主要体现在哪些方面？通常搜集哪些数据或信息？主要通过网络方式搜集的信息包括哪些？②您所在组织部门的网络硬件以及软件设施能够满足您的需要吗？还需要哪些改进？③您工作时是否使用网络平台和应用？包括哪些平台和应用？分别描述一下各个平台和应用作用和使用的效果？平台和应用研发的人力和资金投入有多少？成本效益如何？界面可视化效果如何？是否有吸引力？提供的信息时效性强、准确度高吗？操作是否简便、快捷？稳定性、安全性和保密性如何？④您工作中使用的是什么操作系统？操作系统数字化和可视化效果如何？系统的可靠性和灵活性如何？⑤您所在组织部门内部以及与其他部门之间是否具备计算机、移动通信、电子设备联通交流的能力？如何进行信息传递和共享？效果是否满意？您觉得还存在哪些问题？⑥您所在组织部门数据库建设情况如何？包括哪些数据库

（如 OA、人事、财务、科技、经济、文化、期刊、著作、报告、专利等）？其能否满足需要？您获取所需信息的能力如何？存在哪些自身因素影响网络行为？⑦您在工作中通常会对信息怎样分类？分类的标准有哪些？如何利用分类后的信息？您在工作中需要应用到哪些知识？通过哪些方式来获得需要的知识？⑧您在工作中需要作出哪些决定或是决策？如何作出决定或是决策？评价决定或决策好坏的标准有哪些？⑨您所在组织部门内部及与其他部门之间是否约定合作交流的时间？频率如何？效果如何？⑩您所在组织单位是否有信息管理职能机构？名称是？管理效果如何？⑪您所在组织单位是否与其他政府部门、事业单位、科研院所或企业之间建立了网络信息产品的研发和运营的联盟？如果有，名称是？如何进行合作？⑫您认为您所在组织单位对网络信息需求、开发和利用还存在哪些不足和需要改进的地方？

下面举例说明一些具体组织单位员工的访谈提纲和结果，由于行业不同、访谈的员工数量不同，进行访谈的研究人员也不完全相同，访谈提纲及其结果有所差异，但总体上不影响研究工作。

1. 某事业单位工作人员访谈提纲及其结果

访谈时间：2012 年 10 月 15 日　　　　　　**访谈地点：安徽合肥某学校**

一、指导语

您好！十分抱歉打扰您，我们这次访谈是为了征求大家对影响事业单位工作人员网络（信息）行为因素的意见。完善网络（信息）行为与您和您的工作密切相关，所以，请根据您的经验对工作中的网络（信息）行为提出宝贵的意见。谢谢！

二、被访者信息（可采用提问方式）

姓名：DWY	性别：女
年龄：26	所在部门：教育部门
职务：教师	

三、访谈问题

A. 您工作的主要内容是什么？您在工作中对信息的需求主要体现在哪些方面？

答：我现在是合肥某中学的教师，教授学生知识。在现在的工作中最大的信息需求是好的教育教学资源。

B. 您所在部门是否有网络（信息服务）平台？何种平台？该平台提供信息的时效性和准确性如何？操作是否简便快捷？稳定性、安全性和保密性如何？

答：有。校园网和学校有已付费的某教学资源网站，方便我们对相关教学资源的查找；学校还有对老师的教务管理系统、教师的个人信息、对于公选课的申请、临时调停补课的申请、查询授课计划、工资以及查看考试安排、教学质量评价等。教务管理平台的信息更新非常及时，因为关系到我们的工作任务，准确性也非常高，教育资源网站更新教育资源的速度不是特别快，质量高的、新的教育资源不多。这两个平台操作都很简单，都是登录用户名、密码，都由快捷的图标提示，很简单，稳定、安全，保密性较好。

C. 您所在部门的网络硬件以及软件设施包括哪些？能够满足您的需要吗？您认为还需要哪些改进？

答：硬件是计算机，软件我不太了解。足够满足我的要求。因为对网络技术并不熟悉，所以说不出什么要改进的地方。

D. 您所在部门及与其他相关部门（内部部门、外部部门）之间的信息传递和共享渠道有哪些？是否通畅？举成功的事例？主要存在哪些问题？

答：有校园网可供校内传输。传输通畅。目前没有问题。

E. 您工作中使用的操作系统是何种操作系统（win＼计算机配置、工具软件和应用软件）、数字化和可视化效果如何？系统的可靠性和灵活性如何？

答：操作系统是 Windows XP。数字化可视化效果不错，界面图标都很清晰。系统可靠性较强，灵活性一般，偶尔会卡住。

F. 您所在部门的数据库建设情况如何？包括哪些数据库（如人事、财务、历史资料、仓库等）？

答：数据库有学校购置的仪器自动配备的各科教育教学数据库、人事资料数据库，其他不清楚。

G. 您工作中使用的数字办公平台系统简单易用吗？其可靠性和灵活性如何？

答：简单易用，可靠灵活。

H. 您认为所在部门对网络信息服务平台以及操作系统的重视程度高吗？研发和资金投入有多少？成本效益如何？

答：挺重视的，关系到教师工作和整个学校的日常运作。我对投入效益不太清楚。

I. 您所在部门内部成员之间是否有合作讨论交流时间？频率如何？交流能够提供足够的信息量支持决策吗？

答：肯定有啊，不管在哪交流会议都是必不可少的，基本上是一周一次。交流的内容几乎都是有关授课内容方法的。

J. 您所在的部门是否有专门的信息管理机构？名称是？

答：有。信息处。

K. 您获取所需信息的能力如何？您认为自身的哪些因素影响您获取网络信息？如何提高信息利用效率和水平？

答：能力一般。对网络资源的了解范围影响我获取信息，计算机偶尔出现故障也不知道怎么解决，影响我获取信息，另外对最新信息的敏感度不高。我觉得实践出真知，除了向别人请教，还需要自己一步步体会、感受，但自己不会哪方面也讲不出来，只有在工作中才能逐步发现问题，进而有针对性地解决。

L. 您所在的事业部门是否与其他单位建立信息共享联盟？如果有，名称是？请简要概述。

答：无共享联盟。

M. 您认为您所在单位对网络信息需求、利用还存在哪些不足和需要改进的地方？

答：我觉得好的教育资源共享方面还需要改进，学校虽然有付费的教育资源网站，但是还是不能完全满足，与其他学校的教育资源共享不足，组织与兄弟学校的联盟也较少。

结果：通过访谈可以发现，事业单位员工作为知识型员工的主体之一，在工作中需要充分依赖网络信息并利用网络信息，他们都认可网络（信息）服务平台和操作系统、应用软件等的重要性，同时认为工作的内外部环境以及本组织单位与外部合作共享信息对其网络行为有重要影响，认为对行为进行分析比较全面，贴近自身利用网络信息的实际情况。通过访谈得到的情况以及改进意见，将影响网络（信息）行为的指标进行精炼以及再次合理分类，供拟定初步的调查问卷参考。

2. 某金融人员访谈提纲及其结果

访谈时间：2012 年 10 月 17 日　　　　　　　**访谈地点：XX 银行**

一、指导语

您好！十分抱歉打扰您，感谢您在工作中的努力和付出。本次调查是为了了解金融行业员工的网络（信息）行为情况，请根据您的经验对本访谈提纲提出宝贵的意见！

二、被访者信息（可采用提问方式）

姓名：CM	学历：本科
年龄：26	职位：中国 XX 银行电子银行服务中心
性别：男	工作年限：1 年

三、访谈问题

A. 您工作的主要内容是什么？通常会搜集哪些数据或信息？通过网络方式搜集的信息包括哪些？

答：解答用户对于我行电子渠道交易使用方法、操作流程作出解释。并对用户提出的疑义提出解答。信息主要来自用户的表达和系统返显的相关信息、数据。网络渠道主要是我行在线服务系统返显，分为（文字部分）网银系统、网站系统；（语音部分）是通过我行电话系统向用户进行询问。

B. 您在工作中是否使用网络信息服务平台？包括哪些服务平台？描述一下平台的作用和使用的效果？研发和资金投入有多少？成本效益如何？

答：网络信息平台来自我行广州中心系统整合至合肥中心的相关数据，包括网银、网站系统。用户可以通过进线将遇到的问题及时反映。因系统为去年新上线，处于不断完善中，暂时无法得知研发的成本和将来产生的效益。

C. 您所在部门内部及与其他部门之间是怎样进行信息传递和共享的？效果是否满意？您觉得还存在哪些问题？

答：通过我行专有的工作联系单（电子格式）和电话语音联系进行信息传递、分享。基本可以使咨询用户得到相关的专业解答。就目前而言，与前台使用的系统不同，较多问题需要通过电子邮件形式转交当地分行落地处理。

D. 您所在单位数据库建设情况如何？包括哪些数据库（如人事、财务、历史资料等）？

答：因为单位内部是面向全球服务，不同的部门均有不同的数据处理系统。现暂时可满足部门要求。主要有咨询系统的数据集合、交易核实系统数据处理、交易控制系统。

E. 您所在单位有哪些计算机硬件和软件设施？能满足您的需要吗？

答：计算机硬件系统包括前面涉及的大型数据交换机、各部分服务器。软件系统基本都是行内研发部门基于视窗系统开发的软件。暂时可以满足部门需求，但系统仍不完善，正在升级研发中。

F. 您在工作中通常怎样对信息分类？分类的标准有哪些？如何利用分类后的信息？

答：根据用户咨询的问题进行分类，网银部分依据网银预置菜单进行分类；网站依据电子渠道不同进行分类。

G. 您在工作中应用到哪些知识？通过哪些方式来获得需要的知识？

答：金融、会计及我行各电子渠道业务规则。通过部门系统内置的数据库进行搜索查看相关信息。

H. 您在工作中需要作出哪些决定或是决策？如何作出决定或是决策？评价决定或决策好坏的标准有哪些？

答：主要是面对咨询时需要依据用户提出的问题进行分类作出解答。评判的标准无法具体确认，系统自带用户评价系统由用户对咨询作出评价。

I. 您所在部门内部及与其他部门之间是否有合作交流的时间？频率如何？效果如何？

答：与其他部门有着极其密集的合作交流，基本可以解决用户咨询的所有问题，或将问题转移至广州研发部门由专职技术人员进行解答。

J. 您所在单位是否有信息管理职能机构？名称是？管理效果如何？

答：没有信息专职管理机构，但是设置了信息的专职管理岗位将全行的相关信息进行通告。效果较好，可以有效将全国各分行、中心的更新信息告知所有服务人员。

K. 您所在单位是否与其他政府部门、事业单位、科研院校或企业之间建立了网络信息相关产品的研发和运营的合作关系？如果有，名称是？是如何进行合作的？

答：暂时没有这样的服务。

L. 您认为您所在单位对网络信息需求、利用还存在哪些不足，需要改进的地方有哪些？

答：我中心是面向全国服务的后台中心并非服务信息中心和技术研发中心，所以涉及上述业务的信息均需要通过数据库系统查询当地分行是否上传了相关的文件信息。如果没有则无法告知用户。

结果：通过对金融行业知识型员工访谈，发现所有金融机构访谈对象都认识到网络平台、应用软件等服务的重要性，如 ECO 协同办公平台和 OA 办公，也认同平台和应用改善的必要性，公司的内外部环境和与其他机构的合作在某种程度上都对网络行为有影响。而网络信息的处理更多的是从业务的角度来划分，从行为的角度来研究较新颖，也更贴近自身利用网络信息流动的实际情况，符合信息流动的定义，有一定的合理性。

3. 政府人员访谈提纲和结果

访谈时间： 2012 年 10 月 10 日　　　　　　**访谈地点：** 　市政协

一、指导语

您好！十分抱歉打扰您，本次访谈是为了征求大家对政府网络信息行为影响因素的意见。完善政府网络（信息）行为与您和您的工作密切相关，所以，请根据您的经验对政府网络（信息）行为提出宝贵的意见。谢谢！

二、被访者信息（可采用提问方式）

姓名：ZM		性别：男
年龄：36		所在部门：市政协
职务：主任科员		

三、访谈问题

A. 您工作的主要内容是？您在工作中对信息的需求主要体现在哪些方面？

答：媒体安排、门户网站建设、业务信息系统维护等。体现在上述几个方面。

B. 您所在部门是否有内部网络信息服务平台？何种服务平台？界面可视化是怎样的？描述一下？效果如何？是否有吸引力？提供的信息时效性和准确度高吗？操作是否简便快捷？稳定性、安全性和保密性如何？

答：有统一的政务服务平台。整体使用效果还可以。大部分人员都会主动使用和适应电子化办公，但是小部分人员，如年纪大一些的、计算机操作不熟练的就不愿意使用。系统安全性有问题。

C. 您所在部门内部以及与其他部门之间是否具备计算机、移动通信、电子设备联通交流的能力？

答：具备。

D. 您所在部门及与其他相关部门（内部部门、外部部门）之间的信息传递和共享渠道有哪些？是否通畅？成功的事例有哪些？主要存在哪些问题？

答：主要是门户网站、政府信息系统、QQ 等即时通信工具。信息传递还比较通畅。主要问题是由于个人使用计算机能力参差不齐，虽然我们有培训，还是有部分人不愿意使用。

E. 您工作中使用的操作系统是何种操作系统（win\计算机配置、工具软件和应用软件）、数字化和可视化效果如何？系统的可靠性和灵活性如何？

答：Windows 系统、Office、QQ、政务平台、业务系统等。效果不错，使用公开发行的软件都没问题，自己开发的系统，稳定性不足，因为预算资金等有限。

F. 您所在部门数据库建设情况如何？包括哪些数据库（如人事、财务、历史资料、仓库等）？

答：有人事、财务专门的数据库，是市里统一要求的。自己的业务系统也有专门的数据库。人事、财务系统是不对外的。内部数据库使用比较方便。

G. 您认为所在部门对网络信息服务平台以及操作系统的重视度高吗？研发和资金投入有多少？成本效益如何？

答：重视程度比较高，在网站建设、业务系统方面都比较重视。目前总的资金投入为 70 万~80 万元，早期不多，后期比较能够体现重视度。效果也不错。

H. 您所在机构部门之间及部门内部成员之间是否有合作讨论交流的时间？频率如何？交流能够提供足够的信息量支持选择和决策吗？

答：有例会，每周、每月都有，帮助挺大，重视程度比较高，效果还不错。

I. 你所在部门的网络硬件以及软件设施包括哪些？能够满足您的需要吗？还需要哪些改进？

答：办公设施基本能够满足需要。网速还不错，但是无线网络建设落后，目前还没有无线局域网覆盖。

J. 您所在部门或者上一级部门是否有专门的信息管理机构？名称是？

答：以前有信息公开办公室，现在整个政府体系有经济和信息化委员会、国有资产监督管理委员会，机关的信息化建设由国有资产监督管理委员会负责。

K. 您获取所需信息的能力如何？您认为自身的哪些因素影响您获取网络信息？如何提高信息利用效率和水平？

答：个人觉得能力还可以，网络搜寻和检索能力比较好。

L. 您所在部门或者机构是否与其他政府部门、事业单位、科研院所或企业之间建立了网络信息相关产品的研发和运营的联盟？如果有，名称是？请简要概述。

答：目前还没有专门建设这样的联盟。我们的系统主要是通过招标建设的。一般程序是国有资产监督管理委员会文件询问要求—报方案—预审—通过，拟订详细方案—再审—确定预算—招标—公布—应标—建设。其中，应标阶段，企业响应应标要求，按有效最低价原则进行应标。目前对招标和系统研发过程没有专门设立相关管理中心，而由我们兼职进行建设和监督。

M. 您认为您所在单位对网络信息需求、利用还存在哪些不足和需要改进的地方？

答：应用系统安全性需要加强；提高全员网络使用水平，调动大家的积极性，将业务设计变成工作的一部分；资金、人力投入不足，项目审批过程缓慢，一般需要一年的时间。

N. 您认为信息对您的帮助大吗？您愿意继续利用信息开展工作吗？

答：帮助很大，愿意。

结果：通过对政府知识型员工访谈，可知访谈对象工作的主要内容包括公文管理、材料撰写、办公室日常工作、门户网站信息管理、后勤保障等。访谈对象所在部门基本都有内部网络信息平台，包括政府统一的政务信息平台（如合肥市政府政务服务平台、宿州市政务信息平台等）、部门专门的内部平台（如合肥市政协参政议政平台、阜阳市公安系统的内网平台、阜阳市委组织部组工网等）、联络平台（如宿州市政讯通）、招商平台（合肥市政协"合肥之友"）以及涉密平台等。界面可视化效果尚可，提供的信息时效性和准确性比较高，操作比较便捷。大多安全性和保密性较好，部分安全性和系统稳定性有待提高。访谈对象所在部门以及与其他部门之间都具备计算机、移动通信、电子设备联通交流能力。信息传递主要通过政务平台、办公内网、即时通信工具、指定邮箱以及移动存储介质等。公安系统主要使用内部架设的 FTP 传输文件和局域网工具。访谈对象在工作中基本都是使用 Windows XP系统，公安系统也同时使用 Windows 2000 系统。办公软件主要包括 Office、Photoshop 等，系统比较稳定。访谈对象单位基本建立了人事、财务等数据库。访谈对象所在部门对网络信息服务平台以及操作系统的重视程度尚可。部分部门研发和资金投入较大，如阜阳市开发区公安分局、宿州市政府、合肥市政协等。访谈对象所在部门内部成员间交流比较频繁，对外交流欠缺。访谈对象所在部门或上一级单位都有专门的信息管理机构，如科技部、信息科、信息办、档案室等。部分访谈对象部门或者上级单位有与其他单位或企业建立了网络信息相关产品研发和运营联盟。例如，宿州市政府与科大讯飞联合研发电子政务平台、公安系统有自己专门的研发团队、阜阳市委组织部与阜阳农网合作运营先锋网等。访谈对象所在单位对网络信息需求、利用主要存在的问题：一是资金、人力投入不足，项目审批困难；二是系统安全性需要加强；三是部分人员业务水平和积极性有待提高。访谈对象都认为网络信息对工作的帮助很大，愿意继续利用网络信息开展工作。

4. 企业员工访谈提纲及其结果

访谈时间：2012 年 10 月 16 日　　　　　　**访谈地点：安徽合肥某高新技术公司**

一、指导语

您好！十分抱歉打扰您，我们这次访谈是为了征求大家对影响企业员工网络（信息）行为因素的意见。完善网络（信息）行为与您和您的工作密切相关，所以，请根据您的经验对您工作中的网络（信息）行为提出宝贵的意见。谢谢！

二、被访者信息（可采用提问方式）

姓名：RML	性别：男
年龄：45	所在部门：总工程师办公室
职务：总工程师	

三、访谈问题

A. 您工作的主要内容是什么？您在工作中对信息的需求主要体现在哪些方面？

答：我现在是合肥××软件公司的总工程师，主要负责电力企业软件开发的系统构架、技术支持和疑难解惑。在现在的工作中最大的信息需求是电力企业管理的法律法规以及软件标准和规范性要求方面的信息资源。

B. 您所在部门是否有网络（信息服务）平台？该平台提供信息的时效性和准确性如何？操作是否简便快捷？稳定性、安全性和保密性如何？

答：有。企业建设有内部网，方便员工对相关资源的获取；企业有对员工的人事和财务管理系统，平台和应用的信息更新及时，因为关系到员工的工作任务，准确性也高；同时，部分中高级管理和技术人员的计算机能连接互联网。平台操作简单，都有快捷的图标提示，基本能满足稳定、安全，保密的要求，但是也出现遭受黑客攻击的情况，企业网络可以断开，做不到 24 小时不间断运行影响也不大。现在的主要问题是，由于技术和人员有限，互联网上提供的专业资源不足，企业平台提供的专业应用资源不多，影响员工工作效率。

C. 您所在部门的网络硬件以及软件设施包括哪些？能够满足您的需要吗？您认为还需要哪些改进？

答：硬件是计算机和网络，软件主要配备 CAD、ERP、MRP、CRM、办公软件等，基本满足我的要求。由于绘图计算软件比较大，有些计算机配置不够高，影响工作效率，特别是台式机的硬盘、CPU、内存容量大，而笔记本计算机相对比较小，出差时软件的拷贝和工作现场的调试有时不方便。

D. 您所在部门及与其他相关部门（内部部门、外部部门）之间的信息传递和共享渠道有哪些？是否通畅？举成功的事例？主要存在哪些问题？

答：有企业局域网可供企业内部传输，传输通畅。有时利用互联网，如电子邮件、QQ、微信、微博与客户、商业伙伴进行信息交流，但也存在商业秘密泄露的风险。

E. 您工作中使用的操作系统是何种操作系统（win\计算机配置、工具软件和应用软件）、数字化和可视化效果如何？系统的可靠性和灵活性如何？

答：操作系统是 Windows XP、Window 07，数字化可视化尚可，专业化的工具软件和应用软件界面图标清晰。系统可靠性较强，灵活性一般，偶尔会卡住。

F. 您所在部门的数据库建设情况如何？包括哪些数据库（如人事、财务、历史资料、仓库等）？

答：数据库主要有办公数据库、企业资源库，包括人事管理、物资管理、文件管理、合同管理、资金管理等，但是由不同员工负责，各个数据库结构还不统一，存在信息孤岛现象。

G. 您工作中使用的数字办公平台系统简单易用吗？其可靠性和灵活性如何？

答：公司数字办公系统简单易用，公司员工共有70多人，属于较大的软件公司，但与传统的家电企业、汽车企业、高等学校相比员工较少，公司业务较简单，办公平台可靠灵活。

H. 您认为所在部门对网络信息服务平台以及操作系统的重视度高吗？研发和资金投入有多少？成本效益如何？

答：公司对业务方面的网络平台高度重视，毕竟是企业创造效益的基础，人均投入收入的30%用于软件开发，一方面是软件产品开发，另一方面也包括企业网络平台开发，总体上效益还是显著的。

I. 您所在部门内部成员之间是否有合作讨论交流时间？频率如何？之间的交流能够提供足够的信息量支持决策吗？

答：公司部门之间规定有例会制度，每周至少一次，一般安排在周一或周五，同时根据投标、中标情况，项目组经常组织讨论，以明确任务分工，避免出现遗漏或者重复，一般在提供的信息完整可靠时，才能进行决策并付诸实施。

J. 您所在的部门是否有专门的信息管理机构？名称是？

答：没有。但一般信息管理工作由办公室负责，技术信息管理工作由总工程师办公室负责，当然涉及资金的信息文件要在财务部备案或会签。

K. 您获取所需信息的能力如何？您认为自身的哪些因素影响您获取网络信息？如何提高信息利用效率和水平？

答：我公司是省内较大的专门从事电力企业管理软件开发和实施的公司，业务遍及全国10多个省，我从15年前读研究生期间就从事电力企业管理软件研发工作，熟悉电力企业管理的标准和要求及其信息来源，但对其他领域，则了解不多，还需要不断学习，活到老学到老。

L. 您所在的事业部门是否与其他单位建立信息共享联盟？如果有，名称是？请简要概述。

答：有一些合作和联盟，如中国矿业大学、安徽理工大学、安徽省计算机用户协会、安徽省煤碳科学研究院、淮南煤矿、皖北煤电等。

M. 您认为您所在单位对网络信息需求、利用还存在哪些不足和需要改进的地方？

答：我觉得资源共享方面还需要改进，技术人员最渴望的就是这方面的信息，技术问题有时往往自己琢磨半天没有头绪，而别人一点就通，可以大大提高工作效率；另外，公益性的行业网站提供的信息不全面、不准确、不及时，需要国家通过购买服务来解决，行业协会应发挥作用。

结果：通过对企业知识型员工访谈，企业员工作为知识型员工的主体之一，在工作中需要频繁查询网络信息并利用网络信息，他们都认可网络（信息）服务平台和操作系统、存储设备、内存设备、应用软件等的重要性，而且工作的内外部环境以及本组织单位与外部合作共建共享信息对其网络行为存在重要影响，分析网络行为应贴近自身利用网络信息的实际情况。通过访谈得到的情况以及改进意见，影响网络行为的指标提炼以及合理分类，值得在拟定调查问卷时参考。

5.1.2　小规模问卷发放

对于初步设计的问卷，在正式发放之前进行预调查，目的是为了解问卷的题目设置以及表述是否存在歧义、重复，是否晦涩难懂，问卷结构是否合理。预调查阶段主要是以问卷的形式，选择不同类型组织单位从事网络信息工作的 15 名员工进行预调查问卷发放。时间是 2012 年 10 月 18～20 日。问卷采用美国社会心理学家李克特（Likert）于 1932 年改进后的李克特量表（Likert Scaling）的形式构成，测试过程为被测试者对一组研究相关的陈述语句发表自己的看法和观点，有很不同意、不同意、不能确定、同意、很同意五级测量指标，分别标记为 1、2、3、4、5。每位被调查者的总得分就是他对各题的回答所做分数的加总，这一总分可说明他的态度或他在这一调查量表上的不同状态。根据获得的数据以及反馈的意见，对问卷的题目数量、问题的提问方式以及问题的解释进行调整。预调查的 15 名员工分别来自市场部、财务部、信息技术部、风险控制部、办公室等部门，以尽量保证样本选取的代表性和适用性。对预调查问卷进行回收，根据被调查人的反馈意见对问卷的题目设置、问题的表述方式及问卷结构进行相应的调整，得到按照平台、应用、环境、联盟顺序排列的正式调查问卷。

知识型员工网络行为模式调查问卷

亲爱的女士/先生：

您好！非常感谢您参加本次问卷调查。

这是一份纯学术性质的研究问卷，目的在于了解知识型员工网络行为的影响因素，为构建基于战略运算能力的网络行为模型提供依据。本调查可能将耽误您 10～20 分钟的时间。您的回答对本研究非常重要，恳请真实、准确填写。

祝您身体健康、心想事成！

安徽大学网络行为课题组

温馨提示：

战略运算能力（ASCI）是指计算机高性能的网络信息并行处理能力，包括应用、平台、环境、联盟四个维度和信息流动。平台是指工作中使用到的网络信息服务平台，如协同办公系统、资讯信息平台等；应用是指工作时使用的操作系统、数据库、应用软件或工具软件，如 Windows \ Offices \ CNKI \ QQ \ SPSS；环境是指影响工作的宏观和微观、内部和外部环境；联盟是指包括各种机构与其他机构成员之间的合作。

第一部分

以下是了解您对 ASCI 指标因素选择的态度与建议。1~5 代表题项与您个人主观或实际情况的符合程度（请在表中相应的格中填入"√"）。

完全不同意	基本不同意 25%	不能确定 50%	基本同意 75%	完全同意
1	2	3	4	5
同意程度在增加				

平台维度：
请您从自身工作角度考虑，<u>哪些</u>因素影响您使用网络（信息服务）平台的网络行为？

编号	指标	描述	1~5 代表同意程度增强				
			1	2	3	4	5
Q1	平台数量	我所在部门拥有两个或两个以上服务平台					
Q2	有效网络工作	网络响应能够满足信息活动的开展					
Q3	安全性	我使用的平台能在复杂的环境下安全使用					
Q4	数据容量	我使用的平台具有大容量数据的快速吞吐能力					
Q5	界面友好度	我使用的平台操作界面人性化，简单易懂，便于理解和使用					
Q6	时效性	我使用的平台能提供最新的科技进展和数据信息					
Q7	信息的可用性	我使用的平台提供的数据符合需求					
Q8	信息存储备份	数据存储备份方案能有效保护我的信息资源					
Q9	通用性	我使用的平台具备一定的通用程度和拥有一定数量的使用群体					
Q10	可信度	我使用的平台能够提供可信的数据和资料					
Q11	简易性	我使用的平台容易操作和理解					
Q12	完整性	我使用的平台提供的信息完整全面					
Q13	可维护性	我使用的平台系统具备升级维护的能力					
Q14	利用率	我使用的平台使用频率高					
Q15	信息发布	我使用的平台信息及时更新					
Q16	信息查询	我使用的平台具有检索信息的功能					
Q17	稳定性	我使用的平台稳定性高					
Q18	页面响应速度	我使用的平台具有高效快速的联网能力					
Q19	满意度	我对平台的满意度高					

1. 除了以上提到的因素之外，您觉得还有哪些平台因素需要考虑？（　　　　）

应用维度：

请您从自身工作角度考虑，哪些因素影响您使用操作系统（如 Windows XP）、数据库、办公工具（如 Office）和应用程序（如 QQ）等应用的网络行为？

编号	指标	描述	1~5 代表同意程度增强				
			1	2	3	4	5
Q20	数据的正确性	软件提供数据的真实可靠					
Q21	数据的详细性	软件对所需数据的描述详尽					
Q22	数据的时效性（准确性、客观性）	软件提供数据及时有效					
Q23	数字化	操作系统可以采用数字化的方式表示问题					
Q24	可视化	能够采用可视化的方式将工作过程或结果呈现出来					
Q25	通信能力	具备与其他计算机、移动通信、电子设备联通交流的能力					
Q26	思维模式	软件能够改变以往思考问题的方式和方法解决问题					
Q27	计划性	软件能够使我按照阶段性要求完成任务					
Q28	洞察力	软件具备查找和正确理解重要的数据信息的能力					
Q29	便捷性	信息检索或获取的快速便捷					
Q30	系统的可靠性	操作系统的安全性能好会促使我的使用					
Q31	检验和确认	具有检验和确认信息符合需求的功能					
Q32	需求灵活性	操作系统对于不同的实际情况可以提供多样化的解决措施					
Q33	数据库访问权限	数据库的资源可以有效访问和获取					
Q34	内部信息管理机构	我所在单位设有专门的信息管理机构					
Q35	研发能力	我所在单位具有专门的应用软件研发团队					
Q36	反馈机制	我所在的单位高度重视员工对操作系统和应用系统的反馈					
Q37	数据库数量	我所在单位拥有多种数据库					
Q38	数据交换	能在多个数据终端设备之间建立数据通信临时互联通路					
Q39	搜索工具	系统提供多种搜索引擎					
Q40	流程优化	系统流程图顺畅清晰					
Q41	运营维护	系统能够有效维护软件的运行					
Q42	调度能力	系统安排任务处理的先后顺序有条不紊					

2. 除了以上提到的因素之外，您觉得还有哪些应用因素需要考虑？（　　　　　）

环境维度：

请您从自身工作角度考虑，哪些环境因素影响您的网络行为？

编号	指标	描述	1~5 代表同意程度增强				
			1	2	3	4	5
Q43	社会文化	所处社会文化环境对我查询信息的思维和行为模式有影响					
Q44	组织文化	我单位内部组织文化支持网络信息行为，员工积极性高					
Q45	政策支持	国家相关政策支持我所在单位对网络硬件以及软件的研发和使用					
Q46	系统的稳定性	系统是安全可靠的					
Q47	数据控制	对于大量的数据，能够有效保证数据的真实性和可靠性					
Q48	开发应用	能够提供应用软件二次开发的能力					
Q49	持续工作	当设备出现意外停止工作，计算机可以通过启动后备系统继续工作，以确保计算机按预期运行					
Q50	基础设施	提供高性能的网络系统和安全的操作环境					
Q51	网络安全	具备加密、防火墙、防病毒软件的安全技术					
Q52	网络监控	对局域网内的计算机进行监视和控制的程度					
Q53	身份认证 PKI	系统在网络中需要确认用户身份					
Q54	授权程度	系统对不同的用户授予不同的权限					
Q55	应用业务加密	通过解密才能使用某些权限业务					
Q56	信息交换加密	通过解密才能进行信息交换业务					
Q57	CA 认证	具有 CA 签发的认证证书以检查证书持有者身份的合法性					
Q58	计费管理	能有效地对服务使用流量和费用进行管理					
Q59	远程交互	我可以通过网络进行远程交互活动					
Q60	配置	软硬件设施设备的兼容性					
Q61	性能	软硬件设施设备的功能和质量					
Q62	用户体验	系统为我提供更多的体验机会					
Q63	积极性	我所在部门的员工使用网络计算机的积极性高					

3. 除了以上提到的因素之外，您觉得还有哪些环境因素需要考虑？（　　　　　　）

联盟维度：

请您从自身工作角度考虑，哪些因素影响您与团队成员合作的网络行为？

编号	指标	描述	1~5代表同意程度增强				
			1	2	3	4	5
Q64	充足的资金	联盟团队的建设需要充足资金购买设备设施					
Q65	充足的时间	联盟团队成员的合作讨论需要充足的时间					
Q66	信息量充足	联盟团队成员之间的交流提供足够的信息量支持选择和决策					
Q67	新技术、新方法	联盟团队成员之间的交流可以产生新的技术方法和思路					
Q68	创造性思维和思路	联盟团队成员之间的交流可以提供创造性思维和新思路					
Q69	同行评议	同行评议可以提供大量的建议和改进措施					
Q70	学术障碍	联盟团队成员拥有不同的专业背景，可能存在学术交流障碍					
Q71	应用推广	联盟团队的产品能推广应用，产生经济效益和社会效益					
Q72	共担风险	联盟团队合作伙伴共同分享任务成果，同时共担风险					
Q73	灵活性	联盟团队之间的组织合作形式灵活，是一种具有创新性的组织架构					
Q74	知识共享	定期召开会议，联盟团队成员分享经验和成果、教训					
Q75	组织机构	成立了专门的联盟组织管理机构					
Q76	开放性	联盟团队愿意将自己的成果用于共享					

4. 除了以上提到的各要素之外，您觉得还有哪些联盟因素需要考虑？（   ）

第二部分 个人网络行为

编号	指标	描述	1~5代表同意程度增强				
			1	2	3	4	5
Q77	信息需求	我的工作绝大部分需要使用信息才能完成					
Q78	需求动机	我会主动地利用信息以帮助完成工作					
Q79	信息浏览	我需要浏览大量信息以供后续使用					
Q80	信息选择	我需要选择信息以供后续使用					
Q81	信息决策	我根据选择的信息进行决策					
Q82	信息使用	我持续利用信息开展工作					

第三部分　个人信息

1. 性别（　　）
A. 男　　　　　　　　　　　　B. 女

2. 学历（　　）
A. 专科及其以下　　　　　　　B. 本科
C. 硕士　　　　　　　　　　　D. 博士

3. 您所学专业（　　）
A. 文学、历史学、哲学、教育学　　B. 经济学、管理学
C. 法学　　　　　　　　　　　D. 理学
E. 工学　　　　　　　　　　　F. 农学
G. 医学　　　　　　　　　　　H. 其他，如军事学、艺术学等

4. 贵单位所属行业（　　　）
A. 金融机构（银行、保险、证券、期货、信托投资公司）
B. 医院　　　　　　　　　　　C. 科研院所
D. 文化馆、图书馆、博物馆、科技馆、纪念馆
E. 学校　　　　　　　　　　　F. 党政部门
G. 企业　　　　　　　　　　　H. 其他，请注明_____

5. 贵单位名称：_____

本问卷到此结束，衷心地感谢您参与此次问卷调查！

5.2　正式问卷调查

问卷调查进行的时间是 2012 年 10 月 20 日~2013 年 1 月 19 日，历时 3 个月左右，调查的样本主要来自各政府部门、事业单位、企业组织等，包括学校、图书馆、医院、科技馆、党群机关、行政机关、行政机构直属机构和派出机构、金融机构等。调查的方式主要有两种：一是纸质方式，主要针对合肥地区的被调查者，通过实地走访，发放纸质问卷，总共收回 35 份问卷；二是电子方式，具体为电子邮件、专业问卷调查平台。电子邮件是将调查问卷通过电子邮件发送给被调查者，被调查者填写后通过电子邮件反馈；专业问卷调查平台是通过"问卷星"发放问卷，首先在"问卷星"上注册，然后将调查问卷的题目逐个录入"问卷星"中，创建好问卷，通过 QQ、电子邮件、微信、微博等网络通信方式将链接（http：//www.sojump.com）发放，广泛邀请具有知识型员工特征的人员进行填写，并要求他们发与同事和工作的同学等填写，通过"问卷星"和电子邮件回收，并通过 IP 地址确定地理位置。总共收到 523 份问卷，其中有效问卷 509 份，有效率达到 97.32%，问卷调研的各地区分布情况如图 5-1 和表 5-1 所示。

由图 5-1 和表 5-1 可见，问卷回收的被调查员工，主要分布于安徽与湖南。

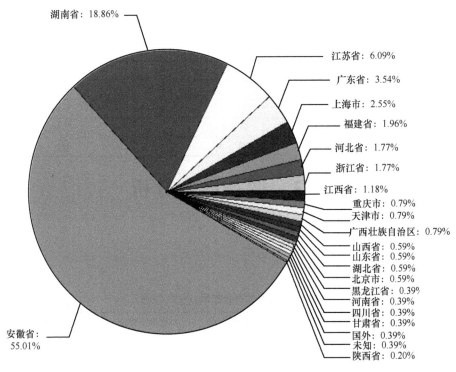

图 5-1　回收问卷省份分析

表 5-1　回收问卷省份分析表

地区	问卷数量	百分比
安徽省	280	55.01
湖南省	96	18.86
江苏省	31	6.09
广东省	18	3.54
上海市	13	2.55
福建省	10	1.96
河北省	9	1.77
浙江省	9	1.77
江西省	6	1.18
重庆市	4	0.79
天津市	4	0.79
广西壮族自治区	4	0.79
山西省	3	0.59
山东省	3	0.59
湖北省	3	0.59
北京市	3	0.59
黑龙江省	2	0.39
河南省	2	0.39

地区	问卷数量	百分比
四川省	2	0.39
甘肃省	2	0.39
国外	2	0.39
未知	2	0.39
陕西省	1	0.20
合计	509	100

5.3 调查样本分析

5.3.1 用户性别比例

调查样本性别分布如表 5-2 所示。

表 5-2 样本性别分布表（Q83 性别）

项目		频率	百分比	有效百分比	累积百分比
有效	1. 男	298	58.5	58.5	58.5
	2. 女	211	41.5	41.5	100.0
合计		509	100.0	100.0	

由表 5-2 可见，在本次调查中，女性占 41.5%，男性占 58.5%，男性居多，但女性比例超过 1/3。长期以来，高等学校中学习计算机科技和网络工程、信息管理等工科专业的学生数量的男性大于女性，学生毕业后从事网络工作的男性也大于女性，但是调查项目中高等学校、事业单位、政府部门中的女性占一定的比例。

5.3.2 学历

由表 5-3 可见，在本次调查中，专科及以下占 14.9%，本科占 53.8%，硕士占 28.1%，博士占 3.1%。本科和硕士学历的员工最多，专科和博士学历的人数较少。员工的学历背景、专业知识和计算机使用能力直接影响着员工网络信息的检索与利用，当员工用户的知识水平比较高时，就会比较容易进行网络信息选择和决策。

表 5-3 样本学历分布表（Q84 学历）

项目		频率	百分比	有效百分比	累积百分比
有效	1. 专科及以下	76	14.9	14.9	14.9
	2. 本科	274	53.8	53.8	68.8
	3. 硕士	143	28.1	28.1	96.9
	4. 博士	16	3.1	3.1	100.0
合计		509	100.0	100.0	

5.3.3 专业

由表5-4可见，样本包含《普通高等学校本科专业目录（2012）》划分的几乎12个学科门类，专业涉及比较齐全，其中以经济学、管理学专业背景为主，然后依次是理学，文学、历史学、哲学、教育学，工学，法学，农学等。

表5-4 样本专业分布表（Q85 专业）

	项目	频率	百分比	有效百分比	累积百分比
有效	1. 文学、历史学、哲学、教育学	65	12.8	12.8	12.8
	2. 经济学、管理学	258	50.7	50.7	63.5
	3. 法学	28	5.5	5.5	69.0
	4. 理学	69	13.6	13.6	82.5
	5. 工学	50	9.8	9.8	92.3
	6. 农学	18	3.5	3.5	95.9
	7. 医学	9	1.8	1.8	97.6
	8. 其他	12	2.4	2.4	100.0
	合计	509	100.0	100.0	

5.3.4 员工行业分布

由表5-5可见，样本行业分布由多到少依次为金融机构，党政部门，学校，科研院所，文化馆、图书馆、博物馆、科技馆、纪念馆，有益于充分了解知识型员工在不同行业中，网络行为表现的特点及可能出现的不同问题。

表5-5 样本行业分布（Q86 行业）

	项目	频率	百分比	有效百分比	累积百分比
有效	1. 金融机构	241	47.3	47.3	47.3
	2. 医院	13	2.6	2.6	49.9
	3. 科研院所	22	4.3	4.3	54.2
	4. 文化馆、图书馆、博物馆、科技馆、纪念馆	22	4.3	4.3	58.5
	5. 学校	59	11.6	11.6	70.1
	6. 党政部门	109	21.4	21.4	91.6
	7. 企业	36	7.1	7.1	98.6
	8. 其他	7	1.4	1.4	100.0
	合计	509	100.0	100.0	

5.4　调查结果的数据分析

在选取数据分析工具方面，根据研究目的、研究对象和维度指标变量的测量方式，先选用 Excel 对初始问卷进行数据统计，再运用 SPSS 18.0 对整理后的数据进行描述性分析、信度分析、效度分析、相关性分析等。

5.4.1　描述性统计分析

数据分析阶段，首先对问卷的各个变量进行描述性分析，目的是了解受访对象员工回答问题的总体分布情况，包括各个变量百分比、最小值、最大值、均值、方差、标准差等。

描述性分析的统计量可以分为两大类：一类是表述数据的中心位置，如均值、中位数、众数；另一类是表示数据的离散程度，如方差、标准差、极差等。通过对样本的描述性统计量的分析，对样本数据作出大致的判断，为推断分析总体情况奠定基础。

均值是指数据的算术平均数，是描述数据中心趋势的主要度量指标。中位数是将观测值按照从小到大的顺序排列，位于中间位置的数值。众数是观测值中出现最多的数值，反映数据观测值的集中趋势。极差，又称全距，是观测值中极大值与极小值之差。方差是计算每个观测值与均值的差值平方，然后把所有平方值相加。由于方差量纲不合常理，故将方差开方，得到标准差。分位数，又称百分位数，是一种位置指标。偏度系数（Skewness）是描述变量取值分布形态对称性的统计量，数学公式为 $Skewness = \dfrac{1}{n-1}$ $\sum\limits_{i=1}^{n} \dfrac{(x_i - \bar{x})^3}{S^3}$；当分布对称时，正负总偏差相等，偏度的值等于 0；当分布不对称时，偏度值大于或小于 0；偏度的绝对值越大，表示数据分布的偏斜程度越大。峰度系数（Kurtosis）是描述变量取值分布形态陡缓程度的统计量，数学公式为 $Kurtosis = \dfrac{1}{n-1}$ $\sum\limits_{i=1}^{n} \dfrac{(x_i - \bar{x})^4}{S^4} - 3$；当数据分布形态与标准正态分布的陡缓程度相同时，峰度值为 0；当分布形态比标准正态分布陡峭时，峰度值大于 0，称为尖峰分布；当分布形态比标准正态分布平缓时，峰度值小于 0，称为平峰分布[①]。

1. 平台维度

由表 5-6 可见，平台维度指标的所有变量的均值几乎都在 4 左右，大于 4 的有 Q11 简易性、Q5 界面友好度、Q14 利用率，其他小于 4；偏度都小于 0，Q1 平台数量的偏度最小为 -1.005，指标变量呈现一定的左偏；峰度只有 Q3 安全性和 Q17 稳定性为

---

① 李洪成. SPSS18 数据分析基础与实践［M］. 北京：电子工业出版社，2010：111-117.

-0.190 和 -0.128，小于 0，其他大于 0，指标变量呈一定的尖峰分布。平台维度指标的所有变量的中值和众数都是 4，充分说明知识型员工对于平台维度指标的评价较高。Q11 简易性指标的均值最大为 4.13，Q3 安全性指标和 Q18 页面响应速度指标的均值最小为 3.78，Q1 平台数量指标的方差最大为 1.265，说明网络平台维度的简易性是满意程度最高的指标，但平台安全性指标和页面响应速度指标不尽如人意，平台数量差别体现差距最大。

2. 应用维度

由表 5-7 可见，应用维度指标除了 Q35 研发能力和 Q36 反馈机制外，其他变量指标的均值在 4 左右，偏度均小于 0，峰度除了 Q35 研发能力、Q36 反馈机制、Q37 数据库数量、Q40 流程优化外，其他变量指标大于 0，体现指标变量呈一定的左偏分布和尖峰分布。同时，应用指标所有变量的中值和众数都大于等于 4，说明知识型员工用户对于应用维度指标的评价较高。Q20 数据的正确性、Q22 数据的时效性指标的均值为 4.39、4.37，Q35 研发能力指标的均值最小为 3.36，Q36 反馈机制指标为 3.57，且 Q35 研发能力指标的方差最大为 1.765，Q36 反馈机制指标的方差为 1.442，表明知识型员工认可数据的正确性和数据的时效性，但对研发能力和反馈机制的认可度较低，值得关注。

3. 环境维度

由表 5-8 可见，环境维度指标除了 Q48 开发应用和 Q58 计费管理，其他变量指标的均值在 4 左右，偏度小于 0，峰度除 Q48 开发应用外，其他指标大于 0，体现变量指标同样呈现一定的左偏分布和尖峰分布。同时，环境指标所有变量的中值和众数都大于等于 4，说明员工用户对于环境维度因素指标的评价较高。Q51 网络安全指标的均值最大为 4.15，Q46 系统的稳定性的均值为 4.11，Q58 计费管理指标的均值最小为 3.42，开发应用指标的均值为 3.66，且 Q58 计费管理的方差最大为 1.689，表明知识型员工对于环境维度的网络安全、系统的稳定性较满意，而对计费管理、开发应用的满意度较低，值得关注。

4. 联盟维度

由表 5-9 可见，联盟维度指标变量的均值介于 3.33 和 3.74 之间，偏度均小于 0，峰度除了 Q65 充足的时间、Q66 信息量充足外，其他指标小于 0，说明指标变量呈一定的左偏分布和平峰分布，但是左偏程度比之前的平台、应用和环境的明显变小。同时，联盟指标所有变量的中值和众数都等于 4，说明联盟维度跟平台维度、应用维度和环境维度存在差异：知识型员工对于联盟维度指标比平台维度、应用维度、环境维度指标的认可度差。Q66 信息量充足指标的均值最大值为 3.74，Q75 组织机构指标的均值最小为 3.33，Q75 组织机构指标的方差最大为 1.819，Q76 开放性指标的均值为 3.39，Q70 学术障碍指标的均值为 3.47，表明知识型员工对联盟维度指标是 4 个维度中最不被认可的一个维度。

表5-6 平台维度指标描述统计量

项目		Q1 平台数量	Q2 有效网络工作	Q3 安全性	Q4 数据容量	Q5 界面友好度	Q6 时效性	Q7 信息的可用性	Q8 信息存储备份	Q9 通用性	Q10 可信度	Q11 简易性	Q12 完整性	Q13 可维护性	Q14 利用率	Q15 信息发布	Q16 信息查询	Q17 稳定性	Q18 页面响应速度	Q19 满意度
N	有效	509	509	509	509	509	509	509	509	509	509	509	509	509	509	509	509	509	509	509
	缺失	0	0	0	0	0	0	0	0	0	0	0	0	0	0	0	0	0	0	0
均值		3.87	3.88	3.78	3.82	4.09	3.87	3.91	3.91	3.95	3.97	4.13	3.94	3.94	4.03	3.98	3.97	3.90	3.78	3.87
均值的标准误差		0.050	0.046	0.043	0.046	0.039	0.042	0.039	0.042	0.043	0.042	0.038	0.041	0.042	0.041	0.040	0.044	0.041	0.048	0.040
中值		4.00	4.00	4.00	4.00	4.00	4.00	4.00	4.00	4.00	4.00	4.00	4.00	4.00	4.00	4.00	4.00	4.00	4.00	4.00
众数		4	4	4	4	4	4	4	4	4	4	4	4	4	4	4	4	4	4	4
标准差		1.125	1.048	0.967	1.029	0.870	0.954	0.890	0.936	0.960	0.940	0.846	0.936	0.944	0.923	0.911	0.985	0.926	1.078	0.904
方差		1.265	1.099	0.936	1.058	0.757	0.909	0.792	0.877	0.921	0.883	0.716	0.876	0.892	0.851	0.830	0.969	0.857	1.162	0.816
偏度		-1.005	-0.889	-0.491	-0.722	-0.918	-0.663	-0.739	-0.721	-0.962	-0.784	-0.907	-0.855	-0.779	-0.972	-0.815	-1.001	-0.613	-0.832	-0.791
偏度的标准误差		0.108	0.108	0.108	0.108	0.108	0.108	0.108	0.108	0.108	0.108	0.108	0.108	0.108	0.108	0.108	0.108	0.108	0.108	0.108
峰度		0.494	0.196	-0.190	0.002	0.867	0.113	0.442	0.187	0.717	0.385	0.883	0.618	0.417	0.945	0.499	0.834	-0.128	0.150	0.580
峰度的标准误差		0.216	0.216	0.216	0.216	0.216	0.216	0.216	0.216	0.216	0.216	0.216	0.216	0.216	0.216	0.216	0.216	0.216	0.216	0.216
全距		4	4	4	4	4	4	4	4	4	4	4	4	4	4	4	4	4	4	4
极小值		1	1	1	1	1	1	1	1	1	1	1	1	1	1	1	1	1	1	1
极大值		5	5	5	5	5	5	5	5	5	5	5	5	5	5	5	5	5	5	5
和		1971	1977	1924	1944	2083	1972	1992	1988	2011	2021	2100	2003	2005	2053	2028	2019	1983	1922	1971
百分位数	10	2.00	2.00	3.00	2.00	3.00	3.00	3.00	3.00	3.00	3.00	3.00	3.00	3.00	3.00	3.00	3.00	3.00	2.00	3.00
	20	3.00	3.00	3.00	3.00	3.00	3.00	3.00	3.00	4.00	3.00	4.00	3.00	3.00	4.00	4.00	4.00	3.00	3.00	3.00
	25	3.00	3.00	4.00	3.00	4.00	3.00	4.00	3.00	4.00	4.00	4.00	4.00	4.00	4.00	4.00	4.00	4.00	3.00	4.00
	30	3.00	4.00	4.00	4.00	4.00	4.00	4.00	4.00	4.00	4.00	4.00	4.00	4.00	4.00	4.00	4.00	4.00	4.00	4.00
	40	4.00	4.00	4.00	4.00	4.00	4.00	4.00	4.00	4.00	4.00	4.00	4.00	4.00	4.00	4.00	4.00	4.00	4.00	4.00
	50	4.00	4.00	4.00	4.00	4.00	4.00	4.00	4.00	4.00	4.00	4.00	4.00	4.00	4.00	4.00	4.00	4.00	4.00	4.00

续表

项目		Q1 平台数量	Q2 有效网络工作	Q3 安全性	Q4 数据容量	Q5 界面友好度	Q6 时效性	Q7 信息的可用性	Q8 信息存储备份	Q9 通用性	Q10 可信度	Q11 简易性	Q12 完整性	Q13 可维护性	Q14 利用率	Q15 信息总发布	Q16 信息查询	Q17 稳定性	Q18 页面响应速度	Q19 满意度
百分位数	60	4.00	4.00	4.00	4.00	4.00	4.00	4.00	4.00	4.00	4.00	4.00	4.00	4.00	4.00	4.00	4.00	4.00	4.00	4.00
	70	5.00	5.00	4.00	4.00	5.00	4.00	4.00	5.00	5.00	5.00	5.00	4.00	5.00	5.00	5.00	5.00	4.00	4.00	4.00
	75	5.00	5.00	5.00	5.00	5.00	5.00	5.00	5.00	5.00	5.00	5.00	5.00	5.00	5.00	5.00	5.00	5.00	5.00	4.00
	80	5.00	5.00	5.00	5.00	5.00	5.00	5.00	5.00	5.00	5.00	5.00	5.00	5.00	5.00	5.00	5.00	5.00	5.00	5.00
	90	5.00	5.00	5.00	5.00	5.00	5.00	5.00	5.00	5.00	5.00	5.00	5.00	5.00	5.00	5.00	5.00	5.00	5.00	5.00

表 5-7 应用维度指标描述统计量

项目		Q20 数据的正确性	Q21 数据的详细性	Q22 数据的时效性(准确性、客观性)	Q23 数字化	Q24 可视化	Q25 通信能力	Q26 思维模式	Q27 计划性	Q28 洞察力	Q29 便捷性	Q30 系统的可靠性	Q31 检验和确认	Q32 需求灵活性	Q33 数据库访问权限	Q34 内部信息管理机构	Q35 研发能力	Q36 反馈机制	Q37 数据库数量	Q38 数据交换
N	有效	509	509	509	509	509	509	509	509	509	509	509	509	509	509	509	509	509	509	509
	缺失	0	0	0	0	0	0	0	0	0	0	0	0	0	0	0	0	0	0	0
均值		4.39	4.29	4.37	4.10	4.01	4.21	3.94	4.01	4.05	4.293	4.29	4.09	4.20	4.07	3.83	3.36	3.57	3.84	3.79
均值的标准误差		0.037	0.035	0.034	0.037	0.042	0.038	0.042	0.040	0.036	0.0341	0.037	0.040	0.038	0.041	0.050	0.059	0.053	0.047	0.044
中值		4.50[a]	4.38[a]	4.46[a]	4.17[a]	4.12[a]	4.32[a]	4.05[a]	4.11[a]	4.12[a]	4.369[a]	4.39[a]	4.20[a]	4.31[a]	4.19[a]	4.04[a]	3.49[a]	3.72[a]	3.97[a]	3.85[a]
众数		5	5	5	4	4	5	4	4	4	5	5	4	4	4	4	4	4	4	4
标准差		0.825	0.786	0.772	0.824	0.955	0.868	0.953	0.895	0.822	0.7702	0.833	0.892	0.847	0.932	1.134	1.329	1.201	1.060	0.997
方差		0.680	0.618	0.597	0.679	0.911	0.753	0.908	0.801	0.675	0.593	0.694	0.795	0.717	0.870	1.285	1.765	1.442	1.124	0.994
偏度		−1.537	−1.231	−1.398	−0.777	−0.816	−1.128	−0.810	−0.714	−0.708	−0.997	−1.322	−0.964	−1.102	−1.025	−0.930	−0.375	−0.592	−0.720	−0.677
偏度的标准误差		0.108	0.108	0.108	0.108	0.108	0.108	0.108	0.108	0.108	0.108	0.108	0.108	0.108	0.108	0.108	0.108	0.108	0.108	0.108

续表

项目	Q20 数据的正确性	Q21 数据的详细性	Q22 数据的时效性（准确性、客观性）	Q23 数字化	Q24 可视化	Q25 通信能力	Q26 思维模式	Q27 计划性	Q28 洞察力	Q29 便捷性	Q30 系统的可靠性	Q31 检验和确认	Q32 需求灵活性	Q33 数据库访问权限	Q34 内部信息管理机构	Q35 研发能力	Q36 反馈机制	Q37 数据库数量	Q38 数据交换
峰度	2.347	1.906	2.407	0.748	0.271	1.297	0.363	0.064	0.362	0.990	2.101	0.831	1.233	0.914	0.156	-0.974	-0.557	-0.085	0.259
峰度的标准误差	0.216	0.216	0.216	0.216	0.216	0.216	0.216	0.216	0.216	0.216	0.216	0.216	0.216	0.216	0.216	0.216	0.216	0.216	0.216
全距	4	4	4	4	4	4	4	4	4	4.0	4	4	4	4	4	4	4	4	4
极小值	1	1	1	1	1	1	1	1	1	1.0	1	1	1	1	1	1	1	1	1
极大值	5	5	5	5	5	5	5	5	5	5.0	5	5	5	5	5	5	5	5	5
和	2236	2186	2226	2086	2039	2143	2005	2041	2060	2185.0	2183	2082	2139	2070	1951	1708	1819	1954	1928
百分位数 10	3.11[b]	3.10[b]	3.15[b]	2.81[b]	2.46[b]	2.90[b]	2.40[b]	2.53[b]	2.72[b]	3.078[b]	3.06[b]	2.67[b]	2.96[b]	2.58[b]	2.02[b]	1.27[b]	1.64[b]	2.19[b]	2.26[b]
百分位数 20	3.61	3.49	3.59	3.26	3.11	3.35	3.08	3.14	3.22	3.461	3.46	3.24	3.36	3.21	2.86	2.02	2.38	2.84	2.87
百分位数 25	3.86	3.68	3.80	3.42	3.29	3.55	3.24	3.31	3.38	3.652	3.67	3.41	3.55	3.38	3.12	2.30	2.68	3.09	3.09
百分位数 30	4.05	3.88	4.01	3.57	3.46	3.74	3.41	3.47	3.53	3.844	3.87	3.58	3.73	3.56	3.31	2.57	2.98	3.27	3.24
百分位数 40	4.28	4.15	4.23	3.89	3.81	4.08	3.73	3.80	3.84	4.137	4.16	3.93	4.07	3.91	3.68	3.08	3.36	3.62	3.55
百分位数 50	4.50	4.38	4.46	4.17	4.12	4.32	4.05	4.11	4.12	4.369	4.39	4.20	4.31	4.19	4.04	3.49	3.72	3.97	3.85
百分位数 60	4.72	4.61	4.68	4.42	4.40	4.56	4.33	4.37	4.38	4.601	4.62	4.45	4.54	4.45	4.32	3.89	4.08	4.27	4.16
百分位数 70	4.95	4.83	4.90	4.68	4.67	4.80	4.60	4.64	4.63	4.833	4.85	4.70	4.78	4.70	4.61	4.29	4.41	4.58	4.47
百分位数 75	.	4.95	.	4.81	4.81	4.93	4.74	4.77	4.76	4.949	4.97	4.83	4.90	4.83	4.75	4.49	4.58	4.73	4.63
百分位数 80	.	.	.	4.93	4.94	.	4.87	4.90	4.88	.	.	4.96	.	4.96	4.89	4.69	4.75	4.88	4.79
百分位数 90	.	.	.	.	.	.	.	.	.	.	.	.	.	.	.	.	.	.	.

续表

项目		Q39 搜索工具	Q40 流程优化	Q41 运营维护	Q42 调度能力
N	有效	509	509	509	509
	缺失	0	0	0	0
均值		3.92	3.83	4.02	3.89
均值的标准误差		0.044	0.043	0.041	0.041
中值		4.04[a]	3.89[a]	4.12[a]	3.95[a]
众数		4	4	4	4
标准差		0.987	0.967	0.914	0.936
方差		0.975	0.936	0.836	0.875
偏度		-0.852	-0.547	-0.810	-0.630
偏度的标准误差		0.108	0.108	0.108	0.108
峰度		0.379	-0.183	0.441	0.166
峰度的标准误差		0.216	0.216	0.216	0.216
全距		4	4	4	4
极小值		1	1	1	1
极大值		5	5	5	5
和		1993	1950	2045	1979
百分位数	10	2.33[b]	2.30[b]	2.54[b]	2.39[b]
	20	3.05	2.90	3.15	3.03
	25	3.22	3.11	3.32	3.18
	30	3.38	3.26	3.48	3.33
	40	3.72	3.58	3.81	3.64
	50	4.04	3.89	4.12	3.95
	60	4.32	4.20	4.39	4.25
	70	4.60	4.51	4.65	4.54
	75	4.74	4.66	4.79	4.69
	80	4.87	4.82	4.92	4.84
	90	.	.	.	.

a. 利用分组数据进行计算

b. 将利用分组数据计算百分位数

表 5-8　环境维度指标描述统计量

项目		Q43 社会文化	Q44 组织文化	Q45 政策支持	Q46 系统的隐定性	Q47 数据控制	Q48 开发应用	Q49 持续工作	Q50 基础设施	Q51 网络安全	Q52 网络监控	Q53 身份认证PKI	Q54 授权程度	Q55 应用业务加密	Q56 信息交换加密	Q57 CA认证	Q58 计费管理	Q59 远程交互	Q60 配置	Q61 性能	Q62 用户体验	Q63 积极性
N	有效	509	509	509	509	509	509	509	509	509	509	509	509	509	509	509	509	509	509	509	509	509
	缺失	0	0	0	0	0	0	0	0	0	0	0	0	0	0	0	0	0	0	0	0	0
均值		4.08	3.84	3.84	4.11	4.07	3.66	3.93	4.06	4.15	3.96	4.07	4.11	4.06	3.96	3.94	3.42	4.05	4.02	3.99	3.91	3.94
均值的标准误差		0.040	0.046	0.045	0.039	0.039	0.048	0.045	0.040	0.041	0.041	0.043	0.043	0.046	0.045	0.044	0.058	0.043	0.039	0.041	0.046	0.042
中值		4.00	4.00	4.00	4.00	4.00	4.00	4.00	4.00	4.00	4.00	4.00	4.00	4.00	4.00	4.00	4.00	4.00	4.00	4.00	4.00	4.00
众数		4	4	4	4	4	4	4	4	5	4	5	5	5	4	4	4	4	4	4	4	4
标准差		0.911	1.044	1.007	0.875	0.877	1.075	1.011	0.904	0.935	0.932	0.971	0.974	1.035	1.015	0.989	1.300	0.978	0.880	0.925	1.045	0.947
方差		0.831	1.089	1.015	0.766	0.769	1.155	1.023	0.817	0.874	0.869	0.944	0.949	1.072	1.030	0.979	1.689	0.957	0.775	0.856	1.093	0.896
偏度		-1.092	-0.829	-0.806	-0.884	-0.943	-0.591	-0.901	-1.012	-1.125	-0.940	-1.086	-1.111	-1.168	-0.878	-0.889	-0.501	-1.079	-0.828	-0.849	-0.850	-0.941
偏度的标准误差		0.108	0.108	0.108	0.108	0.108	0.108	0.108	0.108	0.108	0.108	0.108	0.108	0.108	0.108	0.108	0.108	0.108	0.108	0.108	0.108	0.108
峰度		1.168	0.271	0.343	0.708	0.993	-0.060	0.505	0.962	1.079	0.941	1.003	1.022	1.055	0.353	0.586	-0.785	0.999	0.722	0.540	0.165	0.885
峰度的标准误差		0.216	0.216	0.216	0.216	0.216	0.216	0.216	0.216	0.216	0.216	0.216	0.216	0.216	0.216	0.216	0.216	0.216	0.216	0.216	0.216	0.216
全距		4	4	4	4	4	4	4	4	4	4	4	4	4	4	4	4	4	4	4	4	4
极小值		1	1	1	1	1	1	1	1	1	1	1	1	1	1	1	1	1	1	1	1	1
极大值		5	5	5	5	5	5	5	5	5	5	5	5	5	5	5	5	5	5	5	5	5
和		2075	1956	1956	2091	2071	1861	2000	2069	2111	2018	2072	2090	2064	2014	2007	1742	2059	2048	2031	1991	2005
百分位数	10	3.00	2.00	3.00	3.00	3.00	2.00	3.00	3.00	3.00	3.00	3.00	3.00	3.00	3.00	3.00	1.00	3.00	3.00	3.00	2.00	3.00
	20	4.00	3.00	3.00	4.00	4.00	3.00	4.00	4.00	4.00	4.00	4.00	4.00	4.00	4.00	4.00	2.00	4.00	4.00	3.00	3.00	3.00
	25	4.00	3.00	3.00	4.00	4.00	3.00	4.00	4.00	4.00	4.00	4.00	4.00	4.00	4.00	4.00	3.00	4.00	4.00	4.00	3.00	4.00
	30	4.00	3.00	4.00	4.00	4.00	3.00	4.00	4.00	4.00	4.00	4.00	4.00	4.00	4.00	4.00	3.00	4.00	4.00	4.00	4.00	4.00
	40	4.00	4.00	4.00	4.00	4.00	4.00	4.00	4.00	4.00	4.00	4.00	4.00	4.00	4.00	4.00	3.00	4.00	4.00	4.00	4.00	4.00

续表

项目		Q43 社会文化	Q44 组织文化	Q45 政策支持	Q46 系统的稳定性	Q47 数据控制	Q48 开发应用	Q49 持续工作应用	Q50 基础设施	Q51 网络安全	Q52 网络监控	Q53 身份认证 PKI	Q54 授权程度	Q55 应用业务加密	Q56 信息交换加密	Q57 CA认证	Q58 计费管理	Q59 远程交互	Q60 配置	Q61 性能	Q62 用户体验	Q63 积极性
百分位数	50	4.00	4.00	4.00	4.00	4.00	4.00	4.00	4.00	4.00	4.00	4.00	4.00	4.00	4.00	4.00	4.00	4.00	4.00	4.00	4.00	4.00
	60	4.00	4.00	4.00	4.00	4.00	4.00	4.00	4.00	5.00	4.00	4.00	5.00	5.00	4.00	4.00	4.00	4.00	4.00	4.00	4.00	4.00
	70	5.00	4.00	5.00	5.00	5.00	5.00	4.00	5.00	5.00	5.00	5.00	5.00	5.00	5.00	5.00	4.00	5.00	5.00	5.00	5.00	5.00
	75	5.00	5.00	5.00	5.00	5.00	4.00	5.00	5.00	5.00	5.00	5.00	5.00	5.00	5.00	5.00	5.00	5.00	5.00	5.00	5.00	5.00
	80	5.00	5.00	5.00	5.00	5.00	5.00	5.00	5.00	5.00	5.00	5.00	5.00	5.00	5.00	5.00	4.00	5.00	5.00	5.00	5.00	5.00
	90	5.00	5.00	5.00	5.00	5.00	5.00	5.00	5.00	5.00	5.00	5.00	5.00	5.00	5.00	5.00	5.00	5.00	5.00	5.00	5.00	5.00

表 5-9　联盟维度指标描述统计量

项目		Q64 充足的资金	Q65 充足的时间	Q66 信息量充足	Q67 新技术、新方法	Q68 创造性思维和思路	Q69 同行评议	Q70 学术障得	Q71 应用推广	Q72 共担风险	Q73 灵活性	Q74 知识共享	Q75 组织机构	Q76 开放性
N	有效	509	509	509	509	509	509	509	509	509	509	509	509	509
	缺失	0	0	0	0	0	0	0	0	0	0	0	0	0
均值		3.66	3.68	3.74	3.66	3.66	3.62	3.47	3.65	3.54	3.59	3.64	3.33	3.39
均值的标准误差		0.053	0.051	0.051	0.054	0.052	0.052	0.055	0.051	0.052	0.054	0.054	0.060	0.057
中值		4.00	4.00	4.00	4.00	4.00	4.00	4.00	4.00	4.00	4.00	4.00	4.00	4.00
众数		4	4	4	4	4	4	4	4	4	4	4	4	4
标准差		1.206	1.141	1.142	1.214	1.175	1.165	1.235	1.154	1.184	1.211	1.216	1.349	1.292
方差		1.454	1.302	1.304	1.473	1.381	1.358	1.525	1.331	1.402	1.468	1.478	1.819	1.669
偏度		-0.823	-0.865	-0.957	-0.820	-0.814	-0.770	-0.630	-0.846	-0.745	-0.778	-0.813	-0.516	-0.595
偏度的标准误差		0.108	0.108	0.108	0.108	0.108	0.108	0.108	0.108	0.108	0.108	0.108	0.108	0.108
峰度		-0.129	0.211	0.365	-0.150	-0.007	-0.021	-0.523	0.059	-0.157	-0.205	-0.128	-0.913	-0.713

续表

项目		Q64 充足的资金	Q65 充足的时间	Q66 信息量充足	Q67 新技术、新方法	Q68 创造性思维和思路	Q69 同行评议	Q70 学术障碍	Q71 应用推广	Q72 共担风险	Q73 灵活性	Q74 知识共享	Q75 组织机构	Q76 开放性
峰度的标准误差		0.216	0.216	0.216	0.216	0.216	0.216	0.216	0.216	0.216	0.216	0.216	0.216	0.216
全距		4	4	4	4	4	4	4	4	4	4	4	4	4
极小值		1	1	1	1	1	1	1	1	1	1	1	1	1
极大值		5	5	5	5	5	5	5	5	5	5	5	5	5
和		1861	1871	1903	1862	1865	1843	1765	1856	1804	1825	1854	1694	1728
百分位数	10	2.00	2.00	2.00	2.00	2.00	2.00	1.00	2.00	1.00	1.00	1.00	1.00	1.00
	20	3.00	3.00	3.00	3.00	3.00	3.00	2.00	3.00	3.00	3.00	3.00	2.00	2.00
	25	3.00	3.00	3.00	3.00	3.00	3.00	3.00	3.00	3.00	3.00	3.00	2.00	3.00
	30	3.00	4.00	4.00	4.00	4.00	3.00	3.00	4.00	3.00	3.00	3.00	2.00	3.00
	40	4.00	4.00	4.00	4.00	4.00	4.00	3.00	4.00	4.00	4.00	4.00	3.00	3.00
	50	4.00	4.00	4.00	4.00	4.00	4.00	4.00	4.00	4.00	4.00	4.00	4.00	4.00
	60	4.00	4.00	4.00	4.00	4.00	4.00	4.00	4.00	4.00	4.00	4.00	4.00	4.00
	70	4.00	4.00	4.00	4.00	5.00	4.00	4.00	4.00	4.00	4.00	4.00	4.00	4.00
	75	5.00	4.00	5.00	5.00	5.00	4.00	4.00	4.00	5.00	4.00	5.00	4.00	4.00
	80	5.00	5.00	5.00	5.00	5.00	5.00	5.00	5.00	5.00	5.00	5.00	5.00	5.00
	90	5.00	5.00	5.00	5.00	5.00	5.00	5.00	5.00	5.00	5.00	5.00	5.00	5.00

5. 网络行为

由表 5-10 可见，网络行为指标变量的均值介于 3.72 和 4.24 之间，偏度都小于 0，峰度大于 0 和小于 0 的都有，其中 Q77 信息需求、Q78 需求动机和 Q79 信息浏览的指标呈一定的左偏分布和平峰分布，Q80 信息选择、Q81 信息决策和 Q82 信息使用呈现左偏分布和尖峰分布。这说明：知识型员工在进行网络行为时，因为自身的需求或者其他动机寻找信息的过程中，初始一般处于比较随意的状态，逐步聚焦于明确方向，要筛选信息进行决策，根据决策结果实施信息利用。网络行为的中值和众数都大于等于 4，Q82 信息使用指标的均值最大为 4.24，Q77 信息需求指标的均值最小为 3.72，Q78 需求动机指标的方差最大为 1.482，表明知识型员工对于信息使用的认可度较高，而对信息需求的认可度较低，而对需求动机的差别最大。

表 5-10 网络行为指标描述统计量

项目		Q77 信息需求	Q78 需求动机	Q79 信息浏览	Q80 信息选择	Q81 信息决策	Q82 信息使用
N	有效	509	509	509	508	509	509
	缺失	0	0	0	1	0	0
均值		3.72	3.84	3.83	4.12	4.15	4.24
均值的标准误差		0.053	0.054	0.053	0.040	0.037	0.039
中值		4.00	4.00	4.00	4.00	4.00	4.00
众数		4	5	5	5	4	5
标准差		1.200	1.217	1.191	0.898	0.843	0.869
方差		1.440	1.482	1.418	0.806	0.711	0.755
偏度		−0.816	−0.912	−0.887	−0.850	−0.925	−1.144
偏度的标准误差		0.108	0.108	0.108	0.108	0.108	0.108
峰度		−0.196	−0.086	−0.072	0.350	0.624	1.189
峰度的标准误差		0.216	0.216	0.216	0.216	0.216	0.216
全距		4	4	4	4	4	4
极小值		1	1	1	1	1	1
极大值		5	5	5	5	5	5
和		1896	1954	1952	2094	2113	2156
百分位数	10	2.00	2.00	2.00	3.00	3.00	3.00
	20	3.00	3.00	3.00	3.00	4.00	4.00
	25	3.00	3.00	3.00	4.00	4.00	4.00
	30	3.00	3.00	3.00	4.00	4.00	4.00
	40	4.00	4.00	4.00	4.00	4.00	4.00
	50	4.00	4.00	4.00	4.00	4.00	4.00
	60	4.00	4.00	4.00	5.00	4.00	5.00
	70	5.00	5.00	5.00	5.00	5.00	5.00
	75	5.00	5.00	5.00	5.00	5.00	5.00
	80	5.00	5.00	5.00	5.00	5.00	5.00
	90	5.00	5.00	5.00	5.00	5.00	5.00

表 5-6~表 5-10 是问卷 82 个问项的描述性分析，均值大于 4 的说明知识型员工对该指标的认同度较高。平台维度方面，简易性、界面友好度和平台利用率是知识型员工比较认可的，而页面响应速度、安全性的认可度低；应用维度方面，数据的正确性、数据的详细性、便捷性、系统可靠性、通信能力、需求灵活性等指标的知识型员工的认同度高，而研发能力、反馈机制的认可度低；环境维度方面，网络安全、系统的稳定性、授权程度是知识型员工比较认可的，而开发应用、计费管理的认可度低；特别是联盟维度的指标最大的也只有 3.74，说明联盟维度指标的认可度低。

5.4.2 信度分析

信度分析，又称可靠性分析，是同一对象采用同样的方法进行重复测量时所得结果一致性程度，用以反映问卷问项之间的相互关系，考察问卷的一致性、可靠性和稳定性。目前研究常使用的信度分析方法是 Cronbach′s alpha（克隆巴赫系数），是 1951 年由李·克隆巴赫提出的。Cronbach′s alpha 的计算公式：

$$\alpha = \frac{n}{n-1}\left(1 - \frac{\sum S_i^2}{S_x^2}\right)$$

其中，α 为信度系数，n 为测验题目数，S_i^2 为调查对象在第 i 题上得分的方差，S_x^2 为调查对象总得分的方差。α 的系数越高，说明信度越高。在基础研究中，信度至少达到 0.80 才可接受；在探索性研究中，信度只要达到 0.70 就可接受，0.70~0.98 均属高信度，低于 0.35 则为低信度，必须予以拒绝。本研究选择 SPSS 18.0，利用 Cronbach′s Alpha 分析影响网络行为 4 个维度变量的信度。

1. 平台维度

对平台维度因素指标（Q1~Q19）进行信度分析的结果如表 5-11 所示，Cronbach′s Alapha 系数 0.939>0.8，表示问卷中平台维度指标具有很好的信度。

表 5-11（a）　平台维度指标信度分析（一）

案例处理汇总			
项目		N	比例/%
案例	有效	509	100.0
	已排除[a]	0	0.0
	总计	509	100.0
可靠性统计量			
Cronbach′s Alpha			项数
0.939			19

a. 在此程序中基于所有变量的列表方式删除

表 5-11（b） 平台维度指标信度分析（二）

项统计量

项目	均值	标准偏差	N
Q1 平台数量	3.87	1.125	509
Q2 有效网络工作	3.88	1.048	509
Q3 安全性	3.78	0.967	509
Q4 数据容量	3.82	1.029	509
Q5 界面友好度	4.09	0.870	509
Q6 时效性	3.87	0.954	509
Q7 信息的可用性	3.91	0.890	509
Q8 信息存储备份	3.91	0.936	509
Q9 通用性	3.95	0.960	509
Q10 可信度	3.97	0.940	509
Q11 简易性	4.13	0.846	509
Q12 完整性	3.94	0.936	509
Q13 可维护性	3.94	0.944	509
Q14 利用率	4.03	0.923	509
Q15 信息发布	3.98	0.911	509
Q16 信息查询	3.97	0.985	509
Q17 稳定性	3.90	0.926	509
Q18 页面响应速度	3.78	1.078	509
Q19 满意度	3.87	0.904	509

2. 应用维度

对应用维度指标的 23 个问项（Q20~Q42）进行信度分析的结果如表 5-12 所示，Cronbach's Alapha 系数 0.943>0.8，表示问卷中应用维度指标具有很好的信度。

表 5-12（a） 应用维度指标信度分析（一）

案例处理汇总

项目		N	比例/%
案例	有效	509	100.0
	已排除[a]	0	0.0
	总计	509	100.0

可靠性统计量

Cronbach's Alpha	项数
0.943	23

a. 在此程序中基于所有变量的列表方式删除

表 5-12（b） 应用维度指标信度分析（二）

项目	均值	标准偏差	N
项统计量			
Q20 数据的正确性	4.393	0.8246	509
Q21 数据的详细性	4.295	0.7859	509
Q22 数据的时效性（准确性、客观性）	4.373	0.7724	509
Q23 数字化	4.098	0.8242	509
Q24 可视化	4.006	0.9547	509
Q25 通信能力	4.210	0.8677	509
Q26 思维模式	3.939	0.9527	509
Q27 计划性	4.010	0.8950	509
Q28 洞察力	4.047	0.8215	509
Q29 便捷性	4.293	0.7702	509
Q30 系统的可靠性	4.289	0.8331	509
Q31 检验和确认	4.090	0.8916	509
Q32 需求灵活性	4.202	0.8467	509
Q33 数据库访问权限	4.067	0.9325	509
Q34 内部信息管理机构	3.833	1.1336	509
Q35 研发能力	3.356	1.3285	509
Q36 反馈机制	3.574	1.2008	509
Q37 数据库数量	3.839	1.0600	509
Q38 数据交换	3.788	0.9971	509
Q39 搜索工具	3.916	0.9875	509
Q40 流程优化	3.831	0.9675	509
Q41 运营维护	4.018	0.9145	509
Q42 调度能力	3.888	0.9355	509

3. 环境维度

对环境维度指标的 21 个问项（Q43~Q63）进行的信度分析的结果如表 5-13 所示，Cronbach's Alapha 系数 0.938>0.8，表示问卷中环境维度指标具有很好的信度。

表 5-13（a） 环境维度指标信度分析（一）

项目		N	比例/%
案例处理汇总			
案例	有效	509	100.0
	已排除[a]	0	0.0
	总计	509	100.0

案例处理汇总		
项目	N	比例/%
可靠性统计量		

Cronbach´s Alpha	项数
0.938	21

a. 在此程序中基于所有变量的列表方式删除

表 5-13（b） 环境维度指标信度分析（二）

项统计量			
项目	均值	标准偏差	N
Q43 社会文化	4.08	0.911	509
Q44 组织文化	3.84	1.044	509
Q45 政策支持	3.84	1.007	509
Q46 系统的稳定性	4.11	0.875	509
Q47 数据控制	4.07	0.877	509
Q48 开发应用	3.66	1.075	509
Q49 持续工作	3.93	1.011	509
Q50 基础设施	4.06	0.904	509
Q51 网络安全	4.15	0.935	509
Q52 网络监控	3.96	0.932	509
Q53 身份认证 PKI	4.07	0.971	509
Q54 授权程度	4.11	0.974	509
Q55 应用业务加密	4.06	1.035	509
Q56 信息交换加密	3.96	1.015	509
Q57CA 认证	3.94	0.989	509
Q58 计费管理	3.42	1.300	509
Q59 远程交互	4.05	0.978	509
Q60 配置	4.02	0.880	509
Q61 性能	3.99	0.925	509
Q62 用户体验	3.91	1.045	509
Q63 积极性	3.94	0.947	509

4. 联盟维度

对联盟维度指标的 13 个问项（Q64~Q76）进行信度分析的结果如表 5-14 所示，Cron-bach′s Alapha 系数 0.966>0.8，表示问卷中联盟维度指标具有很好的信度。

表 5-14（a）　联盟维度指标信度分析（一）

案例处理汇总			
项目		N	比例/%
案例	有效	509	100.0
	已排除[a]	0	0.0
	总计	509	100.0

可靠性统计量	
Cronbach´s Alpha	项数
0.966	13

a. 在此程序中基于所有变量的列表方式删除

表 5-14（b）　联盟维度指标信度分析（二）

项统计量			
项目	均值	标准偏差	N
Q64 充足的资金	3.66	1.206	509
Q65 充足的时间	3.68	1.141	509
Q66 信息量充足	3.74	1.142	509
Q67 新技术、新方法	3.66	1.214	509
Q68 创造性思维和思路	3.66	1.175	509
Q69 同行评议	3.62	1.165	509
Q70 学术障碍	3.47	1.235	509
Q71 应用推广	3.65	1.154	509
Q72 共担风险	3.54	1.184	509
Q73 灵活性	3.59	1.211	509
Q74 知识共享	3.64	1.216	509
Q75 组织机构	3.33	1.349	509
Q76 开放性	3.39	1.292	509

从上面对 4 个维度的信息分析结果看，平台、应用、环境和联盟的 Cronbach's Alpha 分别为 0.939、0.943、0.938、0.966，信度均是 0.9 以上，说明问卷所收集到的数据信度非常高，内部一致性非常好，可以用于进一步的数据分析。

5. 网络行为信度分析

对网络行为因素的 6 个问项（Q77 ~ Q82）进行信度分析的结果如表 5-15 所示，Cronbach's Alapha 系数 0.885>0.7，表示问卷员工网络行为因素具有较好的信度。

表 5-15（a）　网络行为信度分析（一）

案例处理汇总			
项目		N	比例/%
案例	有效	509	100.0
	已排除[a]	1	0.2
	总计	509	100.0
可靠性统计量			
Cronbach´s Alpha	基于标准化项的 Cronbachs Alpha		项数
0.885	0.880		6

a. 在此程序中基于所有变量的列表方式删除

表 5-15（b）　网络行为信度分析（二）

项统计量			
项目	均值	标准偏差	N
Q77 信息需求	3.73	1.195	508
Q78 需求动机	3.84	1.212	508
Q79 信息浏览	3.84	1.185	508
Q80 信息选择	4.12	0.898	508
Q81 信息决策	4.15	0.844	508
Q82 信息使用	4.24	0.870	508

5.4.3　效度分析

效度分析，是评估的有效性，是衡量调查问卷能否获得测量结果的程度，也就是衡量问卷的有效性和正确性。效度越高，表明调查问卷的正确性越高，调查结果越真实有效，测量结果越能反映出研究对象的真实特征。一般采用的效度指标有内容效度和结构效度。内容效度，是考察题目分布的合理性和内在逻辑，属于主观性指标，依赖相关专家的主观判断。结构效度，是考察调查问卷的实际得分能解释某一特征的程度，常用的评价方法是因子分析法，目的是了解属于同概念的不同问卷项目是否如理论预测集中在同一公共因子里。

在进行因子分析之前，需先作因子分析适合性评估。一般采用 KMO（Kaiser-Meyer-Olkin）检验：

$$KMO = \frac{\sum\sum\limits_{i \neq j} r_{ij}^2}{\sum\sum\limits_{i \neq j} r_{ij}^2 + \sum\sum\limits_{i \neq j} a_{ij}^2}$$

其中，r_{ij} 表示简单相关系数，$a_{ij}^2 (i, j = 1, 2, 3, \cdots, k)$ 表示偏相关系数，显然 KMO 值为 0~1，KMO 值越大，效度越高。KMO 越大，所有变量之间的简单相关系数平方和远大于偏相关系数平方和，越适合进行因子分析[①]。

---

① Kaiser H F. An Index of Factorial Simplicity [J]. Psyehometrika, 1974, 39（1）: 31-36.

Kaiser 认为，如果 KMO 值小于 0.5，说明量表数据不宜进行因子分析。如果 KMO 值大于 0.6，表示问卷有一般效度，可勉强进行因子分析，当 KMO 值大于 0.8 时，表示问卷有好的效度，适合作因子分析。

Bartlett 球体检验的目的是检验相关矩阵是否是单位矩阵（identity matrix），如果是单位矩阵，则认为因子模型不合适。Bartlett 球体检验的虚无假设为相关矩阵是单位阵，如果不能拒绝该假设，就表明数据不适合用于因子分析。一般地，显著水平值越小（<0.05）表明原始变量之间越可能存在有意义的关系，如果显著性水平很大（如 0.10 以上）可能表明数据不适宜于因子分析。本书 KMO 采用如下标准：KMO<0.5，不适合；0.5<KMO<0.6，不太适合；0.6<KMO<0.7，勉强适合；0.7<KMO<0.8，较适合；0.8<KMO<0.9，很适合；0.9<KMO，非常适合。利用 SPSS 18.0，选择 KMO 系数进行变量的效度分析，具体对平台、应用、环境、联盟维度和网络行为分别进行效度分析。

1. 平台维度

对平台维度指标进行效度分析得表 5-16。

表 5-16　平台维度指标效度分析

KMO 和 Bartlett 的检验		
取样足够度的 Kaiser-Meyer-Olkin 度量		0.951
Bartlett 的球形度检验	近似卡方	5224.722
	Df	171
	Sig.	0.000

由表 5-16 可见，平台维度指标的效度分析显示 KMO 系数 0.951>0.8，并且 Bartlett 球体检验的 x^2 统计值显著性为 0.000，小于 0.01，说明该研究数据具有非常高的相关性，问卷中平台影响所使用的数据具有非常高的效度。

2. 应用维度

对应用维度指标进行效度分析得表 5-17。

表 5-17　应用维度指标效度分析

KMO 和 Bartlett 的检验		
取样足够度的 Kaiser-Meyer-Olkin 度量		0.943
Bartlett 的球形度检验	近似卡方	7187.643
	Df	253
	Sig.	0.000

由表 5-17 可见，应用维度指标的效度分析显示 KMO 系数 0.943>0.8，并且 Bartlett 球体检验的 x^2 统计值显著性为 0.000，小于 0.01，说明该研究数据具有非常高的相关性，问卷中应用影响所使用的数据具有非常高的效度。

3. 环境维度

对环境维度指标进行效度分析得表 5-18。

表 5-18　环境维度指标效度分析

KMO 和 Bartlett 的检验		
取样足够度的 Kaiser-Meyer-Olkin 度量		0.939
Bartlett 的球形度检验	近似卡方	6286.615
	Df	210
	Sig.	0.000

由表 5-18 可见，环境维度指标的效度分析显示 KMO 系数 0.939>0.8，并且 Bartlett 球体检验的 x^2 统计值显著性为 0.000，小于 0.01，说明该研究数据具有非常高的相关性，问卷中环境影响所使用的数据具有非常高的效度。

4. 联盟维度

对联盟维度指标进行效度分析得表 5-19。

表 5-19　联盟维度指标效度分析

KMO 和 Bartlett 的检验		
取样足够度的 Kaiser-Meyer-Olkin 度量		0.958
Bartlett 的球形度检验	近似卡方	6781.754
	Df	78
	Sig.	0.000

由表 5-19 可见，联盟维度指标的效度分析显示 KMO 系数 0.958>0.8，并且 Bartlett 球体检验的 x^2 统计值显著性为 0.000，小于 0.01，说明该研究数据具有非常高的相关性，问卷中联盟影响所使用的数据具有非常高的效度。

5. 网络行为效度分析

对网络行为进行效度分析得表 5-20。

表 5-20　网络行为指标效度分析

KMO 和 Bartlett 的检验		
取样足够度的 Kaiser-Meyer-Olkin 度量		0.849
Bartlett 的球形度检验	近似卡方	1951.279
	Df	15
	Sig.	0.000

由表 5-20 可见，网络行为指标因素的效度分析显示 KMO 系数 0.849>0.8，并且

Bartlett 球体检验的 x^2 统计值显著性为 0.000，小于 0.01，说明该研究数据具有很高的相关性，问卷中网络行为的数据具有很高的效度。

由表 5-16~表 5-20 可见，ASCI 的 4 个维度指标 KMO 值均超过 0.939，网络行为指标的 KMO 值为 0.849，所有指标的 Bartlett 检验 p 值均为 0.000<0.01，说明代表母群体的相关矩阵间有共同因素存在，所有指标适合进行因子分析。

5.4.4 因子分析

因子分析（factor analysis）是一种寻找数目相对少的，隐藏在可测变量中，影响和支配可测变量的潜在因子，并估计潜在因子对可测变量的影响程度和潜在因子之间关联性的多元统计方法。因子分析的基本思想是依据相关性的大小对观测变量进行分组，使得组间的变量线性不相关，组内的变量相关性较高，每一个组变量称为因子分析的公共因子。假设总体有 k 个观测变量，n 个评价样本，因子分析思想的数学模型是把 n 个评价样本分别表示为 $p<k$ 个公用因子和一个独特因子的线性加权和，即

$$\chi_i = \alpha_{i1}F_1 + \alpha_{i2}F_2 + \cdots + \alpha_{ij}F_j\cdots + \alpha_{ip}F_p + \varepsilon_i \ (i = 1, \ 2, \ \cdots n)$$

其中，F_1，F_2，$\cdots$，F_p 为公共因子，是各个指标中共同出现的因子，因子之间通常是彼此独立的；ε_i 是各对应变量 χ_i 所特有的因子，称为特殊因子，通常假定 $\varepsilon_i \sim N$（0，σ_i^2）；系数 α_{ij} 是第 i 个变量在第 j 个公共因子上的系数，称为因子负荷量，它揭示第 i 个变量在第 j 个公共因子上的相对重要性[①]。

利用 SPSS 18.0 主成分分析法（principle component methods）提取主成分，实现变量降维，目的是用较少的变量去解释原来信息资料中的大部分变量，将许多相关性很高的变量转化成彼此相互独立或不相关的变量，并用以解释信息资料的综合性指标。

1. 平台因子分析

利用 SPSS 18.0 的因子分析工具，得平台因子分析——变量共同度。

平台因子分析中的变量共同度见表 5-21，结果显示：每一个指标变量提取的方差共同度较高，为 0.639~0.836，提取成分最高的指标是 Q1 平台数量，提取成分最低的指标是 Q7 信息的可用性，且 Q2 有效网络工作、Q4 数据容量、Q6 时效性、Q8 信息存储备份、Q9 通用性、Q10 可信度、Q11 简易性、Q15 信息发布、Q16 信息查询、Q17 稳定性等指标变量提取超过 0.7，说明各变量信息丢失较少，本次因子提取的总体效果理想。

表 5-21 平台因子分析——变量共同度

项目	公因子方差	
	初始	提取
Q1 平台数量	1.000	0.836
Q2 有效网络工作	1.000	0.754

---

① 薛薇. 基于 SPSS 的数据分析 [M]. 北京：中国人民大学出版社，2006：318-329.

公因子方差

项目	初始	提取
Q3 安全性	1.000	0.669
Q4 数据容量	1.000	0.740
Q5 界面友好度	1.000	0.721
Q6 时效性	1.000	0.719
Q7 信息的可用性	1.000	0.639
Q8 信息存储备份	1.000	0.737
Q9 通用性	1.000	0.775
Q10 可信度	1.000	0.703
Q11 简易性	1.000	0.763
Q12 完整性	1.000	0.690
Q13 可维护性	1.000	0.659
Q14 利用率	1.000	0.689
Q15 信息发布	1.000	0.723
Q16 信息查询	1.000	0.702
Q17 稳定性	1.000	0.722
Q18 页面响应速度	1.000	0.673
Q19 满意度	1.000	0.672

提取方法：主成分分析

平台因子信息和累积方差贡献率见表 5-22，表中第一列是因子编号，以后三列为一组，每组中数据项的含义依次是特征值、方差贡献率和累积方差贡献率，第一组的数据项描述因子分析初始解的情况。例如，第一个因子的初始特征值是 9.206，解释 19 个变量总方差的 48.451%，累积方差贡献率为 48.451%；如果在初始解中提取出全部的 19 个变量，原有变量的总方差全部能被解释，则累积方差贡献率达到 100%。第二组数据项描述旋转前因子解的情况，选择提取因子数 6，此时累积方差贡献率达到 71.500%，即 71.500% 的总方差可以由 6 个潜在因子解释。第三组数据项是旋转后因子解的情况，也就是最终的因子解。因子旋转后，总的累积方差贡献率没有改变，也就是没有影响原有变量的共同度，但是重新分配了各因子解释原有变量的方差，改变了各因子的方差贡献，使因子更易于解释。

表 5-22 平台因子分析——累计方差贡献率表

解释的总方差

成分	初始特征值			提取平方和载入			旋转平方和载入		
	合计	方差/%	累积/%	合计	方差/%	累积/%	合计	方差/%	累积/%
1	9.206	48.451	48.451	9.206	48.451	48.451	2.893	15.224	15.224
2	1.235	6.502	54.954	1.235	6.502	54.954	2.631	13.848	29.072

解释的总方差

成分	初始特征值			提取平方和载入			旋转平方和载入		
	合计	方差/%	累积/%	合计	方差/%	累积/%	合计	方差/%	累积/%
3	1.004	5.287	60.241	1.004	5.287	60.241	2.495	13.131	42.203
4	0.754	3.970	64.211	0.754	3.970	64.211	2.194	11.549	53.752
5	0.736	3.873	68.084	0.736	3.873	68.084	1.924	10.128	63.880
6	0.649	3.416	71.500	0.649	3.416	71.500	1.448	7.619	71.500
7	0.614	3.234	74.734						
8	0.562	2.958	77.691						
9	0.518	2.729	80.420						
10	0.501	2.635	83.055						
11	0.456	2.399	85.454						
12	0.428	2.252	87.705						
13	0.415	2.186	89.891						
14	0.390	2.053	91.944						
15	0.365	1.924	93.868						
16	0.343	1.803	95.671						
17	0.317	1.668	97.339						
18	0.266	1.398	98.737						
19	0.240	1.263	100.000						

提取方法：主成分分析

旋转前的因子载荷阵见表5-23，将原有变量综合成几个少数因子是因子分析的核心内容，得到平台因子分析模型：

满意度 $= 0.790f_{平台1} + 0.014f_{平台2} + 0.096f_{平台3} - 0.053f_{平台4} - 0181f_{平台5} + 0.056f_{平台6}$；

完整性 $= 0.743f_{平台1} - 0.156f_{平台2} + 0.067f_{平台3} - 0.265f_{平台4} - 0.195f_{平台5} - 0.025f_{平台6}$；

信息的可用性 $= 0.742f_{平台1} - 0.118f_{平台2} - 0.233f_{平台3} + 0.112f_{平台4} - 0.045f_{平台5} + 0.075f_{平台6}$；

安全性 $= 0.740f_{平台1} + 0.231f_{平台2} - 0.172f_{平台3} - 0.012f_{平台4} + 0.033f_{平台5} - 0.194f_{平台6}$；

可信度 $= 0.719f_{平台1} - 0.146f_{平台2} - 0.234f_{平台3} + 0.273f_{平台4} - 0.135f_{平台5} + 0.131f_{平台6}$；

可维护性 $= 0.717f_{平台1} - 0.060f_{平台2} + 0.194f_{平台3} + 0.077f_{平台4} + 0.249f_{平台5} + 0.186f_{平台6}$；

数据容量 $= 0.704f_{平台1} + 0.460f_{平台2} - 0.101f_{平台3} - 0.042f_{平台4} + 0.144f_{平台5} + 0.017f_{平台6}$；

时效性 $= 0.698f_{平台1} + 0.092f_{平台2} - 0.025f_{平台3} - 0.221f_{平台4} + 0.391f_{平台5} - 0.145f_{平台6}$；

界面友好度 $= 0.697f_{平台1} - 0.096f_{平台2} - 0.192f_{平台3} - 0.399f_{平台4} + 0.097f_{平台5} + 0.143f_{平台6}$；

稳定性 $= 0.696f_{平台1} - 0.066f_{平台2} + 0.057f_{平台3} - 0.045f_{平台4} - 0.475f_{平台5} - 0.045f_{平台6}$；

页面响应速度 $= 0.696f_{平台1} + 0.094f_{平台2} - 0.078f_{平台3} - 0.062f_{平台4} - 0.197f_{平台5} - 0.362f_{平台6}$；

信息发布 $= 0.689f_{平台1} - 0.182f_{平台2} + 0.411f_{平台3} - 0.016f_{平台4} + 0.120f_{平台5} - 0.178f_{平台6}$；

信息存储备份 $= 0.682f_{平台1} - 0.062f_{平台2} - 0.436f_{平台3} + 0.219f_{平台4} + 0.019f_{平台5} - 0.171f_{平台6}$；

有效网络工作 $= 0.681f_{平台1} + 0.509f_{平台2} - 0.143f_{平台3} + 0.006f_{平台4} + 0.075f_{平台5} + 0.074f_{平台6}$；

通用性 $= 0.681f_{平台1} - 0.327f_{平台2} - 0.115f_{平台3} + 0.379f_{平台4} + 0.106f_{平台5} + 0.191f_{平台6}$；

利用率 $= 0.674f_{平台1} - 0.276f_{平台2} + 0.247f_{平台3} + 0.126f_{平台4} + 0.271f_{平台5} - 0.087f_{平台6}$；

简易性 $= 0.670f_{平台1} - 0.375f_{平台2} - 0.010f_{平台3} - 0.333f_{平台4} - 0.046f_{平台5} + 0.245f_{平台6}$；

信息查询 $= 0.632f_{平台1} + 0.061f_{平台2} + 0.438f_{平台3} + 0.207f_{平台4} - 0.088f_{平台5} - 0.237f_{平台6}$；

平台数量 $= 0.540f_{平台1} + 0.504f_{平台2} + 0.334f_{平台3} + 0.105f_{平台4} - 0.137f_{平台5} + 0.386f_{平台6}$。

表 5-23　平台因子分析——旋转前的因子载荷矩阵

项目	成分矩阵[a]					
	成分					
	1	2	3	4	5	6
Q19 满意度	0.790	0.014	0.096	−0.053	−0.181	0.056
Q12 完整性	0.743	−0.156	0.067	−0.265	−0.195	−0.025
Q7 信息的可用性	0.742	−0.118	−0.233	0.112	−0.045	0.075
Q3 安全性	0.740	0.231	−0.172	−0.012	0.033	−0.194
Q10 可信度	0.719	−0.146	−0.234	0.273	−0.135	0.131
Q13 可维护性	0.717	−0.060	0.194	0.077	0.249	0.186
Q4 数据容量	0.704	0.460	−0.101	−0.042	0.144	0.017
Q6 时效性	0.698	0.092	−0.025	−0.221	0.391	−0.145
Q5 界面友好度	0.697	−0.096	−0.192	−0.399	0.097	0.143
Q17 稳定性	0.696	−0.066	0.057	−0.045	−0.475	−0.045
Q18 页面响应速度	0.696	0.094	−0.078	−0.062	−0.197	−0.362
Q15 信息发布	0.689	−0.182	0.411	−0.016	0.120	−0.178
Q8 信息存储备份	0.682	−0.062	−0.436	0.219	0.019	−0.171
Q2 有效网络工作	0.681	0.509	−0.143	0.006	0.075	0.074
Q9 通用性	0.681	−0.327	−0.115	0.379	0.106	0.191
Q14 利用率	0.674	−0.276	0.247	0.126	0.271	−0.087
Q11 简易性	0.670	−0.375	0.010	−0.333	−0.046	0.245
Q16 信息查询	0.632	0.061	0.438	0.207	−0.088	−0.237
Q1 平台数量	0.540	0.504	0.334	0.105	−0.137	0.386

提取方法：主成分

a. 已提取了 6 个成分

可见所有变量在第 1 个因子上的载荷最高，代表性最高；第 2 个因子在 Q4 数据容量、Q2 有效网络工作、Q1 平台数量工作变量上相关性较高；第 3 个因子在 Q15 信息发布、Q16 信息查询变量上相关性较高；第 4 个因子、第 5 个因子和第 6 个因子的影响作用不显著。

旋转后的因子载荷见表 5-24，通过最大方差法旋转后，得到 19 个指标在 6 个因子上的新的因子载荷，使因子的命名更具解释性。结果显示：Q4 数据容量、Q2 有效网络工作、Q6 时效性、Q3 安全性在第 1 个因子上有较高载荷；Q9 通用性、Q10 可信度、Q8 信息存储备份、Q7 信息的可用性在第 2 个因子上有较高载荷；Q15 信息发布、Q14 利用率、Q16 信息查询、Q13 可维护性在第 3 个因子上载荷较高；Q11 简易性、Q5 界面友好度、Q12 完整性在第 4 个因子上载荷较高；Q17 稳定性、Q18 页面相应速度、Q19 满意度在第 5 个因子上载荷较高。Q1 平台数量在第 6 个因子上载荷较高。综合考虑，因子 1 主要反映平台吞吐能力和安全响应速度，称为平台的速度性因子；因子 2 主要反映数据的可信性、数据的存储性和数据的可用性，称为平台的数据性因子；因子 3 主要反映平台的信息发布、利用、检索、维护等特点，称为平台的使用性因子；因子 4 主要反映平台简单、完整及界面友好方面的变量，称为平台的表现性因子；因子 5 主要反映平台的稳定性和满意性，称为平台的稳定性因子；因子 6 主要反映平台数量，称为平台的数量性因子。

表 5-24 平台因子分析——旋转后的因子载荷矩阵

项目	旋转成分矩阵[a]					
	成分					
	1	2	3	4	5	6
Q4 数据容量	0.711	0.186	0.163	0.152	0.142	0.362
Q2 有效网络工作	0.693	0.223	0.075	0.115	0.157	0.425
Q6 时效性	0.631	0.118	0.427	0.352	0.032	0.005
Q3 安全性	0.630	0.288	0.209	0.152	0.331	0.113
Q9 通用性	0.087	0.757	0.361	0.218	0.046	0.115
Q10 可信度	0.205	0.695	0.148	0.220	0.280	0.171
Q8 信息存储备份	0.471	0.638	0.111	0.104	0.270	-0.108
Q7 信息的可用性	0.313	0.580	0.176	0.312	0.254	0.110
Q15 信息发布	0.167	0.128	0.724	0.261	0.277	0.101
Q14 利用率	0.169	0.338	0.693	0.240	0.085	0.031
Q16 信息查询	0.173	0.135	0.622	-0.044	0.436	0.274
Q13 可维护性	0.260	0.342	0.524	0.324	-0.004	0.307
Q11 简易性	0.062	0.281	0.254	0.755	0.199	0.081
Q5 界面友好度	0.415	0.226	0.130	0.678	0.133	0.051
Q12 完整性	0.217	0.196	0.291	0.534	0.471	0.113
Q17 稳定性	0.112	0.287	0.168	0.312	0.669	0.231
Q18 页面响应速度	0.461	0.205	0.234	0.145	0.585	0.000
Q19 满意度	0.275	0.295	0.306	0.366	0.428	0.314
Q1 平台数量	0.253	0.073	0.180	0.082	0.159	0.838

提取方法：主成分

旋转法：具有 Kaiser 标准化的正交旋转法

a. 旋转在 10 次迭代后收敛

旋转前的因子载荷矩阵，是将表 5-25 的成分转换矩阵通过正交旋转法得到旋转后的因子载荷图。

表 5-25 平台因子分析——成分转换矩阵

成分	1	2	3	4	5	6
			成分转换矩阵			
1	0.479	0.457	0.435	0.405	0.377	0.256
2	0.604	−0.345	−0.268	−0.388	0.009	0.542
3	−0.376	−0.478	0.678	−0.069	0.076	0.400
4	−0.181	0.624	0.172	−0.716	−0.073	0.172
5	0.382	−0.024	0.413	0.012	−0.798	−0.215
6	−0.293	0.233	−0.280	0.409	−0.458	0.636

提取方法：主成分

旋转法：具有 Kaiser 标准化的正交旋转法

因子得分系数矩阵见表 5-26，采用回归法估计因子得分系数，可以得到 6 个因子的得分函数：

$F_{平台1}$ = − 0.122Q1 + 0.341Q2 + 0.324Q3 + 0.377Q4 + 0.143Q5 + 0.412Q6 − 0.016Q7 + 0.203Q8 − 0.204Q9 − 0.141Q10 − 0.206Q11 − 0.089Q12 − 0.039Q13 − 0.043Q14 − 0.061Q15 − 0.090Q16 − 0.233Q17 + 0.187Q18 − 0.095Q19；

$F_{平台2}$ = − 0.043Q1 − 0.012Q2 − 0.026Q3 − 0.079Q4 − 0.129Q5 − 0.227Q6 + 0.301Q7 + 0.378Q8 + 0.558Q9 + 0.465Q10 − 0.053Q11 − 0.173Q12 − 0.082Q13 − 0.058Q14 − 0.191Q15 − 0.105Q16 − 0.012Q17 − 0.129Q18 − 0.028Q19；

$F_{平台3}$ = − 0.078Q1 − 0.163Q2 − 0.032Q3 − 0.070Q4 − 0.174Q5 + 0.228Q6 − 0.129Q7 − 0.114Q8 + 0.088Q9 − 0.162Q10 − 0.088Q11 − 0.045Q12 + 0.255Q13 + 0.477Q14 + 0.490Q15 + 0.412Q16 − 0.172Q17 − 0.009Q18 − 0.039Q19；

$F_{平台4}$ = − 0.016Q1 − 0.078Q2 − 0.138Q3 − 0.054Q4 + 0.545Q5 + 0.128Q6 + 0.026Q7 − 0.236Q8 − 0.097Q9 − 0.085Q10 + 0.617Q11 + 0.310Q12 + 0.085Q13 − 0.071Q14 − 0.036Q15 − 0.369Q16 + 0.055Q17 − 0.166Q18 + 0.106Q19；

$F_{平台5}$ = − 0.083Q1 − 0.113Q2 + 0.120Q3 − 0.140Q4 − 0.155Q5 − 0.274Q6 − 0.003Q7 + 0.073Q8 − 0.269Q9 + 0.038Q10 − 0.065Q11 + 0.289Q12 − 0.365Q13 − 0.201Q14 + 0.055Q15 + 0.303Q16 + 0.583Q17 + 0.498Q18 + 0.202Q19；

$F_{平台6}$ = 0.812Q1 + 0.237Q2 − 0.149Q3 + 0.146Q4 − 0.078Q5 − 0.257Q6 − 0.011Q7 − 0.305Q8 + 0.073Q9 + 0.093Q10 + 0.035Q11 − 0.049Q12 + 0.198Q13 − 0.139Q14 − 0.110Q15 + 0.059Q16 + 0.098Q17 − 0.281Q18 + 0.162Q19

权重高的变量因子得分高，因子得分的均值为 0，标准差为 1，正值表示高于平均水平，负值表示低于平均水平。以因子的方差贡献率为权重，利用因子加权总分的方法得出平台的计算公式：

$F_{平台}$ = 15.224% $F_{平台1}$ + 13.848% $F_{平台2}$ + 13.131% $F_{平台3}$ + 11.549% $F_{平台4}$ + 10.128% $F_{平台5}$ + 7.619% $F_{平台6}$

其中，$F_{平台1}$ 为平台速度性因子，$F_{平台2}$ 为平台数据性因子，$F_{平台3}$ 为平台使用性因子，$F_{平台4}$ 为平台表现性因子，$F_{平台5}$ 为平台稳定性因子，$F_{平台6}$ 为平台数量性因子。

表 5-26　平台因子分析——成分得分系数矩阵

成分得分系数矩阵

项目	成分					
	1	2	3	4	5	6
Q1 平台数量	−0.122	−0.043	−0.078	−0.016	−0.083	0.812
Q2 有效网络工作	0.341	−0.012	−0.163	−0.078	−0.113	0.237
Q3 安全性	0.324	−0.026	−0.032	−0.138	0.120	−0.149
Q4 数据容量	0.377	−0.079	−0.070	−0.054	−0.140	0.146
Q5 界面友好度	0.143	−0.129	−0.174	0.545	−0.155	−0.078
Q6 时效性	0.412	−0.227	0.228	0.128	−0.274	−0.257
Q7 信息的可用性	−0.016	0.301	−0.129	0.026	−0.003	−0.011
Q8 信息存储备份	0.203	0.378	−0.114	−0.236	0.073	−0.305
Q9 通用性	−0.204	0.558	0.088	−0.097	−0.269	0.073
Q10 可信度	−0.141	0.465	−0.162	−0.085	0.038	0.093
Q11 简易性	−0.206	−0.053	−0.088	0.617	−0.065	0.035
Q12 完整性	−0.089	−0.173	−0.045	0.310	0.289	−0.049
Q13 可维护性	−0.039	0.082	0.255	0.085	−0.365	0.198
Q14 利用率	−0.043	0.058	0.477	−0.071	−0.201	−0.139
Q15 信息发布	−0.061	−0.191	0.490	−0.036	0.055	−0.110
Q16 信息查询	−0.090	−0.105	0.412	−0.369	0.303	0.059
Q17 稳定性	−0.233	−0.012	−0.172	0.055	0.583	0.098
Q18 页面响应速度	0.187	−0.129	−0.009	−0.166	0.498	−0.281
Q19 满意度	−0.095	−0.028	−0.039	0.106	0.202	0.162

提取方法：主成分
旋转法：具有 Kaiser 标准化的正交旋转法
构成得分

2. 应用因子分析

利用 SPSS 18.0 的因子分析工具，得应用因子分析——变量共同度。

应用因子分析中的变量共同度见表 5-27，结果显示：每一个指标变量的提取方差共同度较高，为 0.607~0.824，其中，提取成分最高的指标是 Q28 洞察力，提取成分最低的指标是 Q23 数字化，且 Q21 数据的详细性、Q22 数据的时效性、Q26 思维模式、Q27 计划性、Q30 系统的可靠性、Q32 需求灵活性、Q34 内部信息管理机构、Q35 研发能力、Q40 流程优化、Q41 运营维护指标变量超过 0.7，说明各变量信息丢失的较少，本次因子提取的总体效果理想。

表 5-27 应用因子分析——变量共同度

公因子方差		
项目	初始	提取
Q20 数据的正确性	1.000	0.742
Q21 数据的详细性	1.000	0.795
Q22 数据的时效性（准确性、客观性）	1.000	0.743
Q23 数字化	1.000	0.607
Q24 可视化	1.000	0.664
Q25 通信能力	1.000	0.650
Q26 思维模式	1.000	0.720
Q27 计划性	1.000	0.741
Q28 洞察力	1.000	0.824
Q29 便捷性	1.000	0.624
Q30 系统的可靠性	1.000	0.713
Q31 检验和确认	1.000	0.643
Q32 需求灵活性	1.000	0.715
Q33 数据库访问权限	1.000	0.630
Q34 内部信息管理机构	1.000	0.810
Q35 研发能力	1.000	0.774
Q36 反馈机制	1.000	0.683
Q37 数据库数量	1.000	0.699
Q38 数据交换	1.000	0.673
Q39 搜索工具	1.000	0.645
Q40 流程优化	1.000	0.790
Q41 运营维护	1.000	0.737
Q42 调度能力	1.000	0.679

提取方法：主成分分析

应用因子信息和累积方差贡献率见表 5-28，可见选择提取因子数 6，此时累积方差贡献率达到 70.876%，即 70.876% 的总方差可以由 6 个潜在因子解释，6 个因子较好地解释应用维度指标的 23 个变量。

表 5-28 应用因子分析——累计方差贡献率表

解释的总方差									
成分	初始特征值			提取平方和载入			旋转平方和载入		
	合计	方差/%	累积/%	合计	方差/%	累积/%	合计	方差/%	累积/%
1	1.603	46.099	46.099	1.603	46.099	46.099	4.234	18.407	18.407
2	2.122	9.225	55.324	2.122	9.225	55.324	3.681	16.006	34.414
3	1.137	4.941	60.265	1.137	4.941	60.265	3.280	14.261	48.675

成分	初始特征值			提取平方和载入			旋转平方和载入		
	合计	方差/%	累积/%	合计	方差/%	累积/%	合计	方差/%	累积/%
4	0.929	4.037	64.302	0.929	4.037	64.302	2.054	8.931	57.606
5	0.798	3.470	67.773	0.798	3.470	67.773	1.586	6.897	64.503
6	0.714	3.104	70.876	0.714	3.104	70.876	1.466	6.373	70.876
7	0.679	2.952	73.828						
8	0.643	2.798	76.626						
9	0.596	2.589	79.215						
10	0.544	2.364	81.579						
11	0.496	2.156	83.735						
12	0.453	1.968	85.703						
13	0.422	1.833	87.536						
14	0.368	1.599	89.135						
15	0.355	1.542	90.677						
16	0.335	1.457	92.134						
17	0.303	1.318	93.452						
18	0.295	1.284	94.736						
19	0.286	1.242	95.978						
20	0.267	1.160	97.138						
21	0.242	1.051	98.189						
22	0.223	0.969	99.159						
23	0.193	0.841	100.000						

解释的总方差

提取方法：主成分分析

旋转前的因子载荷阵见表 5-29，将原有变量综合成几个少数因子是因子分析的核心内容，得到应用因子分析模型：

运营维护 $= 0.777f_{应用1} + 0.146f_{应用2} - 0.219f_{应用3} - 0.073f_{应用4} - 0.240f_{应用5} + 0.032f_{应用6}$；

流程优化 $= 0.755f_{应用1} + 0.224f_{应用2} - 0.170f_{应用3} - 0.224f_{应用4} - 0.284f_{应用5} - 0.098f_{应用6}$；

调度能力安排 $= 0.740f_{应用1} + 0.228f_{应用2} - 0.122f_{应用3} - 0.124f_{应用4} - 0.217f_{应用5} - 0.049f_{应用6}$；

检验和确认 $= 0.739f_{应用1} - 0.115f_{应用2} + 0.054f_{应用3} + 0.167f_{应用4} - 0.228f_{应用5} + 0.028f_{应用6}$；

数字化 $= 0.718f_{应用1} - 0.029f_{应用2} + 0.069f_{应用3} - 0.097f_{应用4} + 0.111f_{应用5} + 0.252f_{应用6}$；

可视化 $= 0.714f_{应用1} + 0.036f_{应用2} + 0.284f_{应用3} - 0.080f_{应用4} - 0.044f_{应用5} + 0.252f_{应用6}$；

搜索工具 $= 0.711f_{应用1} + 0.072f_{应用2} - 0.199f_{应用3} - 0.106f_{应用4} - 0.163f_{应用5} - 0.237f_{应用6}$；

数据交换 $= 0.708f_{应用1} + 0.357f_{应用2} - 0.164f_{应用3} - 0.120f_{应用4} + 0.001f_{应用5} + 0.053f_{应用6}$；

计划性 $= 0.707f_{应用1} - 0.110f_{应用2} + 0.185f_{应用3} - 0.256f_{应用4} + 0.247f_{应用5} - 0.261f_{应用6}$；

需求灵活性 = $0.688f_{应用1} - 0.170f_{应用2} + 0.379f_{应用3} + 0.096f_{应用4} - 0.234f_{应用5} + 0.070f_{应用6}$；

数据库访问权限 = $0.686f_{应用1} - 0.100f_{应用2} + 0.315f_{应用3} + 0.094f_{应用4} - 0.085f_{应用5} - 0.185f_{应用6}$；

洞察力 = $0.686f_{应用1} - 0.022f_{应用2} + 0.012f_{应用3} - 0.137f_{应用4} + 0.336f_{应用5} - 0.471f_{应用6}$；

数据的详细性 = $0.683f_{应用1} - 0.393f_{应用2} - 0.334f_{应用3} + 0.045f_{应用4} + 0.202f_{应用5} + 0.141f_{应用6}$；

便捷性 = $0.673f_{应用1} - 0.352f_{应用2} - 0.118f_{应用3} + 0.131f_{应用4} + 0.005f_{应用5} - 0.127f_{应用6}$；

数据的时效性 = $0.670f_{应用1} - 0.400f_{应用2} - 0.287f_{应用3} + 0.088f_{应用4} + 0.183f_{应用5} + 0.103f_{应用6}$；

通信能力 = $0.667f_{应用1} - 0.216f_{应用2} + 0.364f_{应用3} - 0.057f_{应用4} - 0.009f_{应用5} + 0.151f_{应用6}$；

思维模式 = $0.664f_{应用1} - 0.008f_{应用2} + 0.354f_{应用3} - 0.342f_{应用4} + 0.147f_{应用5} + 0.119f_{应用6}$；

数据的正确性 = $0.651f_{应用1} - 0.451f_{应用2} - 0.203f_{应用3} + 0.154f_{应用4} + 0.146f_{应用5} + 0.168f_{应用6}$；

系统的可靠性 = $0.644f_{应用1} - 0.397f_{应用2} - 0.084f_{应用3} + 0.246f_{应用4} - 0.245f_{应用5} - 0.118f_{应用6}$；

数据库数量 = $0.638f_{应用1} + 0.396f_{应用2} - 0.176f_{应用3} - 0.121f_{应用4} + 0.224f_{应用5} + 0.198f_{应用6}$；

反馈机制 = $0.579f_{应用1} + 0.555f_{应用2} - 0.134f_{应用3} + 0.120f_{应用4} - 0.007f_{应用5} + 0.091f_{应用6}$；

研发能力 = $0.527f_{应用1} + 0.609f_{应用2} + 0.037f_{应用3} + 0.308f_{应用4} + 0.171f_{应用5} + 0.006f_{应用6}$；

内部信息管理机构 = $0.523f_{应用1} + 0.345f_{应用2} + 0.220f_{应用3} + 0.574f_{应用4} + 0.169f_{应用5} - 0.105f_{应用6}$。

表 5-29 应用因子分析——旋转前的因子载荷矩阵

项目	成分矩阵[a]					
	成分					
	1	2	3	4	5	6
Q41 运营维护	0.777	0.146	-0.219	-0.073	-0.240	0.032
Q40 流程优化	0.755	0.224	-0.170	-0.224	-0.284	-0.098
Q42 调度能力	0.740	0.228	-0.122	-0.124	-0.217	-0.049
Q31 检验和确认	0.739	-0.115	0.054	0.167	-0.228	0.028
Q23 数字化	0.718	-0.029	0.069	-0.097	0.111	0.252
Q24 可视化	0.714	0.036	0.284	-0.080	-0.044	0.252
Q39 搜索工具	0.711	0.072	-0.199	-0.106	-0.163	-0.237
Q38 数据交换	0.708	0.357	-0.164	-0.120	0.001	0.053
Q27 计划性	0.707	-0.110	0.185	-0.256	0.247	-0.261
Q32 需求灵活性	0.688	-0.170	0.379	0.096	-0.234	0.070
Q33 数据库访问权限	0.686	-0.100	0.315	0.094	-0.085	-0.185
Q28 洞察力	0.686	-0.022	0.012	-0.137	0.336	-0.471
Q21 数据的详细性	0.683	-0.393	-0.334	0.045	0.202	0.141
Q29 便捷性	0.673	-0.352	-0.118	0.131	0.005	-0.127
Q22 数据的时效性（准确性、客观性）	0.670	-0.400	-0.287	0.088	0.183	0.103
Q25 通信能力	0.667	-0.216	0.364	-0.057	-0.009	0.151

成分矩阵^a

项目	成分					
	1	2	3	4	5	6
Q26 思维模式	0.664	−0.008	0.354	−0.342	0.147	0.119
Q20 数据的正确性	0.651	−0.451	−0.203	0.154	0.146	0.168
Q30 系统的可靠性	0.644	−0.397	−0.084	0.246	−0.245	−0.118
Q37 数据库数量	0.638	0.396	−0.176	−0.121	0.224	0.198
Q36 反馈机制	0.579	0.555	−0.134	0.120	−0.007	0.091
Q35 研发能力	0.527	0.609	0.037	0.308	0.171	0.006
Q34 内部信息管理机构	0.523	0.345	0.220	0.574	0.169	−0.105

提取方法：主成分

a. 已提取了6个成分

可见所有变量在第 1 个因子上的载荷最高，代表性最高；第 2 个因子在 Q36 反馈机制、Q35 研发能力变量上相关性较高，第 4 个因子在 Q34 内部信息系管理结构变量上相关性较高，第 3 个因子、第 5 个因子、第 6 个因子的影响作用不显著。

旋转后的因子载荷矩阵见表 5-30，通过最大方差法旋转后，得到 23 个指标在 6 个因子上的因子载荷，使因子的命名更具解释性。结果显示：Q40 流程优化、Q41 运营维护、Q42 调度能力、Q38 数据交换、Q36 反馈机制、Q39 搜索工具、Q37 数据库数量在第 1 个因子上载荷较高；Q21 数据的详细性、Q20 数据的正确性、Q22 数据的时效性、Q29 便捷性、Q30 系统的可靠性在第 2 个因子上载荷较高；Q26 思维模式、Q25 通信能力、Q24 可视化、Q32 需求灵活性、Q23 数字化、Q33 数据库访问权限在第 3 个因子上载荷较高；Q34 内部信息管理机构、Q35 研发能力在第 4 个因子上载荷较高；Q28 洞察力、Q27 计划性在第 5 个因子上载荷较高；Q31 检验和确认在第 6 个因子上载荷较高。综合考虑，因子 1 反映应用软件的多方面功能，称为应用功能性因子；因子 2 主要反映数据的详细、正确、便捷和可靠，称为应用可靠性因子；因子 3 主要反映思维、通信、视觉等，称为应用交互性因子；因子 4 主要反映信息机构和研发能力，称为应用组织性因子；因子 5 主要反映理解数据信息和按计划阶段开展工作，称为应用计划性因子；因子 6 反映检验和确认，称为应用验证性因子。

表 5-30　应用因子分析——旋转后的因子载荷矩阵

旋转成分矩阵^a

项目	成分					
	1	2	3	4	5	6
Q40 流程优化	0.783	0.163	0.238	0.057	0.197	0.227
Q41 运营维护	0.713	0.320	0.236	0.134	0.075	0.216
Q42 调度能力	0.699	0.183	0.257	0.155	0.160	0.205
Q38 数据交换	0.686	0.191	0.240	0.284	0.160	−0.040

项目	成分					
	1	2	3	4	5	6
Q36 反馈机制	0.623	0.060	0.125	0.524	0.006	−0.034
Q39 搜索工具	0.608	0.277	0.123	0.080	0.315	0.278
Q37 数据库数量	0.594	0.229	0.257	0.358	0.130	−0.286
Q21 数据的详细性	0.241	0.822	0.191	0.029	0.154	0.015
Q20 数据的正确性	0.120	0.797	0.256	0.068	0.083	0.122
Q22 数据的时效性（准确性、客观性）	0.202	0.795	0.191	0.053	0.163	0.071
Q29 便捷性	0.199	0.601	0.195	0.077	0.259	0.335
Q30 系统的可靠性	0.196	0.562	0.180	0.047	0.098	0.561
Q26 思维模式	0.275	0.141	0.718	0.052	0.320	−0.053
Q25 通信能力	0.128	0.298	0.685	0.091	0.148	0.213
Q24 可视化	0.338	0.215	0.670	0.200	0.050	0.108
Q32 需求灵活性	0.184	0.235	0.622	0.156	0.061	0.460
Q23 数字化	0.352	0.395	0.534	0.171	0.107	−0.032
Q33 数据库访问权限	0.188	0.205	0.461	0.230	0.313	0.435
Q34 内部信息管理机构	0.109	0.106	0.166	0.829	0.133	0.234
Q35 研发能力	0.416	−0.004	0.128	0.757	0.096	−0.034
Q28 洞察力	0.280	0.293	0.185	0.200	0.760	0.093
Q27 计划性	0.249	0.268	0.448	0.074	0.628	0.081
Q31 检验和确认	0.355	0.390	0.374	0.199	0.046	0.428

旋转成分矩阵[a]

提取方法：主成分

旋转法：具有 Kaiser 标准化的正交旋转法

a. 旋转在 8 次迭代后收敛

旋转前的因子载荷矩阵，是将表 5-31 中的成分转换矩阵通过正交旋转法得到旋转后的因子载荷图。

表 5-31　应用因子分析——成分转换矩阵

成分	1	2	3	4	5	6
1	0.555	0.487	0.484	0.286	0.288	0.236
2	0.504	−0.601	−0.119	0.539	−0.062	−0.278
3	−0.437	−0.474	0.705	0.162	0.119	0.218
4	−0.340	0.246	−0.276	0.700	−0.316	0.397

成分转换矩阵

成分转换矩阵						
成分	1	2	3	4	5	6
5	−0.362	0.264	0.009	0.334	0.467	−0.685
6	0.020	0.218	0.422	0.004	−0.762	−0.438

提取方法：主成分

旋转法：具有 Kaiser 标准化的正交旋转法

因子得分系数矩阵见表 5-32，采用回归法估计因子得分系数，得到 6 个因子的得分函数：

$$F_{应用1} = -0.113Q20 - 0.034Q21 - 0.062Q22 - 0.004Q23 - 0.007Q24 - 0.127Q25 - 0.041Q26$$
$$-0.085Q27 - 0.089Q28 - 0.057Q29 - 0.011Q30 + 0.034Q31 - 0.077Q32 - 0.110Q33 -$$
$$0.265Q34 - 0.033Q35 + 0.175Q36 + 0.143Q37 + 0.230Q38 + 0.237Q39 + 0.366Q40 +$$
$$0.296Q41 + 0.282Q42;$$

$$F_{应用2} = 0.383Q20 + 0.404Q21 + 0.379Q22 + 0.100Q23 - 0.055Q24 - 0.032Q25 - 0.120Q226$$
$$-0.080Q27 - 0.037Q28 + 0.177Q29 + 0.125Q30 + 0.021Q31 - 0.109Q32 - 0.131Q33 +$$
$$0.010Q34 - 0.024Q35 - 0.017Q36 + 0.093Q37 - 0.015Q38 - 0.059Q39 - 0.141Q40 -$$
$$0.003Q41 - 0.099Q42;$$

$$F_{应用3} = -0.016Q20 - 0.081Q21 - 0.088Q22 + 0.256Q23 + 0.379Q24 + 0.374Q25 + 0.424Q26$$
$$+0.077Q27 - 0.195Q28 - 0.136Q29 - 0.146Q30 + 0.039Q31 + 0.286Q32 + 0.094Q33 -$$
$$0.090Q34 - 0.073Q35 - 0.070Q36 + 0.054Q37 - 0.022Q38 - 0.206Q39 - 0.078Q40 -$$
$$0.070Q41 - 0.049Q42;$$

$$F_{应用4} = 0.053Q20 - 0.009Q21 + 0.019Q22 - 0.004Q23 - 0.008Q24 - 0.031Q25 - 0.130Q26$$
$$-0.074Q27 + 0.049Q28 + 0.012Q29 - 0.013Q30 + 0.029Q31 + 0.004Q32 + 0.072Q33 +$$
$$0.636Q34 + 0.478Q35 + 0.225Q36 + 0.096Q37 - 0.003Q38 - 0.140Q39 - 0.235Q40 -$$
$$0.129Q41 - 0.124Q42;$$

$$F_{应用5} = -0.136Q20 - 0.053Q21 - 0.033Q22 - 0.144Q23 - 0.220Q24 - 0.084Q25 + 0.131Q26$$
$$+0.552Q27 + 0.767Q28 + 0.110Q29 - 0.081Q30 - 0.191Q31 - 0.181Q32 + 0.170Q33 +$$
$$0.043Q34 - 0.011Q35 - 0.157Q36 - 0.052Q37 - 0.024Q38 + 0.190Q39 + 0.011Q40 -$$
$$0.156Q41 - 0.031Q42;$$

$$F_{应用6} = -0.128Q20 - 0.239Q21 - 0.170Q22 - 0.258Q23 - 0.086Q24 + 0.003Q25 - 0.262Q26$$
$$-0.095Q27 - 0.037Q28 + 0.168Q29 + 0.438Q30 + 0.291Q31 + 0.309Q32 + 0.316Q33 +$$
$$0.174Q34 - 0.080Q35 - 0.085Q36 - 0.437Q37 - 0.148Q38 + 0.208Q39 + 0.163Q40 +$$
$$0.111Q41 + 0.126Q42$$

权重高的变量因子得分高，因子得分的均值为 0，标准差为 1，正值表示高于平均水平，负值表示低于平均水平。根据以因子的方差贡献率为权重，利用因子加权总分的方法得出应用的计算公式：

$$F_{应用} = 18.407\% F_{应用1} + 16.006\% F_{应用2} + 14.261\% F_{应用3} + 8.931\% F_{应用4} + 6.897\% F_{应用5} + 6.373\% F_{应用6}$$

其中，$F_{应用1}$ 为应用功能性因子，$F_{应用2}$ 为应用可靠性因子，$F_{应用3}$ 为应用交互性因子，

$F_{应用4}$为应用组织性因子，$F_{应用5}$为应用计划性因子，$F_{应用6}$为应用验证性因子。

表 5-32 应用因子分析——成分得分系数矩阵

成分得分系数矩阵

项目	成分					
	1	2	3	4	5	6
Q20 数据的正确性	−0.113	0.383	−0.016	0.053	−0.136	−0.128
Q21 数据的详细性	−0.034	0.404	−0.081	−0.009	−0.053	−0.239
Q22 数据的时效性（准确性、客观性）	−0.062	0.379	−0.088	0.019	−0.033	−0.170
Q23 数字化	−0.004	0.100	0.256	−0.004	−0.144	−0.258
Q24 可视化	−0.007	−0.055	0.379	−0.008	−0.220	−0.086
Q25 通信能力	−0.127	−0.032	0.374	−0.031	−0.084	0.003
Q26 思维模式	−0.041	−0.120	0.424	−0.130	0.131	−0.262
Q27 计划性	−0.085	−0.080	0.077	−0.074	0.552	−0.095
Q28 洞察力	−0.089	−0.037	−0.195	0.049	0.767	−0.037
Q29 便捷性	−0.057	0.177	−0.136	0.012	0.110	0.168
Q30 系统的可靠性	−0.011	0.125	−0.146	−0.013	−0.081	0.438
Q31 检验和确认	0.034	0.021	0.039	0.029	−0.191	0.291
Q32 需求灵活性	−0.077	−0.109	0.286	0.004	−0.181	0.309
Q33 数据库访问权限	−0.110	−0.131	0.094	0.072	0.170	0.316
Q34 内部信息管理机构	−0.265	0.010	−0.090	0.636	0.043	0.174
Q35 研发能力	−0.033	−0.024	−0.073	0.478	−0.011	−0.080
Q36 反馈机制	0.175	−0.017	−0.070	0.225	−0.157	−0.084
Q37 数据库数量	0.143	0.093	0.054	0.096	−0.052	−0.437
Q38 数据交换	0.230	−0.015	−0.022	−0.003	−0.024	−0.148
Q39 搜索工具	0.237	−0.059	−0.206	−0.140	0.190	0.208
Q40 流程优化	0.366	−0.141	−0.078	−0.235	0.011	0.163
Q41 运营维护	0.296	−0.003	−0.070	−0.129	−0.156	0.111
Q42 调度能力	0.282	−0.099	−0.049	−0.124	−0.031	0.126

提取方法：主成分

旋转法：具有 Kaiser 标准化的正交旋转法

构成得分

3. 环境因子分析

利用 SPSS 18.0 的因子分析工具，得环境因子分析——变量共同度。

环境因子分析的变量共同度见表 5-33，结果显示：每个指标变量的提取方差共同度都较高，为 0.612~0.833，其中，提取成分最高的指标是 Q58 计费管理，提取成分最低的指标是 Q49 持续工作，且 Q43 社会文化、Q44 组织文化、Q46 系统的稳定性、Q48 开发应用、Q50 基础设施、Q53 身份认证 PKI、Q55 应用业务加密、Q56 信息交换加密、Q60 配置、Q61 性能、Q62 用户体验指标变量超过 0.7，说明各变量信息丢失较少，本次因子提取的总体效果理想。

表 5-33 环境因子分析——变量共同度

公因子方差

项目	初始	提取
Q43 社会文化	1.000	0.705
Q44 组织文化	1.000	0.704
Q45 政策支持	1.000	0.699
Q46 系统的稳定性	1.000	0.754
Q47 数据控制	1.000	0.693
Q48 开发应用	1.000	0.784
Q49 持续工作	1.000	0.612
Q50 基础设施	1.000	0.725
Q51 网络安全	1.000	0.662
Q52 网络监控	1.000	0.668
Q53 身份认证 PKI	1.000	0.709
Q54 授权程度	1.000	0.664
Q55 应用业务加密	1.000	0.746
Q56 信息交换加密	1.000	0.753
Q57 CA 认证	1.000	0.663
Q58 计费管理	1.000	0.833
Q59 远程交互	1.000	0.697
Q60 配置	1.000	0.764
Q61 性能	1.000	0.783
Q62 用户体验	1.000	0.750
Q63 积极性	1.000	0.699

提取方法：主成分分析

环境因子信息和累积方差贡献率见表 5-34，选择提取因子数 6，累积方差贡献率达到 71.743%，即 71.743% 的总方差可以由 6 个潜在因子解释，6 个因子比较好地解释环境指标的 21 个变量。

表 5-34 环境因子分析——累计方差贡献率表

解释的总方差

成分	初始特征值			提取平方和载入			旋转平方和载入		
	合计	方差/%	累积/%	合计	方差/%	累积/%	合计	方差/%	累积/%
1	9.748	46.417	46.417	9.748	46.417	46.417	4.086	19.457	19.457
2	1.532	7.297	53.714	1.532	7.297	53.714	3.398	16.179	35.636

	解释的总方差								
成分	初始特征值			提取平方和载入			旋转平方和载入		
	合计	方差/%	累积/%	合计	方差/%	累积/%	合计	方差/%	累积/%
3	1.155	5.500	59.214	1.155	5.500	59.214	2.772	13.200	48.836
4	1.006	4.789	64.002	1.006	4.789	64.002	1.912	9.105	57.941
5	0.921	4.386	68.389	0.921	4.386	68.389	1.629	7.756	65.696
6	0.704	3.354	71.743	0.704	3.354	71.743	1.270	6.047	71.743
7	0.682	3.246	74.989						
8	0.626	2.979	77.968						
9	0.579	2.757	80.725						
10	0.571	2.718	83.442						
11	0.459	2.185	85.627						
12	0.396	1.885	87.512						
13	0.391	1.862	89.374						
14	0.368	1.753	91.127						
15	0.335	1.594	92.721						
16	0.332	1.582	94.303						
17	0.280	1.334	95.636						
18	0.257	1.222	96.858						
19	0.248	1.180	98.039						
20	0.214	1.017	99.056						
21	0.198	0.944	100.000						

提取方法：主成分分析

旋转前的因子载荷阵见表5-35，将原有变量综合成几个少数因子是因子分析的核心内容，得到环境因子分析模型：

配置 $= 0.770f_{环境1} - 0.044f_{环境2} + 0.292f_{环境3} - 0.271f_{环境4} + 0.098f_{环境5} + 0.024f_{环境6}$ ；

性能 $= 0.746f_{环境1} - 0.110f_{环境2} + 0.305f_{环境3} - 0.293f_{环境4} + 0.152f_{环境5} - 0.117f_{环境6}$ ；

网络监控 $= 0.732f_{环境1} + 0.170f_{环境2} - 0.272f_{环境3} - 0.063f_{环境4} - 0.072f_{环境5} - 0.144f_{环境6}$ ；

CA 认证 $= 0.728f_{环境1} + 0.353f_{环境2} + 0.027f_{环境3} + 0.080f_{环境4} - 0.019f_{环境5} + 0.024f_{环境6}$ ；

授权程度 $= 0.727f_{环境1} + 0.261f_{环境2} - 0.142f_{环境3} - 0.172f_{环境4} + 0.131f_{环境5} - 0.021f_{环境6}$ ；

网络安全 $= 0.724f_{环境1} - 0.086f_{环境2} - 0.111f_{环境3} - 0.177f_{环境4} - 0.266f_{环境5} + 0.124f_{环境6}$ ；

信息交换密码 $= 0.723f_{环境1} + 0.457f_{环境2} - 0.057f_{环境3} + 0.050f_{环境4} - 0.083f_{环境5} - 0.097f_{环境6}$ ；

数据控制 $= 0.720f_{环境1} - 0.356f_{环境2} - 0.036f_{环境3} - 0.106f_{环境4} - 0.171f_{环境5} - 0.080f_{环境6}$ ；

基础设施 $= 0.720f_{环境1} - 0.218f_{环境2} - 0.001f_{环境3} - 0.105f_{环境4} - 0.377f_{环境5} + 0.082f_{环境6}$ ；

持续工作 $= 0.718f_{环境1} - 0.119f_{环境2} + 0.109f_{环境3} + 0.172f_{环境4} - 0.194f_{环境5} - 0.058f_{环境6}$ ；

身份认证 PKI $= 0.701f_{环境1} + 0.313f_{环境2} - 0.277f_{环境3} - 0.198f_{环境4} + 0.050f_{环境5} - 0.040f_{环境6}$ ；

政策支持 $=0.688f_{环境1}-0.205f_{环境2}-0.291f_{环境3}+0.299f_{环境4}+0.094f_{环境5}-0.033f_{环境6}$；

应用业务加密 $=0.684f_{环境1}+0.510f_{环境2}-0.071f_{环境3}-0.050f_{环境4}+0.024f_{环境5}-0.098f_{环境6}$；

系统的稳定性 $=0.682f_{环境1}-0.449f_{环境2}-0.119f_{环境3}-0.076f_{环境4}-0.258f_{环境5}+0.013f_{环境6}$；

用户体验 $=0.678f_{环境1}-0.110f_{环境2}+0.348f_{环境3}-0.094f_{环境4}+0.273f_{环境5}-0.270f_{环境6}$；

组织文化 $=0.668f_{环境1}-0.214f_{环境2}-0.291f_{环境3}+0.314f_{环境4}+0.164f_{环境5}+0.035f_{环境6}$；

远程交互 $=0.652f_{环境1}-0.152f_{环境2}+0.341f_{环境3}-0.120f_{环境4}+0.099f_{环境5}+0.328f_{环境6}$；

开发应用 $=0.611f_{环境1}-0.100f_{环境2}+0.167f_{环境3}+0.526f_{环境4}-0.107f_{环境5}-0.291f_{环境6}$；

积极性 $=0.599f_{环境1}-0.151f_{环境2}+0.113f_{环境3}+0.240f_{环境4}+0.494f_{环境5}+0.058f_{环境6}$；

社会文化 $=0.559f_{环境1}-0.051f_{环境2}-0.314f_{环境3}+0.030f_{环境4}+0.246f_{环境5}+0.479f_{环境6}$；

计费管理 $=0.363f_{环境1}+0.416f_{环境2}+0.460f_{环境3}+0.357f_{环境4}-0.272f_{环境5}+0.339f_{环境6}$。

可见所有变量在第 1 个因子上的载荷最高，代表性最高；第 2 个因子在 Q55 应用业务加密、Q56 信息交换加密、Q58 计费管理变量上相关性较高；第 3 个因子在 Q58 计费管理变量上相关性较高；第 4 个因子在 Q48 开发应用变量上相关性较高；第 5 个因子在 Q63 积极性变量上相关性较高；第 6 个因子在 Q43 社会文化变量上相关性较高。

表 5-35　环境因子分析——旋转前的因子载荷矩阵

成分矩阵[a]						
项目	成分					
	1	2	3	4	5	6
Q60 配置	0.770	-0.044	0.292	-0.271	0.098	0.024
Q61 性能	0.746	-0.110	0.305	-0.293	0.152	-0.117
Q52 网络监控	0.732	0.170	-0.272	-0.063	-0.072	-0.144
Q57CA 认证	0.728	0.353	0.027	0.080	-0.019	0.024
Q54 授权程度	0.727	0.261	-0.142	-0.172	0.131	-0.021
Q51 网络安全	0.724	-0.086	-0.111	-0.177	-0.266	0.124
Q56 信息交换加密	0.723	0.457	-0.057	0.050	-0.083	-0.097
Q47 数据控制	0.720	-0.356	-0.036	-0.106	-0.171	-0.080
Q50 基础设施	0.720	-0.218	-0.001	-0.105	-0.377	0.082
Q49 持续工作	0.718	-0.119	0.109	0.172	-0.194	-0.058
Q53 身份认证 PKI	0.701	0.313	-0.277	-0.198	0.050	-0.040
Q45 政策支持	0.688	-0.205	-0.291	0.299	0.094	-0.033
Q55 应用业务加密	0.684	0.510	-0.071	-0.050	0.024	-0.098
Q46 系统的稳定性	0.682	-0.449	-0.119	-0.076	-0.258	0.013
Q62 用户体验	0.678	-0.110	0.348	-0.094	0.273	-0.270
Q44 组织文化	0.668	-0.214	-0.291	0.314	0.164	0.035
Q59 远程交互	0.652	-0.152	0.341	-0.120	0.099	0.328
Q48 开发应用	0.611	-0.100	0.167	0.526	-0.107	-0.291
Q63 积极性	0.599	-0.151	0.113	0.240	0.494	0.058

续表

成分矩阵[a]						
项目	成分					
	1	2	3	4	5	6
Q43 社会文化	0.559	−0.051	−0.314	0.030	0.246	0.479
Q58 计费管理	0.363	0.416	0.460	0.357	−0.272	0.339

提取方法：主成分

a. 已提取了 6 个成分

　　旋转后的因子载荷见表 5-36，通过最大方差法旋转后，得到 21 个指标在 6 个因子上的新的因子载荷，使因子的命名更具解释性。结果显示：Q55 应用业务加密、Q56 信息交换加密、Q53 身份认证 PKI、Q54 授权程度、Q52 网络监控、Q57CA 认证在第 1 个因子上有载荷较高；Q46 系统的稳定性、Q50 基础设施、Q47 数据控制、Q51 网络安全、Q49 持续工作在第 2 个因子上载荷较高；Q62 用户体验、Q61 性能、Q60 配置、Q59 远程交互、Q63 积极性在第 3 个因子上载荷较高；Q48 开发应用、Q45 政策支持、Q44 组织文化在第 4 个因子上有较高载荷；Q43 社会文化在第 5 个因子上载荷较高；Q58 计费管理在第 6 个因子上载荷较高。综合考虑：因子 1 反映开展网络工作执行任务时的数据信息的安全，称为信息安全性环境因子；因子 2 主要反映开展网络工作执行任务时的网络的安全，称为网络安全性环境因子；因子 3 反映员工用户体验、性能与配置、交互和积极性，称为体验性环境因子；因子 4 反映开展网络工作执行任务时的政策和文化等环境，所以称为政策和组织文化性环境因子；因子 5 主要反映开展网络工作执行任务时的社会文化，称为社会文化性环境因子；因子 6 反映计费管理，称为计费管理性环境因子。

表 5-36　环境因子分析——旋转后的因子载荷矩阵

旋转成分矩阵[a]						
项目	成分					
	1	2	3	4	5	6
Q55 应用业务加密	0.800	0.088	0.203	0.129	0.076	0.186
Q56 信息交换加密	0.761	0.178	0.154	0.223	0.057	0.258
Q53 身份认证 PKI	0.753	0.247	0.172	0.039	0.221	−0.037
Q54 授权程度	0.679	0.213	0.307	0.073	0.241	0.014
Q52 网络监控	0.665	0.370	0.122	0.225	0.147	−0.040
Q57CA 认证	0.633	0.187	0.235	0.215	0.162	0.315
Q46 系统的稳定性	0.122	0.775	0.209	0.236	0.192	−0.058
Q50 基础设施	0.258	0.750	0.203	0.132	0.100	0.165
Q47 数据控制	0.206	0.679	0.325	0.254	0.128	−0.059
Q51 网络安全	0.394	0.650	0.183	0.040	0.191	0.110
Q49 持续工作	0.269	0.491	0.265	0.407	0.084	0.237
Q62 用户体验	0.268	0.180	0.738	0.316	0.013	−0.004

项目	成分					
	1	2	3	4	5	6
Q61 性能	0.325	0.358	0.732	0.101	0.058	0.025
Q60 配置	0.356	0.382	0.672	0.042	0.132	0.144
Q59 远程交互	0.106	0.363	0.584	−0.002	0.331	0.322
Q63 积极性	0.141	0.005	0.514	0.427	0.480	0.051
Q48 开发应用	0.185	0.259	0.199	0.762	−0.023	0.249
Q45 政策支持	0.293	0.361	0.103	0.533	0.429	−0.062
Q44 组织文化	0.259	0.315	0.116	0.513	0.508	−0.055
Q43 社会文化	0.280	0.236	0.106	0.016	0.745	0.061
Q58 计费管理	0.212	0.038	0.086	0.121	0.014	0.874

旋转成分矩阵[a]

提取方法：主成分

旋转法：具有 Kaiser 标准化的正交旋转法

a. 旋转在 7 次迭代后收敛

旋转前的因子载荷矩阵，是将如表 5-37 的成分转换矩阵通过正交旋转法得到旋转后的因子载荷图。

表 5-37　环境因子分析——成分转换矩阵

成分	1	2	3	4	5	6
1	0.568	0.512	0.442	0.330	0.291	0.162
2	0.703	−0.506	−0.185	−0.210	−0.172	0.377
3	−0.327	−0.130	0.640	−0.019	−0.394	0.558
4	−0.184	−0.232	−0.341	0.784	0.183	0.385
5	0.001	−0.634	0.480	0.079	0.489	−0.350
6	−0.207	0.096	−0.119	−0.476	0.676	0.500

成分转换矩阵

提取方法：主成分

旋转法：具有 Kaiser 标准化的正交旋转法

因子得分系数矩阵见表 5-38，采用回归法估计因子得分系数，得到 6 个因子的得分函数：

$F_{环境1}$ = − 0.048Q43 − 0.045Q44 − 0.017Q45 − 0.123Q46 − 0.068Q47 − 0.069Q48 − 0.058Q49 − 0.063Q50 + 0.030Q51 + 0.252Q52 + 0.310Q53 + 0.240Q54 + 0.332Q55 + 0.287Q56 + 0.175Q57 − 0.083Q58 − 0.203Q59 − 0.015Q60 − 0.005Q61 − 0.013Q62 − 0.127Q63；

$F_{环境2}$ = − 0.029Q43 − 0.042Q44 − 0.002Q45 + 0.395Q46 + 0.291Q47 − 0.041Q48 + 0.151Q49 + 0.405Q50 + 0.320Q51 + 0.057Q52 − 0.039Q53 − 0.086Q54 −

0.143Q55 - 0.074Q56 - 0.083Q57 - 0.019Q58 + 0.050Q59 + 0.020Q60 - 0.012Q61 - 0.170Q62 - 0.319Q63;

$F_{环境3}$ = -0.106Q43 - 0.132Q44 - 0.152Q45 - 0.092Q46 + 0.016Q47 - 0.053Q48 - 0.042Q49 - 0.116Q50 - 0.118Q51 - 0.130Q52 - 0.059Q53 + 0.053Q54 - 0.024Q55 - 0.098Q56 - 0.036Q57 - 0.098Q58 + 0.273Q59 + 0.341Q60 + 0.414Q61 + 0.457Q62 + 0.274Q63;

$F_{环境4}$ = -0.249Q43 + 0.292Q44 + 0.319Q45 - 0.003Q46 + 0.031Q47 + 0.629Q48 + 0.195Q49 - 0.115Q50 - 0.207Q51 + 0.048Q52 - 0.137Q53 - 0.117Q54 - 0.016Q55 + 0.060Q56 + 0.020Q57 - 0.026Q58 - 0.269Q59 - 0.191Q60 - 0.101Q61 + 0.165Q62 + 0.229Q63;

$F_{环境5}$ = 0.726Q43 + 0.321Q44 + 0.215Q45 - 0.027Q46 - 0.113Q47 - 0.268Q48 - 0.130Q49 - 0.094Q50 + 0.015Q51 - 0.093Q52 + 0.032Q53 + 0.059Q54 - 0.103Q55 - 0.138Q56 + 0.000Q57 + 0.053Q58 + 0.266Q59 - 0.046Q60 - 0.154Q61 - 0.218Q62 + 0.358Q63;

$F_{环境6}$ = 0.104Q43 - 0.100Q44 - 0.124Q45 - 0.078Q46 - 0.126Q47 + 0.102Q48 + 0.133Q49 + 0.118Q50 + 0.059Q51 - 0.177Q52 - 0.168Q53 - 0.123Q54 + 0.004Q55 + 0.079Q56 + 0.167Q57 + 0.811Q58 + 0.288Q59 + 0.019Q60 - 0.120Q61 - 0.179Q62 - 0.027Q63。

权重高的变量因子得分高，因子得分的均值为0，标准差为1，正值表示高于平均水平，负值表示低于平均水平。根据以因子的方差贡献率为权重，利用因子加权总分的方法得到环境的计算公式：

$F_{环境}$ = 19.457% $F_{环境1}$ + 16.179% $F_{环境2}$ + 13.200% $F_{环境3}$ + 9.105% $F_{环境4}$ + 7.756% $F_{环境5}$ + 6.047% $F_{环境6}$

其中，$F_{环境1}$为信息安全性环境因子，$F_{环境2}$为网络安全性环境因子，$F_{环境3}$为体验性环境因子，$F_{环境4}$为政策和组织文化性环境因子，$F_{环境5}$为社会文化性环境因子，$F_{环境6}$为计费管理性环境因子。

表 5-38 环境因子分析——成分得分系数矩阵

项目	成分得分系数矩阵					
	成分					
	1	2	3	4	5	6
Q43 社会文化	-0.048	-0.029	-0.106	-0.249	0.726	0.104
Q44 组织文化	-0.045	-0.042	-0.132	0.292	0.321	-0.100
Q45 政策支持	-0.017	-0.002	-0.152	0.319	0.215	-0.124
Q46 系统的稳定性	-0.123	0.395	-0.092	-0.003	-0.027	-0.078
Q47 数据控制	-0.068	0.291	0.016	0.031	-0.113	-0.126
Q48 开发应用	-0.069	-0.041	-0.053	0.629	-0.268	0.102
Q49 持续工作	-0.058	0.151	-0.042	0.195	-0.130	0.133
Q50 基础设施	-0.063	0.405	-0.116	-0.115	-0.094	0.118
Q51 网络安全	0.030	0.320	-0.118	-0.207	0.015	0.059

成分得分系数矩阵						
项目	成分					
	1	2	3	4	5	6
Q52 网络监控	0.252	0.057	−0.130	0.048	−0.093	−0.177
Q53 身份认证 PKI	0.310	−0.029	−0.059	−0.137	0.032	−0.168
Q54 授权程度	0.240	−0.086	0.053	−0.117	0.059	−0.123
Q55 应用业务加密	0.332	−0.143	−0.024	−0.016	−0.103	0.004
Q56 信息交换加密	0.287	−0.074	−0.098	0.060	−0.138	0.079
Q57CA 认证	0.175	−0.083	−0.036	0.020	0.000	0.167
Q58 计费管理	−0.083	−0.019	−0.098	−0.026	0.053	0.811
Q59 远程交互	−0.203	0.050	0.273	−0.269	0.266	0.288
Q60 配置	−0.015	0.020	0.341	−0.191	−0.046	0.019
Q61 性能	−0.005	−0.012	0.414	−0.101	−0.154	−0.120
Q62 用户体验	−0.013	−0.170	0.457	0.165	−0.218	−0.179
Q63 积极性	−0.127	−0.319	0.274	0.229	0.358	−0.027

提取方法：主成分

旋转法：具有 Kaiser 标准化的正交旋转法

构成得分

4. 联盟因子分析

利用 SPSS 18.0 的因子分析工具，得联盟维度指标因子分析——变量共同度。

联盟因子分析中的变量共同度见表 5-39，结果显示：每一个指标变量的提取方差共同度较高，为 0.580~0.798，提取成分最高的指标是 Q66 信息量充足，提取成分最低的指标是 Q75 组织机构，且绝大多数的指标变量超过 0.7，说明各变量信息丢失的较少，本次因子提取的总体效果理想。

表 5-39　联盟因子分析——变量共同度

公因子方差		
项目	初始	提取
Q64 充足的资金	1.000	0.706
Q65 充足的时间	1.000	0.779
Q66 信息量充足	1.000	0.798
Q67 新技术、新方法	1.000	0.748
Q68 创造性思维和思路	1.000	0.765
Q69 同行评议	1.000	0.739

公因子方差		
项目	初始	提取
Q70 学术障碍	1.000	0.600
Q71 应用推广	1.000	0.772
Q72 共担风险	1.000	0.772
Q73 灵活性	1.000	0.740
Q74 知识共享	1.000	0.703
Q75 组织机构	1.000	0.580
Q76 开放性	1.000	0.615

提取方法：主成分分析

联盟因子信息和累积方差贡献率见表 5-40，可见第 1 个因子的累积方差贡献率已经超过 70%，解释程度高。故选取第 1 个因子解释联盟指标的 13 个变量，此时累积方差贡献率达到 71.676%。

表 5-40 联盟因子分析——累计方差贡献率表

成分	解释的总方差					
	初始特征值			提取平方和载入		
	合计	方差/%	累积/%	合计	方差/%	累积/%
1	9.318	71.676	71.676	9.318	71.676	71.676
2	0.752	5.783	77.459			
3	0.479	3.681	81.140			
4	0.407	3.132	84.272			
5	0.361	2.779	87.052			
6	0.301	2.312	89.364			
7	0.267	2.051	91.415			
8	0.257	1.974	93.389			
9	0.214	1.647	95.036			
10	0.201	1.545	96.581			
11	0.165	1.269	97.850			
12	0.155	1.191	99.042			
13	0.125	0.958	100.000			

提取方法：主成分分析

旋转前的因子载荷阵见表 5-41，将原有变量综合成几个少数因子是因子分析的核心内容，得到联盟因子分析模型：

信息量充足 = $0.894f_{联盟1}$；

充足的时间 = $0.883f_{联盟1}$；

应用推广 = $0.879f_{联盟1}$；

共担风险 = $0.879f_{联盟1}$；

创造性思维和思路 = $0.875 f_{联盟1}$；

新技术、新方法 = $0.865 f_{联盟1}$；

灵活性 = $0.860 f_{联盟1}$；

同行评议 = $0.860 f_{联盟1}$；

充足的资金 = $0.840 f_{联盟1}$；

知识共享 = $0.839f_{联盟1}$；

开放性 = $0.784 f_{联盟1}$；

学术障碍 = $0.775 f_{联盟1}$；

组织机构 = $0.762f_{联盟1}$。

表 5-41　联盟因子分析——旋转前的因子载荷矩阵

成分矩阵[a]

项目	成分
	1
Q66 信息量充足	0.894
Q65 充足的时间	0.883
Q71 应用推广	0.879
Q72 共担风险	0.879
Q68 创造性思维和思路	0.875
Q67 新技术、新方法	0.865
Q73 灵活性	0.860
Q69 同行评议	0.860
Q64 充足的资金	0.840
Q74 知识共享	0.839
Q76 开放性	0.784
Q70 学术障碍	0.775
Q75 组织机构	0.762

提取方法：主成分

a. 已提取 1 个成分

可见，所有的变量只在一个因子上相关性较高，没有其他的因子能够比该因子更具解释性，定义该因子 $f_{联盟1}$ 为联盟信息因子。

因为只抽取一个成分，无法旋转此解，故不存在旋转后的因子载荷矩阵，也不存在成分旋转矩阵（表 5-42）。

表 5-42 联盟因子分析——旋转后的因子载荷矩阵

旋转成分矩阵[a]

a. 只抽取了一个成分；无法旋转此解

表 5-43 联盟因子分析——成分得分系数矩阵

成分得分系数矩阵

项目	成分
	1
Q64 充足的资金	0.090
Q65 充足的时间	0.095
Q66 信息量充足	0.096
Q67 新技术、新方法	0.093
Q68 创造性思维和思路	0.094
Q69 同行评议	0.092
Q70 学术障碍	0.083
Q71 应用推广	0.094
Q72 共担风险	0.094
Q73 灵活性	0.092
Q74 知识共享	0.090
Q75 组织机构	0.082
Q76 开放性	0.084

提取方法：主成分

旋转法：具有 Kaiser 标准化的正交旋转法

构成得分

因子得分系数矩阵见表 5-43，采用回归法估计因子得分系数，得到因子的得分函数：

$$F_{联盟} = 0.090Q64 + 0.095Q65 + 0.096Q66 + 0.093Q67 + 0.094Q68 + 0.092Q69 + 0.083Q70 + 0.094Q71 + 0.094Q72 + 0.092Q73 + 0.090Q74 + 0.082Q75 + 0.084Q76。$$

利用因子加权总分法得出联盟的计算公式：$F_{联盟} \approx 71.676\% F_{联盟1}$

其中，$F_{联盟1}$ 为联盟信息因子。

归纳因子分析，网络行为涉及平台维度的 $F_{平台1}$ 平台速度性因子、$F_{平台2}$ 平台数据性因子、$F_{平台3}$ 平台使用性因子、$F_{平台4}$ 平台表现性因子、$F_{平台5}$ 平台稳定性因子、$F_{平台6}$ 平台数量性因子，应用维度的 $F_{应用1}$ 应用功能性因子、$F_{应用2}$ 为应用可靠性因子、$F_{应用3}$ 应用交互性因子、$F_{应用4}$ 应用组织性因子、$F_{应用5}$ 应用计划性因子、$F_{应用6}$ 应用验证性因子，环境维度的 $F_{环境1}$ 信息安全性环境因子、$F_{环境2}$ 网络安全性环境因子、$F_{环境3}$ 体验性环境因子、$F_{环境4}$ 政策和组织文化性环境因子、$F_{环境5}$为社会文化性环境因子、$F_{环境6}$计费管理性环境因子，联盟维度的 $F_{联盟1}$联盟的信息因子。

5.4.5 相关分析

相关分析是不考虑变量之间的因果关系而只研究分析变量之间的相关关系的一种统计分析方法，主要包括线性相关分析、偏相关分析、距离分析等。

本书通过 SPSS18.0 的双变量相关分析比较平台因素、应用因素、环境因素、联盟因素与网络行为之间的相关性，具体选择相关分析、采用 Pearson 皮尔逊相关系数进行双侧检验，并标记显著相关性，统计分析结果如表 5-44 所示。

表 5-44 相关分析

项目		平台维度	应用维度	环境维度	联盟维度	网络行为
平台维度	Pearson 相关性	1	0.761**	0.721**	0.012	0.381**
	显著性（双侧）		0.000	0.000	0.787	0.000
	N	509	509	509	509	508
应用维度	Pearson 相关性	0.761**	1	0.803**	0.060	0.459**
	显著性（双侧）	0.000		0.000	0.175	0.000
	N	509	509	509	509	508
环境维度	Pearson 相关性	0.721**	0.803**	1	0.165**	0.474**
	显著性（双侧）	0.000	0.000		0.000	0.000
	N	509	509	509	509	508
联盟维度	Pearson 相关性	0.012	0.060	0.165**	1	0.179**
	显著性（双侧）	0.787	0.175	0.000		0.000
	N	509	509	509	509	508
网络行为	Pearson 相关性	0.381**	0.459**	0.474**	0.179**	1
	显著性（双侧）	0.000	0.000	0.000	0.000	
	N	508	508	508	508	508

＊＊在 0.01 水平（双侧）上显著相关

根据表 5-44 所示，"＊＊"代表显著影响，平台维度对应用维度、环境维度、网络行为都是成显著正相关，表明平台维度、应用维度、环境维度、网络行为任意一方发展得好，其他维度也会发展得好；但是对于联盟维度而言，却难以说明，平台维度发展得好，联盟维度未必好；联盟维度发展得好，平台维度未必发展得好。同样，应用维度与联盟维度也存在类似问题，应用维度发展得好，联盟维度未必好，联盟维度发展得好，应用维度未必发展得好；联盟维度与环境维度、网络行为也存在着显著的正相关关系，联盟维度、环境维度、网络行为任意一方发展得好，其他维度也会发展得好。

5.4.6　差异性分析

本书抽取人口统计学中的因素，分别考察性别、学历、专业和行业四个因素对网络行为产生的影响。

1. 性别因素

通过独立样本 T 检验，可以实现两个独立样本的均值的比较。将平台维度、应用维度、环境维度、联盟维度、网络行为导入检验变量，以性别作为分组因素，考察性别是否在以上各维度因素中存在明显差异，得到表 5-45 和表 5-46。

表 5-45　性别因素统计量

组统计量					
项目	Q83 性别	N	均值	标准差	均值的标准误
平台维度	男	298	4.0475	0.675 51	0.039 13
	女	211	3.7541	0.605 26	0.041 67
应用维度	男	298	4.1668	0.600 10	0.034 76
	女	211	3.8016	0.607 38	0.041 81
环境维度	男	298	4.0548	0.670 46	0.038 84
	女	211	3.8267	0.621 53	0.042 79
联盟维度	男	298	3.3797	1.176 02	0.068 12
	女	211	3.8782	0.636 88	0.043 84
网络行为	男	297	4.0230	0.883 48	0.051 26
	女	211	3.9376	0.759 72	0.052 30

由表 5-45 可见：平台维度、应用维度、环境维度和联盟维度的样本容量是男性 298 人、女性 211 人，共计 509 人。网络行为男性 297 人、女性 211 人，其中有一组案例是无效的，合计 508 人。在平台维度、应用维度、环境维度、网络行为 4 个方面，男性调查的数据均值均大于女性，说明男性总体比女性具有更高的满意度；而在联盟维度上，如表中阴影部分，女性的调研数据均值大于男性，说明女性比男性具有更高的满意度。

表 5-46　性别因素独立样本 T 检验

<table>
<tr><td colspan="11">独立样本检验</td></tr>
<tr>
<td rowspan="3">项目</td>
<td colspan="2">方差方程的
Levene 检验</td>
<td colspan="7">均值方程的 t 检验</td>
</tr>
<tr>
<td rowspan="2">F</td>
<td rowspan="2">Sig.</td>
<td rowspan="2">t</td>
<td rowspan="2">df</td>
<td rowspan="2">Sig.
（双侧）</td>
<td rowspan="2">均值
差值</td>
<td rowspan="2">标准
误差值</td>
<td colspan="2">差分的 95%
置信区间</td>
</tr>
<tr>
<td>下限</td>
<td>上限</td>
</tr>
<tr>
<td rowspan="2">平台维度</td>
<td>假设方
差相等</td>
<td>4.102</td>
<td>0.043</td>
<td>5.039</td>
<td>507</td>
<td>0.000</td>
<td>0.29346</td>
<td>0.05824</td>
<td>0.17903</td>
<td>0.407 88</td>
</tr>
<tr>
<td>假设方差
不相等</td>
<td></td>
<td></td>
<td>5.134</td>
<td>479.851</td>
<td>0.000</td>
<td>0.29346</td>
<td>0.057 16</td>
<td>0.181 14</td>
<td>0.405 77</td>
</tr>
<tr>
<td rowspan="2">应用维度</td>
<td>假设方差
相等</td>
<td>1.338</td>
<td>0.248</td>
<td>6.730</td>
<td>507</td>
<td>0.000</td>
<td>0.365 20</td>
<td>0.054 26</td>
<td>0.258 59</td>
<td>0.471 81</td>
</tr>
<tr>
<td>假设方差
不相等</td>
<td></td>
<td></td>
<td>6.716</td>
<td>448.964</td>
<td>0.000</td>
<td>0.365 20</td>
<td>0.054 38</td>
<td>0.258 33</td>
<td>0.472 06</td>
</tr>
<tr>
<td rowspan="2">环境维度</td>
<td>假设方差
相等</td>
<td>2.311</td>
<td>0.129</td>
<td>3.897</td>
<td>507</td>
<td>0.000</td>
<td>0.228 13</td>
<td>0.058 54</td>
<td>0.113 12</td>
<td>0.343 14</td>
</tr>
<tr>
<td>假设方差
不相等</td>
<td></td>
<td></td>
<td>3.948</td>
<td>472.035</td>
<td>0.000</td>
<td>0.228 13</td>
<td>0.057 79</td>
<td>0.114 58</td>
<td>0.341 68</td>
</tr>
<tr>
<td rowspan="2">联盟维度</td>
<td>假设方差
相等</td>
<td>64.211</td>
<td>0.000</td>
<td>-5.602</td>
<td>507</td>
<td>0.000</td>
<td>-0.498 52</td>
<td>0.088 99</td>
<td>-0.673 35</td>
<td>-0.323 70</td>
</tr>
<tr>
<td>假设方差
不相等</td>
<td></td>
<td></td>
<td>-6.154</td>
<td>478.009</td>
<td>0.000</td>
<td>-0.498 52</td>
<td>0.081 01</td>
<td>-0.657 71</td>
<td>-0.339 34</td>
</tr>
<tr>
<td rowspan="2">网络
行为</td>
<td>假设方差
相等</td>
<td>10.947</td>
<td>0.001</td>
<td>1.137</td>
<td>506</td>
<td>0.256</td>
<td>0.085 41</td>
<td>0.075 12</td>
<td>-0.062 18</td>
<td>0.233 00</td>
</tr>
<tr>
<td>假设方差
不相等</td>
<td></td>
<td></td>
<td>1.166</td>
<td>487.868</td>
<td>0.244</td>
<td>0.085 41</td>
<td>0.073 24</td>
<td>-0.058 49</td>
<td>0.229 31</td>
</tr>
</table>

　　独立样本 T 检验分析方法步骤如下：第一步，方差方程的 Levene 检验的 Sig>0.05，说明方差相等，满足方差齐性，再看第一行假设方差相等的均值方差的 t 检验，否则看第二行假设方差不相等的均值方差的 t 检验；第二步，比较 Sig.（双侧），如果 Sig.（双侧）>0.05，差异不显著，说明得出的结论没有差异。观察表 5-46 的 Sig 和 Sig.（双侧）的值，发现性别因素对平台、应用、环境和联盟四个维度的影响均不显著，也就是说男性和女性对于网络行为影响因素的选择没有太大差异，而在网络行为方面性别因素的影响较大。

2. 学历因素

　　单因素方差分析是用于研究一个影响因素对试验结果的影响，主要用于比较两个或者两个以上的总体之间是否有显著差异①。对于调查对象的不同学历，选择单因素方差分析考察学历因素对网络行为是否产生影响，以及具体表现在哪些方面。

当显著性小于 0.01 时，代表有极显著差异，当显著性小于 0.05 时，代表具有较强差异性。由表 5-47 可见，学历对网络行为有显著影响，对平台维度和应用维度有较强差异，对环境维度、联盟维度则无明显差异。究竟是哪种学历对平台维度、应用维度、网络行为的影响存在较大差别，需要进一步两两分析，见 5.5 节多重比较。

表 5-47 学历因素单因素方差分析

ANOVA						
项目		平方和 SS	Df	均方 MS	F	显著性
平台维度	组间	3.971	3	1.324	3.051	0.028
	组内	219.123	505	0.434		
	总数	223.094	508			
应用维度	组间	3.504	3	1.168	2.988	0.031
	组内	197.397	505	0.391		
	总数	200.900	508			
环境维度	组间	1.299	3	0.433	0.395	0.995
	组内	219.758	505	0.435		
	总数	221.057	508			
联盟维度	组间	7.614	3	2.538	2.469	0.061
	组内	519.023	505	1.028		
	总数	526.637	508			
网络行为	组间	27.735	3	9.245	14.319	0.000
	组内	325.408	504	0.646		
	总数	353.143	507			

3. 专业因素

同理，对于调查对象的不同专业背景，选择单因素方差分析考察专业因素对网络行为是否产生影响，以及具体表现在哪些方面。

当显著性小于 0.01 时，代表有极显著差异，当显著性小于 0.05 时，代表具有较强差异性。由表 5-48 可见，专业对联盟维度、网络行为有显著影响，对应用维度有较强差异，对平台维度、环境维度无明显差异。究竟是哪些专业对于联盟维度、应用维度、网络行为的影响存在较大差别，需要进一步两两分析，见 5.5 节多重比较。

---

① 李洪成.SPSS18 数据分析基础与实践［M］.北京：电子工业出版社，2010：236.

表 5-48　专业因素单因素方差分析

		平方和	df	均方	F	显著性
				ANOVA		
	组间	4.538	7	0.648	1.486	0.170
平台维度	组内	218.557	501	0.436		
	总数	223.094	508			
	组间	5.555	7	0.794	2.035	0.049
应用维度	组内	195.346	501	0.390		
	总数	200.900	508			
	组间	1.484	7	0.212	0.484	0.847
环境维度	组内	219.573	501	0.438		
	总数	221.057	508			
	组间	57.218	7	8.174	8.724	0.000
联盟维度	组内	469.418	501	0.937		
	总数	526.637	508			
	组间	32.872	7	4.696	7.331	0.000
网络行为	组内	320.272	500	0.641		
	总数	353.143	507			

4. 行业因素

对于调查对象从事的不同行业，选择单因素方差分析考察行业因素对网络行为是否产生影响，以及具体表现在哪些方面。

表 5-49　行业因素单因素方差分析

		平方和	df	均方	F	显著性
				ANOVA		
	组间	10.712	7	1.530	3.610	0.001
平台维度	组内	212.383	501	0.424		
	总数	223.094	508			
	组间	15.008	7	2.144	5.778	0.000
应用维度	组内	185.892	501	0.371		
	总数	200.900	508			
	组间	9.663	7	1.380	3.272	0.002
环境维度	组内	211.394	501	0.422		
	总数	221.057	508			

ANOVA						
项目		平方和	df	均方	F	显著性
联盟维度	组间	67.661	7	9.666	10.551	0.000
	组内	458.976	501	0.916		
	总数	526.637	508			
网络行为	组间	20.143	7	2.878	4.321	0.000
	组内	333.001	500	0.666		
	总数	353.143	507			

当显著性小于 0.01 时，代表有极显著差异，当显著性小于 0.05 时，代表具有较强差异性。由表 5-49 可见，行业对平台维度、应用维度、环境维度、联盟维度、网络行为均有显著影响，究竟是哪些行业对平台维度、应用维度、环境维度、联盟维度、网络行为的影响存在较大差别，需要进一步两两分析，见 5.5 节多重比较。

5.5　多重比较

5.5.1　学历因素

如表 5-47 显示，学历因素对平台维度、应用维度、网络行为存在影响。学历因素如何影响平台维度、应用维度、网络行为，以及对环境维度、联盟维度是否真的没有显著影响，借助 SPSS 18.0 进行多重分析。

由表 5-50 可见，专科及其以下与本科、博士在平台维度的使用表现上，有显著的差异；本科与专科及其以下在平台维度的使用表现上，有显著的差异；硕士与博士在平台维度的使用表现上，有显著的差异；博士与专科及其以下、硕士在平台维度的使用表现上，有显著的差异。特别地，专科及其以下与博士的差异较大。

表 5-50　学历因素对平台维度的多重比较

平台维度 LSD					95% 置信区间	
(I) Q84 学历	(J) Q84 学历	均值差 (I-J)	标准误	显著性	下限	上限
专科及其以下	本科	-0.193 73 *	0.085 40	0.024	-0.361 5	-0.025 9
	硕士	-0.132 34	0.093 51	0.158	-0.316 1	0.051 4
	博士	-0.477 32 *	0.181 19	0.009	-0.833 3	-0.121 3
本科	专科及其以下	0.193 73 *	0.085 40	0.024	0.025 9	0.361 5
	硕士	0.061 39	0.067 96	0.367	-0.072 1	0.194 9
	博士	-0.283 59	0.169 42	0.095	-0.616 4	0.049 3

					95%置信区间	
（I）Q84 学历	（J）Q84 学历	均值差（I-J）	标准误	显著性	下限	上限
硕士	专科及其以下	0.132 34	0.093 51	0.158	−0.051 4	0.316 1
	本科	−0.061 39	0.067 96	0.367	−0.194 9	0.072 1
	博士	−0.344 98*	0.173 65	0.047	−0.686 1	−0.003 8
博士	专科及其以下	0.477 32*	0.181 19	0.009	0.121 3	0.833 3
	本科	0.283 59	0.169 42	0.095	−0.049 3	0.616 4
	硕士	0.344 98*	0.173 65	0.047	0.003 8	0.686 1

平台维度 LSD

* 均值差的显著性水平为 0.05

由表 5-51 可见：专科及其以下与本科、博士在应用维度的使用表现上，有显著的差异；硕士与博士在应用维度的使用表现上，有显著的差异。特别地，专科及其以下与博士的差异较大。

表 5-51　学历因素对应用维度的多重比较

					95%置信区间	
（I）Q84 学历	（J）Q84 学历	均值差（I-J）	标准误	显著性	下限	上限
专科及其以下	本科	−0.162 88*	0.081 05	0.045	−0.322 1	−0.003 6
	硕士	−0.096 21	0.088 75	0.279	−0.270 6	0.078 2
	博士	−0.46 167*	0.171 97	0.008	−0.799 5	−0.123 8
本科	专科及其以下	0.162 88*	0.081 05	0.045	0.003 6	0.322 1
	硕士	0.066 67	0.064 50	0.302	−0.060 1	0.193 4
	博士	−0.298 79	0.160 80	0.064	−0.614 7	0.017 1
硕士	专科及其以下	0.096 21	0.088 75	0.279	−0.078 2	0.270 6
	本科	−0.066 67	0.064 50	0.302	−0.193 4	0.060 1
	博士	−0.365 46*	0.164 81	0.027	−0.689 3	−0.041 7
博士	专科及其以下	0.461 67*	0.171 97	0.008	0.123 8	0.799 5
	本科	0.298 79	0.160 80	0.064	−0.017 1	0.614 7
	硕士	0.365 46*	0.164 81	0.027	0.041 7	0.689 3

应用维度 LSD

* 均值差的显著性水平为 0.05

由表5-52可见：专科及其以下、本科、硕士与博士在环境维度的表现上，均没有显著的差异。说明学历对环境维度没有显著影响。

表5-52　学历因素对环境维度的多重比较

(I) Q84学历	(J) Q84学历	均值差（I-J）	标准误	显著性	95%置信区间	
环境维度 LSD						
					下限	上限
专科及其以下	本科	−0.101 57	0.085 52	0.236	−0.269 6	0.066 5
	硕士	−0.075 40	0.093 64	0.421	−0.259 4	0.108 6
	博士	−0.288 38	0.181 45	0.113	−0.644 9	0.068 1
本科	专科及其以下	0.101 57	0.085 52	0.236	−0.066 5	0.269 6
	硕士	0.026 17	0.068 05	0.701	−0.107 5	0.159 9
	博士	−0.186 80	0.169 66	0.271	−0.520 1	0.146 5
硕士	专科及其以下	0.075 40	0.093 64	0.421	−0.108 6	0.259 4
	本科	−0.026 17	0.068 05	0.701	−0.159 9	0.107 5
	博士	−0.212 97	0.173 90	0.221	−0.554 6	0.128 7
博士	专科及其以下	0.288 38	0.181 45	0.113	−0.068 1	0.644 9
	本科	0.186 80	0.169 66	0.271	−0.146 5	0.520 1
	硕士	0.212 97	0.173 90	0.221	−0.128 7	0.554 6

由表5-53可见，专科及其以下、本科、硕士之间对联盟维度是无差异的，而专科及其以下、本科、硕士与博士之间对待联盟维度都有显著差异，而表5-47显示学历对联盟维度无显著影响。究其原因，在于学历之间没有绝对的相同，具体学历对联盟维度存在一定的差异，但总体学历却并不显著影响对联盟维度的看法。

表5-53　学历因素对联盟维度的多重比较

(I) Q84学历	(J) Q84学历	均值差（I-J）	标准误	显著性	95%置信区间	
联盟维度 LSD						
					下限	上限
专科及其以下	本科	0.085 82	0.131 43	0.514	−0.172 4	0.344 0
	硕士	−0.071 49	0.143 91	0.620	−0.354 2	0.211 3
	博士	0.607 54 *	0.278 85	0.030	0.059 7	1.155 4
本科	专科及其以下	−0.085 82	0.131 43	0.514	−0.344 0	0.172 4
	硕士	−0.157 31	0.104 59	0.133	−0.362 8	0.048 2
	博士	0.521 72 *	0.260 74	0.046	0.009 4	1.034 0

联盟维度 LSD						
(I) Q84 学历	(J) Q84 学历	均值差 (I-J)	标准误	显著性	95% 置信区间	
					下限	上限
硕士	专科及其以下	0.071 49	0.143 91	0.620	−0.211 3	0.354 2
	本科	0.157 31	0.104 59	0.133	−0.048 2	0.362 8
	博士	0.679 03 *	0.267 25	0.011	0.154 0	1.204 1
博士	专科及其以下	−0.607 54 *	0.278 85	0.030	−1.155 4	−0.059 7
	本科	−0.521 72 *	0.260 74	0.046	−1.034 0	−0.009 4
	硕士	−0.679 03 *	0.267 25	0.011	−1.204 1	−0.154 0

* 均值差的显著性水平为 0.05

由表 5-54 可见，除硕士与博士在网络行为方面存在不明显的差异外，其他都有非常显著的差异，说明专科及其以下与本科、硕士、博士，本科与专科及其以下、硕士、博士，硕士与专科及其以下、本科，博士与专科及其以下、本科在网络行为方面是有显著差异的。这说明，随着学历的上升，网络行为是存在较大差异的，当学历达到研究生及其以上，网络行为则无明显差异。

表 5-54　学历因素对网络行为的多重比较

网络行为 LSD						
(I) Q84 学历	(J) Q84 学历	均值差 (I-J)	标准误	显著性	95% 置信区间	
					下限	上限
专科及其以下	本科	−0.452 81 *	0.104 71	0.000	−0.658 5	−0.247 1
	硕士	−0.708 22 *	0.114 56	0.000	−0.933 3	−0.483 1
	博士	−0.901 11 *	0.221 27	0.000	−1.335 8	−0.466 4
本科	专科及其以下	0.452 81 *	0.104 71	0.000	0.247 1	0.658 5
	硕士	−0.255 41 *	0.082 89	0.002	−0.418 3	−0.092 5
	博士	−0.448 30 *	0.206 66	0.031	−0.854 3	−0.042 3
硕士	专科及其以下	0.708 22 *	0.114 56	0.000	0.483 1	0.933 3
	本科	0.255 41 *	0.082 89	0.002	0.092 5	0.418 3
	博士	−0.192 89	0.211 82	0.363	−0.609 1	0.223 3
博士	专科及其以下	0.901 11 *	0.221 27	0.000	0.466 4	1.335 8
	本科	0.448 30 *	0.206 66	0.031	0.042 3	0.854 3
	硕士	0.192 89	0.211 82	0.363	−0.223 3	0.609 1

* 均值差的显著性水平为 0.05

5.5.2 专业因素

由表 5-48 可知，专业对联盟维度、网络行为有显著影响，对应用维度有较强差异，对平台维度、环境维度无明显差异。专业因素如何影响联盟维度、网络行为、应用维度，以及对平台维度、环境维度是否真的没有显著影响，采用 SPSS 18.0 进行多重分析。

由表 5-55 可见，文学、历史学、哲学、教育学类与理学、工学在平台维度的使用上有较大差异，经济学、管理学类与理学在平台维度的使用上有较大差异，理学与工学在平台维度的使用上有较大差异。而表 5-48 显示专业对平台维度是无显著影响，可见专业之间没有绝对相同的，存在一定的差异，但这一差异不显著影响平台维度的使用的差别。

表 5-55　专业因素对平台维度的多重比较

| | | | | | 95% 置信区间 | |
(I) Q85 专业	(J) Q85 专业	均值差 (I-J)	标准误	显著性	下限	上限
		平台维度 LSD				
文学、历史学、哲学、教育学	经济学、管理学	-0.039 69	0.091 66	0.665	-0.219 8	0.140 4
	法学	-0.048 53	0.149 30	0.745	-0.341 9	0.244 8
	理学	-0.296 59*	0.114 17	0.010	-0.520 9	-0.072 3
	工学	0.004 86	0.124 24	0.969	-0.239 2	0.249 0
	农学	-0.116 19	0.175 92	0.509	-0.461 8	0.229 4
	医学	-0.119 12	0.234 91	0.612	-0.580 6	0.342 4
	其他	0.015 38	0.207 52	0.941	-0.392 3	0.423 1
经济学、管理学	文学、历史学、哲学、教育学	0.039 69	0.091 66	0.665	-0.140 4	0.219 8
	法学	-0.008 83	0.131 42	0.946	-0.267 0	0.249 4
	理学	-0.256 90*	0.089 52	0.004	-0.432 8	-0.081 0
	工学	0.044 55	0.102 06	0.663	-0.156 0	0.245 1
	农学	-0.076 50	0.161 02	0.635	-0.392 9	0.239 9
	医学	-0.079 42	0.223 97	0.723	-0.519 5	0.360 6
	其他	0.055 08	0.195 05	0.778	-0.328 1	0.438 3

		平台维度 LSD				
(I) Q85 专业	(J) Q85 专业	均值差 (I-J)	标准误	显著性	95%置信区间	
					下限	上限
法学	文学、历史学、哲学、教育学	0.048 53	0.149 30	0.745	−0.244 8	0.341 9
	经济学、管理学	0.008 83	0.131 42	0.946	−0.249 4	0.267 0
	理学	−0.248 07	0.147 99	0.094	−0.538 8	0.042 7
	工学	0.053 38	0.155 90	0.732	−0.252 9	0.359 7
	农学	−0.067 67	0.199 54	0.735	−0.459 7	0.324 4
	医学	−0.070 59	0.253 08	0.780	−0.567 8	0.426 6
	其他	0.063 91	0.227 89	0.779	−0.383 8	0.511 6
理学	文学、历史学、哲学、教育学	0.296 59 *	0.114 17	0.010	0.072 3	0.520 9
	经济学、管理学	0.256 90 *	0.089 52	0.004	0.081 0	0.432 8
	法学	0.248 07	0.147 99	0.094	−0.042 7	0.538 8
	工学	0.301 45 *	0.122 67	0.014	0.060 4	0.542 5
	农学	0.180 40	0.174 81	0.303	−0.163 1	0.523 8
	医学	0.177 47	0.234 08	0.449	−0.282 4	0.637 4
	其他	0.311 98	0.206 58	0.132	−0.093 9	0.717 8
工学	文学、历史学、哲学、教育学	−0.004 86	0.124 24	0.969	−0.249 0	0.239 2
	经济学、管理学	−0.044 55	0.102 06	0.663	−0.245 1	0.156 0
	法学	−0.053 38	0.155 90	0.732	−0.359 7	0.252 9
	理学	−0.301 45 *	0.122 67	0.014	−0.542 5	−0.060 4
	农学	−0.121 05	0.181 55	0.505	−0.477 7	0.235 6
	医学	−0.123 98	0.239 16	0.604	−0.593 9	0.345 9
	其他	0.010 53	0.212 32	0.960	−0.406 6	0.427 7
农学	文学、历史学、哲学、教育学	0.116 19	0.175 92	0.509	−0.229 4	0.461 8
	经济学、管理学	0.076 50	0.161 02	0.635	−0.239 9	0.392 9
	法学	0.067 67	0.199 54	0.735	−0.324 4	0.459 7
	理学	−0.180 40	0.174 81	0.303	−0.523 8	0.163 1
	工学	0.121 05	0.181 55	0.505	−0.235 6	0.477 7
	医学	−0.002 92	0.269 64	0.991	−0.532 7	0.526 8
	其他	0.131 58	0.246 15	0.593	−0.352 0	0.615 2

平台维度 LSD						
(I) Q85 专业	(J) Q85 专业	均值差 (I-J)	标准误	显著性	95% 置信区间	
					下限	上限
医学	文学、历史学、哲学、教育学	0.119 12	0.234 91	0.612	-0.342 4	0.580 6
	经济学、管理学	0.079 42	0.223 97	0.723	-0.360 6	0.519 5
	法学	0.070 59	0.253 08	0.780	-0.426 6	0.567 8
	理学	-0.177 47	0.234 08	0.449	-0.637 4	0.282 4
	工学	0.123 98	0.239 16	0.604	-0.345 9	0.593 9
	农学	0.002 92	0.269 64	0.991	-0.526 8	0.532 7
	其他	0.134 50	0.291 25	0.644	-0.437 7	0.706 7
其他	文学、历史学、哲学、教育学	-0.015 38	0.207 52	0.941	-0.423 1	0.392 3
	经济学、管理学	-0.055 08	0.195 05	0.778	-0.438 3	0.328 1
	法学	-0.063 91	0.227 89	0.779	-0.511 6	0.383 8
	理学	-0.311 98	0.206 58	0.132	-0.717 8	0.093 9
	工学	-0.010 53	0.212 32	0.960	-0.427 7	0.406 6
	农学	-0.131 58	0.246 15	0.593	-0.615 2	0.352 0
	医学	-0.134 50	0.291 25	0.644	-0.706 7	0.437 7

* 均值差的显著性水平为 0.05

由表 5-56 可见，文学、历史学、哲学、教育学类，经济学、管理学类，法学，工学及其他专业与理学等专业特点在应用维度方面都具有较大差异影响；经济学、管理学类与其他专业在应用维度方面具有较大差异影响；理学与工学在应用维度方面具有较大差异；农学与其他专业在应用维度方面具有较大差异影响。其中，理学与其他所有的专业在应用维度方面存在的差异，可能是理学作为理科基础学科，逻辑性强，行为规范认真的缘故。

表 5-56　专业因素对应用维度的多重比较

应用维度 LSD						
(I) Q85 专业	(J) Q85 专业	均值差 (I-J)	标准误	显著性	95% 置信区间	
					下限	上限
文学、历史学、哲学、教育学	经济学、管理学	-0.027 51	0.086 66	0.751	-0.197 8	0.142 8
	法学	0.059 36	0.141 15	0.674	-0.218 0	0.336 7
	理学	-0.237 26 *	0.107 93	0.028	-0.449 3	-0.025 2
	工学	0.050 23	0.117 46	0.669	-0.180 5	0.281 0
	农学	-0.091 60	0.166 31	0.582	-0.418 4	0.235 2
	医学	0.021 92	0.222 09	0.921	-0.414 4	0.458 3
	其他	0.367 34	0.196 19	0.062	-0.018 1	0.752 8

续表

应用维度 LSD					95% 置信区间	
(I) Q85 专业	(J) Q85 专业	均值差 (I-J)	标准误	显著性	下限	上限
经济学、管理学	文学、历史学、哲学、教育学	0.027 51	0.086 66	0.751	−0.142 8	0.197 8
	法学	0.086 87	0.124 24	0.485	−0.157 2	0.331 0
	理学	−0.209 76*	0.084 63	0.014	−0.376 0	−0.043 5
	工学	0.077 74	0.096 49	0.421	−0.111 8	0.267 3
	农学	−0.064 09	0.152 23	0.674	−0.363 2	0.235 0
	医学	0.049 43	0.211 74	0.816	−0.366 6	0.465 4
	其他	0.394 84*	0.184 40	0.033	0.032 5	0.757 1
法学	文学、历史学、哲学、教育学	−0.059 36	0.141 15	0.674	−0.336 7	0.218 0
	经济学、管理学	−0.086 87	0.124 24	0.485	−0.331 0	0.157 2
	理学	−0.296 63*	0.139 92	0.034	−0.571 5	−0.021 7
	工学	−0.009 13	0.147 39	0.951	−0.298 7	0.280 4
	农学	−0.150 97	0.188 65	0.424	−0.521 6	0.219 7
	医学	−0.037 44	0.239 27	0.876	−0.507 5	0.432 7
	其他	0.307 97	0.215 45	0.154	−0.115 3	0.731 3
理学	文学、历史学、哲学、教育学	0.237 26*	0.107 93	0.028	0.025 2	0.449 3
	经济学、管理学	0.209 76*	0.084 63	0.014	0.043 5	0.376 0
	法学	0.296 63*	0.139 92	0.034	0.021 7	0.571 5
	工学	0.287 50*	0.115 97	0.014	0.059 7	0.515 3
	农学	0.145 66	0.165 27	0.379	−0.179 0	0.470 4
	医学	0.259 19	0.221 30	0.242	−0.175 6	0.694 0
	其他	0.604 60*	0.195 30	0.002	0.220 9	0.988 3
工学	文学、历史学、哲学、教育学	−0.050 23	0.117 46	0.669	−0.281 0	0.180 5
	经济学、管理学	−0.077 74	0.096 49	0.421	−0.267 3	0.111 8
	法学	0.009 13	0.147 39	0.951	−0.280 4	0.298 7
	理学	−0.287 50*	0.115 97	0.014	−0.515 3	−0.059 7
	农学	−0.141 84	0.171 64	0.409	−0.479 1	0.195 4
	医学	−0.028 31	0.226 10	0.900	−0.472 5	0.415 9
	其他	0.317 10	0.200 73	0.115	−0.077 3	0.711 5

续表

应用维度 LSD						
(I) Q85 专业	(J) Q85 专业	均值差 (I-J)	标准误	显著性	95% 置信区间	
					下限	上限
农学	文学、历史学、哲学、教育学	0.091 60	0.166 31	0.582	−0.235 2	0.418 4
	经济学、管理学	0.064 09	0.152 23	0.674	−0.235 0	0.363 2
	法学	0.150 97	0.188 65	0.424	−0.219 7	0.521 6
	理学	−0.145 66	0.165 27	0.379	−0.470 4	0.179 0
	工学	0.141 84	0.171 64	0.409	−0.195 4	0.479 1
	医学	0.113 53	0.254 92	0.656	−0.387 3	0.614 4
	其他	0.458 94 *	0.232 71	0.049	0.001 7	0.916 1
医学	文学、历史学、哲学、教育学	−0.021 92	0.222 09	0.921	−0.458 3	0.414 4
	经济学、管理学	−0.049 43	0.211 74	0.816	−0.465 4	0.366 6
	法学	0.037 44	0.239 27	0.876	−0.432 7	0.507 5
	理学	−0.259 19	0.221 30	0.242	−0.694 0	0.175 6
	工学	0.028 31	0.226 10	0.900	−0.415 9	0.472 5
	农学	−0.113 53	0.254 92	0.656	−0.614 4	0.387 3
	其他	0.345 41	0.275 35	0.210	−0.195 6	0.886 4
其他	文学、历史学、哲学、教育学	−0.367 34	0.196 19	0.062	−0.752 8	0.018 1
	经济学、管理学	−0.394 84 *	0.184 40	0.033	−0.757 1	−0.032 5
	法学	−0.307 97	0.215 45	0.154	−0.731 3	0.115 3
	理学	−0.604 60 *	0.195 30	0.002	−0.988 3	−0.220 9
	工学	−0.317 10	0.200 73	0.115	−0.711 5	0.077 3
	农学	−0.458 94 *	0.232 71	0.049	−0.916 1	−0.001 7
	医学	−0.345 41	0.275 35	0.210	−0.886 4	0.195 6

* 均值差的显著性水平为 0.05

由表5-57 可见，文学、历史学、哲学、教育学、经济学、管理学、法学、理学、工学、农学、医学及其他专业在环境维度的表现上，均没有显著的差异，说明专业对环境维度没有显著影响。

表 5-57 专业因素对环境维度的多重比较

环境维度 LSD

（I）Q85 专业	（J）Q85 专业	均值差（I-J）	标准误	显著性	95%置信区间	
					下限	上限
文学、历史学、哲学、教育学	经济学、管理学	-0.050 53	0.091 88	0.583	-0.231 0	0.130 0
	法学	0.025 48	0.149 65	0.865	-0.268 5	0.319 5
	理学	-0.174 90	0.114 43	0.127	-0.399 7	0.049 9
	工学	-0.057 51	0.124 53	0.644	-0.302 2	0.187 2
	农学	-0.105 66	0.176 33	0.549	-0.452 1	0.240 8
	医学	-0.015 71	0.235 46	0.947	-0.478 3	0.446 9
	其他	-0.128 14	0.208 00	0.538	-0.536 8	0.280 5
经济学、管理学	文学、历史学、哲学、教育学	0.050 53	0.091 88	0.583	-0.130 0	0.231 0
	法学	0.076 02	0.131 72	0.564	-0.182 8	0.334 8
	理学	-0.124 37	0.089 72	0.166	-0.300 7	0.051 9
	工学	-0.006 98	0.102 29	0.946	-0.208 0	0.194 0
	农学	-0.055 12	0.161 39	0.733	-0.372 2	0.262 0
	医学	0.034 82	0.224 49	0.877	-0.406 2	0.475 9
	其他	-0.077 61	0.195 50	0.692	-0.461 7	0.306 5
法学	文学、历史学、哲学、教育学	-0.025 48	0.149 65	0.865	-0.319 5	0.268 5
	经济学、管理学	-0.076 02	0.131 72	0.564	-0.334 8	0.182 8
	理学	-0.200 38	0.148 34	0.177	-0.491 8	0.091 1
	工学	-0.082 99	0.156 26	0.596	-0.390 0	0.224 0
	农学	-0.131 14	0.200 00	0.512	-0.524 1	0.261 8
	医学	-0.041 19	0.253 67	0.871	-0.539 6	0.457 2
	其他	-0.153 63	0.228 42	0.502	-0.602 4	0.295 1
理学	文学、历史学、哲学、教育学	0.174 90	0.114 43	0.127	-0.049 9	0.399 7
	经济学、管理学	0.124 37	0.089 72	0.166	-0.051 9	0.300 7
	法学	0.200 38	0.148 34	0.177	-0.091 1	0.491 8
	工学	0.117 39	0.122 95	0.340	-0.124 2	0.359 0
	农学	0.069 24	0.175 21	0.693	-0.275 0	0.413 5
	医学	0.159 19	0.234 62	0.498	-0.301 8	0.620 2
	其他	0.046 76	0.207 06	0.821	-0.360 1	0.453 6

续表

环境维度 LSD						
(I) Q85 专业	(J) Q85 专业	均值差 (I-J)	标准误	显著性	95% 置信区间	
					下限	上限
工学	文学、历史学、哲学、教育学	0.057 51	0.124 53	0.644	−0.187 2	0.302 2
	经济学、管理学	0.006 98	0.102 29	0.946	−0.194 0	0.208 0
	法学	0.082 99	0.156 26	0.596	−0.224 0	0.390 0
	理学	−0.117 39	0.122 95	0.340	−0.359 0	0.124 2
	农学	−0.048 15	0.181 97	0.791	−0.405 7	0.309 4
	医学	0.041 80	0.239 71	0.862	−0.429 2	0.512 8
	其他	−0.070 63	0.212 81	0.740	−0.488 7	0.347 5
农学	文学、历史学、哲学、教育学	0.105 66	0.176 33	0.549	−0.240 8	0.452 1
	经济学、管理学	0.055 12	0.161 39	0.733	−0.262 0	0.372 2
	法学	0.131 14	0.200 00	0.512	−0.261 8	0.524 1
	理学	−0.069 24	0.175 21	0.693	−0.413 5	0.275 0
	工学	0.048 15	0.181 97	0.791	−0.309 4	0.405 7
	医学	0.089 95	0.270 27	0.739	−0.441 1	0.620 9
	其他	−0.022 49	0.246 72	0.927	−0.507 2	0.462 2
医学	文学、历史学、哲学、教育学	0.015 71	0.235 46	0.947	−0.446 9	0.478 3
	经济学、管理学	−0.034 82	0.224 49	0.877	−0.475 9	0.406 2
	法学	0.041 19	0.253 67	0.871	−0.457 2	0.539 6
	理学	−0.159 19	0.234 62	0.498	−0.620 2	0.301 8
	工学	−0.041 80	0.239 71	0.862	−0.512 8	0.429 2
	农学	−0.089 95	0.270 27	0.739	−0.620 9	0.441 1
	其他	−0.112 43	0.291 92	0.700	−0.686 0	0.461 1
其他	文学、历史学、哲学、教育学	0.128 14	0.208 00	0.538	−0.280 5	0.536 8
	经济学、管理学	0.077 61	0.195 50	0.692	−0.306 5	0.461 7
	法学	0.153 63	0.228 42	0.502	−0.295 1	0.602 4
	理学	−0.046 76	0.207 06	0.821	−0.453 6	0.360 1
	工学	0.070 63	0.212 81	0.740	−0.347 5	0.488 7
	农学	0.022 49	0.246 72	0.927	−0.462 2	0.507 2
	医学	0.112 43	0.291 92	0.700	−0.461 1	0.686 0

由表 5-58 可见，文学、历史学、哲学、教育学类，经济学、管理学类，法学，工学，农学，医学及其他所有专业与理学等专业特点在联盟维度都有极其显著的差异影响；法学、理学、工学、农学及其他专业与经济学、管理学类在联盟维度有较大差异影响。这说明理学与其他所有的专业在联盟维度上有极其显著的差异，经济学、管理学类与大多数专业在联盟维度上有较大差异。专业对联盟维度的影响主要是理学与经济学、管理学类专业方面。究其原因，理学可能偏重理论逻辑推导，强调独立思考；而经济学、管理学偏重实

际应用，广泛与联盟之类的其他群体交流。

表 5-58 专业因素对联盟维度的多重比较

(I) Q85 专业	(J) Q85 专业	均值差 (I-J)	标准误	显著性	95%置信区间	
					下限	上限
文学、历史学、哲学、教育学	经济学、管理学	0.236 84	0.134 34	0.079	−0.027 1	0.500 8
	法学	−0.212 00	0.218 81	0.333	−0.641 9	0.217 9
	理学	0.826 38 *	0.167 31	0.000	0.497 7	1.155 1
	工学	−0.231 12	0.182 08	0.205	−0.588 9	0.126 6
	农学	−0.475 74	0.257 81	0.066	−0.982 3	0.030 8
	医学	−0.168 05	0.344 27	0.626	−0.844 4	0.508 3
	其他	−0.392 41	0.304 13	0.198	−0.989 9	0.205 1
经济学、管理学	文学、历史学、哲学、教育学	−0.236 84	0.134 34	0.079	−0.500 8	0.027 1
	法学	−0.448 85 *	0.192 60	0.020	−0.827 2	−0.070 4
	理学	0.589 54 *	0.131 19	0.000	0.331 8	0.847 3
	工学	−0.467 97 *	0.149 57	0.002	−0.761 8	−0.174 1
	农学	−0.712 58 *	0.235 98	0.003	−1.176 2	−0.249 0
	医学	−0.404 89	0.328 24	0.218	−1.049 8	0.240 0
	其他	−0.629 25 *	0.285 85	0.028	−1.190 9	−0.067 6
法学	文学、历史学、哲学、教育学	0.212 00	0.218 81	0.333	−0.217 9	0.641 9
	经济学、管理学	0.448 85 *	0.192 60	0.020	0.070 4	0.827 2
	理学	1.038 38 *	0.216 89	0.000	0.612 3	1.464 5
	工学	−0.019 12	0.228 48	0.933	−0.468 0	0.429 8
	农学	−0.263 74	0.292 43	0.368	−0.838 3	0.310 8
	医学	0.043 96	0.370 90	0.906	−0.684 8	0.772 7
	其他	−0.180 40	0.333 98	0.589	−0.836 6	0.475 8
理学	文学、历史学、哲学、教育学	−0.826 38 *	0.167 31	0.000	−1.155 1	−0.497 7
	经济学、管理学	−0.589 54 *	0.131 19	0.000	−0.847 3	−0.331 8
	法学	−1.038 38 *	0.216 89	0.000	−1.464 5	−0.612 3
	工学	−1.057 50 *	0.179 77	0.000	−1.410 7	−0.704 3
	农学	−1.302 12 *	0.256 19	0.000	−1.805 5	−0.798 8
	医学	−0.994 43 *	0.343 05	0.004	−1.668 4	−0.320 4
	其他	−1.218 78 *	0.302 75	0.000	−1.813 6	−0.624 0

联盟维度 LSD

(I) Q85 专业	(J) Q85 专业	均值差 (I-J)	标准误	显著性	95%置信区间	
					下限	上限
工学	文学、历史学、哲学、教育学	0.231 12	0.182 08	0.205	−0.126 6	0.588 9
	经济学、管理学	0.467 97 *	0.149 57	0.002	0.174 1	0.761 8
	法学	0.019 12	0.228 48	0.933	−0.429 8	0.468 0
	理学	1.057 50 *	0.179 77	0.000	0.704 3	1.410 7
	农学	−0.244 62	0.266 07	0.358	−0.767 4	0.278 1
	医学	0.063 08	0.350 49	0.857	−0.625 5	0.751 7
	其他	−0.161 28	0.311 16	0.604	−0.772 6	0.450 1
农学	文学、历史学、哲学、教育学	0.475 74	0.257 81	0.066	−0.030 8	0.982 3
	经济学、管理学	0.712 58 *	0.235 98	0.003	0.249 0	1.176 2
	法学	0.263 74	0.292 43	0.368	−0.310 8	0.838 3
	理学	1.302 12 *	0.256 19	0.000	0.798 8	1.805 5
	工学	0.244 62	0.266 07	0.358	−0.278 1	0.767 4
	医学	0.307 69	0.395 17	0.437	−0.468 7	1.084 1
	其他	0.083 33	0.360 74	0.817	−0.625 4	0.792 1
医学	文学、历史学、哲学、教育学	0.168 05	0.344 27	0.626	−0.508 3	0.844 4
	经济学、管理学	0.404 89	0.328 24	0.218	−0.240 0	1.049 8
	法学	−0.043 96	0.370 90	0.906	−0.772 7	0.684 8
	理学	0.994 43 *	0.343 05	0.004	0.320 4	1.668 4
	工学	−0.063 08	0.350 49	0.857	−0.751 7	0.625 5
	农学	−0.307 69	0.395 17	0.437	−1.084 1	0.468 7
	其他	−0.224 36	0.426 83	0.599	−1.063 0	0.614 2
其他	文学、历史学、哲学、教育学	0.392 41	0.304 13	0.198	−0.205 1	0.989 9
	经济学、管理学	0.629 25 *	0.285 85	0.028	0.067 6	1.190 9
	法学	0.180 40	0.333 98	0.589	−0.475 8	0.836 6
	理学	1.218 78 *	0.302 75	0.000	0.624 0	1.813 6
	工学	0.161 28	0.311 16	0.604	−0.450 1	0.772 6
	农学	−0.083 33	0.360 74	0.817	−0.792 1	0.625 4
	医学	0.224 36	0.426 83	0.599	−0.614 2	1.063 0

联盟维度 LSD

* 均值差的显著性水平为 0.05

由表 5-59 可见，文学、历史学、哲学、教育学类，经济学、管理学类，法学，工学，农学，医学及其他所有专业与理学等专业特点在网络行为上都有极其显著的差异影响；文学、历史学、哲学、教育学类与农学有较显著的差异；工学与农学也有较显著的差异。这说明理学与其他所有的专业在网络行为上有极其显著的差异，农学与理学，工学，文学、历史学、哲学、教育学类在网络行为上有较大差异。专业对网络行为的影响主要是理学与农学，究其原因，理学强调理性思维、理论推导和个人自主活动，农学是以农业生产为背景，与其他专业学习思维不同。

表 5-59　专业因素对网络行为的多重比较

(I) Q85 专业	(J) Q85 专业	均值差 (I-J)	标准误	显著性	95% 置信区间 下限	95% 置信区间 上限
文学、历史学、哲学、教育学	经济学、管理学	-0.155 99	0.111 07	0.161	-0.374 2	0.062 2
	法学	-0.055 49	0.180 92	0.759	-0.410 9	0.300 0
	理学	0.569 16*	0.138 83	0.000	0.296 4	0.841 9
	工学	0.006 41	0.150 55	0.966	-0.289 4	0.302 2
	农学	-0.469 52*	0.213 17	0.028	-0.888 3	-0.050 7
	医学	-0.228 77	0.284 65	0.422	-0.788 0	0.330 5
	其他	-0.210 26	0.251 46	0.403	-0.704 3	0.283 8
经济学、管理学	文学、历史学、哲学、教育学	0.155 99	0.111 07	0.161	-0.062 2	0.374 2
	法学	0.100 50	0.159 25	0.528	-0.212 4	0.413 4
	理学	0.725 15*	0.109 10	0.000	0.510 8	0.939 5
	工学	0.162 40	0.123 67	0.190	-0.080 6	0.405 4
	农学	-0.313 52	0.195 11	0.109	-0.696 9	0.069 8
	医学	-0.072 78	0.271 39	0.789	-0.606 0	0.460 4
	其他	-0.054 26	0.236 35	0.819	-0.518 6	0.410 1
法学	文学、历史学、哲学、教育学	0.055 49	0.180 92	0.759	-0.300 0	0.410 9
	经济学、管理学	-0.100 50	0.159 25	0.528	-0.413 4	0.212 4
	理学	0.624 65*	0.179 71	0.001	0.271 6	0.977 7
	工学	0.061 90	0.188 91	0.743	-0.309 3	0.433 1
	农学	-0.414 02	0.241 79	0.087	-0.889 1	0.061 0
	医学	-0.173 28	0.306 67	0.572	-0.775 8	0.429 2
	其他	-0.154 76	0.276 14	0.575	-0.697 3	0.387 8
理学	文学、历史学、哲学、教育学	-0.569 16*	0.138 83	0.000	-0.841 9	-0.296 4
	经济学、管理学	-0.725 15*	0.109 10	0.000	-0.939 5	-0.510 8
	法学	-0.624 65*	0.179 71	0.001	-0.977 7	-0.271 6
	工学	-0.562 75*	0.149 10	0.000	-0.855 7	-0.269 8
	农学	-1.038 67*	0.212 14	0.000	-1.455 5	-0.621 9
	医学	-0.797 93*	0.283 89	0.005	-1.355 7	-0.240 2
	其他	-0.779 41*	0.250 60	0.002	-1.271 8	-0.287 1

续表

					网络行为 LSD	
(I) Q85 专业	(J) Q85 专业	均值差 (I-J)	标准误	显著性	95%置信区间	
					下限	上限
工学	文学、历史学、哲学、教育学	-0.006 41	0.150 55	0.966	-0.302 2	0.289 4
	经济学、管理学	-0.162 40	0.123 67	0.190	-0.405 4	0.080 6
	法学	-0.061 90	0.188 91	0.743	-0.433 1	0.309 3
	理学	0.562 75 *	0.149 10	0.000	0.269 8	0.855 7
	农学	-0.475 93 *	0.219 99	0.031	-0.908 1	-0.043 7
	医学	-0.235 19	0.289 80	0.417	-0.804 6	0.334 2
	其他	-0.216 67	0.257 27	0.400	-0.722 1	0.288 8
农学	文学、历史学、哲学、教育学	0.469 52 *	0.213 17	0.028	0.050 7	0.888 3
	经济学、管理学	0.313 52	0.195 11	0.109	-0.069 8	0.696 9
	法学	0.414 02	0.241 79	0.087	-0.061 0	0.889 1
	理学	1.038 67 *	0.212 14	0.000	0.621 9	1.455 5
	工学	0.475 93 *	0.219 99	0.031	0.043 7	0.908 1
	医学	0.240 74	0.326 74	0.462	-0.401 2	0.882 7
	其他	0.259 26	0.298 27	0.385	-0.326 8	0.845 3
医学	文学、历史学、哲学、教育学	0.228 77	0.284 65	0.422	-0.330 5	0.788 0
	经济学、管理学	0.072 78	0.271 39	0.789	-0.460 4	0.606 0
	法学	0.173 28	0.306 67	0.572	-0.429 2	0.775 8
	理学	0.797 93 *	0.283 89	0.005	0.240 2	1.355 7
	工学	0.235 19	0.289 80	0.417	-0.334 2	0.804 6
	农学	-0.240 74	0.326 74	0.462	-0.882 7	0.401 2
	其他	0.018 52	0.352 92	0.958	-0.674 9	0.711 9
其他	文学、历史学、哲学、教育学	0.210 26	0.251 46	0.403	-0.283 8	0.704 3
	经济学、管理学	0.054 26	0.236 35	0.819	-0.410 1	0.518 6
	法学	0.154 76	0.276 14	0.575	-0.387 8	0.697 3
	理学	0.779 41 *	0.250 60	0.002	0.287 1	1.271 8
	工学	0.216 67	0.257 27	0.400	-0.288 8	0.722 1
	农学	-0.259 26	0.298 27	0.385	-0.845 3	0.326 8
	医学	-0.018 52	0.352 92	0.958	-0.711 9	0.674 9

＊均值差的显著性水平为 0.05

5.5.3　行业因素

由表 5-49 可知，行业对平台维度、应用维度、环境维度、联盟维度、网络行为均有极其显著的影响，行业因素如何影响平台维度、应用维度、环境维度、联盟维度、网络行为，利用 SPSS 18.0 进行多重分析。

表 5-60　行业因素对平台维度的多重比较

平台维度 LSD

(I) Q86 行业	(J) Q86 行业	均值差 (I-J)	标准误	显著性	95% 置信区间 下限	上限
金融机构	医院	0.439 18*	0.185 39	0.018	0.074 9	0.803 4
	科研院所	0.314 78*	0.145 01	0.030	0.029 9	0.599 7
	文化馆、图书馆、博物馆、科技馆、纪念馆	0.281 28	0.145 01	0.053	−0.003 6	0.566 2
	学校	0.285 74*	0.094 57	0.003	0.099 9	0.471 6
	党政部门	0.290 46*	0.075 15	0.000	0.142 8	0.438 1
	企业	0.146 78	0.116 34	0.208	−0.081 8	0.375 4
	其他	0.160 98	0.249 64	0.519	−0.329 5	0.651 4
医院	金融机构	−0.439 18*	0.185 39	0.018	−0.803 4	−0.074 9
	科研院所	−0.124 40	0.227 77	0.585	−0.571 9	0.323 1
	文化馆、图书馆、博物馆、科技馆、纪念馆	−0.157 89	0.227 77	0.488	−0.605 4	0.289 6
	学校	−0.153 43	0.199 48	0.442	−0.545 4	0.238 5
	党政部门	−0.148 72	0.191 04	0.437	−0.524 1	0.226 6
	企业	−0.292 40	0.210 68	0.166	−0.706 3	0.121 5
	其他	−0.278 20	0.305 24	0.363	−0.877 9	0.321 5
科研院所	金融机构	−0.314 78*	0.145 01	0.030	−0.599 7	−0.029 9
	医院	0.124 40	0.227 77	0.585	−0.323 1	0.571 9
	文化馆、图书馆、博物馆、科技馆、纪念馆	−0.033 49	0.196 31	0.865	−0.419 2	0.352 2
	学校	−0.029 03	0.162 65	0.858	−0.348 6	0.290 5
	党政部门	−0.024 32	0.152 18	0.873	−0.323 3	0.274 7
	企业	−0.168 00	0.176 19	0.341	−0.514 2	0.178 2
	其他	−0.153 79	0.282 54	0.586	−0.708 9	0.401 3

续表

					平台维度 LSD	

(I) Q86 行业	(J) Q86 行业	均值差 (I-J)	标准误	显著性	95% 置信区间	
					下限	上限
文化馆、图书馆、博物馆、科技馆、纪念馆	金融机构	−0.281 28	0.145 01	0.053	−0.566 2	0.003 6
	医院	0.157 89	0.227 77	0.488	−0.289 6	0.605 4
	科研院所	0.033 49	0.196 31	0.865	−0.352 2	0.419 2
	学校	0.004 46	0.162 65	0.978	−0.315 1	0.324 0
	党政部门	0.009 17	0.152 18	0.952	−0.289 8	0.308 2
	企业	−0.134 50	0.176 19	0.446	−0.480 7	0.211 7
	其他	−0.120 30	0.282 54	0.670	−0.675 4	0.434 8
学校	金融机构	−0.285 74 *	0.094 57	0.003	−0.471 6	−0.099 9
	医院	0.153 43	0.199 48	0.442	−0.238 5	0.545 4
	科研院所	0.029 03	0.162 65	0.858	−0.290 5	0.348 6
	文化馆、图书馆、博物馆、科技馆、纪念馆	−0.004 46	0.162 65	0.978	−0.324 0	0.315 1
	党政部门	0.004 71	0.105 23	0.964	−0.202 0	0.211 5
	企业	−0.138 96	0.137 70	0.313	−0.409 5	0.131 6
	其他	−0.124 76	0.260 28	0.632	−0.636 1	0.386 6
党政部门	金融机构	−0.290 46 *	0.075 15	0.000	−0.438 1	−0.142 8
	医院	0.148 72	0.191 04	0.437	−0.226 6	0.524 1
	科研院所	0.024 32	0.152 18	0.873	−0.274 7	0.323 3
	文化馆、图书馆、博物馆、科技馆、纪念馆	−0.009 17	0.152 18	0.952	−0.308 2	0.289 8
	学校	−0.004 71	0.105 23	0.964	−0.211 5	0.202 0
	企业	−0.143 68	0.125 16	0.252	−0.389 6	0.102 2
	其他	−0.129 48	0.253 87	0.610	−0.628 3	0.369 3
企业	金融机构	−0.146 78	0.116 34	0.208	−0.375 4	0.081 8
	医院	0.292 40	0.210 68	0.166	−0.121 5	0.706 3
	科研院所	0.168 00	0.176 19	0.341	−0.178 2	0.514 2
	文化馆、图书馆、博物馆、科技馆、纪念馆	0.134 50	0.176 19	0.446	−0.211 7	0.480 7
	学校	0.138 96	0.137 70	0.313	−0.131 6	0.409 5
	党政部门	0.143 68	0.125 16	0.252	−0.102 2	0.389 6
	其他	0.014 20	0.268 95	0.958	−0.514 2	0.542 6

平台维度 LSD

(I) Q86 行业	(J) Q86 行业	均值差 (I-J)	标准误	显著性	95% 置信区间	
					下限	上限
其他	金融机构	-0.160 98	0.249 64	0.519	-0.651 4	0.329 5
	医院	0.278 20	0.305 24	0.363	-0.321 5	0.877 9
	科研院所	0.153 79	0.282 54	0.586	-0.401 3	0.708 9
	文化馆、图书馆、博物馆、科技馆、纪念馆	0.120 30	0.282 54	0.670	-0.434 8	0.675 4
	学校	0.124 76	0.260 28	0.632	-0.386 6	0.636 1
	党政部门	0.129 48	0.253 87	0.610	-0.369 3	0.628 3
	企业	-0.014 20	0.268 95	0.958	-0.542 6	0.514 2

＊均值差的显著性水平为 0.05

由表5-60可见，金融机构与医院差异性较强，说明金融机构与医院在平台维度的使用上，有较大差异，可能原因是金融机构更注重平台的有效网络工作、安全性、稳定性、页面响应速度等，而医院更侧重于新药、新医学器械的信息发布、信息查询；金融机构与科研院所差异性强，说明金融机构与科研院所在平台维度的使用上，有较大差异，原因可能是前者仍然更侧重于平台的有效网络工作、安全性、稳定性、页面响应速度等，后者侧重于最新科研成果的查询和发布；金融机构与学校差异性强，说明金融机构与学校在平台维度的使用上，有较大差异，原因可能是前者侧重于平台的有效网络工作、安全性、稳定性、页面响应速度等，后者侧重于信息存储备份、界面友好度等；金融机构与党政部门差异性强，说明金融机构与党政部门在平台维度的使用上，有较大差异，原因可能是金融机构侧重平台的有效网络工作、安全性、稳定性、页面响应速度等，党政部门侧重网络工作的信息公开、在线办事、互动交流方面的信息发布、信息查询、可行度等；而金融机构与文化馆、图书馆、博物馆、科技馆、纪念馆、企业在平台维度的使用上，具有较大的相似性，原因可能是对平台安全性，不能出现失误和事故；医院、科研院所、文化馆、图书馆、博物馆、科技馆、纪念馆，学校，党政部门，企业及其他行业之间，在平台维度使用上几乎无较大差异，只是对平台有基础的要求。

表 5-61　行业因素对应用维度的多重比较

应用维度 LSD

(I) Q86 行业	(J) Q86 行业	均值差 (I-J)	标准误	显著性	95% 置信区间	
					下限	上限
金融机构	医院	0.414 69＊	0.173 44	0.017	0.073 9	0.755 4
	科研院所	0.199 12	0.135 67	0.143	-0.067 4	0.465 7
	文化馆、图书馆、博物馆、科技馆、纪念馆	0.444 18＊	0.135 67	0.001	0.177 6	0.710 7
	学校	0.360 44＊	0.088 48	0.000	0.186 6	0.534 3
	党政部门	0.336 45＊	0.070 31	0.000	0.198 3	0.474 6
	企业	0.198 13	0.108 84	0.069	-0.015 7	0.412 0
	其他	0.410 87	0.233 55	0.079	-0.048 0	0.869 7

		均值差			95%置信区间	
(I) Q86 行业	(J) Q86 行业	(I-J)	标准误	显著性	下限	上限
医院	金融机构	−0.414 69 *	0.173 44	0.017	−0.755 4	−0.073 9
	科研院所	−0.215 57	0.213 09	0.312	−0.634 2	0.203 1
	文化馆、图书馆、博物馆、科技馆、纪念馆	0.029 49	0.213 09	0.890	−0.389 2	0.448 2
	学校	−0.054 25	0.186 63	0.771	−0.420 9	0.312 4
	党政部门	−0.078 24	0.178 73	0.662	−0.429 4	0.272 9
	企业	−0.216 56	0.197 10	0.272	−0.603 8	0.170 7
	其他	−0.003 82	0.285 57	0.989	−0.564 9	0.557 2
科研院所	金融机构	−0.199 12	0.135 67	0.143	−0.465 7	0.067 4
	医院	0.215 57	0.213 09	0.312	−0.203 1	0.634 2
	文化馆、图书馆、博物馆、科技馆、纪念馆	0.245 06	0.183 66	0.183	−0.115 8	0.605 9
	学校	0.161 32	0.152 17	0.290	−0.137 6	0.460 3
	党政部门	0.137 32	0.142 37	0.335	−0.142 4	0.417 0
	企业	−0.000 99	0.164 84	0.995	−0.324 9	0.322 9
	其他	0.211 74	0.264 33	0.423	−0.307 6	0.731 1
文化馆、图书馆、博物馆、科技馆、纪念馆	金融机构	−0.444 18 *	0.135 67	0.001	−0.710 7	−0.177 6
	医院	−0.029 49	0.213 09	0.890	−0.448 2	0.389 2
	科研院所	−0.245 06	0.183 66	0.183	−0.605 9	0.115 8
	学校	−0.083 74	0.152 17	0.582	−0.382 7	0.215 2
	党政部门	−0.107 73	0.142 37	0.450	−0.387 5	0.172 0
	企业	−0.246 05	0.164 84	0.136	−0.569 9	0.077 8
	其他	−0.033 31	0.264 33	0.900	−0.552 7	0.486 0
学校	金融机构	−0.360 44 *	0.088 48	0.000	−0.534 3	−0.186 6
	医院	0.054 25	0.186 63	0.771	−0.312 4	0.420 9
	科研院所	−0.161 32	0.152 17	0.290	−0.460 3	0.137 6
	文化馆、图书馆、博物馆、科技馆、纪念馆	0.083 74	0.152 17	0.582	−0.215 2	0.382 7
	党政部门	−0.023 99	0.098 45	0.808	−0.217 4	0.169 4
	企业	−0.162 31	0.128 82	0.208	−0.415 4	0.090 8
	其他	0.050 43	0.243 51	0.836	−0.428 0	0.528 8

应用维度 LSD

		应用维度 LSD				
(I) Q86 行业	(J) Q86 行业	均值差 (I-J)	标准误	显著性	95% 置信区间	
					下限	上限
党政部门	金融机构	−0.336 45 *	0.070 31	0.000	−0.474 6	−0.198 3
	医院	0.078 24	0.178 73	0.662	−0.272 9	0.429 4
	科研院所	−0.137 32	0.142 37	0.335	−0.417 0	0.142 4
	文化馆、图书馆、博物馆、科技馆、纪念馆	0.107 73	0.142 37	0.450	−0.172 0	0.387 5
	学校	0.023 99	0.098 45	0.808	−0.169 4	0.217 4
	企业	−0.138 31	0.117 09	0.238	−0.368 4	0.091 7
	其他	0.074 42	0.237 51	0.754	−0.392 2	0.541 1
企业	金融机构	−0.198 13	0.108 84	0.069	−0.412 0	0.015 7
	医院	0.216 56	0.197 10	0.272	−0.170 7	0.603 8
	科研院所	0.000 99	0.164 84	0.995	−0.322 9	0.324 9
	文化馆、图书馆、博物馆、科技馆、纪念馆	0.246 05	0.164 84	0.136	−0.077 8	0.569 9
	学校	0.162 31	0.128 82	0.208	−0.090 8	0.415 4
	党政部门	0.138 31	0.117 09	0.238	−0.091 7	0.368 4
	其他	0.212 73	0.251 62	0.398	−0.281 6	0.707 1
其他	金融机构	−0.410 87	0.233 55	0.079	−0.869 7	0.048 0
	医院	0.003 82	0.285 57	0.989	−0.557 2	0.564 9
	科研院所	−0.211 74	0.264 33	0.423	−0.731 1	0.307 6
	文化馆、图书馆、博物馆、科技馆、纪念馆	0.033 31	0.264 33	0.900	−0.486 0	0.552 7
	学校	−0.050 43	0.243 51	0.836	−0.528 8	0.428 0
	党政部门	−0.074 42	0.237 51	0.754	−0.541 1	0.392 2
	企业	−0.212 73	0.251 62	0.398	−0.707 1	0.281 6

* 均值差的显著性水平为 0.05

由表 5-61 可见，金融机构与医院差异性强，说明金融机构与医院在应用维度的使用上，有较大差异，可能原因是金融机构在应用维度方面涉及的外部网、互联网对数据的正确性、详细性、时效性、通信能力有一定的要求，而医院主要应用的是内部网；金融机构与文化馆、图书馆、博物馆、科技馆、纪念馆差异性强，说明金融机构与文化馆、图书馆、博物馆、科技馆、纪念馆在应用维度的使用上，有较大差异，原因可能是前者侧重于数据的正确性、详细性、时效性、通信能力方面，后者可能更侧重可视化、思想性方面；金融机构与学校差异性强，说明金融机构与学校在应用维度的使用上，有较大差异，原因可能是前者侧重数据的正确性、详细性、时效性、通信能力方面，后者侧重计划性、内部信息管理机构等；金融机构与党政部门差异性强，说明金融机构与党政部门在应用维度的使用上，有较大差异，原因可能是前者侧重数据的正确性、详细性、时效性、通信能力方面，后者只是基本要求；而金融机构与科研院所、企业在应用维度的使用上，具有较大的相似性，原因可能是对应用维度的数据信息的正确性、详细性、时效性要求较高；金融机构、医院、科研院所、文化馆、图书馆、博物馆、科技馆、纪念馆，学校，党政部门，同其他行业也相似，在应用维度的使用上无较大差异，原因可能是对应用维度只是基本要求。

表 5-62 行业因素对环境维度的多重比较

(I) Q86 行业	(J) Q86 行业	均值差 (I-J)	标准误	显著性	95% 置信区间	
					下限	上限
金融机构	医院	0.489 38 *	0.184 95	0.008	0.126 0	0.852 8
	科研院所	0.056 82	0.144 67	0.695	-0.227 4	0.341 1
	文化馆、图书馆、博物馆、科技馆、纪念馆	0.229 98	0.144 67	0.113	-0.054 3	0.514 2
	学校	0.123 95	0.094 35	0.190	-0.061 4	0.309 3
	党政部门	0.275 45 *	0.074 98	0.000	0.128 1	0.422 8
	企业	0.319 56V *	0.116 07	0.006	0.091 5	0.547 6
	其他	0.123 61	0.249 06	0.620	-0.365 7	0.612 9
医院	金融机构	-0.489 38 *	0.184 95	0.008	-0.852 8	-0.126 0
	科研院所	-0.432 57	0.227 24	0.058	-0.879 0	0.013 9
	文化馆、图书馆、博物馆、科技馆、纪念馆	-0.259 41	0.227 24	0.254	-0.705 9	0.187 0
	学校	-0.365 43	0.199 02	0.067	-0.756 4	0.025 6
	党政部门	-0.213 93	0.190 60	0.262	-0.588 4	0.160 5
	企业	-0.169 82	0.210 19	0.419	-0.582 8	0.243 1
	其他	-0.365 78	0.304 52	0.230	-0.964 1	0.232 5
科研院所	金融机构	-0.056 82	0.144 67	0.695	-0.341 1	0.227 4
	医院	0.432 57	0.227 24	0.058	-0.013 9	0.879 0
	文化馆、图书馆、博物馆、科技馆、纪念馆	0.173 16	0.195 85	0.377	-0.211 6	0.558 0
	学校	0.067 14	0.162 27	0.679	-0.251 7	0.385 9
	党政部门	0.218 63	0.151 82	0.150	-0.079 7	0.516 9
	企业	0.262 75	0.175 78	0.136	-0.082 6	0.608 1
	其他	0.066 79	0.281 88	0.813	-0.487 0	0.620 6

(I) Q86 行业	(J) Q86 行业	均值差 (I-J)	标准误	显著性	95%置信区间 下限	上限
文化馆、图书馆、博物馆、科技馆、纪念馆	金融机构	-0.229 98	0.144 67	0.113	-0.514 2	0.054 3
	医院	0.259 41	0.227 24	0.254	-0.187 0	0.705 9
	科研院所	-0.173 16	0.195 85	0.377	-0.558 0	0.211 6
	学校	-0.106 02	0.162 27	0.514	-0.424 8	0.212 8
	党政部门	0.045 47	0.151 82	0.765	-0.252 8	0.343 8
	企业	0.089 59	0.175 78	0.611	-0.255 8	0.435 0
	其他	-0.106 37	0.281 88	0.706	-0.660 2	0.447 4
学校	金融机构	-0.123 95	0.094 35	0.190	-0.309 3	0.061 4
	医院	0.365 43	0.199 02	0.067	-0.025 6	0.756 4
	科研院所	-0.067 14	0.162 27	0.679	-0.385 9	0.251 7
	文化馆、图书馆、博物馆、科技馆、纪念馆	0.106 02	0.162 27	0.514	-0.212 8	0.424 8
	党政部门	0.151 50	0.104 99	0.150	-0.054 8	0.357 8
	企业	0.195 61	0.137 38	0.155	-0.074 3	0.465 5
	其他	-0.000 35	0.259 67	0.999	-0.510 5	0.509 8
党政部门	金融机构	-0.275 45*	0.074 98	0.000	-0.422 8	-0.128 1
	医院	0.213 93	0.190 60	0.262	-0.160 5	0.588 4
	科研院所	-0.218 63	0.151 82	0.150	-0.516 9	0.079 7
	文化馆、图书馆、博物馆、科技馆、纪念馆	-0.045 47	0.151 82	0.765	-0.343 8	0.252 8
	学校	-0.151 50	0.104 99	0.150	-0.357 8	0.054 8
	企业	0.044 11	0.124 87	0.724	-0.201 2	0.289 4
	其他	-0.151 84	0.253 28	0.549	-0.649 5	0.345 8
企业	金融机构	-0.319 56*	0.116 07	0.006	-0.547 6	-0.091 5
	医院	0.169 82	0.210 19	0.419	-0.243 1	0.582 8
	科研院所	-0.262 75	0.175 78	0.136	-0.608 1	0.082 6
	文化馆、图书馆、博物馆、科技馆、纪念馆	-0.089 59	0.175 78	0.611	-0.435 0	0.255 8
	学校	-0.195 61	0.137 38	0.155	-0.465 5	0.074 3
	党政部门	-0.044 11	0.124 87	0.724	-0.289 4	0.201 2
	其他	-0.195 96	0.268 32	0.466	-0.723 1	0.331 2

环境维度 LSD

环境维度 LSD

(I) Q86 行业	(J) Q86 行业	均值差 (I-J)	标准误	显著性	95% 置信区间	
					下限	上限
其他	金融机构	−0.123 61	0.249 06	0.620	−0.612 9	0.365 7
	医院	0.365 78	0.304 52	0.230	−0.232 5	0.964 1
	科研院所	−0.066 79	0.281 88	0.813	−0.620 6	0.487 0
	文化馆、图书馆、博物馆、科技馆、纪念馆	0.106 37	0.281 88	0.706	−0.447 4	0.660 2
	学校	0.000 35	0.259 67	0.999	−0.509 8	0.510 5
	党政部门	0.151 84	0.253 28	0.549	−0.345 8	0.649 5
	企业	0.195 96	0.268 32	0.466	−0.331 2	0.723 1

＊均值差的显著性水平为 0.05

由表 5-62 可见，金融机构与医院差异性强，说明金融机构与医院、党政部门、企业在环境维度方面，有较大差异：金融机构的外部网、互联网、内部网，且分布地域广泛，离不开社会文化，同时金融信息每天 24 小时实时传输，网络安全处于关注焦点，对网络安全、网络监控、应用业务加密、信息交换加密等有很高的要求，而医院的内部网主要限于独立个体，网络环境相对封闭便于管理；党政部门的网络主要职能是信息公开、在线办事、互动交流，网络安全虽重要但不紧迫；企业也是一个单独的个体，甚至内部还存在众多的信息孤岛。其他如医院，科研院所，文化馆、图书馆、博物馆、科技馆、纪念馆，学校，党政部门，企业，其他行业相互之间，在环境维度方面无较大差异。

表 5-63　行业因素对联盟维度的多重比较

联盟维度 LSD

(I) Q86 行业	(J) Q86 行业	均值差 (I-J)	标准误	显著性	95% 置信区间	
					下限	上限
金融机构	医院	−0.578 73＊	0.272 53	0.034	−1.114 2	−0.043 3
	科研院所	−1.002 61＊	0.213 17	0.000	−1.421 4	−0.583 8
	文化馆、图书馆、博物馆、科技馆、纪念馆	−0.422 19＊	0.213 17	0.048	−0.841 0	−0.003 4
	学校	−0.738 89＊	0.139 03	0.000	−1.012 0	−0.465 7
	党政部门	−0.694 09＊	0.110 48	0.000	−0.911 1	−0.477 0
	企业	−0.696 08＊	0.171 02	0.000	−1.032 1	−0.360 1
	其他	−0.895 72＊	0.366 98	0.015	−1.616 7	−0.174 7

		联盟维度 LSD				
(I) Q86 行业	(J) Q86 行业	均值差 (I-J)	标准误	显著性	95% 置信区间	
					下限	上限
医院	金融机构	0.578 73 *	0.272 53	0.034	0.043 3	1.114 2
	科研院所	−0.423 88	0.334 83	0.206	−1.081 7	0.234 0
	文化馆、图书馆、博物馆、科技馆、纪念馆	0.156 54	0.334 83	0.640	−0.501 3	0.814 4
	学校	−0.160 16	0.293 25	0.585	−0.736 3	0.416 0
	党政部门	−0.115 36	0.280 85	0.681	−0.667 1	0.436 4
	企业	−0.117 36	0.309 71	0.705	−0.725 8	0.491 1
	其他	−0.316 99	0.448 71	0.480	−1.198 6	0.564 6
科研院所	金融机构	1.002 61 *	0.213 17	0.000	0.583 8	1.421 4
	医院	0.423 88	0.334 83	0.206	−0.234 0	1.081 7
	文化馆、图书馆、博物馆、科技馆、纪念馆	0.580 42 *	0.288 59	0.045	0.013 4	1.147 4
	学校	0.263 72	0.239 10	0.271	−0.206 0	0.733 5
	党政部门	0.308 53	0.223 71	0.168	−0.131 0	0.748 1
	企业	0.306 53	0.259 02	0.237	−0.202 4	0.815 4
	其他	0.106 89	0.415 35	0.797	−0.709 2	0.922 9
文化馆、图书馆、博物馆、科技馆、纪念馆	金融机构	0.422 19 *	0.213 17	0.048	0.003 4	0.841 0
	医院	−0.156 54	0.334 83	0.640	−0.814 4	0.501 3
	科研院所	−0.580 42 *	0.288 59	0.045	−1.147 4	−0.013 4
	学校	−0.316 70	0.239 10	0.186	−0.786 5	0.153 1
	党政部门	−0.271 89	0.223 71	0.225	−0.711 4	0.167 6
	企业	−0.273 89	0.259 02	0.291	−0.782 8	0.235 0
	其他	−0.473 53	0.415 35	0.255	−1.289 6	0.342 5
学校	金融机构	0.738 89 *	0.139 03	0.000	0.465 7	1.012 0
	医院	0.160 16	0.293 25	0.585	−0.416 0	0.736 3
	科研院所	−0.263 72	0.239 10	0.271	−0.733 5	0.206 0
	文化馆、图书馆、博物馆、科技馆、纪念馆	0.316 70	0.239 10	0.186	−0.153 1	0.786 5
	党政部门	0.044 81	0.154 70	0.772	−0.259 1	0.348 7
	企业	0.042 81	0.202 42	0.833	−0.354 9	0.440 5
	其他	−0.156 83	0.382 62	0.682	−0.908 6	0.594 9

联盟维度 LSD						
(I) Q86 行业	(J) Q86 行业	均值差 (I-J)	标准误	显著性	95% 置信区间	
					下限	上限
党政部门	金融机构	0.694 09 *	0.110 48	0.000	0.477 0	0.911 1
	医院	0.115 36	0.280 85	0.681	−0.436 4	0.667 1
	科研院所	−0.308 53	0.223 71	0.168	−0.748 1	0.131 0
	文化馆、图书馆、博物馆、科技馆、纪念馆	0.271 89	0.223 71	0.225	−0.167 6	0.711 4
	学校	−0.044 81	0.154 70	0.772	−0.348 7	0.259 1
	企业	−0.002 00	0.183 99	0.991	−0.363 5	0.359 5
	其他	−0.201 63	0.373 20	0.589	−0.934 9	0.531 6
企业	金融机构	0.696 08 *	0.171 02	0.000	0.360 1	1.032 1
	医院	0.117 36	0.309 71	0.705	−0.491 1	0.725 8
	科研院所	−0.306 53	0.259 02	0.237	−0.815 4	0.202 4
	文化馆、图书馆、博物馆、科技馆、纪念馆	0.273 89	0.259 02	0.291	−0.235 0	0.782 8
	学校	−0.042 81	0.202 42	0.833	−0.440 5	0.354 9
	党政部门	0.002 00	0.183 99	0.991	−0.359 5	0.363 5
	其他	−0.199 63	0.395 38	0.614	−0.976 4	0.577 2
其他	金融机构	0.895 72 *	0.366 98	0.015	0.174 7	1.616 7
	医院	0.316 99	0.448 71	0.480	−0.564 6	1.198 6
	科研院所	−0.106 89	0.415 35	0.797	−0.922 9	0.709 2
	文化馆、图书馆、博物馆、科技馆、纪念馆	0.473 53	0.415 35	0.255	−0.342 5	1.289 6
	学校	0.156 83	0.382 62	0.682	−0.594 9	0.908 6
	党政部门	0.201 63	0.373 20	0.589	−0.531 6	0.934 9
	企业	0.199 63	0.395 38	0.614	−0.577 2	0.976 4

* 均值差的显著性水平为 0.05

由表 5-63 可见，在联盟维度方面，金融机构与医院，科研院所，文化馆、图书馆、博物馆、科技馆、纪念馆，学校，党政部门，企业及其他行业差异性都强，说明金融机构与其他行业大不一样，由于长期以来贷款导致金融机构处于优势地位，其他组织处于弱势地位，金融机构一般难以主动牵头组织联盟团队，金融创新层出不穷，加之金融机构面临一定风险，而且经济利益更加直接，导致经济利益占第一位，而其他效益只能位列其后，联盟有时难以为继。科研院所与文化馆、图书馆、博物馆、科技馆、纪念馆差异性强，说明科研院所与文化馆、图书馆、博物馆、科技馆、纪念馆在联盟维度方面，有较大差异，原因可能是科研院所的联盟更加侧重于研发和创新，同行评议、学术障碍、应用推广体会较深，存在比较直接的效率和效益压力，而文化馆、图书馆、博物馆、科技馆、纪念馆的联盟更侧重于公益性，经费来自财政拨款，压力较小，积极性不高。

表 5-64　行业因素对网络行为的多重比较

网络行为 LSD

(I) Q86 行业	(J) Q86 行业	均值差 (I-J)	标准误	显著性	95% 置信区间	
					下限	上限
金融机构	医院	-0.471 21*	0.232 39	0.043	-0.927 8	-0.014 6
	科研院所	-0.605 24*	0.181 79	0.001	-0.962 4	-0.248 1
	文化馆、图书馆、博物馆、科技馆、纪念馆	-0.681 00*	0.181 79	0.000	-1.038 2	-0.323 8
	学校	-0.317 36*	0.118 59	0.008	-0.550 4	-0.084 4
	党政部门	-0.083 42	0.094 26	0.377	-0.268 6	0.101 8
	企业	-0.234 03	0.145 86	0.109	-0.520 6	0.052 5
	其他	0.063 59	0.312 92	0.839	-0.551 2	0.678 4
医院	金融机构	0.471 21*	0.232 39	0.043	0.014 6	0.927 8
	科研院所	-0.134 03	0.285 49	0.639	-0.694 9	0.426 9
	文化馆、图书馆、博物馆、科技馆、纪念馆	-0.209 79	0.285 49	0.463	-0.770 7	0.351 1
	学校	0.153 85	0.250 04	0.539	-0.337 4	0.645 1
	党政部门	0.387 79	0.239 46	0.106	-0.082 7	0.858 3
	企业	0.237 18	0.264 07	0.370	-0.281 6	0.756 0
	其他	0.534 80	0.382 59	0.163	-0.216 9	1.286 5
科研院所	金融机构	0.605 24*	0.181 79	0.001	0.248 1	0.962 4
	医院	0.134 03	0.285 49	0.639	-0.426 9	0.694 9
	文化馆、图书馆、博物馆、科技馆、纪念馆	-0.075 76	0.246 06	0.758	-0.559 2	0.407 7
	学校	0.287 88	0.203 87	0.159	-0.112 7	0.688 4
	党政部门	0.521 82*	0.190 74	0.006	0.147 1	0.896 6
	企业	0.371 21	0.220 85	0.093	-0.062 7	0.805 1
	其他	0.668 83	0.354 14	0.060	-0.027 0	1.364 6
文化馆、图书馆、博物馆、科技馆、纪念馆	金融机构	0.681 00*	0.181 79	0.000	0.323 8	1.038 2
	医院	0.209 79	0.285 49	0.463	-0.351 1	0.770 7
	科研院所	0.075 76	0.246 06	0.758	-0.407 7	0.559 2
	学校	0.363 64	0.203 87	0.075	-0.036 9	0.764 2
	党政部门	0.597 58*	0.190 74	0.002	0.222 8	0.972 3
	企业	0.446 97*	0.220 85	0.044	0.013 1	0.880 9
	其他	0.744 59*	0.354 14	0.036	0.048 8	1.440 4

续表

					95%置信区间	
(I) Q86 行业	(J) Q86 行业	均值差 (I-J)	标准误	显著性	下限	上限
学校	金融机构	0.317 36 *	0.118 59	0.008	0.084 4	0.550 4
	医院	−0.153 85	0.250 04	0.539	−0.645 1	0.337 4
	科研院所	−0.287 88	0.203 87	0.159	−0.688 4	0.112 7
	文化馆、图书馆、博物馆、 科技馆、纪念馆	−0.363 64	0.203 87	0.075	−0.764 2	0.036 9
	党政部门	0.233 94	0.131 90	0.077	−0.025 2	0.493 1
	企业	0.083 33	0.172 59	0.629	−0.255 8	0.422 4
	其他	0.380 95	0.326 24	0.243	−0.260 0	1.021 9
党政部门	金融机构	0.083 42	0.094 26	0.377	−0.101 8	0.268 6
	医院	−0.387 79	0.239 46	0.106	−0.858 3	0.082 7
	科研院所	−0.521 82 *	0.190 74	0.006	−0.896 6	−0.147 1
	文化馆、图书馆、博物馆、 科技馆、纪念馆	−0.597 58 *	0.190 74	0.002	−0.972 3	−0.222 8
	学校	−0.233 94	0.131 90	0.077	−0.493 1	0.025 2
	企业	−0.150 61	0.156 88	0.337	−0.458 8	0.157 6
	其他	0.147 01	0.318 20	0.644	−0.478 2	0.772 2
企业	金融机构	0.234 03	0.145 86	0.109	−0.052 5	0.520 6
	医院	−0.237 18	0.264 07	0.370	−0.756 0	0.281 6
	科研院所	−0.371 21	0.220 85	0.093	−0.805 1	0.062 7
	文化馆、图书馆、博物馆、 科技馆、纪念馆	−0.446 97 *	0.220 85	0.044	−0.880 9	−0.013 1
	学校	−0.083 33	0.172 59	0.629	−0.422 4	0.255 8
	党政部门	0.150 61	0.156 88	0.337	−0.157 6	0.458 8
	其他	0.297 62	0.337 11	0.378	−0.364 7	0.959 9
其他	金融机构	−0.063 59	0.312 92	0.839	−0.678 4	0.551 2
	医院	−0.534 80	0.382 59	0.163	−1.286 5	0.216 9
	科研院所	−0.668 83	0.354 14	0.060	−1.364 6	0.027 0
	文化馆、图书馆、博物馆、 科技馆、纪念馆	−0.744 59 *	0.354 14	0.036	−1.440 4	−0.048 8
	学校	−0.380 95	0.326 24	0.243	−1.021 9	0.260 0
	党政部门	−0.147 01	0.318 20	0.644	−0.772 2	0.478 2
	企业	−0.297 62	0.337 11	0.378	−0.959 9	0.364 7

网络行为 LSD

* 均值差的显著性水平为 0.05

由表 5-64 可见，金融机构与医院差异性强，说明金融机构与医院对员工网络行为方面有较大差异，金融机构主要是提供存贷差和理财服务，金融员工已经完全离不开网络系统，医院主要是保证人的卫生健康，较为依赖员工的知识和技能；金融机构与科研院所差异性强，说明金融机构与科研院所对员工网络行为，有较大差异，科研院所更多的是科学研究和产品创新，员工使用网络尚处于辅助地位，不及金融机构人员使用网络频繁；金融机构与文化馆、图书馆、博物馆、科技馆、纪念馆差异性强，说明金融机构与文化馆、图书馆、博物馆、科技馆、纪念馆对网络行为方面有较大差异，后者主要是满足人的文化需求，也并非完全离不开网络；金融机构与学校差异性强，说明金融机构与学校对员工网络行为方面有较大差异，原因可能是学校员工的主要职责是传道、授业、解惑，大部分时间是离开计算机和网络进行工作，网络主要用于搜集资源和组织素材；学校与文化馆、图书馆、博物馆、科技馆、纪念馆对网络行为存在类似现象，原因可能都是为了传播文化和文明；科研院所与党政部门差异性强，说明科研院所与党政部门对网络行为方面有较大差异，原因可能是科研院所重视科技方面，而党政部门考虑的还有经济、社会、文化、民生等更大的范围领域；文化馆、图书馆、博物馆、科技馆、纪念馆与党政部门差异性强，说明文化馆、图书馆、博物馆、科技馆、纪念馆与党政部门对网络行为方面有较大差异，前者主要是文化和知识传播，后者主要涉及经济、政治、民生等宏观领域；文化馆、图书馆、博物馆、科技馆、纪念馆与企业差异性强，说明文化馆、图书馆、博物馆、科技馆、纪念馆与企业对网络行为方面有较大差异，企业以经济利益为中心，面临激烈的竞争，而文化馆、图书馆、博物馆、科技馆、纪念馆重视公益性，经济利益处于次要地位。总之，对不同的行业，员工的网络行为差异是较明显的。

5.6 配对样本 t 检验

将平台、应用、环境、联盟和个人信息使用意向两两配对，利用 SPSS 18.0 得到十个配对样本进行 T 检验，两两比较以便发现哪个维度要素的认可度高。

表 5-65 成对样本统计量

项目		均值	N	标准差	均值的标准误
对 1	平台维度	3.925 9	509	0.662 69	0.029 37
	应用维度	4.015 4	509	0.628 87	0.027 87
对 2	平台维度	3.925 9	509	0.662 69	0.029 37
	环境维度	3.960 2	509	0.659 66	0.029 24
对 3	平台维度	3.925 9	509	0.662 69	0.029 37
	联盟维度	3.586 4	509	1.018 18	0.045 13
对 4	平台维度	3.925 7	508	0.663 34	0.029 43
	网络行为	3.987 5	508	0.834 59	0.037 03
对 5	应用维度	4.015 4	509	0.628 87	0.027 87
	环境维度	3.960 2	509	0.659 66	0.029 24

项目		均值	N	标准差	均值的标准误
对 6	应用维度	4.015 4	509	0.628 87	0.027 87
	联盟维度	3.586 4	509	1.018 18	0.045 13
对 7	应用维度	4.015 4	508	0.629 49	0.027 93
	网络行为	3.987 5	508	0.834 59	0.037 03
对 8	环境维度	3.960 2	509	0.659 66	0.029 24
	联盟维度	3.586 4	509	1.018 18	0.045 13
对 9	环境维度	3.960 4	508	0.660 29	0.029 30
	网络行为	3.987 5	508	0.834 59	0.037 03
对 10	联盟维度	3.585 6	508	1.019 02	0.045 21
	网络行为	3.987 5	508	0.834 59	0.037 03

由于李克特量表是由一组陈述组成，每一陈述有 5 种回答，既非常不同意、不同意、不一定、同意、非常同意，分别记为 1、2、3、4、5，若均值越接近于 5，说明知识型员工对维度指标变量评价越高。

表 5-65 是对数据的基本描述，由表可见：平台维度、应用维度、环境维度、联盟维度和网络行为的指标均值在 4 左右的居多，说明知识型员工在进行网络行为过程中，还存在提升的空间，特别是联盟维度指标的评价总体处于较低水平，且联盟维度与平台维度、应用维度、环境维度等其他因素相差较大。

表 5-66 成对样本相关系数

	项目	N	相关系数	Sig.
对 1	平台维度 & 应用维度	509	0.761	0.000
对 2	平台维度 & 环境维度	509	0.721	0.000
对 3	平台维度 & 联盟维度	509	0.012	0.787
对 4	平台维度 & 网络行为	508	0.381	0.000
对 5	应用维度 & 环境维度	509	0.803	0.000
对 6	应用维度 & 联盟维度	509	0.060	0.175
对 7	应用维度 & 网络行为	508	0.459	0.000
对 8	环境维度 & 联盟维度	509	0.165	0.000
对 9	环境维度 & 网络行为	508	0.474	0.000
对 10	联盟维度 & 网络行为	508	0.179	0.000

表 5-66 是数据前后变化的相关系数，显著性水平大于 0.05，则说明数据变化前后没有显著性的线性变化，线性相关程度较弱。其中，平台维度对联盟维度、应用维度对联盟维度这两组显著性水平大于 0.05，说明数据变化前后没有显著性的线性变化，线性相关程度较弱。这说明，平台维度与联盟维度相关性低，应用维度与联盟维度相关性也低。同时，相关系数方面，联盟维度与环境维度的相关系数、联盟维度与网络行为的相关系数很

低，分别为 0.165 和 0.179。

表 5-67　成对样本检验

项目		成对差分					t	df	Sig.（双侧）
		均值	标准差	均值的标准误	差分的95%置信区间				
					下限	上限			
对 1	平台维度-应用维度	−0.089 51	0.447 58	0.019 84	−0.128 49	−0.050 54	−4.512	508	0.000
对 2	平台维度-环境维度	−0.034 38	0.493 89	0.021 89	−0.077 39	0.008 63	−1.570	508	0.117
对 3	平台维度-联盟维度	0.339 49	1.208 15	0.053 55	0.234 28	0.444 70	6.340	508	0.000
对 4	平台维度-网络行为	−0.061 82	0.845 60	0.037 52	−0.135 53	0.011 89	−1.648	507	0.100
对 5	应用维度-环境维度	0.055 14	0.405 56	0.017 98	0.019 82	0.090 45	3.067	508	0.002
对 6	应用维度-联盟维度	0.429 01	10.164 04	0.051 60	0.327 64	0.530 37	8.315	508	0.000
对 7	应用维度-网络行为	0.027 87	0.781 06	0.034 65	−0.040 21	0.095 96	0.804	507	0.422
对 8	环境维度-联盟维度	0.373 87	1.118 06	0.049 56	0.276 51	0.471 23	7.544	508	0.000
对 9	环境维度-网络行为	−0.027 09	0.781 24	0.034 66	−0.095 19	0.041 01	−0.782	507	0.435
对 10	联盟维度-网络行为	−0.401 98	1.196 17	0.053 07	−0.506 25	−0.297 71	−7.574	507	0.000

表 5-67 是数据相减后与 0 的比较，通过概率值为 0，小于显著性水平 0.05，则拒绝表 5-65 的内容，相减的差值与 0 有较大差别，则表明数据变化前后有显著的变化。

由表 5-67 可见，除平台维度与环境维度、应用维度与网络行为、环境维度与网络行为的 Sig.（双侧）大于 0.05 外，其他都小于 0.05。这说明平台维度与环境维度、应用维度与网络行为、环境维度与网络行为这三对要素，每一对要素内部两个因素相似，无较大差异。除这三对要素外，其他对要素是有较大差异的，符合表 5-65 体现的内容，而且更详细。

5.7　多元回归分析

在实际应用中，很多情况往往需要采用多个预测变量才能更好地描述变量间的关系，若这些预测变量在预测方程中的系数为线性，则回归方程称为多元线性回归方程。按照方法的实质，处理多个预测变量的方法与处理一个预测变量的方法基本相同，只是多元线性回归的方程较复杂，计算量大得多，一般需要采用计算机进行[①]。

表 5-68　模型汇总

模型	R	R^2	调整 R^2	标准估计的误差	更改统计量				
					R^2 更改	F 更改	df1	df2	Sig. F 更改
1	0.506[a]	0.256	0.250	0.722 55	0.256	43.355	4	503	0.000

a. 预测变量：（常量）、联盟维度、平台维度、环境维度、应用维度

表 5-68 的模型汇总得出线性回归的决定系数，R^2 值为 0.256，说明线性模型可以解释自变量 25.6% 的变差，拟合效果较好。

表 5-69 的模型拟合优度检验 Anova 表的 F 检验的显著性值小于 0.05，表明一元线性回归模型显著。

表 5-69　模型拟合优度检验

Anova[b]					
模型		平方和	df	均方	F	Sig.
1	回归	90.538	4	22.634	43.355	0.000[a]
	残差	262.605	503	0.522		
	总计	353.143	507			

a. 预测变量：（常量）、联盟维度、平台维度、环境维度、应用维度

b. 因变量：网络行为

表 5-70 列出线性回归模型的参数估计，得到回归方程：

$$\hat{Y}网络行为 = 1.021 + 0.023×平台 + 0.315×应用 + 0.315×环境 + 0.101×联盟$$

表 5-70　回归系数及其检验

系数[a]												
模型	非标准化系数		标准系数	t	Sig.	B 的 95.0% 置信区间		相关性			共线性统计量	
	B	标准误差	试用版			下限	上限	零阶	偏	部分	容差	VIF
1	（常量）	1.021	0.238		4.293	0.000	0.554	1.488				
	平台维度	0.023	0.078	0.019	0.299	0.765	-0.130	0.177	0.381	0.013	0.011	0.382	2.620
	应用维度	0.315	0.095	0.238	3.304	0.001	0.128	0.503	0.459	0.146	0.127	0.285	3.506
	环境维度	0.315	0.087	0.249	3.610	0.000	0.143	0.486	0.474	0.159	0.139	0.311	3.219
	联盟维度	0.101	0.032	0.123	3.112	0.002	0.037	0.164	0.179	0.137	0.120	0.945	1.058

a. 因变量：网络行为

---

① 李洪成．SPSS18 数据分析基础与实践［M］．北京：电子工业出版社．2010：236.

第6章　提高知识型员工战略运算能力的网络行为面临的问题及其对策

根据知识型员工战略运算能力的网络行为的调查分析，可以发现知识型员工的网络行为还存在不容忽视的问题，必须高度重视知识型员工和网络系统两个方面，做好顶层设计，协调内部和外部关系，具体从平台、应用、环境、联盟四个维度提升知识型员工战略运算能力。

6.1　知识型员工网络行为的不足

6.1.1　平台维度——硬件和软件平台的满意度不高

从平台维度指标的实证分析可见，硬件和软件平台指标均存在不足。除了简易性、界面友好性、利用率 3 个指标的均值分别为 4.13、4.09、4.03 大于 4 外，其余指标均小于 4，如平台数量、安全性、数据容量、时效性、满意度、有效网络工作、稳定性、信息的可用性、信息存储备份、完整性、可维护性、通用性、可信度、信息查询、信息发布等，说明知识型员工对于平台的硬件和软件指标的认可度不高，难以很好地满足知识型员工日常工作需求，降低知识型员工工作效率和效益，影响工作满意度。平台维度指标说明平台提供的网络信息资源离知识型员工的需求还存在一定距离，如网络平台数量较少和数据容量不足，难以支撑网络应用；通用性不足，不同知识型员工使用平台需要花费一定的摸索学习时间；信息的可用性不足，信息更新发布不够及时，部分平台只提供目录查询服务，但若要获得全文，还要到实体部门索取纸质文件，影响员工信息需求的满足；平台的稳定性差、完整性不足，影响网络的可持续工作，平台的安全性尚存在一定隐患，网络平台保密性不强，这些说明平台还有提升空间。

因子分析将平台维度一级指标简化为平台速度性因子、平台数据性因子、平台使用性因子、平台表现性因子、平台稳定性因子、平台数量性因子，且各因子对平台维度的影响权重分别为 0.152 24、0.138 48、0.131 31、0.115 49、0.101 28、0.076 19。可见网络平台速度和平台数据是影响知识型员工使用的最重要因子，其次是平台使用和平台表现，此外也不能忽视平台稳定和平台数量。例如，部分组织的信息化由于建设之初缺乏统一规划和标准，摸着石头过河，导致平台的机型、接口及数据标准等不同，平台速度不匹配、平台使用不方便、平台数据不及时、平台界面不美观、平台运行不稳定、平台数量不足，导致平台的整合集成利用存在难度，影响平台的使用，制约知识型员工网络行为，如何完善和提升平台值得深思。

6.1.2 应用维度——创新不足和能力受限并存

从应用维度指标的实证分析可见，知识型员工业务创新不足和能力受限导致应用指标得分不高。知识型员工的思维模式、研发能力、反馈机制的均值分别为3.94、3.36、3.57，说明员工在工作中对富有价值的网络信息敏感性不高，网络社会充斥数量庞大的信息，知识型员工的思维模式还难以根据网络社会的新需求顺势而变、研发能力不足、反馈机制还有待完善。同时，组织对内部信息管理机构建设重视程度不高，部分组织甚至没有设立专门的信息管理机构，也就难有完善的网络信息管理制度和机制，缺乏首席信息官（CIO）体制，网络行为缺少必不可少的工具和手段，需要组织高度重视。

因子分析将应用维度一级指标简化为应用功能性因子、应用可靠性因子、应用交互性因子、应用组织性因子、应用计划性因子、应用验证性因子，且影响权重分别为0.184 07、0.160 06、0.142 61、0.089 31、0.068 97、0.063 73。可见功能性和可靠性是提高应用创新的重要影响因子，其次是交互性和组织性，而计划性和验证性也是应用创新不容忽视的因子。随着互联网的普及，知识型员工所使用的业务应用产品的核心地位是不容动摇的，特别是对涉及内部业务的应用必须具有高可靠性，以支持和方便员工间的交互活动，同时应用产品的组织、计划及验证构成一个循环。知识型员工的网络信息要求也越来越高，是满足组织客户需要的引致需求。知识型员工特别是企业、科研院所、学校等组织员工不仅希望组织提供有效的资讯，还希望组织提供更多的互动交流和在线业务指导，提升知识型员工的知识和技能，业务产品应用必须不断创新才能使员工为组织外部客户提供更丰富和更优质的服务，获得外部客户更高的忠诚度。只有提升应用产品和服务的功能，才能完善知识型员工的网络行为。

6.1.3 环境维度——环境优化和风险防范尚待加强

从环境维度指标的实证分析可见，环境存在优化空间。计费管理、开发应用、组织文化、政策支持、用户体验、持续工作、积极性、CA认证、网络监控、信息交互加密、性能的均值分别为3.42、3.66、3.84、3.84、3.91、3.93、3.94、3.94、3.96、3.96、3.99，说明就内部环境而言，知识型员工难以感受到组织对网络行为的支持。开发应用不足，难以为平台和应用提供支撑；在组织文化和政策支持方面，知识型员工感觉比较抽象，部分制度约束软的多、硬的少，往往导致员工把大部分注意力集中于非工作领域的音乐、游戏、购物，影响本职工作的开展；CA认证、网络监控、信息交互加密不足可能会导致风险，性能和用户体验不够，制约知识型员工的网络行为。

因子分析将环境因子简化为信息安全性环境因子、网络安全性环境因子、体验性环境因子、政策和组织文化性环境因子、社会文化性环境因子、计费管理性环境因子，且影响权重分别为0.194 57、0.161 79、0.132 00、0.091 05、0.077 56、0.060 47。可见信息安全和网络安全环境是优化环境和防范风险应考虑的重点，只有信息安全和网络安全，才能保障平台和应用的健康运行。随着体验经济的日益盛行，环境的体验性越发突出，需要引起关注；政策和组织文化、社会文化环境涉及宏观环境和微观环境，也是提升知识型员工网络行为必不可少的因素。

6.1.4 联盟维度——联盟信息量和质的提升刻不容缓

从联盟维度指标的实证分析可见，联盟信息的量和质不足。联盟维度的充足的资金、时间、信息量，以及新技术和新方法、创造性思维和思路、同行评议、学术障碍、应用推广、共担风险、灵活性、组织机构、开放性指标均低于4，明显低于平台维度、应用维度和环境维度指标。说明联盟建立和运行、评估的机制尚不健全，知识型员工个体之间、组织内设部门之间、组织或组织之间并未形成常态化的网络信息交流共享的组织形式，组织并未投入足够的时间和资金，信息资源的量和质不足，信息资源交流和共享更多地停留在一种较随意的状态，新技术和新方法、创造性思维和思路还远远不够，同行评议未能有效实施，学术障碍还广泛存在，灵活性和开放性还缺乏保障机制，一旦出现问题往往责任不明、互相推诿。

因子分析将联盟指标简化为联盟信息因子，可见联盟信息的量和质是联盟有效运营的方向。国家层面，如我国金融业实行的是分业经营、分业管理的模式，成立了"一行三会"为主体的监管部门，"一行"指中国人民银行，"三会"分别是银监会、证监会和保监会。但是各监管部门之间协调不力，容易出现由监管真空带来的风险；在多头监管的体制下，监管权限容易重叠，削弱监管的效果；无法衡量和负责整个金融机构的风险。虽然"一行三会"建立了部级联席会议制度，但是操作层面的规定笼统、细则不明，使监管的实际效果并不理想。微观组织层面，联盟的发展还停留在一个名称、一个牌子、几个人员的初级阶段，要深入形成核心层、紧密层、松散层的联盟机构，及人、财、物、信息的有效运营机制，还有很长一段路要走。联盟影响网络行为的当前和未来趋势，必须予以高度关注。

6.2 提高知识型员工战略运算能力的网络行为对策建议

21世纪，网络技术和知识经济风起云涌，信息和网络技术源源不断地被运用于社会中的各个组织，其工作理念、观点、模式、内容、方法和手段对组织产生深刻的影响。越来越多的国家和地区认识到网络技术的巨大作用，纷纷把网络战略或信息战略纳入国家战略的重要组成部分。本书通过对知识型员工网络行为的相关文献研究，从平台、应用、环境、联盟四个维度探讨知识型员工战略运算能力的网络行为，提炼主要影响因素，在此基础上构建网络行为模式，同时以组织员工为调研对象进行调查分析，发现知识型员工的网络行为的特征，进而优化组织知识型员工网络行为。

6.2.1 提高知识型员工网络信息素养

知识型员工是各个组织生存和发展的要素，对组织可持续发展具有不可估量的作用。因此，组织员工调整和革新自己的认知结构，获得明确自身网络信息需求、信息搜寻、信息选择、信息使用等方面的能力十分重要。

第一，培养知识型员工个人的网络信息意识。网络信息意识是指员工能认识到网络信息获取、信息处理、信息开发、信息利用能力深刻地影响网络工作绩效，明确善待信息、尊重知识、终身学习和勇于创新的观念；同时，员工应善于将个人、组织乃至社会对个人的要求自觉地转化为个人内在的信息需求，以适应组织和社会的需要；个人应保持对网络信息的敏感性和洞察力，才能发现和捕获富有价值的信息，善于从看似毫无价值的网络信息资源中发现信息隐含的意义和价值，及时辨别信息的真伪，将网络信息现象与实际学习和生活特别是工作有机联系，从网络信息中获得解决问题的办法。

第二，加强知识型员工个人的网络信息能力。网络信息能力是人们利用网络信息设备和资源获取信息、处理信息、开发信息、利用信息以及创造新信息的能力。其中，组织开展的定期或不定期教育培训，是加快培养网络信息能力、增强网络信息素养的有效方式。在各个不同的组织中，由于知识水平、工作岗位的差异，员工对于网络信息的搜集与分析能力也存在较大区别，如访谈和调查中发现，科研院所信息部门的员工和其他部门的员工的网络信息获取和利用方面存在显著差异，又如图书馆的信息咨询部门和图书借阅部门员工的网络信息获取也存在较大差异。因此，切实了解知识型员工个人网络信息搜索能力的长处与短处，有意识地组织其参加培训活动，提高信息检索方法和技巧，可以优化网络行为，正所谓"要知隔行事，还得问行家"。对于熟练型的网络信息搜寻者更多的是传授关于信息搜寻过程中涉及的核心过程情景、认知方法等知识，包括平台、应用、环境、联盟方面的知识；而对于经验较浅的信息搜寻者，应培训基础的信息课程，主要是平台的构成、应用的操作；信息素养的教育培训需要依据员工的类型按照不同的形式进行，并加以考核，不能以信任代替监督。同时，在访谈和调查过程中还发现，年龄较大的员工，其网络信息化水平低于年龄较轻的员工，故应有区别、有针对性地对不同年龄段的员工进行不同内容的信息化教育培训。教育培训过程中应注意四点：一是注重员工的传统文化素养。尽管网络信息的迅猛发展改变了人们听、说、读、写、算的能力，但信息素养却是在传统文化素养基础上的延伸，信息时代必须具备快速浏览和阅读的能力，才能在浩海如烟的网络信息海洋中寻找和发展富有价值的信息。二是注重计算机使用知识。网络社会离不开计算机，计算机知识是网络行为的基础。三是注重信息共享。人与人之间的信息共享理念存在鸿沟。部分员工不愿意或不主动与他人分享网络信息，组织应畅通信息共享渠道，充分调动员工共建、共享信息的积极性，防止"按牛头不吃草"，培养员工的信息交流能力，加强员工之间的信息互动，促进组织之间和组织内部的知识流动，提升组织运行的整体效率。四是注重员工外语能力的培养。网络时代是全球化的时代，互联网络中80%的信息资源用英语呈现，要想获得更多、更全面的信息，服务于自己的工作，离不开良好的外语水平。特别是随着政府信息化和电子政务的深度应用，对政府员工信息素质提出了更高的要求。无论是电子公文处理、协同办公还是政务信息共享，都需要员工掌握一定的技术方法和手段，这些都成为政府员工需要学习和掌握的内容。

6.2.2 夯实平台基础，提升平台运营水平

对于知识型员工而言，网络平台应具备对网络信息的搜集、加工、存储、检索、传递、维护进而转化为员工需求的知识。网络平台利用网络信息管理的功能为员工提供决策服务，最终目的是实现组织目标。组织网络平台由计算机的硬件平台和软件平台构成。硬件平台包括员工用户终端设备和服务器。员工用户终端主要为该系统的员工提供硬件操作平台，通过操作员工用户终端的软件，完成对系统的操作；服务器是在网络环境下，为员工提供数据库信息共享、网站访问等功能。组织应定期检查评估平台资源，结合平台稳定性因子和平台数量性因子，及时增加或更换老化的计算机，配置新计算机，保障网络的运行速度和运行质量，为员工提供方便迅速的信息共享和网站访问。软件平台是网络系统的核心，需具备良好的安全性、健壮性和高性能，包括操作系统和数据库。操作系统是负责对计算机硬件直接控制及管理的系统软件，是员工用户和计算机之间的界面。访谈和调查发现，平台表现性因子和平台使用性因子，要求平台界面的设置是用户关注重点，组织应该注重平台界面的友好性和简易性，搭建软件平台应该符合公开化、清晰性、整合性等特征，平台界面的界标设计应简明易懂，便于员工快速查寻自己所需的信息。数据库系统提供数据的添加、存取、修改、删除等数据处理的相关操作，结合平台速度性因子、数据性因子和稳定性因子，数据的及时更新、准确性、可靠性以及是否符合需求是员工关注的焦点，组织应该整合多种类型的数字化信息资源和网络资源，注重资源的实效性，目的是为员工提供更加方便快捷的"一站式"网络信息服务，对数字网络信息资源进行合理的组织、加工、保存和管理，以满足员工的访问和咨询需要，同时使员工灵活分享信息，实现高效协同工作。

例如，政府政务网络服务平台作为实现政府系统各部门协同工作，推进政府业务处理安全、稳定、高效的工具，应能实现信息查询、搜集、整理、发布以及交互功能，同时提供数据管理、公文收发、网上申报等功能，以满足内部员工和外部用户的需求，提升政府工作效率，节约工作成本。一是依托网络基础设施建设成果，改造提升政务网络平台。目前，政府机关内部网络信息资源交流和公文传输已经基本实现网络覆盖，但电子产品更新换代速度正在加快，需要对硬件和软件进行升级改造，以适应政务信息资源复杂多样化对高性能、高稳定性和高安全性的要求。二是高度重视网络安全问题，双管齐下降低风险。高发的网络安全问题，要求完善政务平台系统的安全防护体系，"存不忘亡，安不忘危"，提升政府应对突发事件的能力，确保平台系统的安全运行，具体如使用恰当的电子密钥、商密网络等加密机认证手段，分级构建统一的政务数据交换平台，实施跨平台、跨系统的数据更新、查询、传递、交换、共享、备份和集成策略，完善平台界面的友好度和可操作性，网络平台界面简洁和操作快速，便于员工迅速查找和处理信息，提高使用效率，提升员工对平台的满意度。此外，政府可以采取与网络运营商合作，实行网络外包和主机托管的方式，利用运营商的设施、设备、技术，既保障平台的安全性和稳定性，又减少资金投

人，调动网络运营商参与信息平台建设的积极性。特别地，可积极探索电子政务"云平台"建设。"云平台"模式是以集中部署为基础，对平台中的功能共性进行归纳和提炼，统一搭建可扩展、可定义和可持续服务的平台，提供网络信息服务，将"云计算"架构融入政务信息服务平台，建设一个易于扩展管理、资源充分利用的平台，并按照统一标准建立的共性需求和支撑平台，为员工提供功能调用和整合规范的标准化服务。

又如，金融组织的平台建设应推广实施云计算技术的解决方案。众所周知，由于各个金融机构的平台体系建设标准不一，利益分享也不同，实现金融机构间数据和信息的互联互通成为当务之急。云计算是分布式处理、并行处理、网格计算技术的发展和商业模式的创新，使共享的计算能力、存储空间和信息服务能力等资源根据需要分配给计算机和其他设备①。一方面，云计算技术的采用能够增强金融机构的数据处理能力和可靠性，分布在"云海"中数以万计的计算机群能在短时间内对大量的业务数据和市场数据进行存储、分析、挖掘，即便某台服务器出现故障，云计算的服务模型也会在极短的时间内启动新的服务器来工作，有效促进金融机构数据处理能力、数据可靠性和服务水平的提升。另一方面，云计算使金融机构大部分的 IT 成本转嫁到云计算提供商上，节约金融机构的运营成本，提高运营效率；同时将各个金融机构的数据中心统一迁移到云服务模型中，将打破不同平台之间的隔阂，实现数据资源的共享利用，提高数据资源的利用率。

6.2.3 强化应用创新，提升应用的广度和深度

对于知识型员工而言，应用层面涉及员工网络信息的搜集能力和新兴应用操作能力，具体考虑如下几点。

第一，提高组织自身提供网络应用保障的能力。一方面是制度保障，结合应用组织性因子、应用计划性因子和应用验证性因子，制定相应的规章制度来确保应用软件运作和信息管理的规范，如组织制度、计划制度、服务制度、用户管理制度等，特别是要一分部署、九分落实；另一方面是技术保障，组织应注意定期检查计算机和网络设施设备，及时排除安全隐患，以员工满意为首要原则，应用界面如分类导航、检索标志等基础架构应满足易用性和有用性的原则，考虑应用数据库系统的全面性和及时更新，整合融合网站的优势，集资源、查询系统、个人信息资源档案等功能于一体。

第二，提升应用水平。结合功能性因子、可靠性因子，员工在应用网络信息的过程中，对数据的正确性、详细性和客观性要求较高，应用数据库和程序的研发，应考虑员工的思维模式和信息洞察力的影响。例如，对于政务网络信息资源，要分级合理规划和资源整合，统筹安排，采取集群、负载均衡和可用性高的服务器机群技术，统一标准，集中存放政务数据，建设和完善综合的数据库体系，实现跨地区和跨部门的网络信息数据库之间的动态数据自动更新，解决地域和部门技术员工缺乏的问题，消除单个组织低标准、低水平重复建设所造成的信息孤岛和资金浪费的现象，提高政府组织应用系统的

---

① 刘鹏. 云计算 [M]. 北京：电子工业出版社，2010：1-9.

效率和效益。

第三，提高应用系统的研发能力，结合交互性因子，统一应用系统开发的水平与标准。组织在统一采购应用软件时，要选择既着眼当前又面向未来的应用系统，且应用软件系统要与组织的平台和现有应用、操作员工及技术员工相匹配①。例如，金融组织可以考虑大规模采用外包形式加强应用业务产品的开发和推广。应用业务产品的技术创新能力是金融组织核心竞争力的重要体现。从 20 世纪 40 年代开始，金融组织的业务处理和服务手段就开始朝电子化方向演进，网络金融应用业务产品的创新离不开信息技术的蓬勃发展②。金融组织加强应用产品的创新，一方面要树立科技与金融融合创新的经营理念和服务意识，在技术开发和利用形式上，选择可行方式，如外包给有经验的软件开发商；另一方面要掌握最新的网络技术的特点和功能，结合科学管理理论，改善和重塑业务流程，节约处理时间，降低运营成本，提高工作效率，提高员工的满意度。

6.2.4　营造和谐环境，保障环境美好

任何网络行为的发生和发展总是同环境密切相关的。人的网络行为不可能脱离网络环境而独自存在，人们通常需要网络环境的反馈来了解自身网络行为或活动的含义。网络环境作为影响员工网络行为的重要因素，应高度重视。第一，组织环境，即组织文化对网络行为的支持程度，包括内部办公环境和人文环境。就内部办公环境来说，目前各组织基本上都已实现办公自动化，员工可以借助平台和应用进行信息工作，结合体验性环境因子、政策和组织文化性环境因子，需要组织拥有宽松、愉悦的氛围，营造良好的网络环境，才能鼓励员工积极向上，并不断激发员工努力提高自身的网络信息水平，力争上游。人文环境是指组织员工之间的交流环境，定期组织多种形式的内部员工交流活动，探讨自身在利用网络信息时的心得或遇到的问题。第二，技术环境，即组织提供的技术支持。应注意不断完善组织内部的计算机与通信系统的软硬件设施，如定期检查更新计算机的运行情况，排除安全隐患；对分级、分类的网络系统必须实行相应的安全管理，通过标准加以规范，满足员工的网络工作需求。第三，社会政策环境。登高望远和脚踏实地相统一，自上而下和自下而上相结合，结合社会文化性环境因子，应从宏观法律法规政策和知识产权方面对网络行为高度关注和支持，具体政府组织应加大对政务平台系统和应用系统的人力、物力、财力投入，同时，结合信息安全性环境因子和网络安全性环境因子，提升网络信息使用安全标准，建立和完善网络信息安全体系，包括网络信息安全框架、加密技术、签名技术、CA 认证、PKI 技术规范、物理环境和保障以及安全的信息产品等。此外，完善配套服务，对于国家网络信息基础加强维护，对使用中出现的问题要尽快解决，及时反馈各种组织机构的诉求和意见，注重用户体验，加强环境安全监控，完善环境安全情况通报制度和安全问题解决机制。例如，对于金融网络安全方面的环境安全问题，主要环境安全威胁可以分为：人为的失误、欺诈破坏行为、物理资源服务丧失、黑客攻击、病毒侵袭和程序

① 王海涛. 电子政务的内涵及其发展 [J]. 哈尔滨市委党校学报，2004，(6)：37.
② 宋安平. 商业银行核心竞争力研究 [M]. 北京：中国金融出版社，2005：213-215.

自身缺陷①。加强金融环境建设，一方面金融组织要完善环境安全管理机构，建立健全环境安全管理机制，明确管理人员的权责和义务，保障安全工作的资金投入；另一方面金融组织要建立环境安全情况的通报制度，完善数据备份系统，提高员工应急响应能力，提升金融机构网络环境安全防护能力。

6.2.5 调动积极性，提升联盟的量和质

网络信息是无限的，因为网络信息无时不在、无时不有，但同时网络信息资源又是有限的，因为网络信息资源是人们加工过的有用的网络信息，人类智能的有限性决定了网络信息资源的有限性。因此，需要通过共建共享的方式来了解和掌握更多的信息，提升信息的质和量。借助有效联盟方式，可以促进网络信息资源的整合，有效避免网络信息资源浪费，为员工提供更多便捷快速的网络服务，提高网络信息利用效率和效益。

第一，促进打造区域性组织网络信息共享联盟。各组织可有效互相访问或者建立一个独立的网络共享平台，形成网络信息集群，通过互相访问进行交流，促进网络信息资源的流动。值得注意的是，顶层设计网络信息建设和使用规范，充分考虑到技术的兼容性和软件的通用性，使数据库系统的分类和功能尽量相同或使基本的平台、应用和环境逐步统一。

第二，推进各类资源的整合，包括政府、企事业单位、科研院所、学校等各种组织之间的联盟，实现组织之间的合作与协同发展；同时在组织内部形成知识管理机制，促进本组织员工部门之间、部门内部网络信息共建共享。

第三，组织联盟之间定期开展交流会议。组织联盟以一定时间段为间隔，各联盟成员轮流主持，组织交流会议或论坛，各组织每次选派一定数量的员工参加，就某一特定主题进行交流分享，参会员工再将会议或论坛信息发布到本组织平台加以共享，形成良性循环。

例如，政府提供政务网络服务。政府组织的电子政务系统中最珍贵的不是电子政务系统中的计算机软硬件，而是电子政务系统中存储的信息。电子政务的重要意义在于运用信息及通信技术打破政府机关内部和政府机关与社会组织之间的界限，构建一个电子化社会，可以通过多种渠道获取信息，打破传统的需要层层关卡书面审核的作业方式。政府与科研机构的联盟合作，建立技术和产业支撑体系，加强电子政务环境、平台和应用系统的研发与建设，以标准化产品提供服务，降低开发成本，使软件开发走向规范化、构件化和规模化。同时，联盟组织科研机构、学校、政府、事业单位开展学术交流活动，打破学术障碍和行业界限，交流和分享新技术与新方法。政府部门之间以及政府与社会各组织之间的网络信息互动交流可以经由各种电子化渠道实行，并根据员工的需求、使用形式、时间和地点，提供与之相适应的电子化服务。

又如，建立金融机构监管协调和战略合作联盟提供服务。金融组织混业经营的发展和

---

① 中国金融信息发展战略研究课题组．中国金融信息化发展战略研究报告［M］．北京：中国金融出版社，2006：445-450.

金融体系的进一步对外开放，逐步加大金融业的系统性风险和经营风险，"一行三会"仅从金融机构名称上加以分业监管，难以满足混业经营监管的现实需要①。因此，建立权威的金融机构监管协调联盟，实施功能性监管，为金融员工提供利用金融计量模型监管、评价和预测金融业和组织的运行状况，明确自身的法律法规权利和义务奠定基础。金融机构战略合作联盟作为国外金融机构拓展市场、增强核心竞争力的主要方式②已经得到广泛运用，我国应积极借鉴，认清自身资源和消化吸收外来资源，选择合适的战略合作伙伴，实现优势互补和资源共享，同时明确界定合作双方的权责关系，减少矛盾。

---

① 张靖荣. 我国的金融监管模式与现状分析 [J]. 改革与开放，2010，(24)：64-65.
② 宋安平. 商业银行核心竞争力研究 [M]. 北京：中国金融出版社，2005：198-200.

第7章 应用研究

7.1 知识型员工网络失范行为的表现及应对措施

网络行为是各类组织知识型员工开展生产和服务活动的重要信息行为，部分行业的员工每天工作已经离不开网络，但是由于网络资源分布广且散乱无序、网络技术日新月异、网络宏观和微观环境日益复杂、网络平台日趋丰富、网络应用层出不穷、网络联盟参差不齐，给知识型员工的网络行为带来巨大的挑战和极大的困惑，严重影响知识型员工网络行为的过程和绩效。

7.1.1 知识型员工网络行为失范表现

从大众角度看，狭义的网络行为是指发生在网络空间里的人的各类行为活动，广义的网络行为还包括那些与互联网络密切相关，同时在很大程度上要借助和依赖互联网才能顺利展开的行为活动①。由于组织千差万别，知识型员工在享受网络资源和信息工作带来的效率和效益提高的同时，由于直觉、社会性、陷阱等非理性因素影响，其网络行为的失范也越来越突出，主要表现在道德和法律两个层面，涉及工作中的网络娱乐、诚信缺失、网络诽谤、网络侵权、网络盗窃、网络破坏等。

1. 工作时间网络娱乐

网络信息资源的爆炸性、平台的多样性、应用的广泛性，使网络日益成为知识型员工的一种娱乐媒介，使越来越多的员工被层出不穷的网络新事物所包围。面对蓬勃发展的网络生活大潮，员工在使用计算机和网络进行工作时，往往受网络游戏、网络音乐、网络聊天、网络炒股、网络理财等影响，公开或暗地进行网络娱乐，如新闻媒体曝光的某地社会保障局员工上班玩网络游戏就是一种典型现象。许多组织的 CEO 和 HR 经理均表示难以有效控制知识型员工的网络行为，尽管各种各样的组织在管理制度中明文规定员工网络行为的禁止事项以及相应惩罚措施，但是收效并不理想②。特别是无线网络的迅速崛起和普及应用，智能手机、平板计算机、笔记本计算机、计算机手机、手机计算机等工具的小型化

---

① 李一. 网络行为失范的生成机制与应对策略 [J]. 浙江社会科学, 2007, (3)：97-102.
② 中国江门网新闻中心. 大企业限制员工上班时间上网娱乐 [EB/OL]. http：//www.jmnews.com.cn/c/2011/01/29/16/c_ 6326083. shtml [2011-11-05].

和智能化，加大知识型员工网络行为监管难度，部分员工将工作时间和主要精力投入自己私人的网络娱乐和网络生活，既大大降低工作效率，又严重影响工作效果。

2. 工作过程网络诚信缺失

组织时常要求员工撰写可行性研究报告、工作方案、工作总结。互联网提供的大量信息呈现于员工面前，加剧知识型员工的"信息焦虑"，互联网的"代写"网站应运而生，对于组织中的某些员工而言，从各种范文网站搜索无疑是一种"不错"的方案，但若照搬照抄，不结合自身实际，这种网络行为显然违背组织工作的初始意图。另外，知识型员工在网络上散布本组织或上级、下级单位的不实消息，或者通过网络向广大客户发布本组织虚假产品和服务的商业宣传，误导社会公众，导致工作失信。

3. 网络诽谤行为

网络诽谤是指在网络环境中捏造、散布虚假信息，损害他人名誉、情节严重的行为[1]。例如，每年岁末年初总会有一场组织特别是企业组织员工辞职的风暴，其中部分知识型员工对单位不满意是重要原因之一，而造成员工不满意的原因有很多：对自己的小环境不满意，对管理方式不满意，对绩效考核不满意，对组织管理体制机制不满意，对组织的文化不认同等。这种不满意的态度直接或间接影响员工的网络行为，引发知识型员工的网络失范行为：通过互联网发帖，发布损害组织利益的不良信息，匿名网络攻击本组织的上级和下级、同事乃至整个企业和供应链，针对竞争对手拟定并实施恶意攻击方案等。例如，自2011年10月19日起，由于若干网络论坛和微博报道的不实信息，伊利集团生产的"QQ星儿童奶"遭到恶意攻击，后经警方证实对其进行声誉损害系网络公关公司受雇实施的行为。这起看似商战的事件，确系一家网络公关公司，有组织、有预谋、有目的、有计划、以牟利为目的实施的商业诽谤活动[2]。《中华人民共和国刑法》第二百四十六条规定："以暴力或者其他方法公然侮辱他人或者捏造事实诽谤他人，情节严重的，处三年以下有期徒刑、拘役、管制或者剥夺政治权利。"因此，网络诽谤应引起知识型员工的重视。

4. 网络侵权行为

网络侵权行为，主要是侵犯知识产权和侵犯个人隐私[3]。在各种组织中，知识型员工的网络侵权行为主要表现在抄袭他人的网络作品、侵犯他人的"网络著作权"以及将自己掌握的他人隐私信息泄露，达到不可告人的目的。网络作品是指在计算机信息网络技术的基础上出现的作品，这种版权人所享有的新型著作权称为"网络著作权"，它是指著作权人对受著作权法保护的作品在网络环境下所享有的著作权权利。由于网络的虚拟性与广域性，大大加剧确认网络侵权行为的难度，部分人铤而走险，为追求一己之利而致著作权人

① 王洁，朱颖，杜婧，等．论网络环境下诽谤罪的认定问题 [J]．法制与社会，2011，17 (6)：73-74.
② 南方网．警方证实蒙牛员工雇公关公司损害伊利商誉 [EB/OL]．http://news.southcn.com/z/2010-10/21/content_16867689.htm [2011-11-20].
③ 张道明．刘福芳．网络行为失范研究 [J]．中共青岛市委党校青岛行政学院学报，2010，(4)：72-75.

的合法利益于不顾①。部分知识型员工未经许可，擅自将他人发表的作品上传到网络，或在上传作品的过程中对内容进行篡改。例如，慧聪网的侵权案件就是慧聪公司在未经原告许可也未向其支付任何转载费用的情况下，擅自在慧聪网转载涉案的六篇文章，且将其中三篇的标题予以修改，法院认为该网络行为侵犯了原告的修改权②。按照《中华人民共和国著作权法》的规定，凡未经著作权人许可，又不符合法律规定的条件，擅自利用受著作权保护作品的行为，即构成侵犯著作权的行为。同时，网络交易中实施不正当竞争行为，如擅自使用、仿冒知名网站的域名、名称、标识等，造成与知名网站相混淆；擅自使用、伪造政府部门或者社会团体电子标识；以虚拟物品为奖品进行抽奖式的有奖销售，虚拟物品在网络市场约定金额超过法律法规允许的限额；雇用或者伙同他人，以虚构交易的形式为自己或者他人提升商业信誉；雇用或者伙同他人，以交易达成后违背事实的恶意评价损害竞争对手商业信誉；对竞争对手的网站或者网页进行非法技术攻击，造成竞争对手无法正常经营等。此外，部分行业的知识型员工，如通信企业和银行员工故意泄露客户姓名、身份证号、银行账号等隐私信息，严重损害他人利益。

5. 网络盗窃行为

网络盗窃是指通过计算机和网络技术，采用盗窃密码、控制账号、修改程序等方式，将有形或无形的财物据为己有的行为。在互联网中，各式各样的网民以虚拟身份出现，通过网络代码方式进行各项活动，这种以代码为基础的交流方式给不法人员提供了可乘之机，以致出现网络盗窃等违法犯罪活动。例如，张某于 2000 年进入中国联合通信有限公司涪陵分公司担任综合市场部计费及维护员，2004 年 10～11 月，张某在办公室计算机上用自己掌握的密码进入联通重庆分公司的充值卡数据系统，通过运行数据库的操作语言修改数据库中的充值卡数据，将已充值使用过的每张面值为 50 元的 7000 张充值卡修改为未使用的状态，共计价值 35 万元，并销售给他人，从中牟利，构成盗窃罪③。《中华人民共和国刑法》第二百六十四条规定：盗窃公私财物，数额较大或者多次盗窃的，处三年以下有期徒刑、拘役或者管制，并处或者单处罚金；数额巨大或者有其他严重情节的，处三年以上十年以下有期徒刑，并处罚金；数额特别巨大或者有其他特别严重情节的，处十年以上有期徒刑或者无期徒刑，并处罚金或者没收财产。

6. 网络破坏行为

网络破坏，不仅来自黑客、病毒、蠕虫、木门、间谍软件等，某些情况下，企业内部员工造成的安全威胁更大，也更容易被忽视。企业的某些知识型员工可能会联网到控制台端口，特别是路由器和 Linux/Unix 服务器，为了提供升级服务，企业采用终端服务器连接到串行端口，但是在默认情况下，终端服务器提供最低的安全性，一旦通过对单个终端服务器的访问，就存在损害系统的可能；很多企业在使用开放的文件传输时，内部知识型员

① 吴永福. 浅析网络著作权侵权问题 [J]. 法制与社会, 2010, (26): 88-89.
② 芮松艳. 网络著作权案件综述 [J]. 电子知识产权, 2010, (1): 17, 18.
③ 110 法律咨询网. 利用有权进入网络系统之便修改数据变卖牟利之定性 [EB/OL]. http://www.110.com/ziliao/article-137294.html [2011-11-20].

工可以利用自身权限自由改变文件、删除关键的组件或破坏系统，导致环境受到破坏、平台和应用无法运行等。这些行为若是蓄意破坏行为，往往会造成严重的后果，属于违法行为。

7.1.2 知识型员工网络信息行为失范的形成原因

1. 知识型员工的网络行为未受到高度重视

随着信息社会和知识经济的发展，组织对员工发展的重要性日益凸显，一旦组织难以实现目标，员工也难以实现自身的发展。因此，知识型员工的网络行为在一定程度上离不开组织的有效管理，员工的网络行为必须得到组织的高度重视。但是，在组织生存和发展过程中，网络行为是一种新现象，重视程度不高和缺乏合适的方式方法，使组织对员工网络行为的管理往往处于放任和疏忽状态，缺乏规章制度的约束，且难以在第一时间发现问题并予以解决，未能对员工的网络行为给予必要的引导和监督。部分组织虽然针对知识型员工的网络行为拟定若干制度规范，如禁止在上班时间上网炒股、玩游戏等，但仅局限于浅层次，缺乏足够的深度和广度，规范员工网络失范行为的效果不明显。

2. 组织内部网络平台和应用安全性差

随着计算机和网络技术的不断推广和普及，组织内部网络的复杂性远远大于传统外部网络的复杂性，外部网络具有的功能，内部网络完全可以实现。很大部分组织内部网络的速度更快、容量更大、功能更强，但是安全措施却没有到位，内部员工往往只需利用简单的网络窃取工具，就能轻而易举地非法使用或破坏数据。随着信息和网络技术的日新月异，知识型员工的网络行为也逐次升级。知识型员工一般都具备一定的计算机和网络知识，能熟练地运用计算机和网络平台，具备开展网络应用的技能，加之组织网络平台和应用安全性较差，如口令安全性差导致组织的网络安全系统易受到攻击、电子邮件系统管理不规范导致机密泄漏、认证授权系统漏洞导致后门洞开等，特别是组织安全管理体制机制不健全和落实难，对网络访问、安全使用系统以及合理使用电子邮件和浏览器等普遍缺乏明确的规则和流程，造成网络侵权、网络盗窃、网络破坏等失范行为频频发生。

3. 社会网络主体间信任度差

网络的虚拟形式在为知识型员工提供各种平台、应用和环境的便利条件的同时，也成为部分知识型员工网络行为失范的重要依托。网络互动是一种"身体不在场的行为活动"，网络主体的身份和社会性失去其原有的特性①，人与人之间能够方便地利用匿名的或经过包装掩饰过的假身份进行交流，实施网络失范行为难以被发现，使整个社会的网络行为变得混乱，网络主体之间缺乏足够的信任，很大程度加剧员工对内和对外的不信任感，直接导致知识型员工网络造假、网络贩假、网络售假、网络诽谤等各种失范行为的出现。

---

① 霍夫曼 U. 网络世界中的身份和社会性 [J]. 国外社会科学, 2000, (3): 87, 88.

4. 国家网络法律法规政策不完善和标准不完备

目前，中国已经颁布实施若干法律法规政策，如《中华人民共和国电信条例》、《全国人大常委会关于维护互联网安全的决定》、《中国互联网络域名管理办法》（信息产业部令第 30 号）、《互联网信息服务管理办法》（国务院令第 292 号）、《中国互联网络信息中心域名注册实施细则》、《互联网网络安全信息通报实施办法》、《电子签名法》等。在网络安全方面，有《中华人民共和国保守国家秘密法》、《通信网络安全防护管理办法》、《电子认证服务管理办法》、《计算机信息系统国际联网保密管理规定》、《计算机信息网络国际联网安全保护管理办法》。在网络管理方面，有《最高人民法院、最高人民检察院关于办理利用互联网、移动通信终端、声讯台制作、复制、出版、贩卖、传播淫秽电子信息刑事案件具体应用法律若干问题的解释（二）》、《网络商品交易及有关服务行为管理暂行办法》、《中华人民共和国侵权责任法》、《工业和信息化部关于进一步落实网站备案信息真实性核验工作方案（试行）》、《"两高"明确利用互联网手机等传播淫秽电子信息犯罪行为适用法律标准》、《信息网络传播权保护条例》、《互联网新闻信息服务管理规定》、《互联网著作权行政保护办法》、《互联网电子邮件服务管理办法》、《关于加强国际通信网络架构保护的若干规定》、《网络游戏管理暂行办法》、《网络商品交易及有关服务行为管理暂行办法》、《非经营性互联网信息服务备案管理办法》、《互联网视听节目服务管理规定》、《互联网药品交易服务审批暂行规定》、《互联网 IP 地址备案管理办法》、《中国互联网络域名管理办法》、《互联网电子公告服务管理规定》、《互联网站从事登载新闻业务管理暂行规定》等[①]。但是由于网络创新的无定形性，目前中国关于网络方面的法律法规偏少、政策较多，加之执行监督力度不够，或者受到部门和地区限制，部分已出台的政策流于形式，网络他律难以执行，致使网络资源的融合和网络空间的净化效果不佳。

同时，中国虽然颁布了一系列标准[②]，但标准可能只是受到部分产品研发员工的重视，而其他员工往往认为事不关己高高挂起，导致标准推广较慢、采用率不高。具体包括：《电信网和互联网安全防护管理指南》（YD/T 1728-2008，代替 YDC 049-2007）、《电信网和互联网安全等级保护实施指南》（YD/T 1729-2008，代替 YDC 050-2007）、《电信网和互联网安全风险评估实施指南》（YD/T 1730-2008，代替 YDC 051-2007）、《电信网和互联网灾难备份及恢复实施指南》（YD/T 1731-2008，代替 YDC 052-2007）、《固定通信网安全防护要求》（YD/T 1732-2008，代替 YDC 053-2007）、《固定通信网安全防护检测要求》（YD/T 1733-2008，代替 YDC 054-2007）、《移动通信网安全防护要求》（YD/T 1734-2008，代替 YDC 055-2007）、《移动通信网安全防护检测要求》（YD/T 1735-2008，代替 YDC 056-2007）、《互联网安全防护要求》（YD/T 1736-2008）、《互联网安全防护检测要求》（YD/T 1737-2008）、《增值业务网-消息网安全防护要求》（YD/T 1738-2008，代替 YDC 057-2007）、《增值业务网-消息网安全防护检测要求》（YD/T 1739-2008，代替 YDC 058-

---

① 中国互联网络信息中心，http：//www.cnnic.net.cn.［2013-10-10］
② 中国互联网协会.http：//www.isc.org.cn.［2013-10-10］

2007)、《增值业务网-智能网安全防护要求》（YD/T 1740-2008）、《增值业务网-智能网安全防护检测要求》（YD/T 1741-2008）、《接入网安全防护要求》（YD/T 1742-2008）、《接入网安全防护检测要求》（YD/T 1743-2008）、《传送网安全防护要求》（YD/T 1744-2008）、《传送网安全防护检测要求》（YD/T 1745-2008）、《IP 承载网安全防护要求》（YD/T 1746-2008，代替 YDC 059-2007）、《IP 承载网安全防护检测要求》（YD/T 1747-2008，代替 YDC 060-2007）、《信令网安全防护要求》（YD/T 1748-2008）、《信令网安全防护检测要求》（YD/T 1749-2008）、《同步网安全防护要求》（YD/T 1750-2008）、《同步网安全防护检测要求》（YD/T 1751-2008）、《支撑网安全防护要求》（YD/T 1752-2008，代替 YDC 061-2007）、《支撑网安全防护检测要求》（YD/T 1753-2008，代替 YDC 062-2007）、《电信网和互联网物理环境安全等级保护要求》（YD/T 1754-2008）、《电信网和互联网物理环境安全等级保护检测要求》（YD/T 1755-2008）、《电信网和互联网管理安全等级保护要求》（YD/T 1756-2008）、《电信网和互联网管理安全等级保护检测要求》（YD/T 1757-2008）、《非核心生产单元安全防护要求》（YD/T 1758-2008）、《非核心生产单元安全防护检测要求》（YD/T 1759-2008）等。

此外，中国互联网协会等组织发布《中国互联网行业自律公约》、《文明上网自律公约》、《抵制恶意软件自律公约》、《博客服务自律公约》、《互联网终端软件服务行业自律公约》、《中国互联网协会关于抵制非法网络公关行为的自律公约》、《反网络病毒自律公约》、《中国互联网协会短信息服务规范》（试行）、《中国互联网协会反垃圾短信息自律公约》、《文明博客倡议书》、《中国互联网网络版权自律公约》、《搜索引擎服务商抵制违法和不良信息自律规范》、《互联网公共电子邮件服务规范》（试行）、《互联网站禁止传播淫秽、色情等不良信息自律规范》、《互联网新闻信息服务自律公约》、《反垃圾邮件规范》等自律公约①，但因缺乏强制性，往往给员工选择性采用实施网络失范行为提供借口，导致整体效果不明显。

5. 员工的信息素养不高

在网络信息时代，技术革新与员工的信息素养存在巨大鸿沟。信息素养是指对信息需求进行识别、查找、评价和有效使用信息的能力②。网络空间，超越地域空间界限的阻碍、信息传输技术的瓶颈以及意识形态的管制，为各种文化价值观念的萌发、发展、交流提供场所，知识型员工的网络信息选择、存储、传播、使用等面临广阔的自主性空间，如果员工的信息素养不高，则会往往造成网络行为失范。

6. 员工的价值观偏离

随着网络进入政府机关、事业单位、企业等组织，任何组织和个人都可以借助互联网络环境和平台，开展各种网络应用信息活动，以获取经济效益或其他效益。但在某些情况下，部分知识型员工受到诱惑在工作时间从事与组织任务无关的个人网络行为，甚至通过

---

① 中国互联网协会 . http：//www. isc. org. cn. ［2013-12-10］

② U. S. Information resource management ［EB/OL］. http：//www. pira-international. com ［2011-11-22］.

网络从事诽谤、诈骗、盗窃、恶意破坏等不法活动。网络越普及，网络文化对现实的影响越深刻，部分员工甚至认为现实社会的价值观越是反对的，越能成为网络中肆虐的内容，这些偏离的价值观强烈地冲击员工的网络行为。

7. 员工的法律意识淡薄

知识型员工对自己的网络行为缺乏基本的法律法规认识和控制是产生行为失范的重要原因。有的员工故意破坏网络环境、平台和应用数据库，宣泄对组织的不满情绪；有的员工破译密码和非法获得授权，侵入网络盗取组织机密和客户信息，大肆贩卖。知识型员工往往专研于专业领域技术和产品，法律意识淡薄，在很大程度上造成员工网络行为的极度放纵，酿成违法犯罪的严重后果。

7.1.3 知识型员工网络失范行为的应对措施

1. 加强知识型员工网络道德教育

组织应结合国际和国内先进网络文化的传播，结合组织实际开展与职业道德相适应的网络伦理道德建设，弘扬正确的核心价值观，以正确的舆论引导知识型员工网络文化建设，加强教育和培训，形成和谐的网络环境，提高知识型员工的道德素质。首先，认识上保持警惕，正确区分"能够"和"应该"，网络对于员工而言，只不过是工具意义上的技术平台和应用系统，它需要得到员工的善用，这不仅是对组织的负责和担当，也是对员工自身的内在要求和外在约束，组织督促检查员工的网络行为，从而明确红线，守住底线。其次，组织根据全社会或行业协会、联盟关于电子邮件、微博、微信、信息服务等网络行为公约，拟定组织内部制度化、规范化的知识型员工网络道德戒律，并加以认真执行，这种规则是明文规定的、具体的、外部化的、带有某种强制性作用的制度性道德，将员工的伦理劝诫和制度约束有机结合，使员工明确自己应当履行的义务和职责。最后，加强员工的网络信任感教育，适应自我身心需要和适应网络社会相互信任的心态，以积极态度对待虚拟的网络世界，以乐观心态从事网络行为。

2. 完善组织内部网络安全和信息安全

加强组织内部网络安全和信息安全等环境顶层设计，尤其是加强用户账号和密码的管理，可以将默认的系统管理员的权限全部授予某个用户账号，并且只使用该用户账号和密码进行管理，或者将系统管理员账号的用户名由"administrator"改为一个无意义的字符串，使非法用户难以登录。通过 Windows NT 的域用户管理器设置用户的安全规则，如锁定限制、设置几次口令输入错误就禁止该账号登录限制、最小口令长度限制、设置口令有效期等，以及双人或多人同时物理秘钥，加上及时安装和升级杀毒软件、防火墙及其补丁程序等①，完善平台和应用的安全策略。

---

① 姜文嘉. 企业内部网络安全问题研究 [J]. 现代商业，2008，12：186.

3. 健全知识型员工网络行为管理系统

要杜绝和限制知识型员工在上班时间浏览与工作无关的网站、看电影、玩游戏、炒股以及其他非工作用途的网络行为，关键是针对知识型员工网络行为构建一个高效的员工网络行为管理系统。例如，华夏创新公司的 UFM（统一网络流量管理系统），其"lot flow"可在技术上实现百倍的广域网传输效率，尤其是在内部知识型员工网络行为管理方面，通过合理设置访问权限，可以有效杜绝其对不良网站和危险资源的访问，避免 P2P 软件等对企业网络的安全威胁，防止对 Internet 资源的滥用，为保护企业敏感信息、保密信息提供可靠保障；而且针对 P2P 流量识别控制方法的缺点，努力在实现传统防火墙一般功能的基础上，利用应用层过滤技术扩展模块实现关键字过滤功能和应用层网络协议识别管理，既防御普通的网络攻击，又实现多层次网络访问控制，完善网络环境，规范员工网络行为，及时发现网络失范行为苗头，将不当行为扼杀于萌芽状态。

4. 增加员工网络行为绩效考核

针对员工网络工作任务需要使用网络的组织而言，可以考虑将员工网络行为列入员工绩效考核内容。当个别员工沉迷于网络难以自拔时，必须及时进行相应的处罚。具体可以借助网络行为管理系统软件中的上网报表管理模块功能，对企业内部的上网行为进行审计和分析，以便制定合理的网络行为管理办法。每月对严重滥用网络行为、明显违反组织网络制度的员工留存、统计上网记录，并列出上网、聊天、娱乐等排名前列的人员，分析其网络活动内容，提供给组织人力资源管理部门进行内部考评，对于严重违反制度的员工采取指导、教育、经济处罚、行政处分等。值得注意的是，组织要转变员工不良的网络行为和超工作范围的网络行为，重点是优化各种组织激励分配体系，从薪酬制定依据、薪酬水平、奖励形式等方面进行优化设计、合理分配，充分体现"按能取酬，多劳多得"的公平原则，做到公开、公正，提升组织对于知识型员工网络行为规范的广度和深度。

5. 充实知识型员工的精神生活

现实生活和工作没有奋斗目标，工作中缺少成就感是知识型员工沉迷于网络的一个重要原因。对于组织而言，有效充实知识型员工的现实工作和生活，让员工获得更多的快乐和满足感，有利于员工减少对网络的依赖，减少网络失范行为的发生。例如，组织内部设立图书室、培训室、多功能厅，适时组织开展知识性、技能性、趣味性的竞争和比赛等，充实知识型员工的生活，促进其身心得到全面协调的发展。同时，加强知识型员工的信仰和理想教育，便于他们形成明确的奋斗目标。此外，对于员工行为采取多元化评价方式，避免使用单一绩效衡量知识型员工的成绩，高度重视员工及其团队的作用，不断推动员工和组织的共同进步。

6. 加强网络法律法规建设

法律法规是网络行为规范的一道重要防线，要保证信息经济和网络社会顺畅运转、互联网积极作用正常发挥、减少网络失范行为，离不开网络行为法律法规政策、公约和联盟协约。因此，政府应有预见性，针对不同网络主体的不同网络行为表现，制定、修订、细化相关网络法律法规政策，提高法律法规政策在实施过程中的可操作性，行业组织应担当自律责任，积极倡导公约和联盟协约，切实维护网络环境。只有各个组织、行业协会、社会在网络行为的法律法规政策上达成共识，促使员工的网络行为在有中国特色的社会主义法治轨道上实现平稳、健康、有序的发展，才能最终实现网络空间的和谐美好。

7.2 某房地产论坛网络信息失范行为案例

7.2.1 网络行为失范的内涵、类型及危害

网络行为作为一种社会行为，不可避免地会出现行为失范现象。第一，网络的广泛普及给网络行为带来不确定性。人们进行网络行为的地点、时间、环境不受约束，只要有网络接口，就可与世界上任何一个人进行沟通，随时随地获取网络信息。第二，互联网络中人们活动的虚拟化导致网络行为的异化。网络行为是虚拟化的，缺少直观性，行为主体隐藏于网络背后，可以在网络中扮演不同的角色，其他用户无法确认主体的真实性。第三，信息的便捷传递加剧网络行为的影响。网络信息内容极大丰富，人们从网络获取信息的速度加快，要求选择信息时进行自我判断，不同选择导致用户网络行为趋向不同。第四，虚拟网络行为仍具有一定的社会性。虚拟形态的网络行为在本质上说仍具有社会性。网络行为活动，在物理形态上表现为数字化的电子信号的交互传递，而在社会文化形态上，则是互联网络背后人和人之间所进行的交互①。

网络行为失范是指行为主体违背一定的道德规范或者法律禁止的行为要求，在网络社会中出现信息行为偏差，对互联网络、网络社会甚至现实社会造成不良影响。分析网络信息行为是否失范，可从行为发生的方式及其危害性方面进行：①是否发生在网络中且与道德或法律规范相背离；②是否对外界或者自身产生一定的危害。网络行为主体的失范行为，既包括偏离法律约束和道德性规范的行为，也包括违反网络组织制定的纪律、规则等规范。网络行为本身是以网络为媒介，但往往对现实社会造成恶劣影响。

按照不同的标准，可以对网络行为失范进行不同的分类。根据用户行为的严重性，可分为触犯法律的网络犯罪与一般性的违反道德规范的信息行为；根据网络行为主体不同，可以分为个人网络行为失范和群体网络行为失范。

群体网络失范行为的主体是网站组织或者团队，失范行为包括：①利用网络平台发布不正当的信息，如制造且发布大量广告邮件，以迷惑性虚假信息引导消费者，蓄意散布竞争对手的虚假不良信息。②非法网络经营以谋取利益，如一些网站提供暴力、色情等违法信息吸引用户尤其是自制力比较差的青少年，一些网站利用木马、病毒等方式侵犯用户计

---

① 李雪昆. 第28次中国互联网络发展状况报告 [R]. 北京：中国互联网信息中心, 2011, (7).

算机，非法获取个人信息用于商业目的。

个人网络失范行为的主体是个人，失范行为包括：①发布和传播虚假信息。个人通过网络故意发布虚假未经证实的信息致使他人错误理解，或者发布宣扬暴力、传播色情信息等。借助 Web 2.0 和 Web 3.0 技术，个人在网络论坛、博客、微博、客户端等开放性信息平台，自行注册虚拟的标示网络身份的账号，自由发布信息，导致虚假信息滋生蔓延。②获取不正当或者机密信息。个人通过"人肉搜索"、技术盗取手段获取互联网络中本不该为自身享用的具有机密性或独特性的信息，以及具有网络版权的付费资源、个人隐私信息等。③破坏网络以影响互联网正常运转。个人通过计算机和网络操作技术对网站进行攻击、篡改网页、破坏数据库信息、制造散播计算机病毒等破坏活动，俗称"黑客行为"，破坏性大，危害网络正常运行和网络信息安全。④借助社交网络蓄意欺骗他人。截至 2011 年 6 月，社交网站中国用户规模为 2.30 亿人，Facebook、人人网、QQ 等社交网站与聊天工具的广泛应用，使失范主体以多种"面目"出现，编制子虚乌有的故事来欺骗他人，导致部分辨别能力较差的网络参与者陷入其中而遭受网络欺骗、故意性侵害等。⑤网络言词不文明。个人抱着不必承担责任的心态，对与自己观点不同的网络用户肆意诽谤、恶语攻击，造成网络不文明与不规范用语充斥"网络社会"，由于新颖的网络用语极易被网络群体接受且迅速传播，导致偏差行为一旦产生则难以被及时发现并加以纠正。此外，个人网络失范行为还包括恶搞、沉迷游戏、浪费网络资源等行为。

网络行为失范的原因主要可以分为客观原因和主观原因。客观原因包括互联网管理不严以及监督乏力、互联网络自身的虚拟特性、互联网中良性引导或者人际交往的缺失等；主观原因包括个人不正当想法或动机、失范行为主体对网络认识的偏差、网络信息行为主体自律性差并且缺乏规范意识。①互联网监管难以及时跟踪网络新发展。由于互联网的迅猛发展，新情况、新问题层出不穷，监督管理难以及时跟上。互联网普及范围大小以无穷多个网络结点来计算，一旦发生严重的网络失范行为，很难在短时间内进行有效侦破或管理。加之网络管理需要专业技术人员，互联网监管部门的专业监督者面对庞大的互联网络显得力不从心。②互联网络自身的虚拟性。信息失范行为主体的智能性、手法的隐蔽性、手段的多样性、空间的国际性、行为的复杂性、后果的严重性等[1]，使网络社会中的道德规范约束力量显得更加微弱，自律性差的行为主体在网络上肆意放纵自己，加之"网络社会"的虚拟性又为上网者提供了隐藏真实身份的环境，导致虚拟社会的主体使用匿名或者虚假身份从事各种失范活动。③客观网络良性引导或者人际交往的缺失。网络主体的信息行为具有很强的独立性，缺乏应有的良性引导与教育，导致某些人迷恋网络难以自拔，甚至荒废学业、辞掉工作，严重偏离借助网络服务工作和生活的正常轨道，违背了人的全面发展要求[2]。从人际交往方面看，沉迷于网络的个体多是因为现实生活缺少必要的关怀与人际交流，得不到别人的认可与关心，而逐渐依赖于网络来寻求安慰。④网络行为主体对网络认识存在偏差。用户对自身在网络中的角色缺乏清晰的认识与定位，网络化给社会体制、社会政策、利益关系、生活方式、

---

① 朱柏荣，曾静平. 浅析网络虚拟货币的本质及影响：以 Q 币为例 [J]. 现代商业，2010，(12)：178-179.
② 宋艳，姜金贵. 网络道德危机动力机制研究 [J]. 情报杂志，2011，30 (3)：191-195.

价值观念等社会生活各个方面带来前所未有的深刻变化①，强烈冲击人们的思想观念，造成很多人误解"虚拟"就是不真实，可以随意而为②。⑤网络行为主体自律性差且缺乏规范意识。个体的网络行为大多依靠自我约束和自我监督，而自律性差的网络行为主体面对纷繁复杂的信息，难以理性自我判断或者自我把握行动的趋向性，一旦出现行为偏差则难以调整，网络规范难以得到有效遵守。

网络行为失范产生的危害。按照影响危害的程度，可以将网络失范行为的危害分为道德失范行为的危害、法律失范行为的危害（网络犯罪）、对行为主体自身的危害。①失范网络行为危及互联网安全及其正常运转。严重的网络失范行为，如网络破坏、恶意黑客攻击、盗取机密信息等影响互联网安全，阻碍网络正常运转甚至威胁到国家稳定。2011年诺顿发布的网络犯罪调查报告指出，超过2/3的成人网络用户（69%）曾遭遇过网络犯罪的侵害，每秒钟就有14个成人成为网络犯罪的受害者③。②失范网络行为损害组织或者个体的利益。Web 2.0和Web 3.0环境下网络用户更具自主性、互动性，并成为信息的发布者或传播者。大量的不正当或者虚假的信息逐渐地侵蚀网络社会，成为失范行为的间接诱因，同时互动传播放大失范行为危害，虚假信息诋毁企业名誉和个人名誉，侵犯组织和个人利益。③失范网络行为降低用户对网络的信任。无论是现实人际关系的延伸还是新的人际关系的建立，社交网站成为人际活动的重要场所。建立在各种人际关系纽带的基础上，社交网站同时也成为人们获取信息、交流情感、娱乐消遣的重要媒介④。互联网的虚拟性、开放性、交互性和公共性（去中心化）使得个体必须建立对不熟悉的"重要的相关人"的信任，否则个体在网络环境中将寸步难行⑤。网络用户不遵守社交规范的网络信息行为，如人肉搜索、侵犯隐私等失范网络信息行为，会使他人感觉到缺少安全感，严重降低其他用户对网络社交的信任，甚至对网络丧失信心。④对网络失范主体自身产生侵害。网络失范行为主体的自身危害是一种无意识的、逐渐产生作用的危害。失范的网络信息沟通方式使用户的言谈举止缺少规范化，逐步影响现实生活中的正常交流。根据国外学者Vivien K. G. Lim等的研究，企业员工的辞职率与其从事网络信息失范行为具有很高的相关性，并且有网络信息失范行为的员工在工作中易于与组织不协调⑥。长期接触网络中有悖于社会伦理道德的信息，会使失范者逐步缺失道德观念和社会责任，从而与社会脱节，严重者可能会走向犯罪的道路⑦。

① 赵永柯. 信息时代网络犯罪的司法抗制 [J]. 江西社会科学，2006，4（9）：208-210.
② 张锦. 互联网络：一个虚拟的传播社会（下）[J]. 国际新闻界，1999，4：57-59.
③ 付立宏. 试析网络信息活动失范的根源 [J]. 情报资料工作，2001，（6）：12-14.
④ 2010年中国网民社交网站应用研究报告 [R]. 北京：中国互联网信息中心，2011，（03）.
⑤ 许琼来，傅四保，刘薇. 网络信任及其影响因素和模型研究 [J]. 北京邮电大学学报（社会科学版），2011，13（3）：43-48.
⑥ Lim V K G，Teo T S H. Mind your E-manners：Impact of cyber incivility on employees' work attitude and behavior [J]. Information & Management，2009，46（8）：419-425.
⑦ 王化坤，高玲. 当代大学生网络道德行为失范的危害及其改进的相关措施 [J]. 时代人物，2008，（3）：143-144.

7.2.2 案例分析

针对网络信息失范行为，对某房产行业论坛进行实例调查，以其中 4 个社区论坛的帖子情况来进行数据统计与行为分析。详细调查数据见表 7-1。

表 7-1 论坛发帖量统计数据表

日期 （年.月.日）	论坛 A				论坛 B				论坛 C				论坛 D			
	M	N	I	K	M	N	I	K	M	N	I	K	M	N	I	K
2011.6.20	15	13	28	5819	1	4	5	69	0	1	1	15	6	26	32	5758
2011.6.21	20	2	22	334	17	0	17	5774	11	8	19	5438	20	0	20	5179
2011.6.22	1	8	9	157	16	0	16	363	16	9	25	5422	27	2	29	338
2011.6.23	12	21	33	5476	16	1	17	5423	1	4	5	164	3	0	3	30
2011.6.24	15	41	56	2475	16	0	16	574	1	1	2	26	19	1	20	159
2011.6.27	16	2	18	5535	16	0	16	359	3	9	12	257	1	7	8	132
2011.6.28	0	6	6	336	1	5	6	349	3	2	5	208	15	1	16	182
2011.6.29	0	3	3	160	16	0	16	5973	18	2	20	5518	0	0	0	0
2011.6.30	8	23	31	5774	15	9	24	1457	0	3	3	120	17	0	17	5023
2011.7.1	2	6	8	353	16	8	24	850	16	6	22	474	0	0	0	0
2011.7.4	1	6	7	344	2	2	4	167	1	5	6	486	17	1	18	5156
2011.7.5	0	4	4	142	4	9	13	316	0	2	2	65	0	1	1	24
2011.7.6	2	9	11	441	16	3	19	421	17	6	23	324	0	1	1	19
2011.7.7	16	9	25	3583	0	3	3	1074	20	1	21	5923	16	0	16	194
2011.7.8	6	8	14	1106	16	3	19	796	17	4	21	442	17	0	17	249
2011.7.11	1	4	5	304	16	2	18	444	20	4	24	6825	7	21	28	1538
2011.7.12	0	3	3	413	16	3	19	6117	2	5	7	117	2	1	3	74
2011.7.13	17	1	18	6299	17	1	18	6302	4	7	11	305	1	4	5	115
2011.7.14	0	1	1	121	1	3	4	147	1	4	5	85	16	0	16	5170
2011.7.15	15	6	21	693	1	1	2	32	9	5	14	469	16	1	17	181
2011.7.18	5	7	12	557	3	1	4	173	1	5	6	131	16	0	16	175
2011.7.19	2	1	3	2466	16	0	16	5568	8	4	12	447	16	1	17	5787
2011.7.20	0	6	6	278	2	1	3	146	1	5	6	474	16	1	17	144
2011.7.21	16	6	22	686	15	0	15	1026	0	9	9	1130	0	5	5	54
2011.7.22	16	2	18	284	16	2	18	456	15	6	21	537	15	0	15	193
2011.7.25	17	6	23	5673	14	11	25	2408	9	3	12	770	16	1	17	6185
2011.7.26	1	4	5	150	17	0	17	5542	3	1	4	126	5	2	7	183
2011.7.27	18	1	19	442	3	2	5	183	5	2	7	134	6	0	6	88
2011.7.28	5	8	13	156	19	1	20	311	3	1	4	168	25	5	30	5598
2011.7.29	12	12	24	386	2	4	6	664	15	5	20	772	0	1	1	7

注：M＝工作回复，N＝网友回复，I（总帖数）＝$M+N$，K＝浏览数；统计时间为正常工作日 18：00（周六、周日不作统计）

（1）各社区论坛数据的参数统计，如表 7-2 所示。

表 7-2　4 个论坛各项数据总统计表

总统计数据	论坛 A	论坛 B	论坛 C	论坛 D
M	239	326	220	315
N	229	79	129	83
I	468	405	349	398
K	50 943	53 484	37 372	47 935

在调查中，为了能够通过直观数据来看出论坛讨论的真实性，将员工的回复与网友的回复分开统计。针对单个论坛中 M 与 N 的比较，M 为工作回复，即网站员工的炒作性发帖，而 N 为网友的回复讨论数。员工的回复主要是为了工作的需要，如社区炒作，平息负面影响与论坛的日常维护，以保证论坛信息限于商业性网络范畴，不会偏离论坛的宗旨或者主题，同时对法律、道德所不允许或者避讳的帖子进行及时清理。在表 7-2 中，4 个论坛的员工回复量均超过网友的回复数。一方面说明 4 个论坛的网络信息发布与维护引导比较及时准确，网友可以及时从论坛上获取自身所需信息；另一方面参数 M 属于论坛进行正常讨论的一种干扰因素；尤其是商业性质的论坛，M 类帖子干扰性大，已经超出简单性引导的范围，具有不良引导性的论坛行为很有可能导致现实消费者蒙受重大损失。法律对论坛的监督主要针对其论坛的政治性言论，而较少关注其网络信息失真给用户带来的负面影响。可见，互联网监督不到位是其网络失范行为发生的原因之一。

（2）从论坛的运行性质来看，商业性的论坛炒作属于群体性的网络失范行为，是企业在网络上进行的有组织的活动。商业活动与现实生活联系紧密，企业论坛作为网络平台，主要承担发布信息、与消费者沟通以及咨询反馈的功能，其网络信息行为的最终目的是为了提升广告效应，提高企业收益。企业的网络群体为了实现利润增长，利用网络的虚拟性进行带有欺诈性的失范行为活动，如夸大其词、虚假宣传等信息。而用户通过网络渠道了解时，却无法了解企业产品的真实信息。表 7-1 调查的房产论坛中就存在类似的问题。

（3）由表 7-1 与表 7-2 可见，虽然论坛整体贴子数量 I 趋于稳定，但单个社区论坛的每天发帖数量处于频繁变化的状态中，说明此类房产论坛的发帖情况易受其他因素的影响，处于多变的环境之中。对表 7-1 中论坛 A 的每日总帖数 I 的统计可以发现，每日发帖数的最高值为 $I=56$，而最低仅为 $I=1$，如此大的差距反映出论坛 A 中信息量的不确定性、波动性很大；而其他论坛也多出现单日贴量为 $I=0$ 或者 1 的情况。

（4）由表 7-2 可见，单个论坛在统计期内的总贴量之间存在数据差距。论坛 C 的总贴量 I 略低并且浏览量 K 也低于其他论坛，其浏览总量 $K=37\,372$ 与浏览量最高 $K=53\,484$ 的论坛 B 有很大的差距。可见调查的 4 个论坛中论坛 C 的活跃程度不高，其中的影响因素与企业的营销活动相联系。造成论坛冷门的原因是其所属企业组织近期没有针对网络广告进行投入，而网站则放缓其维护与宣传的力度，导致论坛 C 的信息量明显减少，同时网络用户无法及时获取自身所需信息。一旦网站不能及时为用户提供所需信息，则其在用户心中的信任度会下降。网络论坛本身是自由讨论的社交区域，信息量不稳定或者信息繁杂无序会给网络用户带来非常失望的感觉，甚至对网络失去信心。

（5）统计论坛部分帖子发现，存在浏览量与回复量严重失衡的现象，回复量一般，而浏览量却很高。例如，论坛 B 的网友回复数较少，但其总浏览量 K 却是最高的，其中有帖子的回复量与浏览量差距很大，是不符合论坛中网络信息行为常态的。例如，6 月 29 日与 7 月 19 日的 B 论坛统计情况，帖子中仅有工作回复 M，而 $N=0$，但是浏览量 $K>5000$。造成这一情况的原因可能是：一是讨论话题为敏感话题，吸引了很多的关注者浏览，而并没有真实的信息量；二是员工篡改论坛的浏览数据，也就是说高浏览量是虚假信息。这是网站或者论坛为了提高访问量、增强宣传力度而采取的篡改数据或者发布敏感话题等失范行为。商业性质的网络失范行为不仅影响网络用户对其的信任，还损害用户与组织利益。

可见，被调查的商业论坛中存在一定的网络行为失范现象，究其原因：一是对社交网络管理不够严格、有效监督欠缺，导致网络失范行为频发；二是论坛的虚拟性以及无法直接体验性使用用户只能凭借文字、图片等间接信息进行信息获取；三是论坛的商业性强，工作人员自律性差，用户的网络信息自我辨别意识不高。4 个房产论坛的网络失范行为势必造成一定的不良影响：信息的发布不及时，只是根据商业需求进行论坛活动，使一些急于了解信息或者具有知情权的消费者无法及时获取信息数据，以致从事网络活动的信心逐渐丧失，对网络的信任度也大幅下降；为了达到既定的商业需求，论坛信息由论坛组织的员工提供，大量的虚假炒作信息充斥论坛，使消费者在浏览时无法辨别真伪，而被虚假信息所蒙骗。

总之，网络失范行为频发是一个亟待解决的问题，无论是在道德方面还是在法律方面都急需加以关注并采取有效的整治措施。对网络行为的监督和管理，需要从道德上进行良性的引导与教育，从法律上进行约束与惩处。只有深入研究网络信息失范行为发生的原因及其所处环境，从主观与客观出发全方位了解网络失范行为的各种特性，进而采取强有力的对策措施，才能净化网络环境，促进信息社会和谐健康发展。

7.3　基于 Web 3.0 的物流企业知识型员工网络信息平台案例

7.3.1　基于 Web 3.0 的物流企业知识型员工网络信息平台应用系统构建

根据 Web 3.0 环境，结合关于知识型员工战略运算能力的网络行为模式，提出基于 Web 3.0 的企业知识型员工网络信息平台应用系统，如图 7-1 所示。网络平台应用系统的核心是基于 Web 3.0 的企业知识型员工网络信息平台，通过与员工访问层、企业知识库的协同，实现员工之间的网络信息传播、学习和创新。

1. 员工访问层

企业知识型员工掌握核心技术和具有丰富经验，企业借助网络信息平台变革知识型员工的网络行为。一方面，网络信息平台提供完善的员工访问环境，如智能手机等移动终端可以激发知识型员工的使用动力，无论是在办公室内还是在工厂车间，使之更及时、方便、快捷地进行网络信息活动，解决遇到的问题。另一方面，企业借助网络信息平台，可

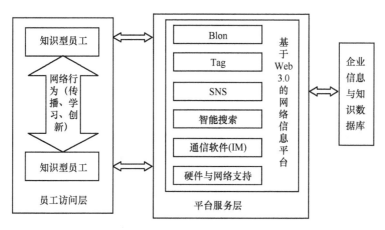

图 7-1　基于 Web 3.0 的企业网络信息平台应用系统

以根据需求设计有效的激励机制、优化管理技术、建设共享性的企业文化或者重构企业组织结构[①]，鼓励知识型员工进行知识共享和使用，进而实现网络信息的传播、学习和创新，促进知识和信息增值。

2. 平台服务层

　　基于 Web 3.0 的网络信息平台，整合多种网络应用为企业知识型员工提供网络信息服务。通过将 Web 3.0 应用嵌入企业信息平台应用系统，根据自身需求将网络工具，如博客、BBS 论坛、SNS 社区、客户端系统等进行整合，实现企业内部信息交流的网络化，通过社区化的网络交流工具，增强企业员工的归属感与工作积极性。通过设立专家咨询制度，吸引知识型员工定期更新博客或者发布专业的知识讲解视频，丰富企业网络信息平台内容。企业员工可以通过任何一个系统用户终端借助"微博"等平台进行网络信息和知识发布与分享，方便其他员工及时获取并参与知识的学习与讨论，增强企业内部的网络信息交流效率，构建和谐的人际关系。通过将 IM（即时通信）软件，如 QQ 工具与系统平台相结合进行交流，增强网络信息交流的互动性与及时性。借助 Web 3.0 环境，通过 Tag 分类对 Tag 标签进行智能化的规范、管理以及关联性分析，利用 Tag 与搜索功能实现网络信息获取，企业网络信息平台根据员工个体信息需求设定部分 Tag 以便进行信息分类、自主检索和查询自身所需信息。企业员工在进行网络信息获取操作时，可以通过关键词对企业内部的共享信息进行网络搜索获取，而检索工具、搜索引擎结合语义分析及用户个人偏好对网络信息进行智能化处理，可以减少网络信息获取时间，提高用户检索效率。

3. 企业信息和知识数据库

　　企业知识库是网络信息平台数据库，用于企业网络信息和知识的整理与存储。知识库基于企业需求设计，能够将企业需求的信息进行分类整理，具体可以通过网络信息系统、

<hr />

　　①　贾生华. 知识型员工的知识共享悖论及其克服 [J]. 技术经济，2004，(5)：23-25.

云计算技术与数据库技术来进行。企业知识库的信息既有内部员工通过网络信息平台的共享信息，又包括市场环境、行业环境中的各种有用数据、知识、信息和情报。基于 Web 3.0 的知识库可以利用语义信息分析功能，智能化地对企业文件进行整理和筛选；网络信息平台按照企业需要对内外部数据进行搜集整理，根据主题、标签将信息自动归类，以获得准确的行业信息和竞争情报，方便员工了解行业和进行业务调整，显然这些工作必须由企业设定的专门人员来负责。同时，企业知识库是企业文化建设的网络平台基础，企业文化能为企业发展提供良好的社会环境。企业知识库也是企业网络信息过滤系统，可以将无用的或者用途不大的信息进行过滤，强化网络信息的可用性。

4. 基于 Web 3.0 的企业知识型员工网络信息平台作用机制

基于 Web 3.0 的企业网络信息平台能将内外部信息与企业业务流程、员工交流有机结合，为企业信息管理提供平台基础。按照平台的作用，结合 ASCI 模型将网络信息平台分为 4 个具体的功能性模块：硬件平台、企业环境/知识库、信息功能具体应用和员工交流与知识共享，见图 7-2，企业知识数据库与网络功能模块是硬件平台的组成部分，员工知识共享是硬件平台的主要功能。在网络信息管理系统内部嵌入或者依附网络独自建设信息平台。硬件平台方面，首先需要企业硬件的支撑，如服务器、数据库、网络铺设和通信设备等；模块应用方面，在网络信息管理系统内部嵌入信息功能模块，或者建设独立的企业内部网站来提供应用服务；企业环境方面，以网络为平台营造企业虚拟化学习与知识交流环境，建立与企业业务数据库相对独立的知识数据库；知识共享与员工联盟方面，员工通过网络终端进行交流，知识型员工之间互为联盟，将信息提炼为知识和情报，以博客、播客或答疑方式进行分享，实现企业内员工的共同学习，提高问题解决效率并深化学习型组织的构建。

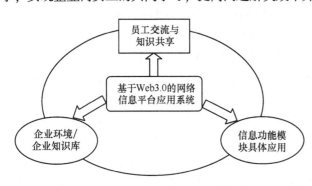

图 7-2　企业网络化信息平台作用机制

根据网络信息平台模块与流程分析可以归纳企业网络信息平台的功能：第一，帮助企业完善高效率、网络化、规范化的管理模式，协助管理层及时了解企业运营情况。第二，促进企业员工、团队、部门之间的密切协作，使员工能够规范自身的网络信息行为，高效地组织并完成工作。第三，基于 Web 3.0 网络的信息互动与交流，有利于完善企业内部的组织结构和交流方式，实现企业内部信息传递与共享的网络化，提升企业知识的增值能力。第四，企业知识库对网络信息进行筛选与整理，为企业经营决策提供量化数据支持。经过数据处理中心采集且优化的知识库数据，其准确度和数据量能够较好地满足管理者和知识型员工的需求①。第五，网络信息平台能够调动知识型员工进行知识分享的积极性，营造企业学习氛围，提升企业的核心竞争力。

---

① 白冰，李登道. 企业竞争情报服务信息平台实现模式研究 [J]. 情报理论与实践，2010，33（4）：94-96.

7.3.2 某物流企业知识型员工网络信息平台案例

安徽省 A 物流企业是国家 4A 级综合性物流企业，成立于 1999 年，是一家集公路运输、仓储、配送、国际国内货物代理和一体化增值物流服务为主业的大型第三方物流供应商。A 公司注册资本 1600 万元，总资产 1.2 亿元，年营业额逾 4 亿元，年平均增长速度超过 30%；公司拥有和控制千余辆重型物流车辆，年货运量超过 200 万吨，运输路线覆盖全国各地。公司拥有和管理 18 万平方米的仓储资源，为海尔、格力等家电生产企业、家电流通企业，以及联合利华、可口可乐、佳通轮胎等非家电企业提供综合物流服务。A 物流公司具有健全的经营、财务、统计、安全、技术等机构和相应的管理制度。在客户服务方面追求个性化的服务理念，针对不同的客户需求，搜集、分析、加工网络物流信息，为客户设计整体物流方案，提供物流功能集成和社会物流集成服务。

通过企业网络信息平台的应用优化 A 企业内部的信息管理流程。A 企业作为安徽省 4A 级物流企业，拥有综合性物流信息管理系统，包括运输管理系统、仓储管理系统、自动化办公系统等；其包括公司、客户、供应商 3 个接入端口，拥有电子商务、计划、接口、运输等各个功能模块；使用 RFID 技术，推广作业现场网络覆盖和手持终端，全面应用 GPS、SMS、手机定位、远程视频监控等技术。A 企业的信息共享平台系统由软件供应商提供，并进行符合企业业务要求的系统优化，在系统内部设有留言板交流模块。但是，随着企业规模扩大与业务拓展，员工间信息活动频繁，只依靠简单的留言板功能在很大程度上无法满足员工需求，而依靠辅助聊天工具进行信息传递又缺乏正式性，且难以进行信息和知识的整合与存储。因此，A 企业必须打造高效的管理模式，通过建立企业专业的网络信息平台规范员工网络行为，管理层及时地掌握最新企业信息，提升网络信息传递与利用效率。具体地，借鉴 ASCI 的思想，打造基于 Web 3.0 的网络信息平台，将业务系统和信息共享系统加以整合，见图 7-3。在物流系统内部整合实用的网络应用与交流工具，如通信插件、问题提交、物流知识库等模块，取代原来的留言板功能，有效解决 A 企业业务扩

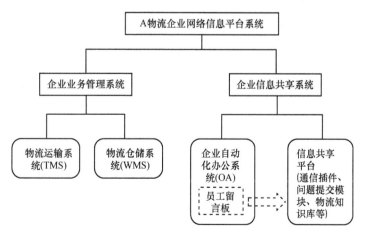

图 7-3 A 物流企业网络信息平台整合模型

张、员工数量增长、员工之间尤其是新员工知识交流学习等问题，实现企业信息的整合归纳与知识显性化，方便员工的信息传递、学习与创新。

通过 ASCI 平台理念与企业信息化战略相结合，利用 Web 3.0 整合企业业务系统和信息交流系统于企业网络信息平台，加强企业知识型员工的网络信息行为引导，为企业员工提供自身所需的个性化的信息服务，为企业网络信息活动营造良好的环境与广阔的空间。

7.4 图书馆员工战略运算能力的网络行为实证分析

7.4.1 研究背景

（1）研究的迫切性：①随着 Web 2.0 的普及和应用，以及三网融合的趋势，网络给用户带来崭新的阅读体验，网络出现后，用户利用图书馆的整体趋势在减弱，更多采用便捷的获取信息方式，如电子阅读等；②用户对信息获取渠道的认识产生了变化，很多用户将网络作为首选的信息获取渠道，并认为具备快捷、方便、信息量丰富等特点；③用户个人网络信息利用能力增加，网络使用户比以前更容易获得信息，而个人信息能力的增加，却让很多拥有专业信息查询技能的图书馆员产生了危机感，图书馆作为信息的服务机构也迫切需要产生更多的变革，以保证独特性和不可或缺性，能否提供更好更多元化、个性化的服务方式也成为未来图书馆主要的研究方向。

（2）研究对象分类：图书馆员工，是负责图书馆运营的专业人员，对图书馆馆藏资源进行采购、加工、分类、编码、存储以及为读者提供一系列服务。高校图书馆员承担了指导读者查找和使用学术文献资料的责任，并定期开设相关培训课程。图书馆员按照工作属性分类，可分为：①技术业务人员，主要从事采集书目、分类编目、提供系统支持等工作；②提供服务人员，即参考咨询、定期服务、查新服务、信息素养培训等。本书将上述两类从事信息检索和信息咨询等需要较高知识投入的工作的员工归入知识型员工的范畴。

数字化图书馆和传统图书馆是信息源和知识存储的重要场所。当前图书馆、博物馆、档案馆呈现电子化整合的趋势，且图书馆免费面向更多公众开放以及信息化、网络化程度越来越高时，满足用户多元化和个性化的需求势在必行，与此同时，对于图书馆各部门的知识型员工个人能力和信息素养的要求也逐步提高。提供更好、更快捷的信息咨询服务，满足大众多样化的信息需求已经成为越来越多图书馆员工需要关注和解决的问题。

7.4.2 测试模型、测试范围、研究对象以及研究方法

1. 测试模型

通过对 ASCI 项目的文献研究以及其指标的提取与筛选，以及对知识型员工网络行为影响要素的详细分析，提出图书馆员工战略运算能力的网络行为模型（图7-4）。

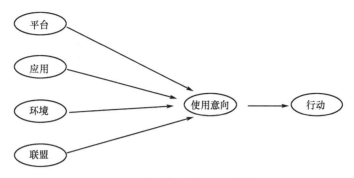

图 7-4 战略运算能力影响因素模型

2. 测试范围和调研对象

选取高校图书馆和公共图书馆的知识型员工作为研究样本，对其在日常信息检索工作中以及信息咨询服务中所进行的网络信息行为作出分析。根据研究目的，选择维普、万方、CNKI 以及高校网络信息共享平台等常见信息检索平台为研究内容，考察网络信息平台使用程度、环境条件、信息搜寻应用、团队联盟合作等对图书馆员工所产生的影响。

图书馆知识型员工战略运算能力的网络行为模式问卷调查

战略运算能力（ASCI）是指高性能的模拟仿真信息处理能力，包括应用、平台、环境和联盟四个方面。平台是指工作时使用的网络信息服务平台；应用是指工作时采用应用软件分析和解决实际问题；环境是指工作的环境；联盟是指学校、企业、政府、研究机构、中介组织的成员之间的合作。

第一部分

以下是了解您对 ASCI 指标因素选择的态度与建议。①～⑤代表题项与您个人主观或实际情况的符合程度（请在表中相应的格中填入"√"）。

平台角度：

请您根据平时工作中使用网络信息服务的过程，在以下指标因素中进行选择。

编号	指标	描述	①～⑤代表同意程度不断增强				
Q1	性能（performance）	计算机的运行速度能很好地满足任务或工作需求	①	②	③	④	⑤
Q2	有用性（usability）	网络信息服务平台对于解决问题满足需求是很有帮助的	①	②	③	④	⑤
Q3	有效网络工作（efficient network）	网络信息服务平台具有高效快速的联网能力，能够利用更多的资源解决问题	①	②	③	④	⑤
Q4	空间性（space）	追求计算机的小型化与减少空间的占有	①	②	③	④	⑤
Q5	需求性（requirements）	网络信息服务平台是员工迫切需要的	①	②	③	④	⑤
Q6	可扩展性（scalability）	网络信息服务平台允许更多的用户接入，系统具备升级性	①	②	③	④	⑤

编号	指标	描述	①~⑤代表同意程度不断增强				
Q7	数据可用性（available）	网络信息服务平台提供的数据符合专业员工的工作需求	①	②	③	④	⑤
Q8	简易性（easy to use）	网络信息服务平台很容易操作和掌握	①	②	③	④	⑤
Q9	易理解（understand）	网络信息服务平台易于用户的理解和使用	①	②	③	④	⑤
Q10	可信性（credibility）	网络信息服务平台能够提供可信的数据和资料，以支持工作	①	②	③	④	⑤
Q11	时效性（time）	平台提供最新的科技进展信息，会影响我的使用	①	②	③	④	⑤
Q12	安全性（safety）	网络信息服务平台具备安全保障功能	①	②	③	④	⑤
Q13	可视化、形象化（visualization）	网络信息服务平台能用形象化的界面描述问题	①	②	③	④	⑤
Q14	商业吸引力（commercially attractive）	网络信息服务平台设计具备市场价值，很容易被大众采纳	①	②	③	④	⑤
Q15	成本效益（cost effective）	网络信息服务平台的投资与产出成正比，具有效益	①	②	③	④	⑤
Q16	资金（money）	网络信息服务平台具有充足的资金保障，促使平台完善	①	②	③	④	⑤
Q17	分析能力（analyze）	网络信息服务平台提供强大的分析能力和可扩展的人性化定制图形界面	①	②	③	④	⑤

1. 除了以上提到的因素之外，您觉得还有哪些平台因素需要考虑？

应用角度：

请您从自身工作角度考虑，哪些因素影响您使用软件工具的网络行为？

编号	指标	描述	①~⑤代表同意程度不断增强				
Q18	数据的正确性（accurate）	数据的真实可靠性会影响我的使用	①	②	③	④	⑤
Q19	数据的详细性（detail）	能够对物理世界真实情况进行多维度和详尽描述，会影响我的使用	①	②	③	④	⑤
Q20	数据的客观性（physics-Based）	符合实际的有效数据和以往经验数据会影响我的使用	①	②	③	④	⑤
Q21	系统的可靠性（reliability）	操作系统的安全性能好会促使我的使用	①	②	③	④	⑤
Q22	需求灵活性（need for flexibility）	操作系统对于不同的实际情况可以提供多样化的解决措施，会促使我使用该系统	①	②	③	④	⑤
Q23	数字化（numerically）	操作系统可以采用数字化的方式表示问题，会促使我使用该系统	①	②	③	④	⑤
Q24	可视化（visible）	能采用可视化的方式将工作过程或结果呈现出来	①	②	③	④	⑤
Q25	三维（3D）	操作系统具备三维立体模拟的效果，会促使我的使用	①	②	③	④	⑤
Q26	通信能力（communicate）	具备与其他计算机、移动通信、电子设备联通交流的能力，会促使我的使用	①	②	③	④	⑤

编号	指标	描述	①~⑤代表同意程度不断增强				
Q27	检验和确认（verification and validation）	对于获取的信息，我有能力检验和确认符合需求	①	②	③	④	⑤
Q28	计划性（milestone driven）	我能够按照阶段性要求完成任务	①	②	③	④	⑤
Q29	思维模式（thought model）	我能够改变以往思考问题的方式和方法，接受应用软件解决问题的方式	①	②	③	④	⑤
Q30	洞察力（insight from data）	我具备查找和正确解释重要的数据信息的能力	①	②	③	④	⑤

2. 除了以上提到的因素之外，您觉得还有哪些应用因素需要考虑？

环境角度：

请您从自身工作角度考虑，哪些环境因素影响您的网络行为？

编号	指标	描述	①~⑤代表同意程度不断增强				
Q31	应用程序开发（application development）	对环境元素提供工具和所需的资源，协助用户开发和维护	①	②	③	④	⑤
Q32	数据控制（date handing）	面对大量复杂的数据，能够进行有效控制保证数据的真实性和可靠性，并能够详细描述物理世界	①	②	③	④	⑤
Q33	后处理和检验（post-processing and visualization）	对大量的数据进行后期处理以及检验其真实性和可靠性	①	②	③	④	⑤
Q34	基础设施（infrastructure）	提供高性能的网络系统和安全的操作环境	①	②	③	④	⑤
Q35	使用计算系统（using computation system）	计算机系统能为用户提供一个不断发展的技术环境	①	②	③	④	⑤
Q36	建造模型（building model）	随着用户对物体及其物理特性的理解，能利用计算机创建数据模型	①	②	③	④	⑤
Q37	开发应用（developing the application）	现有计算机能够提供应用程序开发的软件	①	②	③	④	⑤
Q38	模拟运行（running simulations）	当设备出现意外停止，计算机可以模拟访问，以确保计算机按预期运行	①	②	③	④	⑤
Q39	结果数据（the resulting data）	用户能将收集模拟数据用于分析和解释	①	②	③	④	⑤
Q40	理解结果（understanding the results）	将数据结果转换成可视化的显示，并将显示、分析和解释的数据进行存储	①	②	③	④	⑤
Q41	远程交互（simulation at a distance）	用户可以通过网络进行远程交互活动	①	②	③	④	⑤
Q42	并行编程工具箱（the parallel programming toolbox）	能熟练使用调试器、编译工具、性能分析工具、数据库、并行算法进行程序的编写和设计	①	②	③	④	⑤
Q43	战略计划工具（a strategic planning tool）	用户能够利用计算机制定统一的战略规划，以指导行动	①	②	③	④	⑤
Q44	数据和可视化走廊（data and visualization corridors）	将复杂的数据和2D图片转为全景3D形式，增加数据洞察力	①	②	③	④	⑤

3. 除了以上提到的因素之外，您觉得还有哪些环境因素需要考虑？

联盟角度：

请您从自身工作角度考虑，哪些因素影响您与团队成员合作的网络行为？

编号	指标	描述	①～⑤代表同意程度不断增强				
Q45	资金（funding）	联盟团队的建设需要充足的资金购买设备设施	①	②	③	④	⑤
Q46	充足的时间（time available）	联盟团队成员的合作讨论需要充足的时间	①	②	③	④	⑤
Q47	信息量充足（enough information）	联盟团队成员之间的交流提供足够的信息量支持选择和决策	①	②	③	④	⑤
Q48	新思路（new ideas）	联盟团队成员之间的交流可以产生新的技术方法和思路	①	②	③	④	⑤
Q49	创造性思维（creative minds）	联盟团队成员合作信息共享可以提供创造性思维	①	②	③	④	⑤
Q50	同行评议（peer-reviewed）	同行评议可以提供大量的建议和改进措施	①	②	③	④	⑤
Q51	学术障碍（academic barriers）	联盟团队成员拥有不同的专业背景，可能存在学术交流障碍	①	②	③	④	⑤
Q52	商业化（core business）	研发成功的新产品投入商业运营业一方面获取收入，另一方面增强员工参与研发的积极性	①	②	③	④	⑤
Q53	共担风险（sharing risk）	合作伙伴共同分享任务成果，同时共担风险	①	②	③	④	⑤
Q54	灵活性（flexible）	联盟团队之间的组织合作形式灵活，是一种具有创新性的组织架构	①	②	③	④	⑤
Q55	里程碑（milestone）	联盟团队成员按照指定的计划任务进行工作，并按季度进行考核	①	②	③	④	⑤
Q56	知识共享（knowledge sharing）	定期召开会议，成员汇报工作分享成果，讨论新的科研进展，提供积极或者消极的信息	①	②	③	④	⑤
Q57	外部评议（outside reviews）	关注外部的评论，以补充关键的信息	①	②	③	④	⑤
Q58	虚拟团队（virtual team）	由不同部门或者外部成员组成，通过网络环境进行相互合作	①	②	③	④	⑤
Q59	开放性（openness）	联盟团队成员愿意公开自己的学术成果	①	②	③	④	⑤
Q60	学术联盟层次（academic alliance levels）	联盟团队按照级别进行分类，有利于管理；一级联盟偏重于管理、二级联盟偏重于技术；三级联盟关注于单个的团队活动	①	②	③	④	⑤
Q61	管理模式（one program-three laboratories）	合理的组织结构和管理模式对于联盟构建很有帮助	①	②	③	④	⑤
Q62	多学科中心（building multidisciplinary centers）	联盟团队成员由不同专业背景学科的人员组成	①	②	③	④	⑤
Q63	人力资源（human resource）	联盟团队的创新能力和分享精神使我更容易融入	①	②	③	④	⑤
Q64	共同工作（work together）	具有高效的管理结构促使联盟团队成员交流和知识共享	①	②	③	④	⑤

4. 除了以上提到的各要素之外，您觉得还有哪些联盟因素需要考虑？

第二部分　用户使用意向及行为调查

该部分了解您的信息行为意向和行动的态度与建议。

	行为意向					
Q65	我愿意持续利用信息开展工作	①	②	③	④	⑤
Q66	我愿意经常利用信息开展工作	①	②	③	④	⑤
Q67	我愿意将信息开发利用的工作方式推荐给其他人	①	②	③	④	⑤
	实际行为					
Q68	我大部分工作需要利用信息才能顺利完成	①	②	③	④	⑤
Q69	我主动利用信息来协助我完成工作	①	②	③	④	⑤
Q70	我现在每天频繁地利用信息开展工作	①	②	③	④	⑤

第三部分　个人信息

1. 贵单位所在地区：（　　　）
A. 东北地区（黑龙江、辽宁、吉林）
B. 华北地区（北京、天津、河北、山西、内蒙古）
C. 西北地区（宁夏、新疆、青海、陕西、甘肃）
D. 华东地区（山东、江苏、安徽、浙江、福建、上海）
E. 华中地区（湖北、湖南、河南、江西）
F. 华南地区（广东、广西、海南）
G. 西南地区（四川、云南、贵州、西藏、重庆）
2. 性别：□ 男　　　□ 女
3. 年龄：（　　　）
A. 20~25 岁　　B. 26~35 岁　　C. 36~45 岁　　D. 46~60 岁　　E. 61 岁以上
4. 学历：（　　　）
A. 专科　　　　　B. 本科　　　　　C. 硕士　　　　　D. 博士
5. 职称：（　　　）
A. 初级　　　　　B. 中级　　　　　C. 副高　　　　　D. 正高　　　　　E. 未定职
6. 贵单位名称：_____

研究样本必须具有以下三个条件：①受访对象必须符合知识型员工的概念范畴，即采用特定人群来验证战略运算能力网络行为模型的假设是否成立。②受访者应具备网络信息使用经历，并具有采用新的网络信息平台和通信工具来提升自我信息接收与共享能力的意愿。③针对该研究对象的调查研究具有现实意义，能够为更广泛的信息传递提供更好的服务。

为了使研究样本具有代表性和可行性，并属于知识型员工定义的范畴，选取图书馆知识型员工作为研究对象，并选取信息管理与信息系统专业、图书情报档案专业背景，且具备网络信息搜索能力的工作人员作为辅助研究对象，形成研究样本。结合 ASCI 提取的平台、应用、环境和联盟四个维度，借助文献研究、半结构化访谈拟定调查问卷，通过预调查完善问卷，并通过纸质和电子邮件方式发放调查问卷并回收，共收回 83 份，有效问卷 78 份，有效率达到 93.97%，进而应用 SPSS 18.0 完成描述性分析，通过百分比、均值、方差、标准差等统计数据了解被调查样本的结构和分布，了解和认知调查对象的总体分布。

1）用户性别比例

在本次知识型员工战略运算能力网络行为模式研究调查中，男性 43.6%，女性以 56.4% 居多，如表 7-3 所示。

表 7-3 用户性别比例

	性别	频数	百分比	有效百分比	累积百分比
Valid	男	34	43.6	43.6	43.6
	女	44	56.4	56.4	100.0
	Total	78	100.0	100.0	

2）用户年龄结构

调查对象主要集中在年轻人群，60 岁以上人数较少，如表 7-4 所示。

表 7-4 用户年龄结构

	年龄	频数	百分比	有效百分比	累积百分比
Valid	20~25 岁	4	5.1	5.1	5.1
	26~35 岁	42	53.8	53.8	59.0
	36~45 岁	24	30.8	30.8	89.7
	46~60 岁	8	10.3	10.3	100.0
	Total	78	100.0	100.0	

年龄影响用户的认知行为，导致不同年龄用户使用网络信息检索的差异性。年轻的用户易于接受新的方法与技术，具有较强的学习能力，此次调研对象多集中于 26~35 岁，占到总样本量的 53.8%，同时，该年龄段的用户也表现出较强的网络使用意向。

3）用户知识背景

用户的文化知识背景、学科专业知识、计算机知识能力和信息检索知识能力都直接影响用户检索行为的结果。当用户有比较高的专业知识时，就比较容易作相关判断，如表 7-5 所示。

表 7-5 用户知识背景

	学历	频数	百分比	有效百分比	累积百分比
Valid	大专	9	11.5	11.5	11.5
	本科	40	51.3	51.3	62.8
	硕士	29	37.2	37.2	100.0
	Total	78	100.0	100.0	

4）岗位职称背景

中国高校图书馆馆员的职称级别划分为四级：正研究馆员、副研究馆员、馆员、助理馆员（初级馆员），依次等同于高校中的教授、副教授、讲师、助教。非学术图书馆员分为五级，即将图书馆员作为最低级别。以下为本次研究中受访者的岗位情况，如表7-6所示。

表7-6 岗位职称背景

职称		频数	百分比	有效百分比	累积百分比
Valid	初级	10	12.8	12.8	12.8
	中级	33	42.3	42.3	55.1
	副高	29	37.2	37.2	92.3
	高级	6	7.7	7.7	100.0
	Total	78	100.0	100.0	

目前，在图书馆从事信息咨询服务的员工以本科生居多，占到51.3%，而以中级职称为多，占到42.3%。

7.4.3 数据分析方法

在选取数据分析工具方面，根据研究目的、研究对象和假设变量的测量方式考虑，选用Excel 2003来进行初始问卷的数据统计，应用SPSS 18.0对整理后的数据进行描述性分析和相关性分析等。①描述性统计分析。数据分析阶段，首先对问卷中的各个变量进行描述性分析，目的为了解受访对象回答问题时的总体分布情况，了解样本结构，包括各个变量百分比、最小值、最大值、方差、标准差、全距、均值等。②信度和效度分析。信度分析（reliability）即可靠性，是采用同样的方法对同一对象重复测量时所得结果的一致性程度，用以反映问卷问项之间的相互关系。效度是指评估的有效性，即运用量表或其他评估方法所获得的结果达到期望目标的程度。效度按不同的侧重一般分为内容效度、效标关联度和结构效度。但它们不是指三个不同的效度，而是指效度的不同方面。③相关性分析。相关性分析是指对两个或多个具备相关性的变量元素进行分析，从而衡量两个变量因素的相关密切程度。

1. 观测变量的描述性分析

表7-7列出各问项的用户答题情况，以频数、全距、最小值、最大值、均值、标准差、方差的形式列出。

表7-7 变量描述性分析表

描述性统计量							
题目编号	频数	全距	最小值	最大值	均值	标准差	方差
Q1	78	4	1	5	3.49	1.125	1.266
Q2	78	3	2	5	4.00	0.993	0.987

描述性统计量							
题目编号	频数	全距	最小值	最大值	均值	标准差	方差
Q3	78	4	1	5	3.90	0.975	0.950
Q4	78	4	1	5	3.58	1.013	1.026
Q5	78	4	1	5	3.97	0.993	0.986
Q6	78	4	1	5	3.78	1.101	1.212
Q7	78	4	1	5	3.54	0.976	0.953
Q8	78	4	1	5	3.82	1.003	1.006
Q9	78	3	2	5	3.76	0.885	0.784
Q10	78	4	1	5	3.67	0.921	0.848
Q11	78	4	1	5	3.68	1.233	1.519
Q12	78	4	1	5	3.67	1.101	1.212
Q13	78	4	1	5	3.38	1.009	1.019
Q14	78	4	1	5	3.38	1.209	1.461
Q15	78	4	1	5	3.51	1.090	1.188
Q16	78	4	1	5	3.41	1.037	1.076
Q17	78	4	1	5	3.47	1.136	1.292
Q18	78	4	1	5	4.19	1.058	1.118
Q19	78	4	1	5	3.73	0.935	0.875
Q20	78	4	1	5	3.91	1.047	1.096
Q21	78	4	1	5	4.09	1.034	1.070
Q22	78	4	1	5	3.90	0.934	0.872
Q23	78	4	1	5	3.33	1.065	1.134
Q24	78	4	1	5	3.54	1.041	1.083
Q25	78	4	1	5	3.15	1.129	1.275
Q26	78	4	1	5	3.62	1.108	1.227
Q27	78	4	1	5	3.69	1.132	1.281
Q28	78	4	1	5	3.64	1.006	1.012
Q29	78	4	1	5	3.42	1.026	1.052
Q30	78	4	1	5	3.67	1.113	1.238
Q31	78	4	1	5	3.65	1.182	1.398
Q32	78	4	1	5	3.64	1.044	1.090
Q33	78	4	1	5	3.82	1.114	1.240
Q34	78	3	2	5	3.99	1.000	1.000
Q35	78	4	1	5	3.91	0.996	0.992
Q36	78	4	1	5	3.38	1.084	1.175

续表

描述性统计量

题目编号	频数	全距	最小值	最大值	均值	标准差	方差
Q37	78	4	1	5	3.68	1.063	1.130
Q38	78	4	1	5	3.64	0.967	0.934
Q39	78	3	2	5	3.72	0.924	0.854
Q40	78	4	1	5	3.73	1.065	1.134
Q41	78	4	1	5	3.72	1.104	1.218
Q42	78	4	1	5	3.38	1.072	1.149
Q43	78	4	1	5	3.28	1.080	1.166
Q44	78	4	1	5	3.29	1.175	1.379
Q45	78	4	1	5	3.74	1.145	1.310
Q46	78	4	1	5	3.55	1.040	1.082
Q47	78	4	1	5	3.92	1.003	1.007
Q48	78	3	2	5	3.78	0.989	0.978
Q49	78	4	1	5	3.82	1.016	1.032
Q50	78	3	2	5	3.72	1.031	1.062
Q51	78	3	2	5	3.47	0.990	0.980
Q52	78	4	1	5	3.31	1.166	1.359
Q53	78	4	1	5	3.59	1.062	1.128
Q54	78	4	1	5	3.54	1.015	1.031
Q55	78	4	1	5	3.41	1.189	1.414
Q56	78	4	1	5	3.71	1.082	1.172
Q57	78	4	1	5	3.49	0.977	0.954
Q58	78	4	1	5	3.59	0.973	0.946
Q59	78	4	1	5	3.58	1.038	1.078
Q60	78	4	1	5	3.42	1.123	1.260
Q61	78	3	2	5	3.71	0.955	0.912
Q62	78	4	1	5	3.49	1.078	1.162
Q63	78	4	1	5	3.56	1.112	1.236
Q64	78	4	1	5	3.71	1.094	1.198
Q65	78	3	2	5	3.67	0.976	0.952
Q66	78	4	1	5	3.83	1.050	1.102
Q67	78	4	1	5	4.10	0.934	0.872
Q68	78	4	1	5	3.62	1.119	1.253
Q69	78	4	1	5	3.96	0.999	0.999
Q70	78	4	1	5	3.78	1.052	1.108
有效 N	78						

表7-7 为 70 个问项的描述性分析，其中将平均值大于 4 的问项用阴影标出，认为其具有高认可度，如问项 Q2、Q18、Q21、Q67 的有用性、数据的正确性、系统的可靠性以及分享性都得到用户的高度认可。

2. 信度和效度分析

1）平台维度影响因素的信度和效度分析

（1）平台维度影响因素的信度分析。信度分析主要用于考察问卷的一致性、稳定性和可靠性。利用 SPSS 18.0，选择 Cronbach's Alpha 系数来分析各变量的信度。表7-8 是对平台维度影响因素（17 个问项）进行信度分析的结果，显示 Cronbach's Alpha 系数为 0.888，说明问卷平台维度影响因素所搜集到的数据具有较高信度。

表 7-8　平台维度影响因素的信度分析

可靠性统计量	
Cronbach's Alpha	N
0.888	17

（2）平台维度影响因素的效度分析。见表7-9，在平台维度影响因素的效度分析中显示 KMO 系数为 0.811，并且巴特利球体检验的 x^2 统计达到 570.336（Df=135，P<0.001），说明该研究数据具有较高相关性，调查问卷中平台维度影响因素所搜集的数据具有较高的效度。

表 7-9　平台维度影响因素的效度分析

KMO 和 Bartlett 的检验		
取样足够的 Kaiser-Meyer-Olkin 度量		0.811
Bartlett 的球形度检验	近似卡方	570.336
	Df	136
	Sig.	0.000

2）应用维度影响因素的信度和效度分析

（1）应用维度影响因素的信度分析。表7-10 是对应用影响因素的 13 个问项（Q18 ~ Q30）进行信度分析的结果。在应用维度影响因素的信度分析中显示 Cronbach's Alpha 系数为 0.899，说明问卷中应用维度影响因素所使用数据的信度适合用来作进一步的数据分析。

表 7-10　应用维度影响因素的信度分析

可靠性统计量	
Cronbach's Alpha	N
0.899	13

（2）应用维度影响因素的效度分析。表7-11 是对应的应用维度影响因素的效度分析，显示 KMO 系数为 0.833，并且巴特利球体检验的 x^2 统计值显著性为 0.000，小于 0.001，说明该研究数据具有很高的相关性，问卷中应用维度影响所使用的数据具有相当高的效度。

表7-11 应用维度影响因素的效度分析

KMO 和 Bartlett 的检验		
取样足够的 Kaiser-Meyer-Olkin 度量		0.833
Bartlett 的球形度检验	近似卡方	484.536
	Df	78
	Sig.	0.000

3）环境维度影响因素的信度和效度分析

（1）环境维度影响因素的信度分析。表 7-12 是环境维度影响因素的 14 个问项（Q31 ~ Q44）进行信度分析的结果，信度分析中显示 Cronbach's Alpha 系数为 0.901，说明问卷中配合情况所使用的数据具有较高的信度，是可以用来作进一步的数据分析的。

表7-12 环境维度影响因素的信度分析

可靠性统计量	
Cronbach's Alpha	N
0.901	14

（2）环境维度影响因素的效度分析。表 7-13 是对应的环境维度影响因素效度分析，显示 KMO 系数为 0.858，并且巴特利球体检验的 x^2 统计值显著性为 0.000，小于 0.001，说明该研究数据具有很高的相关性，问卷中的数据具有一定的效度。

表7-13 环境维度影响因素的效度分析

KMO 和 Bartlett 的检验		
取样足够的 Kaiser-Meyer-Olkin 度量		0.858
Bartlett 的球形度检验	近似卡方	493.255
	Df	91
	Sig.	0.000

4）联盟维度影响因素的信度和效度分析

（1）联盟维度影响因素的信度分析。表 7-14 是联盟维度影响因素的 20 个问项（Q45 ~ Q64）进行信度分析的结果，信度分析中显示 Cronbach's Alpha 系数为 0.953，说明问卷中联盟维度影响因素所使用的数据具有较高的信度，是可以用来做进一步的数据分析的。

表7-14 联盟维度影响因素的信度分析

可靠性统计量	
Cronbach's Alpha	N
0.953	20

（2）联盟维度影响因素的效度分析。表 7-15 是对应的联盟维度影响因素效度分析，显示 KMO 系数为 0.889，并且巴特利球体检验的 x^2 统计值显著性为 0.000，小于 0.001，说明

该研究数据具有很高的相关性，问卷中联盟维度影响因素搜集的数据具有一定的效度。

表 7-15　联盟维度影响因素的效度分析

KMO 和 Bartlett 的检验		
取样足够的 Kaiser-Meyer-Olkin 度量		0.889
Bartlett 的球形度检验	近似卡方	1104.876
	Df	190
	Sig.	0.000

3. 相关分析

相关分析（correlation analysis）是不考虑变量之间的因果关系而只研究分析变量之间的相关关系的一种统计分析方法，包括线性相关分析、偏相关分析、距离分析等。通过 SPSS 18.0 的双变量相关分析来比较平台因素、应用因素、环境因素、联盟因素与行为意向之间的相关性，选择相关分析、采用 Pearson 皮尔逊相关系数进行双侧检验，并标记显著相关性，如表 7-16 所示。

表 7-16　相关分析

项目		平台	应用	环境维度	联盟维度	行为意向	实际行为
平台维度	Pearson Correlation	1	0.776**	0.759**	0.691**	0.578**	0.601**
	Sig.（2-tailed）		0.000	0.000	0.000	0.000	0.000
	N	78	78	78	78	78	78
应用维度	Pearson Correlation	0.776**	1	0.867**	0.801**	0.558**	0.500**
	Sig.（2-tailed）	0.000		0.000	0.000	0.000	0.000
	N	78	78	78	78	78	78
环境维度	Pearson Correlation	0.759**	0.867**	1	0.869**	0.542**	0.616**
	Sig.（2-tailed）	0.000	0.000		0.000	0.000	0.000
	N	78	78	78	78	78	78
联盟维度	Pearson Correlation	0.691**	0.801**	0.869**	1	0.581**	0.572**
	Sig.（2-tailed）	0.000	0.000	0.000		0.000	0.000
	N	78	78	78	78	78	78
行为意向	Pearson Correlation	0.578**	0.558**	0.542**	0.581**	1	0.703**
	Sig.（2-tailed）	0.000	0.000	0.000	0.000		0.000
	N	78	78	78	78	78	78
实际行为	Pearson Correlation	0.601**	0.500**	0.616**	0.572**	0.703**	1
	Sig.（2-tailed）	0.000	0.000	0.000	0.000	0.000	
	N	78	78	78	78	78	78

＊＊在置信度（双侧）为 0.01 时，相关性是显著

根据表 7-16 所示，"＊＊"代表显著影响，选择双变量分析，得出平台维度因素、应用维度因素、环境维度因素、联盟维度因素对行为意向均显著相关，行为意向对行动显著相关。

4. 差异性分析

抽取人口统计学因素，考察性别、年龄、学历等因素是否对图书馆知识型员工的网络信息行为产生影响。

1）性别因素

选择独立样本 T 检验，其依据的基本原理是统计学中的"小概率反证法"原理。通过独立样本 T 检验，可以实现两个独立样本的均值的比较。将平台维度因素、应用维度因素、环境维度因素、联盟维度因素导入检验变量，以性别作为分组因素，考察性别是否在以上各因素中存在明显差异，得到表 7-17。

表 7-17　独立样本检验

项目		方差的 Levene 检验		均值方程的 t 检验						
		F	Sig.	t	Df	Sig.（双侧）	均值差值	标准误差值	95% 置信区间	
									下限	上限
平台维度	假设方差相等	2.351	0.129	0.345	76	0.731	0.049 86	0.144 45	−0.237 84	0.337 56
	假设方差不相等			0.352	75.208	0.726	0.049 86	0.141 53	−0.232 07	0.331 78
应用维度	假设方差相等	0.391	0.534	0.742	76	0.460	0.120 01	0.161 78	−0.202 20	0.442 22
	假设方差不相等			0.761	75.754	0.449	0.120 01	0.157 60	−0.193 90	0.433 92
环境维度	假设方差相等	0.276	0.601	1.501	76	0.138	0.239 21	0.159 40	−0.078 26	0.556 68
	假设方差不相等			1.524	74.516	0.132	0.239 21	0.156 93	−0.073 45	0.551 87
联盟维度	假设方差相等	2.352	0.129	1.048	76	0.298	0.183 82	0.175 43	−0.165 58	0.533 22
	假设方差不相等			1.068	74.967	0.289	0.183 82	0.172 20	−0.159 22	0.526 86

观察 Sig（双侧）得分，小于 0.05 则表明有显著差异性，否则代表差异不明显，由此，观察各数据，得出性别因素对四个维度的测量影响不大，即男女对于网络行为的影响因素选择没有太大差异。

2）年龄因素

针对不同年龄阶段的图书馆知识型员工，考察年龄对于网络行为是否产生影响，具体又表现在哪些方面，选择单因素方差分析，选择两两比较中的最小显著方差法（LSD 法），得出表 7-18。

表 7-18　年龄因素的方差分析（ANOVA）

项目		平方和	Df	均方	F	显著性
平台维度	组间	2.310	3	0.770	2.601	0.029
	组内	28.153	74	0.380		
	总数	30.463	77			

项目		平方和	Df	均方	F	显著性
应用维度	组间	0.544	3	0.181	0.354	0.786
	组内	37.882	74	0.512		
	总数	38.426	77			
环境维度	组间	0.538	3	0.179	0.353	0.787
	组内	37.595	74	0.508		
	总数	38.133	77			
联盟维度	组间	0.575	3	0.192	0.316	0.814
	组内	44.933	74	0.607		
	总数	45.508	77			

显著性小于 0.05 代表具有较强差异性，由表 7-18 可知，年龄在平台因素中差异性较大，显著性 0.029<0.05，因此认为平台因素中至少有一个年龄组与另一年龄组存在显著性差异。但究竟是哪几个年龄组对于网络信息平台的使用产生较大差别，则需进一步两两分析，选择单因素方差分析中两两比较的最小显著方差法，得到表 7-19。

表 7-19　年龄因素方差分析多重比较

平台 LSD

(I) 年龄		(J) 年龄		均值差 (I-J)	标准误	Sig.	95% 置信区间	
							下限	上限
dimension2	20～25 岁	dimension3	26～35 岁	-0.004 90	0.322 75	0.988	-0.648 0	0.638 2
			36～45 岁	-0.142 16	0.333 11	0.671	-0.805 9	0.521 6
			46～60 岁	-0.580 88	0.377 71	0.128	-1.333 5	0.171 7
	26～35 岁	dimension3	20～25 岁	0.004 90	0.322 75	0.988	-0.638 2	0.648 0
			36～45 岁	-0.137 25	0.157 83	0.387	-0.451 7	0.177 2
			46～60 岁	-0.575 98 *	0.237 94	0.018	-1.050 1	-0.101 9
	36～45 岁	dimension3	20～25 岁	0.142 16	0.333 11	0.671	-0.521 6	0.805 9
			26～35 岁	0.137 25	0.157 83	0.387	-0.177 2	0.451 7
			46～60 岁	-0.438 73	0.251 81	0.086	-0.940 5	0.063 0
	46～60 岁	dimension3	20～25 岁	0.580 88	0.377 71	0.128	-0.171 7	1.333 5
			26～35 岁	0.575 98 *	0.237 94	0.018	0.101 9	1.050 1
			36～45 岁	0.438 73	0.251 81	0.086	-0.063 0	0.940 5

* The mean difference is significant at the 0.05 level

由上表可知，26～35 岁年龄段与 46～60 岁年龄段拥有较大差异，中青年是图书馆知识型员工的主力军，拥有较强的学习能力和旺盛的学习精力，对于网络信息平台的适应性较强，而 46～60 岁年龄段对于网络信息公共平台的使用和适应都较差。

3）学历因素

表 7-20 学历因素的方差分析（ANOVA）

项目		平方和	df	均方	F	显著性
平台	Between Groups	1.094	2	0.547	1.397	0.254
	Within Groups	29.369	75	0.392		
	Total	30.463	77			
应用	Between Groups	2.393	2	1.196	2.490	0.044
	Within Groups	36.033	75	0.480		
	Total	38.426	77			
环境维度	Between Groups	1.456	2	0.728	1.488	0.232
	Within Groups	36.678	75	0.489		
	Total	38.133	77			
联盟维度	Between Groups	2.419	2	1.210	2.106	0.129
	Within Groups	43.089	75	0.575		
	Total	45.508	77			

由表 7-20 可知，学历因素在应用维度上，表现出较大差异性，根据具体的问卷问项分析可知，拥有较高学历的人群，对于网络信息工具的使用和应用能力具有较强适应性，乐于从事挑战性的工作。因而，在知识型员工的招聘和培训中，可适当考虑学历因素。

7.4.4 优化图书馆知识型员工战略运算能力的网络行为对策建议

随着社会文明和信息化、网络化程度的提高，图书馆事业的发展也随之发生更大的改变，目前以适应新的媒体交互方式和新的用户体验日益成为核心目标。通过对 ASCI 战略运算能力的原始文献研究，借鉴从平台、应用、环境、联盟四个维度探讨图书馆知识型员工的网络行为，发掘其影响因素，目的是为了帮助图书馆知识型员工有效提高网络信息咨询服务能力和个人网络信息获取、处理、存储、交流、分享的能力，通过提高图书馆知识型员工个人的信息素养，优化员工网络行为，带动整个图书馆作为信息聚集地的机构网络信息服务能力。

1. 图书馆员工角度

知识型员工作为组织中最为关键的影响因素，具有不可估量的潜在作用。因而，提升图书馆知识型员工的个人网络信息素养和信息搜索服务能力，也将促进图书馆组织服务提供能力的提升，为图书馆这一传统信息获取部门的改革提供更多的建议。

（1）个人网络信息能力方面。加快培养每一个图书馆员工的自身信息素养，定期开展培训活动，从思想上转变对信息获取的认知和职业定位，使员工明确图书馆的社会责任。众所周知，图书馆员工由于工作岗位、知识水平的不同，对于信息的把握与分析能力也存在较大区别，如信息服务部门和图书借阅部门员工就存在较大信息获取差异。为了给更多的用户提供更多便捷、快速、高效的服务，应提升每个部门员工的网络信息素养，使图书馆结构由金字塔式的层次结构变为更加扁平化、开放化、人性化的网络信息服务机构。因而，切实了解个人信息搜索能力的长处与短处，经常参加培训活动，提高信息检索技巧方法，才能提供有效网络信息咨询服务。目前，学者们普遍认为新时代的图书馆将朝两个主要方向发展：网络化和数字化，这两者都需要工作人员掌握一定的技术方法。图书馆员工面临的将是更多的网络信息资源，如何对大量繁杂的网络信息进行有序化排列，以及设计出较为便捷的网络信息组织方式，都是图书馆工作人员职业定位中需要关注的，必须学习多方面技能以适应图书馆的变革。特别要关注几个方面：①计算机应用水平。图书馆应组织定期培训，以帮助员工掌握科技发展，适应和掌握各种网络信息平台的应用方法以方便为用户提供咨询服务。②合理的知识结构。应逐步提升图书馆员工的学历水平和技术水平，具有不同学科知识背景、精通图书情报专业知识的人员对于网络信息的搜集和传播具有重要作用。③外语水平。科技信息的交流已经超越了国界的限制，用户具备较高的外语水平可以获得更多网络信息。

（2）职业生涯设计方面。从职业定位的技能需求上，加强对图书馆知识型员工的聘用与评价。首先，图书馆员工的价值观应与组织的协调一致，能够为组织未来的发展贡献自己的力量，组织机构也应充分调动成员的工作积极性，培养成员的网络信息能力。应采取定岗定位的原则，提升图书馆运营的整体效率。定期组织培训或考核竞赛，改善图书馆机构臃肿闲散的工作氛围。加强员工之间的相互交流，促进部门之间的联系，有利于各部门之间的知识流通。通过提取部分指标，评估和考察图书馆知识型员工的网络信息掌握能力，并根据每个员工的特点，安排相应的个性化网络信息培训。

2. 图书馆公共服务设施角度

图书馆作为最常见也是最贴近民众生活的知识服务机构，是搜集、整理、收藏、展示图书文献资料，并通过文献资料的合理组织和分配，为用户提供更多的知识服务的参考机构。图书馆的基本职能包括：①保存人类文化遗产；②开发并合理利用信息资源及网络信息资源；③参与社会教育职能，提升全民的文化素养；④丰富群众业余文化休闲生活。根据国际标准化组织对图书馆分类的定义，可将图书馆划分为国家图书馆、高等院校图书馆、学校图书馆、专业图书馆、其他非专业图书馆、公共图书馆六大类。研究对象工作部门也包含在以上六大类之中。图书馆担负着为全社会所有人服务、为社会民主和公民权作贡献、提高全民的文化素质以及为生产能力作贡献的历史使命，因而其未来的发展方向更值得关注；为公众提供开放、平等、免费、多元化、个性化和充满教育性的图书馆服务，是目前主要的研究方向。

（1）平台建设方面。网络是21世纪图书馆运作的主要平台，因而数字图书馆是21世纪图书馆的发展方向。数字图书馆平台是指整合多种类型的数字化信息资源和因特网上大量的网络资源，目标是提供更加方便、快速的"一站式"网络信息服务，利用先进的网络信息技术，对数字信息资源进行合理的组织、加工、构建、保存和管理以满足用户的访问和咨询需求。其基础是开发和构建网络化的数字图书馆信息系统，搭建的系统平台具备公开化、简明清晰、多平台整合等特性。例如，目前全球最大的联机书目数据库 WorldCat，即将书籍、期刊、光盘等书目信息和馆藏地址以一站式的方式呈现，且支持多语言、多国别的查询方式，并可创建用户个人图书馆馆藏目录，将个人读后感和在线书店相关联，能有效地将各种资源进行整合，方便用户查询和购买，有效解决了由于各地馆藏不一、交流不畅带来的问题，促进区域合作。该平台是未来发展方向之一。目前，国内虽没有形成全国范围的联机检索平台，但是区域图书馆的整合发展较好，较典型的电子平台如"深圳文献港"平台。对于身处不同地区的区域图书馆之间，应加强区域数字图书馆平台建设。

（2）环境体系构建方面。环境和情境作为影响用户信息行为的重要因素，根据问卷调研和访谈研究，进行"情境因素"的分类和建议：①用户所处的基础信息环境，包括办公环境和人文环境。目前图书馆部门都已实现办公自动化，并拥有自身的门户网站，图书馆员工可以轻松进行文献书目的借阅查询，并定期对书目存储进行更新；运用 Web 2.0 和 Web 3.0 的交互性可轻松实现各部门员工之间的交流；影响其使用行为的计算机环境则包括员工自身对系统的学习能力和系统是否具备较强的可操作性；人文环境是特指图书馆成员之间的交流环境是否宽松，图书馆的信息实施政策是否人性化。②图书馆作为公共财富，应为读者创造良好的阅读环境。例如，目前很多省份倡导图书馆免费开放，为全民阅读敞开了大门，如深圳市民足不出户便可访问网络信息资源整合平台"深圳文献港"，了解最新的人文社科信息；上海地区则在实现图书馆免费化的同时，在各个区设立社区图书馆，力求丰富社区文化，解决图书馆的地理分布矛盾。③图书馆知识型员工的服务水平。图书馆作为事业单位与企业最大的区别是缺乏竞争机制和激励措施，易引起图书馆员工自身的懈怠和工作效率的降低，应在培训图书馆知识型员工专业技能的同时，制定合理的激励机制，促使其提供更多优质的服务。

（3）应用水平提升方面。应用水平对策包括两个方面，一是针对信息用户。图书馆员工自身网络信息获取与共享能力的提升，能有效搜集信息，将信息转化为知识，并采用有效方式将知识进行传递与分享。二是针对图书馆自身数字平台构建能力，数字图书馆平台构建需以用户满意度为首要原则，根据"信息构建 IA"理论，对平台外观（如分类导航、检索标志）等基础性架构应满足易用性和有用性的原则。同时，考虑平台数据库包含的全面性和更新速度的快速性，优化业务流程，融合 SNS 网站的优势，集资源、查询系统、用户个人资料档案、同步分享等功能于一体，实现"一站式"科研工作，为用户提供更多便捷服务。

（4）图书馆联盟方面。联盟的方式有利于促进资源的整合，可有效避免资源浪费，有效提高信息利用率。因此，应倡导各类图书馆之间的馆际服务。图书馆的合作形式包括构建联合回溯数据库、建立共同的存储空间、合作馆藏、整合编目系统、合作参考等内容，有条件的图书馆应迎合全球化合作的趋势，整合全球各领域内的信息资源，如 WorldCat 书目查询系统。具体地，一是促进区域性图书馆间联盟合作，强化图书馆社会责任，加强馆际资源共享，促进资源的流通，搭建完善的馆际互借系统和文献传递联盟，完善文献传递服务；二是构建区域性数字图书馆联盟，借鉴"深圳文献港"经验搭建地区网络一站式服务平台，完善链接分析；三是实现各类资源立体化转型，在构建图书馆联盟的同时，考虑与图书馆相关的其他机构之间的合作与协同发展，如图书馆、博物馆、档案馆三馆融合，形成"信息集群"，并制定和实施统一的标准。

第8章 结论与展望

8.1 研究结论

网络的普及使用，移动互联网、云计算、大数据、物联网等层出不穷，开放和融合已经成为网络社会和信息经济的主题，极大丰富的网络信息，给各种组织的知识型员工带来巨大的挑战，本书结合战略运算能力的思想和内容，构建知识型员工战略运算能力的网络行为模式，提出优化知识型员工网络行为的对策建议，对网络失范行为的表现及其成因、企业网络信息平台应用系统、图书馆员工网络行为进行应用研究或案例研究。

8.1.1 研究铺垫

介绍和梳理网络行为、知识型员工、战略运算能力研究进展，为本书的相关研究打好基础。

网络行为，又称网络信息行为、信息行为，本书不加严格区别进行研究。网络行为研究主要从三个方面展开。一是介绍国外网络行为的概念、模型、影响因素，分析青少年和学生的网络信息行为、成人的网络信息行为、面向用户的网络行为、教师和科研人员的网络信息行为、以图书馆读者为主的网络行为、围绕搜索引擎和日志的网络行为等。二是介绍国内网络行为的概念、网络行为内容、特定环境中的网络行为以及学生群体的网络行为、教师和科研人员的网络行为、图书馆用户网络行为、金融用户网络行为、电子政务用户网络行为、农民用户的网络行为等特定用户网络行为，分析网络行为的研究方法、用户角度的网络信息行为、网络行为的影响因素等。可见国内和国外网络行为研究存在相同点和不同点。三是采用文献计量和知识图谱的方法，从发文年份分布、著者情况、所属机构与分布地区等方面对国外网络行为研究文献进行分类计量并加以图表显示，发现网络信息行为领域的知识基础、研究热点、研究前沿，认识网络行为领域的研究现状与变化趋势。对国内外知识型员工的研究，涉及知识型员工概念、知识型员工的特性、组织管理角度和员工自身角度等知识型员工的研究内容。对战略运算能力的研究，涉及战略运算能力文献计量分析，以及重要战略运算能力研究文献内容介绍。

8.1.2 研究基础

分析知识型员工战略运算能力的网络行为理论，为本书的相关研究奠定基础。

首先，界定网络行为相关概念，包括网络信息需求、网络信息行为主体、网络信息行为客体、网络信息查寻行为、网络信息选择行为、网络信息交互行为、网络信息处理与利用行为。其次，分析网络行为相关理论，包括 Zipf 的"最省力原则"、使用与满足理论、"知识异常状态"理论、意义建构理论、认知负荷理论、浏览和采浆果理论、社会认知权威理论、职业和专业身份理论、价值敏感设计，作为研究基础。再次，对网络行为模型的提出时间、文献类型、文献来源、理论基础、研究方法、领域、对象、结论进行比较，包括 Krikelas 模型、Bystrom&Jarvelin 模型、Leckie 模型、Johnson 模型、Savolainen 模型、Belkin 的信息检索策略模型、Choo 的网络信息查寻行为模型、McKenzie 的信息实践模型、Foster 非线性信息查寻行为模型、Jeonghyun Kim 任务导向的网络信息查寻模型、Kuhlthau 的信息搜寻过程模型、Dervin 的意义建构模型、Fidel 的认知工作分析模型、Wilson 的信息查寻行为模型，作为研究借鉴。最后，深入分析战略运算能力项目的目的，阶段任务，应用（simulation applications）、平台（computing platforms）、环境（environment）、联盟（partnership）内容，"One Program-Three Laboratories"（1 个项目-3 个实验室）的组织结构，管理机制，实施原则，网络信息资源管理，项目成效等，提炼战略运算能力项目成功的根本：借助洞察力、领导力、忍耐力、合作力等"四力"，全面掌控项目的实施；明晰组织形式，最大限度地促进资源整合形成知识合力；明确项目规划，有效统筹重点和一般；网络信息资源管理人员和技术平台协调。

8.1.3 构建知识型员工战略运算能力的网络行为模式

考虑网络信息需求、需求动机、网络行为（网络浏览、正式查寻、选择确定信息、进行决策）的流程，结合战略运算能力的平台、应用、环境和联盟维度，构建知识型员工战略运算能力的网络行为模式。其中，网络信息需求是知识型员工根据工作需要提出的信息要求或请求；需求动机是产生网络行为的动因；网络行为是员工根据一个宽泛的主题，先广泛浏览网页信息包括内部网、外部网、互联网信息，发现接近和符合自己需求的网络信息，考虑环境、平台、应用、联盟维度因素的影响，针对特定的网络信息需求开展正式的网络信息查寻工作，拟定可供选择的信息或信息资源，按照一定标准选择符合自己需求的信息进行决策，实施网络行为。随着网络信息需求的满足，产生新的网络信息需求，产生新的网络行为活动，如此循环往复。

8.1.4 实证研究知识型员工战略运算能力的网络行为模式

通过调查问卷设计、发放和回收，对 509 份有效问卷进行分析，了解性别比例、学历、专业、员工行业分布情况，根据研究目的、研究对象和维度指标变量的测量方式，选用 Excel 和 SPSS 18.0 对整理后的数据进行深入的描述性分析、信度分析、效度分析、相关性分析、因子分析、差异性分析、多重比较分析、配对样本 T 检验、多元回归分析等。

描述性分析包括数据的均值、中位数、众数、方差、标准差、极差等；信度分析，发现平台维度、应用维度、环境维度、联盟维度，网络行为指标的 Cronbach's Alapha 系数分别为 0.939、0.943、0.938、0.966、0.885，表明信度好；效度分析，发现平台维度、应用维度、环境维度、联盟维度的 KMO 系数分别为 0.951、0.943、0.939、0.958、0.849，适合因子分析；通过因子分析，将平台维度、应用维度、环境维度、联盟维度指标分别提炼平台维度的 $F_{平台1}$ 平台速度性因子、$F_{平台2}$ 平台数据性因子、$F_{平台3}$ 平台使用性因子、$F_{平台4}$ 平台表现性因子、$F_{平台5}$ 平台稳定性因子、$F_{平台6}$ 平台数量性因子，应用维度的 $F_{应用1}$ 应用功能性因子、$F_{应用2}$ 应用可靠性因子、$F_{应用3}$ 应用交互性因子、$F_{应用4}$ 应用组织性因子、$F_{应用5}$ 应用计划性因子、$F_{应用6}$ 应用验证性因子，环境维度的 $F_{环境1}$ 信息安全性环境因子、$F_{环境2}$ 网络安全性环境因子、$F_{环境3}$ 体验性环境因子、$F_{环境4}$ 政策和组织文化性环境因子、$F_{环境5}$ 社会文化性环境因子、$F_{环境6}$ 计费管理性环境因子，联盟维度的 $F_{联盟1}$ 联盟的信息因子。

相关性分析，发现平台维度对应用维度、环境维度、网络行为成显著正相关，应用维度对环境维度、网络行为成显著正相关，环境维度对联盟维度、网络行为成显著正相关，联盟维度对网络行为成显著正相关。差异性分析，发现性别因素对平台、应用、环境和联盟四个维度的影响均不显著；学历对网络行为有显著影响，对平台维度和应用维度有较强差异，对环境维度、联盟维度则无明显差异；专业对联盟维度、网络行为有显著影响，对应用维度有较强差异，对平台维度、环境维度无明显差异；行业对平台维度、应用维度、环境维度、联盟维度、网络行为均有显著影响。

多重比较分析和回归分析，发现：

（1）学历方面。专科及其以下与本科、博士在平台维度的使用表现上，有显著的差异；本科与专科及其以下在平台维度的使用表现上，有显著的差异；硕士与博士在平台维度的使用表现上，有显著的差异；博士与专科及其以下、硕士在平台维度的使用表现上，有显著的差异；特别地，专科及其以下与博士的差异大。专科及其以下与本科、博士在应用维度的使用表现上，有显著的差异；硕士与博士在应用维度的使用表现上，有显著的差异；特别地，专科及其以下与博士的差异大。专科及其以下、本科生、硕士与博士在环境维度的表现上，均没有显著的差异。专科及其以下、本科、硕士之间对联盟维度无差异的，而专科及其以下、本科、硕士与博士之间对待联盟维度都有显著差异，而相关性分析显示学历对联盟维度无显著影响，可见学历之间没有绝对的相同，具体学历对联盟维度存在一定的差异，但总体学历却并不显著影响对联盟维度的看法。除硕士与博士在网络行为方面存在不明显的差异外，其他都有非常显著的差异，说明专科及其以下与本科、硕士、博士，本科与专科及其以下、硕士、博士，硕士与专科及其以下、本科，博士与专科及其以下、本科在网络行为方面是有显著差异的。随着学历的上升，网络行为是存在较大差异的，当学历达到研究生及其以上时，网络行为则无明显差异。

（2）专业方面。文学、历史学、哲学、教育学类与理学、工学在平台维度的使用上有较大差异，经济学、管理学类与理学在平台维度的使用上有较大差异，理学与工学在平台维度的使用上有较大差异。而差异性显示专业对平台维度无显著影响，这说明专业对平台维度的却无显著影响，可是专业之间没有绝对的相同，他们存在一定的差异，但这一差异不显著影响平台维度的使用的差别。文学、历史学、哲学、教育学类，经济学、管理学类，法学，工学及其他专业与理学等专业特点在应用维度方面都具有较大差异；经济学、管理学类与其他专业在应用维度方面具有较大差异；理学与工学在应用维度方面具有较大差异；农学与其他专业在应用维度方面具有较大差异。文学、历史学、哲学、教育学、经济学、管理学、法学、理学、工学、农学、医学及其他专业在环境维度的表现上，均没有显著的差异，说明专业对环境维度没有显著影响。文学、历史学、哲学、教育学类，经济学、管理学类，法学，工学，农学，医学及其他所有专业与理学等专业特点在联盟维度都有极其显著的差异影响；法学、理学、工学、农学及其他专业与经济学、管理学类在联盟维度上有较大差异影响；这说明理学与其他所有的专业在联盟维度上有极其显著的差异，经济学、管理学类与大多数专业在联盟维度上有较大差异；专业对联盟维度的影响主要体现在理学与经济学、管理学类专业方面。文学、历史学、哲学、教育学类，经济学、管理学类，法学，工学，农学，医学及其他所有专业与理学等专业特点在网络行为上都有极其显著的差异；文学、历史学、哲学、教育学类与农学有较显著的差异；工学与农学也有较显著的差异；这说明理学与其他所有的专业在网络行为上有极其显著的差异，农学与理学，工学，文学、历史学、哲学、教育学类在网络行为上有较大差异。

（3）行业方面。金融机构与医院差异性较强，说明金融机构与医院在平台维度的使用上，有较大差异；金融机构与科研院所差异性强，说明金融机构与科研院所在平台维度的使用上，有较大差异；金融机构与学校差异性强，说明金融机构与学校在平台维度的使用上，有较大差异；金融机构与党政部门差异性强，说明金融机构与党政部门在平台维度的使用上，有较大差异；而金融机构与文化馆、图书馆、博物馆、科技馆、纪念馆、企业在平台维度的使用上，具有较大的相似性；医院、科研院所、文化馆、图书馆、博物馆、科技馆、纪念馆，学校，党政部门，企业及其他行业之间，在平台维度使用上几乎无较大差异。金融机构与医院差异性强，说明金融机构与医院在应用维度的使用上，有较大差异；金融机构与文化馆、图书馆、博物馆、科技馆、纪念馆差异性强，说明金融机构与文化馆、图书馆、博物馆、科技馆、纪念馆在应用维度的使用上，有较大差异；金融机构与学校差异性强，说明金融机构与学校在应用维度的使用上，有较大差异；金融机构与党政部门差异性强，说明金融机构与党政部门在应用维度的使用上，有较大差异；而金融机构与科研院所、企业在应用维度的使用上，具有较大的相似性；金融机构，医院，科研院所，文化馆、图书馆、博物馆、科技馆、纪念馆，学校，党政部门，同其他行业也相似，在应用维度的使用上无较大差异。金融机构与医院差异性强，说明金融机构与医院、党政部门、企业在环境维度方面，有较大差异；其他如医院，科研院所，文化馆、图书馆、博物馆、科技馆、纪念馆，学校，党政部门，企业，其他行业相互之间，在环境维度方面无较大差异。在联盟维度方面，金融机构与医院、科研院所、文化馆、图书馆、博物馆、科技馆、纪念馆、学校、党政部门、企业及其他行业差异性强，科研院所与文化馆、图书馆、博物馆、科技馆、纪念馆差异性强，说明科研院所与文化馆、图书馆、博物馆、科技馆、纪念馆在联盟维度方面，有较大差异。金融机构与医院差异性强，说明金融机构与医院对员工网络行为方面，有较大差异；金融机构与科研院所差异性强，说明金融机构与科研院所对员工网络行为，有较大差异；金融机构与文化馆、图书馆、博物馆、科技馆、纪念馆差异性强，说明金融机构与文化馆、图书馆、博物馆、科技馆、纪念馆对网络行为方面，有较大差异；金融机构与学校差异性强，说明金融机构与学校对员工网络行为方面，有较大差异；学校与文化馆、图书馆、博物馆、科技馆、纪念馆对网络行为存在类似现象；科研院所与党政部门差异性强，说明科研院所与党政部门对网络行为方面，有较大差异；文化馆、图书馆、博物馆、科技馆、纪念馆与党政部门差异性强，说明文化馆、图书馆、博物馆、科技馆、纪念馆与党政部门对网络行为方面，有较大差异；文化馆、图书馆、博物馆、科技馆、纪念馆与企业差异性强，说明文化馆、图书馆、博物馆、科技馆、纪念馆与企业对网络行为方面，有较大差异。多元回归分析，网络行为 = 1.021 + 0.023×平台 + 0.315×应用 + 0.315×环境 + 0.101×联盟。

8.1.5　知识型员工战略运算能力网络行为的问题及其对策

针对模式研究中发现的知识型员工网络行为的不足，如平台维度——硬件和软件平台的满意度不高，应用维度——创新不足和能力受限并存，环境维度——环境优化和风险防范尚待加强，联盟维度——联盟信息的量和质提升刻不容缓，提出完善知识型员工网络行为的对策建议，包括从培养网络信息意识和加强网络信息能力两方面提高知识型员工网络信息素养；夯实平台基础，提升平台运营水平；强化应用创新，提升应用的广度和深度；营造和谐环境，保障环境美好；广泛调动积极性，提升联盟的量和质。

8.1.6　应用研究

面对知识型员工存在的网络失范行为，分析知识型员工网络行为失范表现，包括道德层次的工作时间网络娱乐、工作过程中网络诚信缺失、法律层次的网络诽谤行为、网络侵权行为、网络盗窃行为、网络破坏行为，剖析知识型员工网络信息行为失范的形成原因，包括知识型员工的网络行为未受到高度重视、组织内部网络平台和应用安全性差、社会网络主体间信任度差、国家网络法律法规政策不完善和标准不完备、员工的信息素养不高、员工的价值观偏离、员工的法律意识淡薄，进而提出解决知识型员工网络行为失范的办法，包括加强知识型员工网络道德教育、完善组织内部网络安全和信息安全、健全知识型员工网络行为管理系统、增加员工网络行为绩效考核、充实知识型员工的精神生活、加强网络法律法规建设。同时，分别以某房地产论坛网络信息失范行为案例、基于 Web 3.0 的物流企业知识型员工网络信息平台案例、图书馆员工战略运算能力的网络行为进行案例研究。

8.2　研　究　局　限

尽管研究力求按照目的和任务要求、方法科学、工具合适进行，但是由于水平有限等方面的制约，还存在不足。

（1）样本的局限性。由于知识型员工作为一类群体，在研究中很难精确加以界定，同时问卷设计较详细，问卷发放过程和数据采集存在一定困难，调查样本基本采取随机方式，可能不能很好地代表整体情况。

（2）方法的局限性。尽管本书采用了文献研究、非结构化访谈、问卷前测、问卷调查、计量分析、知识图谱、因子分析等方法，但是数据统计分析过程中，由于工具和软件的限制，一些结论还有待完善，同时应用研究也有待细化。

8.3　研　究　展　望

（1）知识型员工群体的定义和细分。由于知识型员工广泛分布于不同行业领域的政府、事业单位、企业等各类组织，他们的网络行为可能千差万别，因此从各行业、各领域内对知识型员工进行群体细分，结合战略运算能力研究各自的网络行为，发现问题并提出解决之道，可能使研究更富实用价值。

（2）网络行为模型的修正和改进。本书基于战略运算能力的四个维度提取指标构建模型，可能不全面和不准确，研究方法可能还存在规范不足，后续研究进一步综合知识型员工和战略运算能力的特征，对模型进行相应的修正和补充，使之更加完善，同时扩大样本数量进行验证，可能使研究更富理论价值。

参 考 文 献

安德森 J R. 2012. 认知心理学及其启示 [M]. 秦裕林等译. 北京：人民邮电出版社.

白冰, 李登道. 2010. 企业竞争情报服务信息平台实现模式研究 [J]. 情报理论与实践, 33 (4): 94-96.

白海燕, 赵丽辉. 2002. 网络环境下的用户网络信息行为分析 [J]. 燕山大学学报 (哲学社会科学版), (2): 89-92.

蔡屏. 2012. 网上信息行为的性别差异研究 [J]. 图书馆 (Library), (3): 99-101.

曹树金, 胡岷. 2002. 国外网络信息查寻行为研究进展 [J]. 国家图书馆学刊, (2): 47-51.

曹双喜, 邓小昭. 2006. 网络用户信息行为研究述略 [J]. 情报杂志, (2): 79-81.

曹洲涛, 段淳林. 2005. 基于知识型员工心理预期的激励策略探讨 [J]. 经济问题, (1): 46-48.

常进, 陈宏东, 张春燕, 等. 2013. 基于 CNZZ 的网络用户信息行为挖掘 [J]. 图书馆理论与实践, (4): 57-59.

陈超美, 陈悦, 侯剑华. 2009. CiteSpace II: 科学文献中新趋势与新动态的识别与可视化 [J]. 情报学报, 28 (03): 401-421.

陈成鑫, 初景利. 2010. 国外新一代用户网络信息行为研究进展 [J]. 图书馆论坛, 30 (12): 71-75.

陈杰, 孙忠贵. 2013. 电子期刊对学术信息行为影响的定性研究 [J]. 图书馆杂志, (1): 66-69.

储荷婷, 张茵. 2007. 图书馆信息学 [M]. 北京：中国人民大学出版社.

达文波特 T H, 普鲁萨克 L. 1999. 营运知识 [M] 王音译. 南昌：江西教育出版社.

邓小昭. 2003. 因特网用户信息检索与浏览行为研究 [J]. 情报学报, 22 (6): 653-658.

邓小昭. 2010. 网络用户信息行为研究. [M]. 北京：科学出版社.

迪莉娅. 2011. 西方信息行为认知方法研究 [J]. 中国图书馆学报, 37 (2): 97-104.

迪莉娅. 2012. 建构主义视角下的西方信息行为研究述评 [J]. 档案学通讯, (4): 21-24.

迪莉娅. 2012. 用户合作性信息行为理论框架构建研究 [J]. 图书馆, (3): 38-40.

丁宇. 2003. 网络信息用户需求的特点与利用特征及规律浅析 [J]. 情报理论与实践, (5): 412-414.

董玲, 孙方礼. 2000. 情报系统设计与读者认知障碍分析研究 [J]. 情报杂志, 19 (2): 72-73.

董小英. 张本波, 陶锦, 等. 2002. 中国学术界用户对互联网信息的利用及其评价 [J]. 图书情报工作, (10): 29-40.

杜峰. 2010. 由 "开心族" 浅析大学生网络行为的动因及其应对 [J]. 中国青年研究, (4): 72-75.

冯丹, 雷雳, 廉思. 2010. "蚁族" 青年网络行为的特点及成因 [J]. 中国青年研究, (2): 25-29.

付立宏. 2001. 试析网络信息活动失范的根源 [J]. 情报资料工作, (6): 12-14.

甘利人, 岑咏华, 李恒. 2007. 基于三阶段过程的信息搜索影响因素分析 [J]. 图书情报工作, 51 (2): 59-62.

甘利人, 岑咏华. 2007. 科技用户信息搜索行为影响因素研究 [J], 情报理论与实践, 30 (2): 156-160.

淦未宇, 徐细雄, 易娟. 2011. 基于社会偏好的知识型员工激励系统研究 [J]. 工业工程, 14 (4): 82-86.

葛园园. 2004. 精神分析学说与信息用心理研究 [J]. 图书情报知识, (5): 92-94.

龚成, 李成刚. 2012. 我国公务人员网络行为管理制度的现状与创新分析 [J]. 现代传播, (11): 150-152.

谷虹. 2012. 信息平台论 [M]. 北京：清华大学出版社.

郭九成, 徐茜. 2007. 知识型员工的市场选择机制研究 [J]. 山东大学学报 (哲学社会科学版), (6): 124-125.

郭韫丽, 孔令保, 程新. 2012. 高校教师信息需求和信息行为相关性研究：以江西农业大学为例 [J]. 情报理论与实践, 35 (4): 89-93.

韩经纶. 2003. 凝聚知识员工 [M]. 贵阳：贵州人民出版社.

韩秋明. 2012. 基于复杂网络的国内信息行为研究热点及衍化路径分析 [J]. 情报研究, 56 (22): 94-101.

韩秋明 . 2013. 国内外信息行为主题领域的比较研究 [J]. 情报杂志, 32 (8): 115-119.

赫瑞比 F. 2000. 管理知识员工 [M]. 郑晓明译 . 北京: 机械工业出版社 .

洪秋兰 . 2007. 国内外农民信息行为研究综述 [J]. 情报资料工作 . (6): 27-30.

胡昌平 . 2008. 信息服务与用户 [M]. 武汉: 武汉大学出版社 .

胡岷 . 2005. 用户行为研究常用调查方法述略 [J]. 成都理工大学学报 (社会科学版). (3): 54-57.

胡雅萍 . 2013. 近十年国内外信息行为研究热点与前沿对比分析 [J]. 情报杂志, 32 (6): 107-113.

胡瑜 . 2005. 大学生网络信息查寻心理与行为的研究 [J]. 情报理论与实践, 28 (5): 508-510.

黄慕萱 . 2001. 成人读者之资讯寻求行为 [J]. 台北市图书馆馆讯, 19 (20): 4-6.

黄少华, 黄凌飞 . 2012. 网络道德意识与同侪压力对不道德网络行为的影响: 以大学生网民为例 [J]. 兰州大学学报 (社会科学版), 40 (5): 67-81.

贾建锋, 赵希男, 范芙蓉 . 2009. 知识型员工行为能力的因素结构研究 [J]. 科学学研究, 27 (12): 1862-1868.

贾生华 . 2004. 知识型员工的知识共享悖论及其克服 [J]. 技术经济, 5: 23-25.

贾艳, 张晋昕 . 2007. 医药卫生类信息需求与用户信息行为特征 [J]. 医学信息, 20 (9): 1602-1606.

江林 . 2002. 知识型员工的特点与管理 [J], 经济理论与经济管理, (9): 58-62.

姜文嘉 . 2008. 企业内部网络安全问题研究 [J]. 现代商业, 12: 186.

解虹 . 2010. 数字化环境下交互式信息检索 [M]. 北京: 科学出版社 .

金燕, 王晓斌 . 2012. 虚拟社区用户信息行为研究方法的三维框架 [J] 图书情报工作 . 56 (14): 73-76, 140.

孔少华 . 2013. 大型多人在线网络游戏虚拟社区用户信息行为研究: 以网易大型多人在线网络游戏梦幻西游为例 [J]. 情报科学, 31 (1): 123-128.

孔少华 . 2013. 后网络时代的信息行为研究 [J]. 图书馆学研究, (1): 93-95.

库尔特 . 卢因 . 1968. 社会科学中的场论 [M]. 北京: 人民出版社 .

赖茂生, 屈鹏, 李璐, 等 . 2009. 网络用户搜索的语言使用行为研究: 实验设计与搜索价值 [J]. 情报理论与实践, 32 (2): 95-98.

蓝虹, 穆争社 . 2004. 投资者搜寻信息行为的非对称信息范式分析 [J]. 中南财经政法大学学报, (6): 81-86.

冷伏海, 王宏义, 冯璐, 等 . 2003. 网络环境下市场网络信息行为理论体系初探 [J]. 中国图书馆学报, (6): 50-52.

李法运 . 2003. 网络用户信息检索行为研究 [J]. 中国图书馆学报, (2): 64-67, 79.

李逢庆, 李来胜 . 2012. 研究型大学教师学术信息行为调查与分析 [J]. 现代教育技术, 22 (4): 5-9.

李贵成 . 2009. 高校信息用户信息行为影响因素探析 [J]. 高校图书情报论坛, (3): 50-54.

李洪成 . 2010. SPSS18 数据分析基础与实践 [M]. 北京: 电子工业出版社 .

李军 . 2007. 知识型员工的特征及其激励 [J]. 科技进步与对策, (11): 124-127.

李莉, 张捷 . 2013. 互联网信息评价对游客信息行为和出游决策的影响研究 [J]. 旅游学刊, 28 (10): 23-29.

李书宁 . 2004. 网络用户信息行为研究 [J]. 图书馆学研究 . (7): 82-84.

李一 . 2007. 网络行为失范 [M]. 北京: 社会科学文献出版社 .

李一 . 2007. 网络行为失范的生成机制与应对策略 [J]. 浙江社会科学, (3): 97-102.

李一 . 2010. 主体性的缺位与建构: 解析和应对青少年网络行为失范的关键 [J]. 兰州大学学报 (社会科学版), 38 (1): 37-42.

李月琳, 胡玲玲 . 2012. 投资者信息行为分析: 信息源的选择与利用研究 [J]. 情报资料工作, (4): 90-97.

廖胜校, 肖仙桃 . 2009. 科学知识图谱应用研究概述 [J]. 情报理论与实践, 32 (1): 122-125.

林平忠 . 1996. 论图书馆用户的信息行为及其影响因素 [J]. 图书馆论坛, (6): 7-9.

刘娟 . 2013. 活动理论视角下的图情领域用户信息行为研究范式 [J]. 图书情报知识, (2): 88-96.

刘鹏 . 2010. 云计算 [M]. 北京: 电子工业出版社 .

刘亚 . 2012. 将青少年纳入信息贫困研究视野: 来自青少年信息行为研究的证据 [J]. 中国图书馆学报, 38 (7): 12-20.

陆俊, 段祥伟 . 2013. 网络行为与自由 [J]. 郑州大学学报 (哲学社会科学版), 46 (3): 25-28.

吕俊生, 宋粤华, 陈炜 . 2008. 科技用户信息行为变化与服务对策 [J]. 现代情报 . 28 (3): 31-33

马翠嫦，曹树金．2013．信息系统可用性评估的信息行为法［J］．情报理论与实践，36（5）：98-103．

马少美，汪徽志．2009．中国电子政务研究文献计量分析［J］．情报科学，27（8）：1214-1218．

马斯洛 A H．2007．动机与人格［M］．北京：中国人民大学出版社．

欧阳剑，曹红兵．2012．基于联机公共检索目录的读者隐性信息行为个性化书目推荐引擎构建［J］．情报理论与实践，35（11）：117-120．

欧阳新红，赵泽洪．2010．基于知识型员工求职行为的企业招聘策略探讨：以重庆市865位知识型员工为例［J］．科技管理研究，（7）：162-164．

彭川宇．2008．知识型员工心理契约特征维度研究［J］．商场现代化，（1）：58．

彭剑锋，张望军．1999．如何激励知识型员工［J］．中国人力资源开发，（9）：12-14

彭骏．2012．中美医学研究者科研信息行为的比较研究［J］图书情报知识，（5）：89-99．

启彦．2000．知识工作者的生产力六因素［J］．中国电力企业管理，（4）：5．

乔欢，陈颖颖．2009．基于"沉默螺旋"理论的网络信息行为研究［J］．情报资料工作，（2）：33-36．

乔欢．2010．信息行为学［M］．北京：北京师范大学出版社．

乔伊森 A N．2010．网络行为心理学［M］任衍具，魏玲译．北京：商务印书馆．

乔增贤．2009．网络环境下用户的信息行为研究［J］．黑龙江史志，（18）：24-26．

秦长江，侯汉清．2009．知识图谱：信息管理与知识管理的新领域［J］．大学图书馆学报，（1）：30-37．

任红娟，张志强．2009．基于文献计量的科学知识图谱发展研究［J］．情报杂志，28（12）：86-90．

任淑宁．2011．视频捕捉法：研究用户网络信息行为的有效方法［J］．图书馆学研究，（8）：45-48．

任真，李博．2004．大学生信息行为调查［J］．图书情报工作动态．（6）：18-20．

芮松艳．2010．网络著作权案件综述［J］电子知识产权，（1）：17-18．

沙忠勇，阎劲松，苏云．2006．网络环境下科研人员的信息行为分析［J］．情报科学，（4）：485-491．

宋安平．2005．商业银行核心竞争力研究［M］．北京：中国金融出版社：213-215．

宋艳，姜金贵．2011．网络道德危机动力机制研究［J］．情报杂志，30（3）：191-195．

孙慧芳．2004．知识型员工的特点及其激励原则［J］．合肥工业大学学报（社会科学版），18（4）：70-73．

孙林山．2006．我国信息用户需求和信息行为分析研究综述［J］．图书馆论坛，（5）：41-44．

孙新波，于春海，孙培山，等．2005．知识型企业知识员工的模糊综合评价［J］．沈阳工业大学学报，27（6）：705-709．

孙玉伟．2012．信息行为领域知识基础、研究热点与前沿的可视化分析［J］．图书情报知识，（1）：108-116．

孙玉伟．2012．信息行为研究的知识图谱分析［J］．情报科学，（5）：740-745，768．

谭金波．2013．网络视频检索的用户信息行为研究［J］．图书情报工作，57（8）：125-129．

唐林．2007．数字环境下用户信息行为评析［J］．图书馆学刊．（5）：72-75．

屠海群．2001．知识型员工的激励的四个对应关系［J］．企业改革与管理，（4）：24-25．

万琳．2007．网络用户信息查询行为模型的建立［J］．科技情报开发与经济．（17）：83-85．

汪向征，葛彦强．2012．传播学视域下教育技术微群用户信息行为分析［J］．中国电化教育，（9）：27-31．

王纯．2001．信息地带及信息获取［J］．四川图书馆学报，（1）：47-49．

王东霞．2011．企业知识型员工激励机制研究［J］．中国商贸，（11）：156-157．

王海涛．2004．电子政务的内涵及其发展［J］．哈尔滨市委党校学报，6：37．

王化坤，高玲．2008．当代大学生网络道德行为失范的危害及其改进的相关措施［J］．时代人物，3：143-144．

王建华．2011．网络用户信息行为优化整合探究［J］农业网络信息，（8）：76-78．

王洁．朱颖．杜婧，等．2011．论网络环境下诽谤罪的认定问题［J］．法制与社会，17（6）：73-74．

王莲，汪传雷．2012．文献传递服务及其用户的网络行为优化［J］．图书馆论坛，32（1）：134-136，125．

王其冰．2013．网络环境下的教师信息行为分析模型研究［J］．中国教育信息化，（8）：3-6．

王庆稳，邓小昭．2009．网络用户信息浏览行为研究［J］．图书馆理论与实践，（2）：55-58．

王威．2006．激励相容与新技术企业知识型员工团队成长的博弈分析［J］．科技管理研究，26（2）：150-152．

王伟．2005．医药信息管理基础［M］．长春：吉林大学出版社．

王艳，邓小昭.2009.网络用户信息行为基本问题探讨［J］.图书情报工作，53（16）：35-39.

王艳玲，何颖芳.2013.个体性因素对网络舆论的影响——基于一项对我国网络用户信息行为的调查［J］.新媒体研究，(3)：72-76.

王元元，余嘉元，李杨，等.2013.知识型员工认知负荷对绩效的影响：有调节的中介效应［J］.科技进步与对策，30（3）：143-147.

王知津，韩正彪.2012.信息行为集成化研究框架初探［J］.中国图书馆学报，(1)：87-95.

卫圈虎，周沈刚.2010.高科技组织知识型员工满意度评价实证研究［J］.科技进步与对策，27（14）：125-129.

魏力更.2005.高校网络用户信息需求与信息行为研究［J］.情报资料工作，(5)：105-107.

魏群义，霍然，侯桂楠.2012.用户信息行为理论研究与实践综述［J］.图书馆工作与研究，(2)：16-19.

魏哲峰.2011.大学生SNS网络行为分析及引导机制研究［J］.当代青年研究，(12)：74-77.

吴永福.2010.浅析网络著作权侵权问题［J］.法制与社会，(26)：88-89.

向阳，孙景霞，韩宏伟.2003.知识型员工的八大特征［J］，现代企业教育，(7)：38.

肖大成.2004.网络信息查询中的浏览行为研究［J］.图书馆杂志，23（2）：20-21.

肖庆红.2007.网络信息行为被迫阻滞反应［J］.信息网络安全.(2)：26-28.

谢倩虹，石德万，朱丽珍.2008.信息社会中信息弱势群体的信息行为及其援助［J］.河南图书馆学刊.(5)：54-56.

熊太纯.2006.网络环境下科研用户的信息行为与服务模式［J］.图书馆学刊.(1)：91，92.

许琼来，傅四保，刘薇.2011.网络信任及其影响因素和模型研究［J］.北京邮电大学学报（社会科学版），13（3）：43-48.

薛薇.2006.基于SPSS的数据分析［M］.北京：中国人民大学出版社.

严慧英.2004.影响网络信息检索行为的主体因素［J］.情报杂志，(4)：94-95.

杨刚，马燃，张佳硕，等.2012.在读硕士研究生信息行为与科研创新能力的关系研究：以吉林大学为例［J］.图书情报工作，56（24）：77-82.

杨宏玲，缪小明.2009.消费者对银行信息行为的研究信任研究［J］.软科学，23（7）：21-25.

杨玫.2004.电子政府与公众的信息行为［J］.情报杂志，(6)：66-68.

杨尧灿.民意代表网站浏览者行为之实证研究［D］.台湾政治大学硕士论文，2001.

杨沅瑗，黄水清，彭爱东.2013.中东部地区农民信息行为比较研究［J］.图书馆，(3)：56-60.

姚海燕，李健，邓小昭.2010.网络用户信息行为研究中的隐私问题探讨［J］，情报探索，(7)：14-15.

叶峰.2007.我国数字用户信息行为若干问题分析［J］.图书馆论坛.27（3）：61-63.

叶凤云，汪传雷.2013.知识型员工战略行为能力与信息行为能力多维分析［J］.中国科技论坛，(1)：139-144.

于曦.2013.基于用户信息行为的文献传递服务提升［J］.图书馆（Library），(3)：84-86.

余峰燕，郝项超，梁琪.2012.媒体重复信息行为影响了资产价格么［J］.金融研究，(10)：139-152.

余肖生，孙珊.2013.基于网络用户信息行为的个性化推荐模型［J］.重庆理工大学学报（自然科学版），(1)：47-50.

喻华林.2006.网络用户信息查寻行为研究［J］.机电产品开发与创新，19（3）：107-108.

曾频.2009.网络环境下科研用户的信息行为探讨［J］.情报探索，(8)：17-19.

张斌.2006.心理契约理论与知识型员工管理［J］.山东社会科学，(11)：145-146.

张道明.刘福芳.2010.网络行为失范研究［J］.中共青岛市委党校青岛行政学院学报，(4)：72-75.

张德仪.1998.WWW使用者之浏览行为与心理探究［D］.台湾中正大学硕士论文.

张海游.2012.信息行为研究的理论演进［J］.情报资料工作，(5)：41-45.

张锦.1999.互联网：一个虚拟的传播社会（下）［J］.国际新闻界，4：57-59.

张景胜.2013.大学生网络行为管理中柔性教育的介入和实施［J］.江苏高教，(1)：130-131.

张靖荣.2010.我国的金融监管模式与现状分析［J］.改革与开放，(24)：64-65.

张莉.2012.社会网络视域下的用户协同信息行为与图书馆信息服务新趋势［J］.图书情报工作，56（7）：49-53.

张凌.2011.基于CiteSpace的竞争情报研究的可视化分析［J］.图书情报工作网刊，(10)：1-8.

张素芳，卢朝金.2012.虚拟社区中的群体信息行为调查分析［J］.情报科学，30（4）：563-566.

张卫群.2006.图书馆用户信息行为研究综述.图书馆学研究［J］.(8)：87-90.

张文惠．2006．从大学生信息行为分析当前高等教育存在的问题［J］．高教论坛，（5）：60-61.

张雪峰，王洁．2013．高学历知识型员工的工作疲劳结构研究［J］．辽宁工程技术大学学报，（1）：46-50.

张耀辉，卢爽，刘冰．2012．用户信息交互过程中影响信息质量的因素分析［J］．情报理论与实践，35（6）：12-15.

张永忠，王小宁，郝渊晓．2012．农户接收信息行为的地区差异性分析［J］．财经论丛，（1）：109-114.

张玥，仲东亭．2007.2001-2005年我国情报学研究文献计量分析［J］．情报科学.25（11）：1746-1750.

赵黎霞．2013．小议采矿类企业知识型员工的吸纳与维持［J］．企业导报，（1）：220.

赵娅．2012．基于胜任力模型的知识型员工压力管理机制设计［J］．企业经济，（8）：42-45.

赵永柯．2006．信息时代网络犯罪的司法抗制［J］．江西社会科学，4（9）：208-210.

赵正群，王进．2012．盗用个人信息行为的违法性及其法律责任论析：对"罗彩霞案"的信息法解读［J］．南开学报（哲学社会科学版），（4）：13-23.

郑德俊．2004．网络环境下信息用户需求满足分析［J］．情报杂志，（8）：124-127.

郑乐丹．2009．近五年我国非物质文化遗产研究文献计量分析［J］．贵州民族研究，29（2）：39-44.

郑乐丹．2012．基于突变检测的学科领域新兴研究趋势探测分析［J］．情报杂志，31（9）：50-53.

郑显亮，顾海根．2013．学校背景变量对大学生网络利他行为与网络行为偏好关系的影响［J］．中国特殊教育，（5）：93-96，31

中国金融信息发展战略研究课题组．2006．中国金融信息化发展战略研究报告［M］．北京：中国金融出版社.

周文斌．2009．中国企业知识型员工管理问题研究［J］．经济管理，（12）：83-93.

周文杰，于斌斌．2012．国外认知视角的信息行为研究现状分析：基于文献计量［J］．图书情报知识，（1）：109-115.

周晓政．2006．医药信息检索与利用［M］．江苏：东南大学出版社.

朱柏荣，曾静平．2010．浅析网络虚拟货币的本质及影响：以Q币为例［J］．现代商业，（12）：178-179.

朱婕，靖继鹏，窦平安．2005．国外信息行为模型分析与评价［J］．图书情报工作，49（4）：48-51.

朱丽萍．2004．网络环境下信息用户需求分析［J］．现代情报，（8）：54-56.

朱旭峰，黄珊．2008．电子政务、市民特征与用户信息行为［J］．公共管理学报.15（2）：49-57.

Abbas J. 2005. Creating metadata for children's resources: Issues, research, and current developments［J］. Library trends, 54（2）：303-317.

Ajzen I. 1991. The theory of planned behavior［J］. Organizational Behavior and Human Decision Processes，50（2）：179-211.

Amadi-Echendu J E. 2007. Thinking styles of technical knowledge workers in the systems of innovation paradigm［J］. Technological Forecasting and Social Change，74（8）：1204-1214.

Anderson consulting. 1999. How to leverage Human performance to Excel in Digital Age［R］.

Arthur Michael B，Defikkippi R J，Lindsay V J. 2008. On being a knowledge worker［J］. Organizational Dynamics，37（4）：365-377.

Atkinson C，Newton D. 2010. Online behaviours of adolescents: Victims, perpetrators and Web 2. 0［J］. Journal of Sexual Aggression，16（1）：107-120.

Bagraim J. 2010. The Improbable Commitment: the Nature and Outcomes of Managing for Commitment Amongst Information Technology Knowledge Workers［C］. Proceedings of the International Conference on Information Management & Evaluation：30-39.

Bates M J. 1989. The design of Browsing and Berrypicking techniques for the Online Search Interface［J］. Online Information Review，13（5）：407-424.

Baumgartner P，Sabine P. 1998. Educating the Knowledge Worker in the Information Society: Baser-Basic Support for Efficient Research［C］. Teleteaching，8：109-118.

Belkin N J，Marchetti P G，Cool C. 1993. BRAQUE: Design of an interface to support user interaction in information retrieval［J］. Informatiogn Processing and Manaement，29（3）：325-344.

Belkin N J. 1980. Anomalous state of knowledge as a basis information retrieval［J］. The Canadian Journal of Information Science，（5）：133-134.

Bilal D. 2000. Children's use of the Yahooligans! Web search engine: I. Cognitive, physical, and affective behaviors on fact - based search tasks［J］. Journal of the American society for information science，51（7）：646-665.

Blumler J, Katz E. 1974. The Uses of Mass Communications: Current perspectives on gratifications research [M]. Beverly Hills, CA: Sage publications.

Broder A, Kumar R, Maghoul F, et al. Graph structure in the web [OE/EL]. http://www.almaden.ibm.com/cs/k53/www9.final. [2012-10-10]

Brown C M. 1999. Information seeking behavior of scientists in the electronic information age: astronomers, chemists, mathematicians, and physicists [J]. Journal of the Ametrican Society for Information Science. 50 (10): 929-943.

Bystrom K, Jarvelin K. 1995. Task complexity affects information seeking and use [J]. Information Processing&Management, 31 (2): 191-213.

Case D O. 2006. Information behavior [J]. Annual Review of Information Science and Technology. 40 (1): 293-327.

Catledge L D, Pitkow J E. 1995. Characterizing browsing strategies in the World-Wide Web [J]. Computer Networks and ISDN Systems, 27 (6): 1065-1073.

Cherry J, Clinton M, Tillotson J. 1994. Internet Use through the University of Toronto Library: Demographics, Destinations and Users′ Reactions [C] //ACSI′94: Association canadienne pour les sciences de l′information. Conférence annuelle. 106-108.

Choo C W, Deltor B, Turnbull D. 2000. Information seeking on the Web: An integrated model of browsing and searching [J]. First Monday, 5 (2): 290-302.

CiteSpace II C C. 2006. Detecting and visualizing emerging trends and transient patterns in scientific literature [J]. Journal of the American Society for Information Science and Technology, 57 (3): 359-377.

Constantinescu C, 2000. Teraflops Supercomputer: Architecture and Validation of the Fault Tolerance Mechanisms [C] // IEEE, 9 (49): 886-894.

Cool C, Belkin N J. 2002. A classification of interactions with information [C] //Emerging frameworks and methods. Proceedings of the Fourth International Conference on Conceptions of Library and Information Science (COLIS4). 1-15.

Dahms A R. 1988. Time management and the knowledge worker [J]. Industrial Engineering, (3): 26-28.

Dalgleish A, Hall R. 2000. Uses and perceptions of the World Wide Web in an information seeking environment [J]. Journal of Librarianship and Information Science, 32 (3): 104-116.

Dervin B, Nilan M. 1986. Information needs and uses [J]. Annual review of information science and technology, 21 (1): 3-33.

Dervin B. 1983. More will be less unless: The scientific humanization of information systems [J]. National Forum, 63 (3): 25-27.

Dervin B. 1992. From the mind's eye of the user: the sense-making qualitative-methodology [J]. Qualitative research in information management, 9: 61-84.

Dervin B. 1998. Sense-making theory and practice: an overview of user interests in knowledge seeking and use [J]. Journal of Knowledge Management, 2 (2): 36-46.

Dresang E T. 2005. Access: The information-seeking behavior of youth in the digital environment [J]. Library Trends, 54 (2): 178-196.

Durkee T, Kaess M. 2011. FC09-06 - Adolescent internet behaviors and its correlation to depression, self-harm and suicidal behavior in European pupils [J]. European Psychiatry, 26 (1): 1863.

Ellis D. 1989. A behavioral approach to information retrieval system design [J]. Journal of Documentation, 45 (3): 171-212.

Evaggelia F. 2007. Human resources management policies and knowledge worker [C] // ECKM 2007. 8th European Conference on Knowledge Management 2007: Consorci Escola Industrial de Barcelona, Barcelona. Spain: Academic Conferences Limited, 319-326.

Fidel R, Davies R K, Douglass M H, et al. 1999. A visit to the information mall: Web searching behavior of high school students [J]. JASIS, 50 (1): 24-37.

Fidel R, Pejtersen A M. 2004. From information behavior research to design of information systems: The cognitive work analysis framework [J]. Information Research, 10 (1): 123-130.

Fisher K E, Erdelez S, McKechnie L. 2005. Theories of Information Behavior [M]. Medford, NJ: Information Today Inc.

Floridi L. 2002. On defining Library and Information science as applied philosophy of information ［J］. Social Epistemology, 16 (1): 37-49.

Foster A. 2004. A nonlinear model of Information-Seeking Behavior ［J］. Journal of the American Society for Information Science and Technology, 55 (3): 228-237.

Friedman B, Howe D C, Felten E. 2002. Informed consent in the Mozilla browser: Implementing ValueSensitive Design ［C］// System Sciences, 2002. HICSS. Proceedings of the 35th Annual Hawaii International Conference on. IEEE, 10.

Fritch J W, Cromwell R L. 2001. Evaluating Internet resources: identity, affiliation, and cognitive authority in a networked world ［J］. Journal of the American Society for Information Science and Technology, 52 (6): 499-507.

Gable R K, Ludlow L H, McCoach D B, et al. 2011. Development and validation of the survey of knowledge of internet risk and internet behavior ［J］. Educational & Psychological Measurement, 71 (1): 217-230.

Geczy P, Izumi N, Akaho S, et al. 2007. Long tails and analysis of knowledge worker intranet browsing behavior ［C］//Business Information Systems. Springer Berlin Heidelberg, 584-597.

Gray S M. 2003. Looking for information: A survey of research on information seeking, needs, and behavior ［J］. Journal of the Medical Library Association, 91 (2): 259.

Heermann P D. 1999. First-generation ASCI production visualization environment ［J］. Computer Graphics and Applications, IEEE, 19 (5): 66-71.

Henefer J, Fulton C. 2005. Krikelas' s model of information seeking ［J］. Theories of information behavior, ASIST Monograph Series. 225-229.

Holtshouse D. 2009. The future of knowledge workers ［J］. KM World, 18 (9): 1-18.

Hornung R D, Kohn S R. 1997. Future Directions for Adaptive Mesh Refinement in ASCI and Other LLNL Simulation Projects ［R］. Lawrence Livermore National Lab. CA (US).

Ingwersen P, Jarvelin K. 2005. The Turn: Integration of Information Seeking and Retrieval in Context ［M］. Dordrecht, Netherlands: Springer.

Ingwersen P. 1996. Cognitive perspectives of information retriecal interaction: Elements of a cognitive IR theory ［J］. Journal of documentation, 52 (1): 3-50.

Ishikawa M, Geczy P, et al. 2008. Capturing knowledge worker behavior based on information diffusion theory ［J］. Knowledge-Based Software Engineering, (180): 378-382.

Jana S. 2007. Workplace design for knowledge workers in digital library ［J］. SRELS Journal of Information Management, 44 (1): 27-41.

Jansen B J, Spink A, Saracevic T. 2000. Real life, real users, and real needs: a study and analysis of user queries on the web ［J］. Information processing & management, 36 (2): 207-227.

Jansen B J. 2000. The effect of query complexity on Web searching results ［J］. Information Research, 6 (1): 1-6.

Jodi D, Jessica C, Jennifer D. 2013. A literature review of parents' online behavior ［J］. Cyberpsychology, 7 (2): 1-10.

Johnson D. 2007. Skills for the knowledge worker ［J］. Toward a 21st-Century School Library Media Program, 218.

Johnson J D, Donohue W A, Atkin C K, et al. 1995. A comprehensive model of information seeking: Tests foucing on technical organization ［J］. Science Communication, 16 (3): 274-303.

Johnson J D. 1983. A test of a model of magazine exposure and appraisal in India ［J］. Communication Monographs, 50 (2): 148-157.

Johnson J D. 1997. Factors Distinguishing Regular Readers of Breast Cancer information in Magazines ［J］. Women&Health, 26 (1): 7-27.

Jones P, Chen M. 2011. Factors determining hotel selection: Online behaviour by leisure travellers ［J］. Tourism & Hospitality Research, 11 (1): 83-95.

Kaiser H F. 1974. An index of factorial simplicity ［J］. Psyehometrika, 39 (1): 31-36.

Kelley R E. 1985. The Gold-collar Worker: Harnessing the Brainpower of the New Workforce ［M］. Reading, Massachusetts: Addison-Wesley.

Kim J. 2006. Task As A Predictable Indicator for Information Seeking Behavior on the Web［M］. Ann Arbr: ProQuest.

Kingsley Z G. 1949. Human behavior and the Principle of least effort: An introduction to human ecology［M］. New York: Addison-Wesley Press.

Kleinberg J. 2003. Bursty and hierarchical structure in streams［J］. Data Mining and Knowledge Discovery, 7（4）: 373-397.

Klobas J E, Clyde L A. 2000. Adults learning to use the Internet: A longitudinal study of attitudes and other factors associated with intended Internet use［J］. Library & Information Science Research, 22（1）: 5-34.

Krikelas J. 1983. Information seeking behavior: Patterns and concepts［J］. Drexel Library Quarterly, 19: 5-20.

Kuhlthau C C. 1991. Inside the search process: Information seeking from the user's perspective［J］. Journal of the American Society for Informaiton Science, 42（5）: 361-371.

Kuhlthau C C. 1997. The influence of uncertainty on the information seeking behavior of a securities analyst［C］//Proceedings of an international conference on Information seeking in context. Taylor Graham Publishing, 268-274.

Kuhlthau C. 1993. Seeking Meaning: A Process Approach to Library and Information Services［M］. Norwood NJ: Ablex Publishing Corp, 45-51.

Larzelere II A R. 2009. Delivering Insight: the history of the Accelerated Strategic Computing Initiative（ASCI）［R］, Lawrence Livermore National Laboratory, 171-172.

Laske G. 2001. Project papers: Vocational Identity, Flexibility and Mobility in the European Labour Market（FAME）［M］. ITB.

Lau W W F, Yuen A H K. 2013. Adolescents' risky online behaviours: The influence of gender, religion, and parenting style［J］. Computers in Human Behavior, 29（6）: 2690-2696.

Leckie G J, Pettigrew K E, Sylvain C. 1996. Modeling the information seeking of professionals: A general model derived from research on engineers, health care professionals, and lawyers［J］. Library Quarterly, 66（2）: 161-193.

Lim V K G, Teo T S H. 2009. Mind your E-manners: Impact of cyber incivility on employees' work attitude and behavior［J］. Information & Management, 46（8）: 419-425.

Linnman C, Maleki N. 2013. Migraine tweets: What can online behavior tell us about disease?［J］. Cephalalgia（Sage Publications Ltd.）, 33（1）: 68-69.

Liu Q. 2013. Perceived parent-adolescent relationship, perceived parental online behaviors and pathological internet use among adolescents: Gender-specific differences［J］. PLOS ONE, 8（9）: 1-8.

Lubeck O, Hoisie A, et al. 1998. ASCI Application Performance and the Impact of Commodity Processor Architectural Trends［C］//Innovative Architecture for Future Generation High-Performance Processors and Systems, IEEE: 3-6.

Ma L, Shi Y, Zhao W. 2012. Habitual domain exploration in inter-firm networks: A framework for understanding network behavior［J］. Journal of Manufacturing Technology Management, 23（8）: 1057-1070.

Mailhiot C, 1998. The DOE accelerated strategic computing initiative: Challenges and opportunities for predictive materials simulation capabilities［J］. Journal of Computer-Aided Materials Design, 5（2-3）: 95-107.

Marchionini G, Haas S W, Zhang J, et al. 2005. Accessing government statistical information［J］. Computer, 38（12）: 52-61.

Marcum C D, Higgins G E, Ricketts M L. 2010. Potential factors of online victimization of youth: An examination of adolescent online behaviors utilizing routine activity theory［J］. Deviant Behavior, 31（5）: 381-410.

Markey K, Cochrane P A. 1978. ONTAP: Online Training and Practice Manual for ERIC Date Base Searchers［M］. New York: Syracuse university.

Mattson T G, Scott D. 1996. A teraflop Supercomputer in 1996: the ASCI TFLOP System［C］//Parallel Processing Symposium, Proceedings of IPPS'96, The 10th International. IEEE: 84-93.

McAfee A P. 2006. Enterprise 2.0: The dawn of emergent collaboration［J］. Management of Technology and Innovation, 47（3）: 9-21.

McAllister P L, Sault A G, Kelly S M, et al. 2003. ASCI red for dummies-a recipe book for easy use of the ASCI red platform［J］. Sandia National Laboratiories: 11.

McKenzie P J. 2003. A model of information practices in accounts of everyday-life information seeking ［J］. Journal of Documentation, 59 (1): 19-40.

Menzel H. 1966. Review of Studies in the Flow of Information among Scientists ［M］. New York: Columbia University Bureau of Applied Social Research.

Meuer H W, 2008. The TOP500 Project: Looking back over 15 years of supercomputing experience ［J］. PIK-Praxis der Informationsverarbeitung und Kommunikation, 31 (2): 122-132.

Mick C K, Lindsey G N, Callahan D. 1980. Toward usable user studies ［J］. Journal of the American Society for Information Science, 31 (5): 347-356.

Moloto S, Buckley S. 2010. The Acceptance of Technology-Based Knowledge Management Systems by Knowledge Workers ［C］//International Conference of Information Management and Evaluation: Icime 2010. Academic Conferences Limited: 244.

Moukdad H, Large A. 2001. Users' perceptions of the Web as revealed by transaction log analysis ［J］. Online Information Review, 25 (6): 349-359.

Murray A J, Greenes K A. 2007. "Workplace innovatioin: enterprise of the future: From the knowledge worker to the knowledge economy ［J］. VINE: The Journal of Information & Knowledge Management Systems, 37 (1): 7-13.

Nahl D A. 2007. Discourse analysis technique for charting the flow of micro-information behavior ［J］. Journal of Documentation, 63 (3): 323-339.

Neisser U, Becklen R. 1975. Selective looking: Attending to visually specified events ［J］. Cognitive Psychology, 7 (4): 480-494.

Olson M H, Lucas Jr H C. 1982. The impact of office automation on the organization: some implications for research and practice ［J］. Communications of the ACM, 25 (11): 838-847.

Oravec J A. 2004. The transparent knowledge worker: Weblogs and reputation mechanisms in KM systems ［J］. International Journal of Technology Management, 28 (7): 767-775.

Paisley W J. 1966. The Flow of (Behavioral) Science Information: A Review of the Research Literature ［M］. Palo Alto: Stanford University.

Parker A. 2005. Into the wild blue youder with blue gene/L science and technology review ［J］. Los Alamos National Laboratory, 23-25.

Pierce B. 1961. An Introduction to Library Science ［M］. Chicago: University of Chicago Press.

Pilch M, Trucano T. 2001. Peer Review Process for the Sandia ASCI V&V Program: Version 1.0 ［R］. Sandia National Laboratories, 1.

Ramsey M, Erasmus M. 2009. A design option for optimising knowledge worker expertise in a South African shared services centre ［J］. Proceedings of the 10th European Conference on Knowledge Management, (1): 650-658.

Rheinheimer R, Beiriger J I, Bivens H P, et al. 2002. The ASCI computational grid: initial deployment ［J］. Concurrency and Computation: Practice and Experience, 14 (13-15): 1351-1363.

Rieh S Y. 2002. Judgment of information quality and cognitive authority in the web ［J］. Journal of the American Society for Information Science and Technology, 53 (2): 145-161.

Sahraoui S. 2001. Harnessing knowledge workers' participation for IT planning effectiveness: the informational and motivational mediating effects of users' micro planning behavior ［J］. Behavior & Information Technology, 20 (1): 69-77.

Saracevic T. 1996. Relevance reconsidered ［C］//Proceedings of the second conference on conceptions of library and information science (CoLIS 2). 201-218.

Saracevic T. 1997. The stratified model of information retrieval interaction: Extension and applications ［C］//Proceedings of the annual meeting-american society for Information Science. Learned Information (Europe) Ltd, 34: 313-327.

Savolainen R. 1995. Everyday life information seeking: Approaching information seeking in the context of "way of life" ［J］. Library & Information Science Research, 17 (3): 259-294.

Schneckenberg D. 2009. Web 2.0 and the empowerment of the knowledge worker ［J］. Journal of Knowledge Management, 13 (6): 509-520.

Seager M. 1999. An ASCI Terascale Simulation Environment Implementation ［C］//Mannheim Supercomputer 99 Conference Mannheim: 6-11.

Sela-Shayovitz R. 2012. Gangs and the Web: Gang members' online behavior ［J］. Journal of Contemporary Criminal Justice, 28 （4）: 389-405.

Smirnov A, Pashkin M, Chilov N, et al. 2004. Knowldege logistics in information grid environment ［J］. Future Generation Computer Systems, 20 （1）: 61-79.

Sonnenwald D H, Iivonen M. 1999. An integrated human information behavior research framework for information studies ［J］. Library & Information Science Research, 21 （4）: 429-457.

Sping A. Information science: A third feedback framework ［J］. 1997. Journal of the American Society for Information Science, 48 （8）: 728-740.

Spink A, Cole C. 2001. Everyday life information seeking research ［J］. Library and Information Science Research, 23 （4）: 301-304.

Spink A, Wolfram D, Jansen M B J, et al. 2001. Searching the web: The public and their queries ［J］. Journal of the American Society for Information Science and Technology, 52 （3）: 226-234.

Spink A, Xu J L. 2000. Selected results from a large study of Web searching: the Excite study ［J］. Information Research, 6 （1）: 1-6.

Spink A. 2004. Multitasking information behavior and information task switching: an exploratory study ［J］. Journal of Documentation, 60 （4）: 336-351.

Spira J. 2008. Knowledge worker: Do you relate? （cover story） ［J］. KM World, 17 （2）: 1-26.

Steiger D M, Steiger N M. 2008. Instance-based cognitive mapping: a process for discovering a knowledge worker's tacit mental model ［J］. Knowledge Management Research& Practice, 6 （4）: 312-321.

Sweller J. 1988. Cognitive load during problem solving: Effects on learning ［J］. Cognitive Science, 12 （2）: 257-285.

Taylor M. 1996. A theory of mind perspective on social cognitive development ［J］. Handbook of perception and cognition, 13: 283-329.

Taylor R S. 1968. Question-negotiation and information seeking in libraries ［J］. College and Research Libraries, 29 （3）: 178-194.

Urquhart D J. 1948. The distribution and use of scientific and technical information ［J］. Journal of Documentation, 3 （4）: 222-231.

Uwe H, Kjartan O, Vaclav S. 2010. Commonalities and differences: How to learn from international comparisons of children's online behavior ［J］. International Journal of Media & Cultural Politics, 6 （1）: 9-24.

Vickery B. 1998. The Royal Society scientific information conference of 1948 ［J］. Journal of Documentation, 54 （3）: 281-283.

Voorbij H J. 1999. Searching scientific information on the Internet: A dutch academic user survey ［J］. Journal of the American Society for Information Science, 50 （7）: 598- 615.

William E M, Walker J R. 1999. Identifying and categorizing information-seeking behaviors in the net worked environment: An exploratory study of young adults ［J］. Internet Research, 9 （5）: 161-170.

Wilson T D, Dunn D S. 1986. Effects of introspection on attitude-behavior consistency: Analyzing reasons versus focusing on feelings ［J］. Journal of Experimental Social Psychology, 22 （3）: 249-263.

Wilson T D. 1981. On user studies and information needs ［J］. Journal of Documentation, 37 （1）: 3-15.

Wilson T D. 1984. The cognitive approach to information seeking behavior and information use ［J］. Social Science Information Studies, 4 （2-3）: 197-204.

Wilson T D. 1997. Information behavior: An interdisciplinary perspective ［J］. Information Processing & Management, 33 （4）: 551-572.

Wilson T D. 1999. Models in information bebavior research ［J］. Journal of Pocumentation, 55 （3）: 249-270.

Wilson T D. 2000. Human information behavior ［J］. Informing Science, 3 （2）: 49-56.

Woodruffs W C. 1999. Winning the Talent War: A strategic approach to attracting, developing and retaining the best people [M]. New York: John Wiley And Sons.

Yoo A B, Jette M A. 2001. The Characteristics of Workload on ASCI Blue-Pacific at Lawrence Livermore National Laboratory [C] //Cluster Computing and the Grid, 2001. Proceedings. First IEEE/ACM International Symposium on. IEEE: 295-302.

Zepper J, Aragon K, Ellis M, et al. 2003. ASCI applications software quality engineering practices [J]. Sandia National Laboratories: 7.

Zerbinos E. 1990. Information seeking and information processing: Newspapers versus videotext [J]. Journalism & Mass Communication Quarterly, 67 (4): 920-929.

后　记

　　"基于战略运算能力的网络行为模式研究"系2010年国家社会科学基金项目"提高知识型员工战略运算能力的网络行为模式研究"（编号：10BTQ019）成果，2014年8月结项。

　　本书由汪传雷负责总体设计，拟定大纲、组织协调，承担基础理论和实践方面的研究和初稿撰写，谢阳群、左雪梅、严贝妮、叶凤云、王莲、叶春森等参与部分研究，研究生胡雅萍、姜培培、管静文、陶晓明、冯世朋等参与部分研究并撰写部分内容初稿，最后由汪传雷对初稿进行修改、补充并最终定稿。

　　感谢中国社会科学院学部委员黄长著研究员、天津大学杜纲教授、南京大学孙建军教授、南京大学沈固朝教授、南京大学朱庆华教授、南京大学陈雅教授、南开大学王知津教授、北京大学赖茂生教授、武汉大学马费成教授、武汉大学陈传夫教授、武汉大学邱均平教授、吉林大学毕强教授、黑龙江大学马海群教授、西南大学邓小昭教授、兰州大学沙勇忠教授、华中师范大学夏立新教授、合肥工业大学吴慈生教授的关心和帮助。

　　感谢中国社会科学院、中国科技情报研究所、中国科学院国家科学图书馆、中国信息经济学会、安徽省工业与信息化委员会、安徽省通信管理局、安徽省科技情报研究所、合肥高新技术开发区管委会、合肥高新创业园管理公司、中国科学技术大学、安徽大学等单位给予的配合和支持。

　　在撰写过程中，参阅了大量国内外有关文献资料，并借鉴和吸收了其中的研究成果和思想，在此向有关作者一并致以诚挚的谢意。同时，向访谈和问卷调查等过程中提供支持的人们表示感谢。

　　最后，撰写过程中，研究生陈欣、陈晨、孙华、谭妮妮、王玫、王如正、汪涛、刘新妍、潘珊珊、张莉莉、熊月霞、王兰、陈瑞、许冰凌、胡梦文等，在资料收集、问卷调查、数据处理、文字校对等方面提供帮助，在此表示感谢。

作　者
2014年12月